의미는 알고나 사용합시다

의미는 알고나 사용합시다

지은이 | 최성수
펴낸이 | 원성삼
책임편집 | 김지혜
표지디자인 | 한영애
펴낸곳 | 예영커뮤니케이션
초판 1쇄 발행 | 2019년 7월 5일
등록일 | 1992년 3월 1일 제2-1349호
주소 | 04018 서울시 마포구 동교로 55 2층(망원동, 남양빌딩)
전화 | (02) 766-8931
팩스 | (02) 766-8934
홈페이지 | www.jeyoung.com
ISBN 979-11-89887-05-6 (03230)

값 25,000원

이 도서의 국립중앙도서관 출판예정도서목록(CIP)은 서지정보유통지원시스템 홈페이지
(http://seoji.nl.go.kr)와 국가자료공동목록시스템(http://www.nl.go.kr/kolis-
net)에서 이용하실 수 있습니다.(CIP제어번호: CIP2019024117)

 모든 인간은 하나님의 형상을 닮은 존귀한 존재입니다. 사람은 인종, 민족, 피
부색, 문화, 언어에 관계없이 모두 다 존귀합니다. 예영커뮤니케이션은 이러한
정신에 근거해 모든 인간이 존귀한 삶을 사는 데 필요한 지식과 문화를 예수 그리스도의
사랑으로 보급함으로써 우리가 속한 사회에 기여하고자 합니다.

의미는 알고나 사용합시다

최성수 지음

신앙 언어는 궁극적으로 하나님에 대한 신뢰를 강화시키는 데에 그 목적이 있다. 신앙 언어가 기술하고 표현하고 또 설명하기 위해 사용된다 해도 또한 하나님에 관한 지식을 전달하기 위한 것이라 해도 결과적으로 하나님을 신뢰하도록 돕지 못하면 단추를 잘못 꿰는 것이다. 처음에는 잘 보이지 않아도 나중에 크게 변질된 모습을 보게 된다.

특히 목회자가 사용하는 언어와 그것을 사용하는 방식은 성도에게 영향을 미쳐 그들의 언어 선택과 사용방식을 이끌 뿐 아니라 때로는 언어의 의미와 신앙의 성격까지도 결정한다. 비판적인 소통이 원활하지 않는 교회 내 소통 구조에서는 더욱 그렇다. 모든 목회자는 교회 교육이나 설교 그리고 교회 생활에서 사용하는 언어의 선택과 사용 및 표현에 관해 자기비판적으로 성찰할 필요가 있다. 보다 정확한 뜻을 알고 사용해야 한다. 이 일은 이미 신학생 시기에 시작해야 함이 옳다. 졸업 후에는 설령 특정 언어 사용이 잘못임을 알고 있다 해도 뜻만 통하면 된다고 생각해서 고칠 엄두를 내지 못하기 때문이다.

언어는 생각과 행동을 지배한다는 사실을 엄중히 받아들여야 한다. 어떤 언어를 선택하느냐에 따라 생각과 행동의 패턴이 달라지기 때문이다. 잘못된 언어 사용은 단순한 해프닝으로 웃어넘길 수 있지만, 다른 한편으로는 종종 큰 오해를 불러일으켜 갈등의 원인이 된다. 잘못된 언어와 개념 이해는 물론이고 잘못된 사용은 단순한 실수로 그치게 해서는 안 되고 반드시 바로잡아야 한다. 그래야 생각이 바로 서고 불필요한 오해를 막을 수 있으며 또한 소통이 원활해진다. 기독교적으로 바르게 생각할 수 있기 위해 선결해야 할 과제는 언어의 정확한 의미를 숙지하게 하고 또한 그것의 올바른 사용 방식을 습득하게 하는 것이다.

교회 언어 가운데는 의미와 사용과 관련해서 오해를 불러일으키는 것들이 많다. 이것을 바로 잡지 않으면 신앙에 치명적인 해를 입힐 수도 있다. 목회자가 '목회'를 잘못 이해하고 있을 때 목회자 스스로가 교회의 문제요 세상의 근심거리로 전락한다. 마찬가지로 성도가 '기독교인의 정체성'을 잘못 이해할 때 교회의 문제를 초래할 수 있고 또한 세상의 근심거리가 된다. 교회는 세상으로부터 구별되어 부름 받은 사람의 공동체이기 때문에, 신앙의 초기 단계부터 기독교 관련 언어 및 개념에 대한 바른 이해는 물론이고 그것을 바르게 사용할 수 있도록 교육받고 훈련 받아야 한다. 과거에는 주일학교 교육이나 입교 및 세례교육에서 어느 정도 학습할 수 있었으나, 지금은 학생들의 입시교육 편향 때문에 주일학교 교육 자체가 힘들어지고 있어서 그럴 기회를 얻지 못하고 있다.

이 글은 무엇보다 기독교적으로 올바로 생각할 수 있도록 도울 취지에서 그리고 잘못된 언어 사용에 따른 피해를 진지하게 받아들이면서 올바른 의미에 대한 관심을 불러일으킬 목적을 위해 집필되었다. 궁극적으로는 하나님을 신뢰하는 삶을 돕기 위해서다. 언어의 의미는 다양하기 때문에 이곳에서 설명하는 것이 전부일 수는 없다. 모든 것을 다 설명하려면 백과사전이 필요할 것이다. 언어에 다양한 의미가 있는 것이 현실이고, 또 그것을 사용하는 사람에 따라 또 다른 의미가 첨가될 수 있지만, 이곳에서는 현저하게 오해하고 있다고 생각되는 것들만을 다루었다. 여기에 수록되지 않은 더 많은 것들이 있지만 분량이 너무 많아져 다음 기회를 기대하며 선별할 수밖에 없었다.

바른 의미에 따른 설명은 필자의 독자적이고 신학적인 성찰을 바탕으로 한 것이다. 개념과 표현의 의미와 관련해서는 독자들이 다르게 생각할 만한 여지는 충분하다. 이 모든 것을 고려해서 글을 쓴다면, 앞서 언급 했듯이, 각각의 주제와 관련해서 한 편의 논문이 필요하고 또 그렇게 되면 백과사전의 분량이 될 것이다. 이렇게 되면 대중적인 글로는 적합하지 않다고 생각한다. 그러므로 필자는 최소한 교회에서 자주 사용하는 언어나 개념과 관련해서, 특히 그것을 이해하고 사용하는 일에서 무엇을 조심해야 하는지에 관한 문제의식을 갖기를 바라는 정도로 범위를 제한할 수밖에 없었다. 너무 가볍지 않으면서 또한 너무 어렵지 않게 읽을 수 있는 범위에서 적어도 문제의 핵심에 관해 생각할 수 있도록 했다. 바라건대 어떤 개념이나 언어든 명백한 잘못임을 알면서도 아무 비판의식 없이 계속 사용하는 일이 없었으면 한다.

이 책은 오해의 이유를 알게 될 경우 관습적인 행위에서 벗어날 의지가 더욱 강해질 수 있다는 확신에서 출발하였다. 그리고 독립적으로 기독교적인 사고를 전개시켜 나갈 수 있기를 기대하는 마음으로 글을 써 나갔다. 설교와 교육 현장에서 그리고 신앙생활에서 잘못 이해된 언어를 관습에 따라 계속 사용한다면 피해를 입는 것은 오직 성도와 다음 세대들이다. 이를 막기 위해서는 언어의 힘과 중요성을 인지하고 의지를 갖고 교정하려는 노력이 필요하다.

앞서 언급했지만, 이 글의 한계에 대해 먼저 밝혀 두고자 한다. 모든 신앙 관련 서적이 마찬가지겠지만, 교회에서 사용되는 언어를 바르게 이해하려면 기독교 사상을 숙지해야만 한다. 사상이란 인간이 일정한 문화 속에서 생활하면서 갖게 된 체계화된 생각들을 총칭하는 개념이다. 사상은 대개 인간과 시간과 공간에 있어서 제한된 관계에 기반을 두고 형성되고 또 이해되지만 보편적인 의미를 갖는 것들도 있다.

예컨대 유럽사상은 유럽이라는 지정학적/인문학적 환경에 기반을 둔 사상을 말하고, 중세사상은 시간적인 관점에 제한해서 중세라는 시기에 형성되거나 소비된 사상을 말한다. 중세유럽사상이라 함은 특정한 시기에다 지정학적/인문학적 환경을 포함시켜서 고려한 사상을 말한다.

기독교 사상이란 기독교적인 관심에 따라 사회 각 분야에서 관심이 되는 무엇인가(인권, 사랑, 정치, 사회, 문화, 인생, 죽음, 종말, 국가 등)에 대해 생각할 때 근간이 되는 기독교(성경적, 교회사적, 신학적인) 주제(삼위일체, 하나님, 예수 그리스도, 성령, 성경, 인간, 교회, 하나님 나라, 죄, 구원, 선교, 예배 등)에 대한 체계화된 생각의 다발이다. 우리가 접하는 일상에서 제기되는 의문과 문제는 매우 다양해도 이것을 생각할 때는 대개 일정한 주제에 따라 전개한다. 그렇지 않으면 서로 소통이 되지 않는다. 따라서 기독교 사상은 기독교 주제에 대한 일련의 체계화된 생각이라고 보면 되겠다.

우리가 교회와 신학교에서 사용하는 언어에는 다양한 주제 안에 포함된 문제와 논쟁이 어느 정도 스며들어 있다. 따라서 언어를 맥락에 따라 혹은 관점에 따라 바로 이해하고 또 바르고 적합하게 사용하기 위해서는 기독교 주제들에 대한 기본적인 이해가 어느 정도 전제되어야 한다. 언어 이해와 사용에서 오류가 발생하는 이유는 대부분 언어에 의미를 부여하는 기독교 주제들에 대한 충분치 않은 지식 때문이다. 따라서 언어의 의미를 바로 알고 사용하기 위해서는 기독교 사상에 대한 이해가 선행되어야 하는 것이 바람직하다.

　그런데 독자의 편의를 위해 이것을 쓰기 시작하면 전문적인 신학서적이 될 수밖에 없다. 이것은 본 글의 의도에 맞지 않는다. 따라서 필자는 독자들에게 큰 부담을 주지 않으면서도 언어 이해와 사용에 도움을 주기 위해 고육지책으로 언어의 의미를 이해하는 데 필요하다고 생각하는 주제를 각 항목 안에서 조금씩 설명하는 방법을 선택했다. 보다 체계적인 이해를 원하는 독자들은 전문적인 조직신학 서적을 살펴보면 도움을 얻을 수 있을 것이다.

　끝으로 다듬어지지 않은 원고를 읽고 귀한 조언을 해 주신 김수용/임은영 집사님(광주운암교회)과 강성혜 권사님(유성장로교회) 그리고 이승렬 목사님(전주중부교회)에게 감사의 말씀을 전한다. 그리고 이 글을 집필하는 과정에서 마음을 같이해서 주제에 관해 토의하고 또 어려운 여건에 있었던 필자를 위해 꾸준히 기도해 주시고 2년 동안 필자와 함께 신앙의 여정을 함께 했던 순천중앙교회 고등부 부장 김혜지 장로님과 부감 김해종 집사님을 비롯하여 여러 선생님들께(곽창환, 김귀영, 김명인, 김서우, 김은희, 김태훈, 남정원, 신세호, 이기상, 이명신, 장지성, 허봉수) 감사의 말씀을 전한다.

오직 하나님께 영광!

최성수

이 책을 사용하는 방법

이 책을 효율적으로 읽을 수 있는 소위 '책 사용법'은 이렇다.

먼저 이 책은 교회에서 혹은 신앙생활에서 사용되는 언어의 의미와 그것의 잘못된 사용에 집중해서 저술되었다. 따라서 성도가 읽으면 가장 유익하다. 이런 점에서 그들을 교육하는 목회자에게도 매우 의미 있는 참고자료가 될 것이다. 신학적인 사유를 훈련하는 신학생들은 기독교의 기본 언어의 의미와 그것의 사용에 관해 숙고함으로써 새로운 신학함의 출발점을 얻을 수 있을 것이라 생각한다. 직분자 교육이나 특히 다음 세대들을 양육하는 교사들이 함께 읽거나 교육을 위한 자료로 삼을 수 있을 것이다.

둘째, 각 항목은 서로 연결되어 있지 않다. 따라서 처음부터 마지막까지 순서에 따라 읽어나갈 필요는 없다. 독자는 목차를 살펴본 후에 가장 큰 관심을 끄는 항목을 택해서 읽으면 된다. 관심 항목을 읽다 보면 다른 것들에 대해서도 관심을 갖게 될 터인데, 글을 읽으면서 발견되는 또 다른 항목들에 대한 관심을 따라가면서 읽으면 된다.

셋째, 이 글은 하나님을 신뢰하면서 동시에 기독교적으로 사고할 수 있기를 기대하는 마음을 갖고 써 나갔다. 시대적인 관심을 늘 염두에 두면서 글을 쓰는 관습 때문에 모든 글에는 논점들이 포함되어 있다. 그러므로 교회의 관심에 따라 글을 함께 읽으면서 토론을 위한 자료로 사용할 수 있다. 소그룹 모임이나 구역예배에서 함께 읽으면서 대화를 나누면 유익할 것이다. 청장년 계층의 성도가 사회적인 이슈와 관련해서 기독교 사상을 바탕으로 생각을 정리하고 싶을 때 관련 항목을 주제로 삼아 토론을 위한 자료로 삼을 수 있을 것이다.

목차

기독교의 본질은
무엇인가?

기독교가 어떤 신앙인지 안다는 것,
그것의 의미

스스로 기독교인 혹은 성도라 여기는 사람이 가장 크게 오해하는 말 가운데 하나는 '기독교' 자체가 아닐지 싶다. 먼저 기독교가 무엇인지를 묻는다면, 자신 있게 대답할 수 있는 사람은 얼마나 될까? 실제로 크리스천 대학생들과 신학생들에게서 들었던 대답을 살펴보면, 그들은 기독교의 본질을 알고 신앙생활하는 것이 아니라 삶의 문화로 혹은 제도로만 알고 있는 것은 아닌지 의문이 들 정도다. 그냥 습관적으로 교회에 다니는 것일 뿐 본질을 알고 다니는 것은 아니지 않은가라는 의문이 강하게 든다.

삶의 의미를 몰라도 사는 데 어려움을 못 느끼는 사람이 많은 것처럼, 기독교의 본질을 모른다고 해서 기독교인으로서 살지 못하는 것은 아니다. 그러나 삶의 의미를 모르면 목적이 분명한 삶을 살 수 없고, 또 뚜렷한 가치관이 없이 시대 흐름에 휘둘려 살 수밖에 없는 것처럼, 기독교의 본질을 알지 못하면 명목상의 기독교인으로 살아갈 확률이 높다. 이런 경우에 교회에서 행하는 각종 일들의 의미를 알지 못하기 때문에 신앙생활을 다만 조직의 유지와 운영을 위한 봉사로만 여기는 경우가 허다하다.

기독교에 대한 오해를 바로 잡아야 하는 이유는 종교 제도나 문화로 환원해서는 안 되는 기독교 자체의 본질 때문이다. 기독교는 사람의 관심을 제도로서 기독교 자체에 두기보다 그것의 뿌리에 두도록 하며 또한 그것을 통해 하나님을 섬기고 또 세상을 볼 수 있는 눈을 열어 줄 뿐 아니라 세상을 향해 나갈 수 있는 길을 만들어 주는 것이다. 그것이 무엇인지를 살펴보면서 기독교 자체에 대한 오해에서 벗어나기를 기대해 본다.

기독교(가톨릭, 정교회, 개신교를 포함하나 이어지는 글에서 별도의 언급이 없는 한 개신교를 의미)는 본질에서 예수 그리스도를 통해 계시된 하나님을 성령 안에서 예배하는 신앙을 근간으로 한다. 여기서부터 성부·성자·성령 하나님에 대한 신앙이 발원한다. 무엇보다 하나님이 예수 그리스도 안에서 성령을 통해 당신을 나타내 보이실 때, 인간은 하나님을 전인격적으로 경험할 수 있으며(하나님 경험), 어떻게 적합하게 반응해야 하는지를 배우고 실천한다(믿음과 예배). 그리고 우리가 다양한 경로를 통해 알려진 하나님의 뜻에 순종할 때, 하나님은 우리의 순종을 사용하시어 당신의 뜻과 말씀을 현실로 나타내신다. 달리 말하면 하나님은 예수 그리스도 안에서 우리를 구원하시면서 성령을 통해 우리와 친밀한 교제를 갖기를 원하신다. 하나님과의 친밀한 교제가 현실이 될 때 하나님은 영화롭게 되며 인간은 구원을 경험한다. 기독교는 이것에 대한 증거를 학습하는 것은 물론이고 세상에 널리 전하는 것을 주요 과제로 삼는다. 무엇보다 기독교는 교리체계가 아니다. 오히려 하나님이 행하신 일들에 대한 이야기를 담고 있는 공동체이며, 그 이야기가 예배와 순종하는 삶을 통해 오늘도 사건으로 경험할 수 있다는 증거를 제시하는 것을 책무로 삼는 공동체다. 무엇보다 성경을 중시하는 점은 가톨릭과 비교해 볼 때 하나의 특징이다. 심지어 개신교는 '성경을 숭배하는 종교'로 비난받기도 하는데, 종종 '성경의 교회'라고까지 불린다.

하나님께 반응한다 함은 그분이 임재하시고 일하시며 말씀하실 때 이것들에 적합한 행위를 하는 것이다. 쉽게 말해서 하나님을 예배하며 명령에 순종하며 부르심에 응답한다 함이다. 누구나 기독교인이 됨과 동시에 하나님의 행위에 적합하게 반응할 것을 요구받는다. 예배, 찬양, 기도, 고백, 회개, 경청, 결단, 순종 등을 말한다. 하나님과 바른 관계에 있을 뿐 아니라 그분을 아는 지식이 나의 삶을 이끌도록 해서 하나님의 뜻이 나의 순종을 통해 이루어지도록 하는 것이다.

하나님의 뜻대로 된 현실을 경험하는 일, 곧 성도가 일상의 삶에서 하나님을 경험하는 일은 결코 객관적으로 규정할 수 없다. 그것은 주어진 것들에 어떻게 반응하느냐에 따라 달라진다. 가장 기본적인 태도는 감사다. 감사는 하나님이 하셨음을 인정하는 것으로 하나님과의 관계에서 성도가 취해야 하는 가장 기본적인 태도다. 기독교인의 현실은 하나님의 계시에 어떻게 반응하느냐에 따라 다르게 경험되며 또 다르게 구성된다. 감사함으로 반응하는 것과 자신의 욕망에 따라 반응하는 것은 삶에서 많은 차이로 이어진다. 그럼에도 하나님은 다양성과 차이를 넘어 모든 것을 다스리시며 또한 모든 것을 합력하여 선을 이루신다.

기독교는 교회의 다섯 가지 행위로 알려진 예배, 교육, 선교, 교제 그리고 봉사와 관련한 각종 훈련을 통해 사람이 하나님과 바른 관계에 있도록 하고, 하나님의 계시에 기독교인이 적합하게 반응할 수 있도록 도와준다. 특히 기독교는 성도가 하나님을 신뢰하면서 하나님의 약속이 성취되는 때에 나타날 새로운 세계를 인지하고 또 경험할 수 있도록 돕는다.

기독교가 어떤 종교인지를 아는 것은 다른 누구보다도 기독교인 자신에게 의미가 있다. 물론 하나의 종교로서 혹은 교리체계 혹은 세계관으로서 기독교를 아는 것보다 예수 그리스도를 주님으로 믿고 그분을 신뢰하는 것 그리고 예수 그리스도를 통해 나타난 하나님의 말씀과 행위에 감사와 찬양으로 예배하며 반응하는 것 그리고 하나님의 뜻과 말씀이 현실로 나타나게 하는 삶을 사는 일이 더욱 중요하다. 이미 하나님의 생명책에 기록되었고 또 구원을 약속 받은 사람은 '기독교에 속한 사람'이 아니라 '예수 그리스도를 구주로 믿고 그를 따르는 사람'이기 때문이다. 원래 기독교인은 예수님을 그리스도라 믿고 또 그의 뒤를 따르거나 혹은 그의 가르침을 충실하게 따르는 자를 가리켜 한 말이다. 그러므로 기독교인은 예수님의 제자다.

달리 말해서 기독교인은 제도로서 기독교에 속한 사람이 아니라 '예수 그리스도를 따르는 사람'으로 성도〔聖徒〕라 불린다. '거룩한 무리'를 뜻하는 성도라는 말에는 이미 공동체적인 속성이 포함되어 있다. 성도란 거룩한 무리에 속한 사람이라는 뜻이다. 기독교인은 단순한 개인이 아니라 공동체의 구성원으로서 정체성을 가진다. 종교로서 기독교를 생각한다면 개인으로서 얼마든지 생각할 수 있지만, 기독교는 본질에서 공동체적이기 때문에 그것은 옳지 않다. 따라서 교회에 등록된 교인 혹은 교우가 아니라 성도가 되고 또 그렇게 불리어야 마땅하며, 또한 그리스도를 주님으로 믿고 따르며 그분과 많은 것을 공유하는 제자가 되어야 한다.

엄밀히 말해서 가르침과 실천은 서로 순환한다. 가르침 없는 실천은 맹목적이며, 실천 없는 가르침은 공허하다. 가르침과 실천이 따로 놀면 종종 위선적인 모습을 띤다. 그러므로 인지체계로서 기독교를 아는 것은 먼저는 하나님의 말씀과 행위를 통한 계시에 반응할 수 있고, 구원을 약속 받은 다른 성도들과 더불어 살면서 기쁨으로 교제하기 위해 그리고 무엇보다 세상에서 기독교인으로서 복음을 전파하며 살기 위해 필요하다. 왜 그럴까?

무엇보다 기독교인으로서 세상에서 살아간다는 것 자체가 위험한 일이다. 왜냐하면 기독교인은 하나님 나라와 땅의 나라 모두에 걸쳐 있는 삶에서 우선순위를 하나님 나라에 둘 것을 요구받기 때문이다. 상반된 경험이 일어나는 현실에서, 무엇보다 우리의 눈과 귀와 감각을 자극하는 것으로 가득한 세상에 살면서 하나님 나라에 우선적인 가치를 두는 일은 쉽지 않다.

예컨대 세상에는 기독교인으로 합당하게 살지 못하게 가로막는 강력한 세력이 있다. 그래서 살아 있는 동안 육체에 매여 감각적인 욕망에서 벗어날 수 없는 기독교인 역시 하나님의 일에 관심을 두고 살지 못하도록 끊임없는 유혹을 받는다. 때로는 신앙 때문에, 신앙에 기초한 생활 때문에 어려움을 겪기도 한다. 신앙을 지키기 위해서는 마귀(하나님의 뜻이 이루어지는 것을 방해하는 힘)에 대적하고 또 인내하지만 경우에 따라서 피해야 할 경우도 있다.

신앙을 지키고 또 신앙의 성숙을 위해 믿음과 삶과 예배 공동체로서 교회는 안전한 포구의 역할을 한다. 왜냐하면 교회는 신앙 행위를 통해 성도들로 건전한 신학으로 무장하게 하며, 그들에게 마귀를 함께 대적할 동역자들을 만날 기회를 주고 그리고 선한 양심과 신앙을 지킬 수 있도록 안내해 악의 유혹을 피할 수 있도록 돕기 때문이다.

구원이 완성될 때까지, 다시 말해서 하나님 나라가 온전히 임하기까지는 믿는 사람이든 믿지 않는 사람이든 모든 사람은 기쁜 일과 낙심되는 일을 반복적으로 만나고 때로는 절망적인 상황에서 괴로움과 고통을 겪는다. 많은 것을 경험하는 중에 그것이 하나님 경험인지 아니면 일반적인 경험인지를 분별할 필요도 생긴다. 겉보기에는 같은 모양을 하고 있지만 결국에는 철학이나 윤리에 불과한 이론과 신학을 분별할 수 있어야 하고, 우상숭배에 불과한 이단을 분별할 수 있고, 또 세상에서 믿지 않는 사람들과 연대감을 갖고 어울려 살아갈 수 있어야 한다. 기독교에 대한 지식은 바로 이런 때에 현실과 문제를 바로 인식하게 하고 또 교회와 세상에 대해 바람직한 태도를 갖게 한다. 또한 그것은 무엇이 하나님 경험이며 무엇이 그렇지 않은지를 분별하는 데에 도움을 줄 뿐 아니라 제도로서 사회에 어떻게 기여할 것인지를 말해 준다.

기독교 가르침(교리)과 기독교에 관한 지식은 교회를 세우고 또 교회를 유지하는 각종 행위의 필요에서 발생한다. 무엇보다 하나님과 그분의 뜻과 행위를 이해할 수 있도록 도울 뿐 아니라 교회의 각종 행위들(예배, 교육, 선교, 봉사, 교제)을 이해하게 한다. 어떻게 해야 하나님과 바르게 교제하는 것인지, 주안에서 한 형제 자매된 자로서 서로 사랑하며 돕고 사는 일이 구체적으로 어떤 것이고 또 그것이 의미하는 것은 무엇인지를 알게 한다. 서로를 위해 기도하고 격려하며 돕는 일이 어디서부터 오고, 또 기도가 얼마나 중요한 일인지를 깨닫게 한다. 신앙생활에서 무엇을 기대해도 되고 또 기대할 수 있는지를 알게 된다. 처음 신앙을 가진 사람이 성숙한 기독교인으로서 성장하고, 또한 착한 행실이 바로 하나님과의 교제로부터 우러나온다는 것을 알 때, 기독교인은 그때 비로소 타인과 더불어 사는 방식을 체험하고 그 의미와 가치를 알게 되며 또한 비주체적인 삶이 아닌 주체적인 삶을 살 수 있다.

그렇다면 기독교의 핵심은 무엇이고 또 그것을 어디에서 찾을 수 있을까? 소위 '기독교의 본질에 대한 질문'에 대한 대답은 지금까지 여러 신학자들이나 목회자들에 의해 다양하게 시도되었다. 그런데 너무 상세한 것은 쉽게 접근하기 어려워 지루하게 만들고, 너무 피상적인 것은 별로 도움을 주지 못해 외면당했다. 그러다 보니 안타깝게도 본질이 간과되는 현실에 직면하게 되었다. 기독교의 회복을 위해서는 본질로 돌아가야 한다. 이구동성으로 하는 말이지만, 실제로는 매우 어렵다. 기독교의 본질을 찾을 수 있는 단서는 무엇일까?

기독교의 본질을 알기 위한 단서
: 요한복음 3장 16절

기독교의 본질과 관련해서 많은 것이 제안되었지만, 그중에 가장 많은 사람에게 지지를 받은 성경 구절은 요한복음 3장 16절이다.

> 하나님이 세상을 이처럼 사랑하사 독생자를 주셨으니 이는 그를 믿는 자

마다 멸망하지 않고 영생을 얻게 하려 하심이라.

기독교의 핵심으로 언급되고 있는 요한복음 3장 16절은 하나님의 사랑과 십자가의 관계를 떠나선 결코 이해될 수 없다. 하나님의 사랑이 중심이고, 그것의 구체적인 드러남이 십자가이다. 세상과 인간의 구원은 양자를 통해 분명해진다. 이 구절에서 기독교의 본질은 어떻게 이해되고 있을까?

이 구절이 들어 있는 본문(요 3장)은 니고데모와의 대화로 시작된다. 예수님은 니고데모와의 대화에서 중생(거듭남)을 이야기하시다가 갑자기 화두를 바꾸신다. 민수기에 나오는 한 사건을 언급하신 것이다.

출애굽 과정에서 광야를 걷던 중에 불평과 불만으로 가득했던 사람을 하나님은 독사로 심판하셨다. 이때 독사에 물려 죽어가는 사람이 살기 원한다면 장대 끝에 달린 놋으로 만들어진 뱀을 바라보아야 했다. 치료와 무관한 듯이 보이는 일이지만 바라본 사람은 살았고, 그럴 필요를 느끼지 않아 바라보지 않은 사람은 죽었다. 예수님은 이 이야기를 십자가 사건을 가리키는 데에 사용하셨고, 그 결과가 요한복음 3장 16절의 말씀으로 압축되었다.

이 말씀이 강조하는 내용은 이렇다. 하나님의 사랑을 받는(이미 받고 있는 자로 표현되고 있음을 기억하라!) 사람은 십자가에 달린 예수가 그리스도로서 나의 주님임을 인정하고 받아들이며 또한 고백하도록 부름 받는다. 왜냐하면 그래야 최초의 타락 이후로부터 배제된 영생, 곧 하나님의 생명을 얻을 수 있기 때문이다. 요한은 바로 이것을 중생이라 말한다. 중생은 다시 태어난다는 말이다. 이것의 의미는, 육체의 생명에서 하나님의 생명으로 태어나는 것이며, 땅에 속한 형상을 벗고 하나님의 형상을 새롭게 입는 일이다. 예수 그리스도를 믿음으로 죄가 용서받아 하나님께 의인으로 받아들여질 것에 대한 약속을 받는 순간이다. 이 일은 사람의 노력으로 되는 것이 아니라 오직 예수 그리스도를 믿는 자에게 성령이 역사함으로 가능해진다. 요한은 이것을 위해 '물과 성령으로 거듭나다'라는 표현을 사용하였다.

　요한복음 3장 16절은 기독교의 처음과 마지막을 담고 있다. 유대교와 다른 형태의 신앙으로서 기독교는 어떻게 발생했는지, 오랜 박해에도 불구하고 오늘날까지 지속될 수 있는 까닭은 무엇인지, 미래를 위해 기독교는 어떤 의미가 있는지, 하나님과 예수 그리스도는 누구인지 등을 이 구절을 통해 확인할 수 있다. 달리 말해서 요한복음 3장 16절은 기독교 과제의 하나로서, 기독교인은 누구이고, 무엇을 믿고, 또 무엇을 혹은 누구를 소망하는지를 설명한다.

　간단하게 요약한다면, 기독교의 과제는 하나님이 세상을 사랑하심으로 가능해진 일, 곧 기독교인이 하나님의 용서를 받아 하나님의 생명(새로운 생명)으로 살면서 하나님과 갖는 교제를 사람이 진리로 인정하고 또 받아들일 뿐 아니라 갈망할 수 있도록 합리적으로 설명하는 데에 있다(교의학). 그뿐 아니라 오랜 역사를 거치면서 종종 왜곡되어 나타난 잘못된 가르침과 관련해서 그것의 적합성을 판별하는 데에 있다(변증학). 기독교의 가르침은 비록 믿음을 갖게 하는 능력은 없으나 믿음을 더욱 공고히 할 뿐 아니라 잘못된 믿음과 그 결과로부터 벗어날 수 있도록 돕고 또한 믿음의 실현을 위해 담대히 살 결심을 갖도록 이유와 목적을 설명할 수는 있다.

　요한복음 3장 16절은 하나님과의 교제를 위해 기독교인으로서 무조건 받아들여야 할 하나님의 사랑을 말하고 있다. 기독교의 본질로서 하나님의 사랑은 경험으로 확인되기 이전에 모든 피조물에게 주어진 현실이다. 그것은 이미 창조를 가능하게 했고, 세상에 있는 모든 것의 존재를 가능하게 했다. 이것을 현실로 경험하게 하는 것은 하나님을 믿고 또 그의 선하심을 인정하고 받아들이는 것이다. 오직 믿음으로만 세상이 하나님의 말씀으로 지어진 것을 알게 된다. 믿을 때 비로소 세상 모든 만물이 하나님의 영광을 선포하고 있음을 알게 된다. 그러므로 사람이 하나님의 사랑을 대하는 가장 바람직한 태도는 기쁨과 감사다.

그러나 무엇보다 그 사랑 안에 담긴 그분의 아픔을 간과해서는 안 된다. 하나님의 사랑은 "하나님의 아픔에 기초한 사랑(기타모리 가조, 『하나님의 아픔의 신학』, 새물결플러스, 2017, 333)"이다. 사랑 받는 자로서 기쁨이 멜로디라면, 하나님의 아픔은 멜로디를 더욱 돋보이게 만드는 배음(背音)이라고 보면 되겠다. 사랑의 기쁨에 취해 그 사랑 때문에 겪어야 했던 하나님의 아픔을 간과하면 사랑의 깊이를 느끼지 못할 뿐 아니라 또한 사랑의 진정한 의미를 깨닫지 못한다. 하나님의 사랑을 생각할 때마다 거듭 배반하는 죄인을 감싸 안으시는 하나님의 아픔을 함께 염두해야 한다. 그때 비로소 우리는 사랑하기 힘든 사람을 사랑하는 법을 배울 수 있다. 기독교의 본질은 하나님이 우리를, 나를 이미 창세 전부터 사랑하셨고, 하나님은 살아 계시기 때문에 지금도 그 사랑은 계속되고 있고, 앞으로도 계속될 것이다 함이다.

묵상과 토의를 위한 질문

. . . .

- 기독교의 본질은 어떻게 나타나고 있는지 관찰해 보자.

- 기독교의 본질을 나타내는 적합한 방식은 무엇인지 말해 보자.

기독교인은
누구인가?

지금까지 사람이 궁금하면서도 종종 오해하고 있는 기독교의 본질을 '하나님은 세상을 사랑하신다'는 말씀에서 찾고 요한복음 3장 16절을 단서로 삼아 간략하게 살펴보았다. 기독교의 본질은 신앙과 신앙생활에 관한 많은 것을 설명할 수 있어 숙지하고 있으면 매우 유익하다. 만일 기독교의 본질을 오해하면 신앙은 왜곡된다.

한편 많은 사람이 오해하는 것은 '기독교인'이다. 내가 나를 잘 모르는 부분이 있듯이, 기독교인 역시 기독교인에 관해 잘 모르고 있는 것이 있으며 심지어 오해하고 착각하는 부분이 있다. 물론 비기독교인이 기독교인을 오해하는 부분은 더욱 크다. 따라서 그들의 말에 요동할 필요는 없지만, 간혹 내가 못 보는 것을 타인이 보듯이, 비기독교인의 말을 반성의 계기로 삼으면 좋을 것이다. 교회가 비판 받을 때 더욱 경청의 태도를 보여야 하는 이유다.

기독교인이 스스로를 오해하는 것 가운데 대표적인 모습은 스스로를 비기독교인과 구분하여 이해하려는 것이며, 교회 다니는 자와 교회에 다니지 않는 자, 세례자와 비 세례자를 구분하는 것이다. 그 결과 기독교인을 '하나님의 은혜와 사랑을 받는 사람'으로만 이해하는 것이다. 물론 틀린 말은 아니다. 그러나 여기에 머물러 있다면 크게 오해하는 것이며, 오히려 기독교의 본질에서 크게 벗어난다. 왜 그런지 살펴보자.

앞서 다룬 기독교의 본질과의 관계에서 기독교인의 모습을 살펴보려고 한다. 기독교인의 정체성을 이해할 때는 무엇보다 비기독교인과 비교하여 얻은 차별성에서 출발하지 않는 것이 중요하다.

이런 질문으로 시작해 보자. 세상에 있는 많은 사람들 중에 왜 나는 비기독교인이 아니고 기독교인인가? 부모가 기독교인이어서 선택의 여지가 없었기 때문이기도 하지만, 나중에라도 얼마든지 선택할 수 있음에도 여전히 기독교인으로 머물러 있는 까닭은 무엇일까? 특히 기독교가 비난을 받는 시대에 여전히 기독교인으로서 정체성을 유지하는 까닭은 무엇일까? 이런 질문을 하면 사람이 기독교를 어떻게 생각하는지가 드러난다.

기독교인으로서 정체성을 고수하는 이유를 생각하는 방향은 두 가지다. 하나는 나의 입장에서 보는 것이고, 하나는 하나님의 관점에서 생각하는 것이다. 전자의 경우에는 기독교가 진리이기 때문이고, 구원의 길이기 때문이라는 것이다. 무엇보다 나의 확신이 큰 역할을 하지만 기독교 자체가 주는 영향력에 압도되어 그렇게 말할 수도 있다. 한편으로는 다른 곳에서는 진리를 발견할 수 없기 때문이고 다른 한편으로는 기독교가 제시하는 길 이외에 다른 길을 알지 못했기 때문이다. 이렇게 생각하면 내가 기독교인인 까닭은 기독교에서 진리를 발견할 수 있었기 때문이다. 여기서 문제는 하이브리드 사회가 되면서 진리에 대한 확신이 점점 상대화되는 것이다. 결국 관건은 내가 무엇을 선택하느냐다. 중심에 내가 있게 된다. 기독교는 단지 진리를 발견하거나 진리를 실현하기 위한 매개로 전락할 수 있다. 만일 시대의 변화에 따라 더 확실한 것이 제시된다면 얼마든지 유연하게 대처할 수 있다.

이에 비해 후자의 경우에는 하나님의 부르심으로 이해한다. 내가 기독교인인 것은 하나님이 부르셨기 때문이다. 다른 많은 종교가 있지만, 나를 부르신 분은 여호와 하나님이다. 따라서 다른 종교에 진리가 있다 할지라도 그것은 오직 여호와 하나님의 부르심과 관련해서 생각할 수 있을 뿐이다. 내가 우선적으로 반응해야 할 분은 여호와 하나님이기 때문이다. 나는 왜 비기독교인이 아니고 기독교인가? 하나님이 예수 그리스도를 통해 부르셨기 때문이다. 이렇게 생각하면 기독교인으로서 해야 할 일이 분명해진다.

성경은 전자보다 후자의 입장을 지지한다. 다른 가능성이 없기 때문에 기독교인인 것이 아니라 하나님이 사랑하시고 또 부르셨기 때문이라고 말하기 때문이다. 그렇기 때문에 부르심에 대한 이유를 아는 것이 기독교인으로서 이 땅에서 살아가는 이유를 아는 길이다.

기독교의 본질 혹은 요한복음 3장 16절로부터 얻어 낼 수 있는 기독교인의 모습은 크게 다섯 가지다.

1. 기독교인은 예수 그리스도와 그의 사역을 믿음과 동시에 하나님의 사랑이 진실임을 인정하고 또 자기 안으로 받아들인다. 기독교인은 그 사랑을 누리면서 또한 세상에 전하기 위해 부름 받았다.

기독교인은 하나님이 세상을 사랑하신다는 사실을 담고 있는 징표다. 이로써 기독교인은 하나님의 사랑을 알지 못하는 사람에게 하나님의 사랑과 그 사랑이 어떠함을 전한다. 하나님의 사랑을 인정하기 어려운 상황에서 그 사랑이 실재하고 진실하며 또한 세상을 향해 쏟아지고 있음을 확인시키고 또 그것에 대한 증거를 전한다. 그 뿐 아니라 예수 그리스도를 믿고 하나님의 사랑을 받아들일 때 어떻게 변화된 삶을 살게 되는지 나타낸다. 기독교인은 자신을 통해 사람이 하나님의 사랑을 간접적으로 경험할 수 있도록 영향을 끼치는 사람으로서 부름 받는다.

2. 기독교인은 자신이 하나님의 피조물이며 또한 새롭게 창조될 것(부활, 영생)을 믿는다.

요한복음 3장 16절은 무엇보다 먼저는 하나님이 세상에 주목하고 계심을 말한다. 세상은 하나님이 창조하신 '천지'를 가리킨다. 보이는 것은 물론이고 보이지 않는 것을 포함한다. 하나님의 말씀에 의해 질서 잡힌 세상이며 하나님이 거하시며 안식하시는 곳으로 선택된 곳이다. 하나님은 창조하심으로 세상에 당신을 나타내심과 동시에 세상에 대한 당신의 사랑을 나타내셨다. 사랑은 없는 것을 있게 만들기 때문이다. 그리고 세상을 창조하심으로 세상과의 관계에서 당신이 어떤 분이심을 나타내셨다. 세상은 하나님의 피조물이다. 피조물로서 하나님의 통치를 받는다. 이것은 믿음을 떠나서는 결코 볼 수 없는 하나님의 세계다.

이처럼 세상을 창조하시고, 다스리시는 분으로서 하나님은 피조물인 세상을 사랑하셨다는 것이 요한복음 3장 16절의 핵심 내용이다. 이에 따르면, 하나님은 세상을 사랑하신 분으로 혹은 세상을 사랑하심으로 당신을 세상에 나타내신다. 이 사실은 기독교인 이해에 있어 어떤 의미로 작용할까?

일반적으로 볼 때 삶의 모습은 목표를 통해 구체화된다. 목표는 과제를 인지하게 하고 문제 해결의 특징을 각인한다. 목표는 대개 자신의 욕망에 따라 세워지고 삶의 모양은 그 목표에 따라 형성된다. 목표와 정체성의 상관관계에 비춰볼 때, '나'는 나 스스로의 노력과 힘에 의해 구성된다. 그렇다보니 인간은 외부의 간섭을 싫어하게 되고 자신을 삶의 주인으로 여긴다.

그러나 기독교인은 하나님의 사랑을 통해 정체성을 얻는다. 기독교인이란 하나님의 사랑을 받는 존재이다. 피조물로서 세상 모두가 사랑을 받지만, 그 사랑을 예수 그리스도를 믿음으로 무조건적으로 받아들이고 또 그 사랑이 자신에게 결실하도록 순종한 사람들 그리고 그 사랑을 세상에 전하도록 부름 받은 사람이 기독교인이다. 이것은 내가 원한다고 해서 되는 일이 아니다. 교회의 회원으로 가입하면 자동적으로 기독교인이 되지만, 성경이 보는 시각은 다르다. 인간이 하나님의 형상에 따라 만들어졌다고 고백하듯이, 기독교인 역시 스스로를 하나님의 사랑에 의해 빚어진다고 믿고 고백한다. 하나님의 형상으로 만들어졌다는 것이 인간에 대한 성경의 관점이지만, 특히 신약은 '그리스도의 형상'을 말하고 또 여기에 덧붙여 하나님의 사랑과 은혜에 의해 예수 그리스도를 믿음으로 거듭난 존재라고 본다. 물론 하나님의 사랑은 모든 피조물에게 향하지만 모든 피조물이 그 사랑을 받아들여 하나님과의 교제 안에 들어가는 것은 아니다. 이에 비해 하나님과의 교제를 누리며 하나님의 존재와 그분이 세상을 어떻게 사랑하시는지를 예배와 이웃 사랑을 통해 드러내도록 특별히 부름 받는다. 예수 그리스도를 통해 나타난 하나님의 사랑을 믿음으로 받아들인 자로서 기독교인은 하나님의 사랑을 누릴 뿐 아니라 또한 그 사랑을 세상 가운데 나타내며 살도록 부름 받는다. 새로운 존재와 새로운 삶으로 부름 받는다. 이렇게 생각해야 하고 또 믿어야 하는 이유는 하나님의 피조물임은 물론이고 또한 새롭게 창조될 것(부활, 영생)이기 때문이다.

3. 기독교인은 하나님이 존재하시는 것과 그분의 말씀이 진리임을 삶의 변화로(성품으로) 증거한다.

하나님은 가치로 환산할 수 없다. 절대적인 존재이기 때문이다. 다른 어떤 것과 비교할 수 없기 때문에 가치를 말할 수 없다. 사람들은 최고의 가치와 관련해서 신을 말하지만, 기독교인은 가치나 의미가 아니라 존재와 관련해서 특히 자신의 존재의 변화를 통해 하나님을 말한다.

기독교인의 가치관은 믿음을 통해 표현된다. 이와 관련해서 반드시 기억해야 할 사실은 '나' 자신에 의해서 '나의 모습'이 결정되지 않고 오직 '하나님'으로부터 '나'의 모습이 만들어진다는 것이다. 기독교인에게 '의미'란 하나님 자신이기 때문이다. '내가 누구인가?'라는 질문의 대답은 하나님께서 마지막 날에 분명하게 보여 주실 것이다. 요한일서 3장 2절에는 이렇게 기록되어 있다.

> 사랑하는 자들아 우리가 지금은 하나님의 자녀라 장래에 어떻게 될 것은
> 아직 나타나지 아니하였으나 그가 나타내심이 되면 우리가 그와 같을 줄
> 을 아는 것은 그의 계신 그대로 볼 것을 인함이니.

예수 그리스도를 믿으면 하나님의 자녀로서 영생을 약속받으며, 마지막 날에 하나님의 자녀는 영생을 얻는다. 그때 나를 이미 만들어 놓으시고 또 나에게 분명하게 보여 주실 하나님을 만날 것이다. 따라서 기독교적 인간 이해는 종말론적인 지평을 갖는다. 이 점을 가장 분명하게 주장한 신학자는 독일 신학자 게르하르트 자우터(Gerhard Sauter)다. 그는 『숨겨진 생명－신학적 인간학』(Das verborgene Leben. Eine theologische Anthropologie, 2011)이란 제목의 책에서 인간을 종말론적인 지평에서 이해했다. 인간이 자신을 아는 것조차도 종말에 가서야 이루어질 것이다. 이에 따르면, 과거와 현재의 나를 통해 혹은 앞으로 되어질 것을 짐작하고 예측하는 중에 자신을 규정하는 일은 없어야 한다.

하나님에 의해 만들어질 것을 믿음으로 무조건적으로 받아들이고, 그것이 장차 드러날 것을 기대하며 살기 때문에, 기독교인은 자신이 가장 소중하다고 여기는 것을 부둥켜안고 살아가거나 자신이 세운 가치관과 판단 기준을 내세우며 살지 않는다. 내가 나 자신에게 의미를 부여하지 않으며, 자신이 부여한 의미로 자족하며 살지 않는다. 이것들은 단지 내가 나를 만드는 도구에 불과하기 때문이다. 기독교인은 나의 가치와 판단 기준 그리고 나의 가장 소중한 것을 하나님의 진리 아래 내려놓는다. 하나님의 말씀에 따라 삶의 변화가 내게 일어나도록 함으로써 하나님의 말씀을 최우선 가치로 삼는다. 그리고 하나님의 말씀을 확신을 갖고 전하면서 하나님의 뜻이 이루어지

도록 말씀에 순종하면서 살아간다. 하나님이 당신의 백성을 판단하시는 목적은 정죄하는 것이 아니라 다시 살리는 데 있다. 우리를 살아 있는 존재로 새롭게 만들면서 당신과의 교제가 지속될 수 있도록 하신다.

4. 기독교인은 모든 일에서 하나님이 옳다고 인정한다

말씀에 순종하는 일은 나의 것보다 하나님의 것이 더 옳고 진리라는 것을 인정할 때 가능해진다. 우리가 받아들이기 어렵고 또 결코 수긍할 수 없는 일을 만나더라도, 그것이 하나님이 원하시는 일이라면, 오직 그 이유 하나만으로 우리의 고집과 신념과 주장을 접을 수 있을 때 순종할 수 있다. 이것이 믿음이다. 믿음은 하나님이 옳다고 인정하면서 무엇보다 하나님의 사랑을 내 안으로 받아들이는 것이다. 하나님이 하시는 일이 내게 일어나고 또 나를 통해 이루어지도록 나를 내어 드리는 것이다.

하나님과 그분의 말씀을 신념이 아닌 믿음으로 받아들여야 할 이유가 있다. 왜냐하면 신념은 나의 기준에 따라 하나님을 받아들이게 하지만, 믿음은 내 가치관과 신념을 내려놓고 하나님이 스스로를 나타내 보이시는 대로 받아들이는 일이기 때문이다. 하나님의 뜻은 우리를 다시 살아나게 할, 심지어 하나님의 생명(영생)을 갖도록 하는 데에 있다. 그래서 기독교인은 고난 받는 것을 즐겨하지는 않아도 그것이 올 때 결코 마다하지는 않는다. 왜냐하면 고난은 하나님의 뜻이 내게 이루어지게 함으로써 겪는 고통이기 때문이고, 또한 현재의 고난보다도 미래에 얻을 영광에 대한 소망이 더욱 크기 때문이다. 믿음의 시련을 겪으며 인내하는 동안에는 하나님이 내 안에서 일하신다. 그래서 고난을 당하는 동안에도 하나님이 옳다고 인정하도록 하신다. 고난 중에 인내하고, 고난 중에 소망함으로써 하나님께 영광을 돌린다.

예수 그리스도는 비록 십자가에서 죽음을 당했지만, 약속대로 사흘 후에 부활하셨다. 새로운 창조로서 부활은 하나님의 약속은 반드시 이루어짐을 보여 주는 증거이며, 또한 세상이 하나님에 대해 어떻게 말한다 해도 결국 하나님이 행하시는 일이 옳음을 확증한 사건이다.

5. 기독교인은 자신의 변화(성품의 변화)를 실천하고 또 기대한다.

성령이 내 안에서 일으키신 변화를 믿음으로 실천하고 기대하는 현상은 그만큼 변화해야 할 이유가 있기 때문이지만, 다른 한편으로는 그만큼 변화가 힘들기 때문이다. 변화는 하나님의 행위와 말씀에 대해 반응하는 일에서 꾸준할 때 일어난다. 또한 하나님이 하시는 일이 자신에게 일어나도록 할 때 발생한다. 게르하르트 자우터는 하나님이 하시는 일을 자신에게 일어나도록 하는 것을 섬김이라고 했다. 섬김의 본질은 나의 노력과 정성을 보이는 일이 아니라는 것이다. 섬김에서 관건은 나의 수고를 통해 하나님의 뜻이 이루어지는 것이다. 인간은 하나님을 섬기는 중에 자신의 변화 곧 성품의 변화를 경험한다. 성경을 통해 기독교인은 자신이 왜 변화해야 하는지 그 이유를 알고 있고, 또한 변화를 거부하는 인간의 본성을 잘 알 수 있기 때문에 변화와 관련해서 강한 책임감을 갖는다.

기독교인이 성품에서 변화해야 하는 이유는 하나님은 기독교인이 이미 이 땅에서 하나님 나라의 백성으로 살도록 허락하셨고 또 그렇게 살도록 요구하시기 때문이다. 하나님 나라 백성답게 살면서 기독교인은 먼저는 참으로 예배하는 자가 되고, 더 나아가서는 하나님 나라가 어떠함을 확신 있게 전한다. 그럼으로써 함께 하나님을 예배하고 하나님 나라의 백성으로 살게 한다. 또한 장차 오실 예수 그리스도를 소망하는 일에 동참하게 한다.

기독교인은 예수 그리스도를 믿음으로써 마땅히 회개해야 할 이유를 알고 있고, 또 죄 용서와 더불어 주시는 하나님의 약속에 대한 기대와 소망 때문에 하나님을 신뢰하는 가운데 '나의 변화'를 간절히 원하고, 이런 변화를 결코 두려워하거나 아쉬워하지 않는다. 왜냐하면 첫째, 뱀에게 물린 사람이 장대 끝에 달린 놋 뱀을 바라보면 살고 보지 않으면 죽었듯이, 변화는 내 안에 그리스도가 거하심을 나타내는 표로서 죽음에서 생명으로 옮겨지기 때문이다. 예수 그리스도를 믿음으로 일어나는 기독교인의 변화를 중생이라 한다. 둘째, 나의 나됨은 오직 하나님에 의해서만 새롭게 만들어지기 때문이다. 이것을 보통은 '성화(聖化)'라 하는데, 기독교의 다양한 가르침은 이런 변화가 기독교인의 일상에서 일어날 수 있도록 돕는 내용을 담고 있다. 거룩한 변화는 내 삶이 예수 그리스도의 삶이 되게 하는 일이다. 이것에 가치를 두고 살아야 비로소 변화의 가능성이 있다. 따라서 기독교인은 교회의 가르침을 꾸준히 받고 또 가르침이 삶의 현실로 나타나기까지 훈련을 멈추지 않아야 한다. 사도 바울이 말한 것처럼(갈 6:17) 예수님의 흔적이 나타날 때까지 계속되어야 한다.

6. 기독교인은 타인과 사회의 변화에 기여한다

요한복음 3장 16절 말씀이 담고 있는 복음, 곧 하나님이 사랑하신다는 사실은 기독교인들 뿐 아니라 모두를 위한 것이다. 영생을 얻을 기회로 예수 그리스도에 대한 믿음이 주어졌지만, 현재 믿지 않거나 볼 수 없거나 들을 수 없거나 혹은 경험할 수 없는 사람을 위해서도 주어졌다. 기독교인은 다른 사람보다 먼저 은혜로 하나님의 사랑을 받아들여 영생의 소망을 가졌을 뿐이며, 기독교인의 과제는 다른 사람들도 영생의 소망에 참여할 수 있게 하는 일이다. 굳이 왜 다른 사람의 소망까지 고려해야 하는가 하면, 하나님은 세상을 사랑하시기 때문이다. 하나님은 성부와 성자와 성령 하나님의 상호 관계 속에 계실 뿐 아니라 전혀 이질적인 존재인 인간의 구원을 위해서도 존재하신다. 하나님의 형상에 따라 지음을 받은 인간은 개인과 사회와 국가 그리고 세계와의 관계 안에서 존재한다.

곧 기독교인은 먼저 하나님과의 관계에서 변화가 일어나기를 원할 뿐 아니라, 또한 이러한 변화가 다른 사람들, 즉 나의 가족, 친척, 친구, 이웃 그리고 사회와 국가와 세계에도 일어날 수 있도록 힘쓰는 사람이다. 그렇다고 강제적으로 변화시키려하지는 않는다. 다만 자신의 변화된 모습을 보임으로써 다른 사람이 성령이 일으키실 변화를 받아들일 수 있도록 도울 뿐이다. 사회와 국가가 하나님의 뜻에 머물 수 있도록 헌신하며 섬기는 것을 자신의 과제로 삼는다. 이것이 바로 제자의 본질적인 모습이며 또한 기독교인을 하나님의 은혜와 사랑을 받는 것으로 만족하지 않고 오히려 그 은혜와 사랑을 전하는 자로서 이해해야 하는 까닭이다. 타인의 변화에 기여하는 일은 구체적으로 품성 형성과 영성 훈련 기반의 이웃 사랑과 선교를 통해 이루어진다. 품성 훈련과 영성 훈련이 먼저 나 자신의 변화를 위한 과정이라면, 이런 훈련을 기반으로 행하는 선교는 이웃 사랑의 가장 분명한 방식이다.

기독교인이 다른 사람의 변화를 도울 수 있는 가장 중요한 방법은 말씀대로 사는 삶이며, 이것이 변화를 일으킬 수 있다고 믿는 가장 중요한 이유는 말씀에 순종하는 삶을 통해 성령이 역사하기 때문이다. 따라서 다른 사람을 변화시키려고 노력하기보다는 먼저 자신의 삶이 하나님의 말씀에 따른 것이 되도록 노력하는 것이 바람직하다. 성품의 변화가 가장 확실한 방법이다. 기독교인의 좋은 성품과 그에 따른 올바른 삶을 사용하여 다른 사람에게 영향력을 미치는 주체는 성령 하나님이시다.

지금까지 요한복음 3장 16절 말씀을 바탕으로 기독교인의 여섯 가지 특징을 살펴보았다. 기독교의 본질, 곧 예수 그리스도의 복음은 하나님의 말씀과 행위를 통해 세상 가운데 현실이 되지만, 하나님은 다른 누구보다도 먼저 부르신 기독교인을 통해 세상 가운데 나타나시는 방법을 택하였다. 비 기독교인과 함께 살아가는 현실에서 은혜로 그들을 먼저 부르신 것이다. 나는 왜 기독교인이고 비 기독교인이 아닌지에 대한 질문은 하나님의 부르심으로 대답할 수 있을 것이다.

묵상과 토의를 위한 질문

- 기독교인의 정체성을 정리해 보라.

- 나는 어떤 의미에서 기독교인인지 생각해 보라.

- 기독교가 세상으로부터 비판받는 이유와 기독교인이 본질의 관계에 대해 이야기해 보자.

- 어떤 방법이 기독교인의 영향력을 높이는 가장 적합한지 토의해 보자.

하나님 앞에서 사는 삶
coram Deo

독처무자기,
신독

전해지는 바에 따르면 다산 정약용이 18년간의 유배생활 중에도 신념을 잃지 않고 살 수 있었던 것은 '독처무자기(獨處無自欺)' 때문이라고 한다. 『해동소학』에 나오는 말인데, 홀로 있을 때 더욱 자신을 속이지 말라는 의미로, 신독(愼獨)과 유사한 뜻으로 사용되는 말이다. 신독은 유교적인 삶의 이상으로 꼽히는 태도다. 남들이 보지 않는 곳에서, 즉 혼자 있을 때 스스로 삼간다 함이다. 남이 보지 않는다 해도 도리에 어그러짐이 없도록 몸가짐을 바로 하고 언행을 삼가는 태도를 가리킨다. 이것은 사서삼경 중 하나인 대학(大學)에서 나오는데, 중용(中庸)에서도 비슷한 표현이 나타난다.

> 군자는 보지 않는 곳에서 삼가고(戒愼乎 其所不睹), 들리지 않는 곳에서 스스로 두려워한다(恐懼乎 其所不聞).

신독은 유학에서 군자의 태도로 꼽힐 정도로 개인 수양을 통해 이를 수 있는 최고 단계이다. 유교 덕목인 인의예지신(仁義禮智信)은 타인과의 관계에서 갖춰야 할 것들이나, 여기에 신독을 더해 비록 타인이 부재한다 해도 하늘과의 관계에서 한 점 부끄러움이 없는 삶을 최고로 여긴 것이다. 공자는 나이 70에 '종심소욕불유구(從心所欲不踰矩)'라 했다. 마음이 가는 대로 살지만, 하늘의 법도를 어기지 않는다 함이다. 오랜 수양 끝에 이른 군자의 경지이며, 이런 경지에 이르게 되면 마음이 가는 대로 자유자재로 살아도 하늘의 뜻에서 벗어나지 않는 삶을 누릴 수 있다. 얼마나 고귀한 경지이며 얼마나 무애한 삶이며 또한 얼마나 아름다운 일인가.

하나님
앞에서

독처무자기 혹은 신독에 해당하는 말을 기독교에서 찾는다면 "하나님 앞에서(coram Deo)"일 것이다. 영어적인 표현으로는 'in front of God'이나 'before the face of God'이다. 이 말은 특별히 기독교인은 사람 앞에서나 세상 앞에서 살지 않는다는 점을 강조한다. 비록 사람과 세상에 대해 책임감을 갖고 살아도, 하나님보다 더 우선적인 가치를 그것들에 두지 않는 삶을 말한다. 음악의 아버지로 알려진 요한 세바스티안 바흐(Johann Sebastian Bach)는 자신이 쓴 곡에다 항상 'soli Deo gloriam(오직 하나님께 영광을)'의 첫 글자인 SDG를 기입했다고 한다. 이 말은 마르틴 루터(Martin Luther)의 종교개혁의 원리로 알려진, '오직 은혜', '오직 믿음', '오직 성경', '오직 예수 그리스도'와 더불어 코람 데오의 또 다른 표현이라고 볼 수 있다.

기독교인은 하나님을 주님으로 인정할 뿐 아니라 또한 그의 경건한 삶을 본 다른 사람들도 함께 하나님을 주로 인정할 수 있도록 부름 받다. 칼빈(John Calvin)은 『기독교 강요』(CR로 약함)에서 이런 경건을 가리켜 말하기를 하나님 앞에서 사는 삶이라고 했다. 감각적으로 확인할 수 없는 하나님을 믿고 있고 또 그분을 참 하나님으로 인정한다면 어느 곳에 있든지 또 언제든지 하나님이 지켜보신다는 생각을 하며 살아야 한다는 말이다. 만일 인간이 모든 일에서 이런 태도로 살아야 한다면 신경쇠약에 걸릴 수 있다. 본질적으로 자기 뜻대로 살기를 고집하는 인간은 하나님의 뜻에 자신의 뜻을 온전히 굴복시킬 수 없기 때문이다.

구원은 결코 선한 삶으로 얻는 것이 아니다. 그렇다고 선한 삶이 불필요하다는 것은 아니다. 신독 혹은 독처무자기가 아무리 도덕적인 삶을 위해 가치 있는 덕목이기는 해도 기독교는 이것을 구원의 도리로 받아들이지 않는다. 비록 힘든 여정이라도 할 수 있는 한 하나님 앞에서 살도록 노력하는 것, 그것을 가리켜 칼빈은 경건이라 말했다. 어떤 경건도 구원의 능력으로 작용하진 않는다. 경건은 하나님의 구원을 실천하는 삶으로 드러내는 삶의 태도다. 인간은 하나님의 오래 참음과 용서 없이는 하루도 살 수 없는 죄인이다. 그래서 칼빈은 자신의 설교를 통해서 인간을 하나님 앞에 세우기 위해 다방면으로 노력했다.

하나님 앞에서
산다는 것은?

기독교인의 삶의 모형으로 '하나님 앞에서 산다'는 것은 무엇인가?

앞서 말한 대로 첫째, '오직 은혜'에 의지하는 삶을 말한다. 인간은 자신의 생각과 의지에 따라 살 수 있는 가능성이 있어서 그것을 현실로 옮겨 놓으려 한다. 하나님은 인간이 당신의 은혜로 살면서 영생하기를 원하셨지만, 인간은 그것보다 자신의 능력에 의지하여 사는 방법을 선택하여 사망을 면치 못하게 되었다. 오직 은혜로 산다 함은 스스로 보기에 자신이 아무리 큰 능력을 가지고 있는 것 같아 보여도 하나님 앞에 내려놓고, 하나님이 주시는 은혜로 만족하며 또 그 은혜 아래 머무는 것이다. 은혜 이상의 수준에 이르려고 하지 않는다 함이다. 왜냐하면 오직 은혜로만 하나님의 평안과 안식을 얻을 수 있기 때문이다. 여기서 벗어나거나 더 나은 것이라 여겨지는 것은 아무리 좋아 보여도 실상은 하나님 앞에서 사는 삶에 기여하지 못한다.

둘째, 하나님 앞에서 산다 함은 '오직 믿음'으로 사는 것이다. 오직 믿음으로 산다 함은 나의 공로를 주장하지 않고, 예수 그리스도의 십자가를 통해 주어진 하나님의 의를 받아들여 예수 그리스도의 충만함을 삶으로 나타내며 사는 것이다. 믿음은 예수 그리스도를 통해 계시된 하나님의 사랑을 인정하고 또 받아들이는 자에게 하나님이 주시는 선물이며, 하나님의 충만함에 머물면서 그 사랑이 이웃 사랑으로 나타나게 하는 것이다.

셋째, 하나님 앞에서 산다 함은 '오직 성경'으로 사는 것이다. 이는 하나님의 말씀을 진리로 여기며, 하나님의 말씀이 현실이 되도록 사는 것이다. 하나님이 보시기에 좋은 세상은 하나님의 말씀이 현실이 될 때다. 그러므로 아무리 내 생각과 뜻이 옳게 보인다 해도 만일 그것이 성경의 가르침과 일치하지 않는다면 성경을 해석하여 자신의 뜻에 맞추려하지 말고 과감히 내려놓을 수 있어야 한다. 하나님이 우리를 통해 당신의 뜻을 이루시도록 내어드려야 한다. 하나님의 말씀이 현실이 될 때 세상은 새롭게 창조되고 하나님이 보시기에 좋다는 평가를 받는다.

넷째, 하나님 앞에 산다 함은 '오직 예수'로 사는 것이다. 하나님은 예수 그리스도를 통해 세상과 화목하셨고 또 당신의 뜻을 나타내 보이셨다. 예수 그리스도를 지지하지 않는 가르침이 아무리 듣기에 좋고 깨달음이 깊다 해도 하나님 앞에서 살기 원한다면, 기독교는 그런 가르침을 구원의 도로서는 과감히 내려놓는다. 오직 예수 그리스도만이 구세주이시며, 오직 그의 십자가의 공로에 의지하는 자만이 죄 용서를 받을 수 있다고 믿기 때문이다.

다섯째, 하나님 앞에 산다 함은 오직 하나님께만 영광을 돌리는 삶이다. 먼저는 하나님 이외의 다른 것에 최고의 가치를 두지 않고, 나 자신이 하나님의 영광을 취하지도 않는다. 하나님께 영광을 돌린다 함은 우리의 말과 행위를 보고 사람이 우리가 믿는 하나님이 참 하나님임을 인정할 수 있도록 하는 것이다. 예수님은 우리의 착한 행실을 보고 하늘에 계신 너희 아버지께 영광을 돌리게 하라 말씀하셨다. 먹든지 마시든지 무엇을 하든지 우리를 지켜보는 사람이 하나님을 인정할 수 있을 때, 하나님은 영광을 받으신다. 칼 바르트(Karl Barth)는 하나님의 영광을 하나님의 주님 되심이며, 또한 이것이 세상에 계시될 때 아름답게 느낄 수 있게 하는 미학적인 표현이라 말했는데, 이렇게 본다면, 하나님의 영광은 기독교인의 삶을 지켜보는 사람들에 의해 발견되는 것으로 이해된다. 우리의 선한 행위를 본 사람이 발견하는 것이 하나님의 영광이다. 곧 사람들은 우리의 행위를 보고 하나님의 참 하나님 되심을 고백하며, 우리는 사람의 고백을 통해 하나님의 영광을 본다. 우리는 하나님 앞에서 산다는 것은 이런 일이 일어나도록 하는 삶이다.

묵상과 토의를 위한 질문

· 하나님 앞에서 산다는 것은 무엇입니까?

· 보이지 않는 존재에 대한 바람직한 태도는 어떻게 배울 수 있을까?

· 하나님 앞에서 사는 신앙을 실천하지 않음으로써 나타나는 문제는 무엇일까?

신앙과
신앙생활

신앙과
믿음

신앙의 의미와 관련해서 기독교인에게서 흔히 들을 수 있는 오해 중 하나는 신앙을 믿음과 동일시하는 것이다. 영어에서는 신앙(faith)과 믿음 (belief)을 구분하여 사용하고 있거니와 믿음과 신앙이 나오는 말의 문맥을 살펴보면 두 단어의 의미가 조금은 다르다는 사실을 알 수 있다. 예컨대 나는 하나님을 믿는다고 말하지 신앙한다고 말하지 않는다. 구별하여 사용하는 것은 어감에서 차이가 있기 때문이다. 물론 어감의 차이가 반드시 의미의 차이를 의미하는 것은 아님을 먼저 인정하고 넘어가자.

영어에 비해 독일어에서는 구분이 명확치 않다. 다만 신앙이란 뜻에 Anbetung(안베퉁, 신을 대하는 태도)의 의미를 첨가해서 믿음과 어느 정도 차이가 있음을 밝히고 있다. 그러므로 믿음은 예수 그리스도를 통해 계시된 하나님과 그분의 행위에 대한 지적인 동의와 수용 그리고 그것을 확신을 갖고 말하는 것이라면, 신앙은 믿음을 갖고 있는 사람이 신앙의 대상에게 보이는 태도를 포함한다. 신앙은 구체적으로 말해서 예배하다 혹은 신뢰하다는 의미라고 보면 되겠다.

독일어와 같이 한국어에서도 그 구분이 명확하지 않다. 믿음은 한국어이고, 신앙은 한자어라는 차이로만 인지되는 것 같다. '신앙하다'는 말은 '믿다'와 대체로 같은 의미로 사용된다. 예컨대 '신앙고백'은 '믿음의 고백'과 동일한 의미로 쓰인다. 단지 지적인 동의만이 아니라 고백의 대상을 신뢰하는 것을 포함하는 일이기 때문이다.

그런데 마커스 보그(Marcus J. Borg)는 『그리스도교 신앙을 말하다』(비아, 2013)에서 말의 어원적인 맥락을 고려하여 '믿다'를 '믿다와 사랑하다'로, '신앙하다'를 '신뢰하다'로 설명하였다. 귀신도 하나님을 믿지만 사랑하지 않은 것처럼 거짓된 믿음은 믿음의 현상은 보일 수 있지만 믿음의 대상을 사랑할 수 없다. 이에 비해 참된 믿음은 믿을 뿐 아니라 또한 믿음의 대상을 사랑한다. 신앙은 믿음을 전제하고 믿음의 대상을 전폭적으로 신뢰하는 것을 의미한다고 보았다.

마커스 보그의 설명은 매우 설득력이 있는 것 같다. 한 가지 첨언하고 싶은 것이 있다면, 믿음의 세 가지 특징이다. 믿음은 예수 그리스도를 통해 계시된 하나님과 그분의 행위를 지적으로 동의하고(진리로 인정하고), 동의한 것을 받아들이며(그대로 따르며), 그것이 진리임을 증거하는 것까지 포함한다. 이것은 칼 바르트가 사도신경을 해설하면서 언급한 내용이다. 바르트 역시 독일어로 신학한 학자이기 때문에 믿음과 신앙을 특별히 구분하지 않고 설명하였다. 바르트가 믿음을 인간의 행위로 본 것도 특별하지만 그밖에 또 다른 특별한 점이 있다면 진리로 인정하고 신뢰하는 것에 증거 행위를 덧붙인 것이다. 증거 행위 없는 믿음은 부족한 믿음이라 할 수 있다.

'믿음'과 '신앙'이 비록 한국어 의미와 한국어 용례에서는 분명하게 구분되지 않지만, 기독교 신앙이 서구에서 유래한 만큼 이곳에서는 두 낱말을 서구적인 이해를 따르는 것이 좋겠다고 생각한다. 그렇지 않으면 동양 종교에서 말하는 의미에 천착해서 말해야 하기 때문이다.

구원을 위한 믿음은
하나님의 선물

기독교 신앙은 인간의 행위의 측면이 없지 않지만 구원을 위한 믿음은 전적으로 하나님의 선물이다. 인간에게서 나오는 믿음은 종교적인 확신 혹은 신념과 다르지 않다. 기독교는 비록 제도적으로는 종교로 분류되고 있기는 해도 종교와는 본질에서 분명히 다르다. 기독교 신앙의 특징은 믿음의 내용이 '우리 밖에서(extra nos)' 주어지는 데에 있기 때문이다. 외부로부터 주어진 것이기 때문에 우리의 것이라 주장할 수 없다. 이 믿음은 구원의 능력으로 작용하는 것으로 하나님의 선물이다. 이 믿음과 관련해서는 믿음이 있다고 혹은 믿음이 강하다고 자랑할 수도 없고, 믿음이 연약하다고 비난할 수도 없다. 신앙을 소중히 여기면서도 우리의 것이 아니기 때문에 때로는 소홀히 생각하기도 한다. 주어진 것을 바로 알고 또 그것을 어떻게 받아들이느냐에 따라 신앙에 대한 삶의 태도가 달라진다.

신앙은 물건 같은 것이 결코 아니며, 싸구려는 더욱 아니다. 예수 그리스도의 죽음과 부활을 매개로 그리고 그것을 믿는 우리에게 하나님이 성령을 통해 주신 것이다. 돈으로나 권력으로 결코 얻을 수 없으며 또한 무엇으로도 가치를 평가할 수 없을 정도로 가치가 있는 것이며, 비록 거저 주어진 것이라 해도 아무렇지도 않게 받을 성질의 것은 더욱 아니다. 한 인격의 희생과 헌신의 결과이기 때문이다. 무엇보다 하나님이 스스로 인간이 되면서까지 당신이 원하시는 것을 얻기 위해 우리에게 주신 것이다. 곧 하나님은 세상의 구원을 원하셨고 이를 위해 신앙을 선물로 주셨다. 그러므로 신앙은 세상을 죄로부터, 마지막 심판으로부터 세상을 구원하기 원하신 하나님이 아들 예수 그리스도를 보내시어 세상이 받을 죗값을 대신 치르게 하심으로 인간으로 하여금 그 은혜를 누릴 수 있게 하신 기회이며 선물이다.

기독교 신앙의 관건은 예수 그리스도를 믿음으로 의롭다 여김을 얻고 은혜를 누리고 또 그것을 이웃에게 나누면서 의식적으로나 삶을 통해 하나님께 예배하는 데에 있다. 신앙은 하나님이 은혜로 주신 것을 내 것이 되게 한다. 신앙의 의의는 은혜를 주신 분이 성경의 하나님임을 인정하고 그분을 높이는 데에 있다. 신앙은 우상 숭배자를 변화시켜 하나님을 예배하는 자가 되게 한다. 신앙이 없이는 하나님을 기쁘시게 하지 못할 뿐 아니라 하나님이 기뻐하시는 방식으로 예배하지 못한다.

살아 있는 신앙은
결실한다

한편, '신앙생활'이란 말에 들어 있는 '생활'은 무생물이 아니라 오직 살아 있는 것과만 결합하여 사용한다. 혹시 추상적인 명사나 설령 무생물에 사용된다 해도 살아 있는 자의 특정 행위를 표현하기 위해 유비적으로 사용된다. 예컨대 독서생활, 문화생활 등에서 독서나 문화는 그 자체로는 살아 있는 것들이 아니지만, 살아 있는 사람의 특정한 행위를 전제한다.

마찬가지로 신앙에 생활을 덧붙여 사용하여 '신앙생활'을 말한다면, 신앙 자체가 생명력을 갖거나 아니면 신앙을 가진 사람의 특정한 행위를 가리키는 말로 이해한 것이다. 곧 하나님의 말씀과 행위에 적합하게 반응하는 삶과 세상을 향한 하나님의 뜻이 세상에서 분명하게 드러나도록 하는 일체의 삶의 모습을 가리킨다. 신앙을 가진 자들의 특정한 행위를 지칭한다. 예배, 교제, 봉사, 선교 등에 참여하는 일을 말한다. 특이할 사항은 신앙 자체가 생명력을 갖고 있는 것이다. 하나님의 선물로서 신앙은 그 자체로 생명을 갖는다. 인간이 스스로 얻거나 혹은 자의적으로 버릴 수 있는 것이 아니다. 왜냐하면 신앙은 성령의 사역에 의존하기 때문이다.

야고보서 기자는 신앙과 관련해서 삶과 죽음을 말했는데, 이는 생활에서 성령의 뜻을 현실로 나타내느냐 그렇지 않느냐를 두고 한 말이다. 달리 말한다면, 죽은 신앙 혹은 살아 있는 신앙이란 신앙을 가진 사람이 죽었거나 살았다는 것을 말하지 않는다. 신앙에 담겨 있는 생명력을 나타내느냐 그렇지 않느냐를 가리키는 표현이다. 신앙의 생명력을 나타내는 사람은 살아 있는 자요, 그렇지 않다면 비록 살았다 해도 하나님 편에서 볼 때 죽은 것이다. 하나님에 대해 진심으로 반응하는 신앙은 살아 있는 신앙을 가진 것이고, 반응하지 않은 사람은 스스로 아무리 믿는다 말해도 실상은 죽은 신앙을 가진 것이다.

신앙생활이란 신앙을 가진 사람이 신앙을 매개로 살아가는 삶의 다양한 모습을 지칭한다. 신앙이 있는 사람으로서 정체성을 갖고 그에 합당한 모습으로 세상(가정과 일터와 사회)에서 혹은 교회에서 살아가는 것을 일컫는다. 신앙이 죽지 않고 살아 있게 할 뿐만 아니라, 신앙이 제 역할을 잘 할 수 있도록 하는 일체의 활동을 말한다. 내 안에 계신 성령의 뜻에 나 자신을 맡기는 일이며, 내 안에 계신 성령이 원하는 대로 내 몸을 쳐서 복종시키는 훈련이다. 일정한 의식에 따라 삶을 관리하는 일이다. 더는 죄의 권세에 반응하지 않고 오직 하나님에 대해 반응하는 삶이다. 죄에 대해 죽고 하나님에 대해 산 자로서 사는 것이다. 그러므로 신앙생활을 한다 함은 신앙의 생명력을 발휘하고 더욱 강화하며 또한 더욱 풍성하게 하는 일을 가리킨다. 이런 의미에서 신앙생활은 하나님을 인지하고, 인격적으로 반응하며, 하나님의 뜻과 행위를 자기 안으로 받아들일 수 있는 능력인 영성에 기반을 둔다. 영성은 성령의 사역을 통해 인간 안에 형성된 하나님의 능력이다.

신앙생활,
교회 안과 밖을 포함한다

앞서 언급했지만, 신앙생활은 크게 교회 안에서의 삶과 교회 밖의 삶으로 구성된다. 교회 안에서의 삶은 예배, 교육, 봉사, 교제 등으로 요약하여 말할 수 있다. 이에 비해 교회 밖의 삶은 가정과 직장과 사회에서 만나게 되는 사람들과의 관계에서 신앙인의 정체성을 갖고 살아가는 것이다. 신앙생활은 기독교인에게 나타나는 자연스런 현상이다.

신앙생활은 교회에서 요구되는 것이 있고 또 교회 밖에서 요구되는 것이 있다. 그러나 이 둘을 분리하면 이중적인 삶이 되어 바람직하지 않다. 신앙은 전인적이며 일관된 삶과 헌신을 요구한다. 다시 말해서 교회 안팎에서 신앙인으로서 정체성을 갖고 살기를 요구한다.

문제는 신앙생활을 교회 울타리 안으로 제한하는 일이다. 과거 양적으로 높은 성장률을 기록한 한국 기독교는 대체로 교회 확장에 전념했다. 교회에서 자신의 역할을 충실하게 수행하는 것을 신앙생활로 여겼고, 교회에서 행하는 각종 사업에 참여하는 것을 신앙의 척도로 삼았다. 신앙이 좋은 사람은 가능한 한 교회에 자주 출석하고 교회의 요구에 순종하며 교회 사업에 적극적으로 참여하는 사람이다. 교회는 비대해졌어도 교회의 대 사회적인 영향력은 미미했으며, 오히려 교회의 힘이 커져 사회 안에서 압력단체가 되었다. 이런 일은 신앙생활을 교회 안에만 제한할 때 나타나는 피해 가운데 하나다.

또 다른 문제는 세상에서 이루어지는 신앙생활을 다만 전도 혹은 선교에 제한하는 것이다. 궁극적으로 기독교인의 정체성에 비춰볼 때, 교회 밖의 삶은 전도요 선교일 수밖에 없다. 그런데 다만 말로 전하는 것으로만 이해하게 되면, 소극적인 사람들은 신앙생활 자체를 부담으로 여길 수 있어서 세상에 나가기를 거부하고 교회 안에 머무는 것으로 만족하려는 경향을 낳는다. 비록 거부하진 않는다 해도, 자신의 기독교적인 정체성을 나타내려고 하지 않는다. 전도와 선교가 자신의 삶에 부담되기 때문이다.

엄밀히 말해서 교회 밖 세상은 가지고 있는 신앙을 소비하는 현장만이 아니다. 내 안의 신앙을 강화하고 풍성하게 하기 위한 현장, 곧 신앙을 단련하는 현장이기도 하다. 이 말은 기독교의 본질에 합당한 기독교인으로서 정체성을 잃지 않고 살면 교회 밖에서도 신앙을 키울 수 있다는 말이다. 물론 이 말이 예수 그리스도를 믿지 않고 신앙을 가질 수 있다는 의미는 아니다. 우리 안에 있는 신앙을 강화시키고 또 더욱 풍성하게 하는 일이 세상에서 어떻게 사느냐에 따라 일어날 수도 있다 함이다.

신앙생활의
과제

모든 성도는 교회 밖의 삶을 필연적으로 갖기 때문에, 만일 교회가 성도들과 그들의 신앙을 깊이 배려한다면, 교회 밖의 신앙생활을 위한 삶의 방식들(기독교 문화)을 개발하기 위해 노력해야 한다. 최근에 가정 사역과 직장 사역 그리고 사회 각 분야에서 사역하는 일이 많아진 것은 매우 고무적이다. 무엇보다 성도가 세상에서 부자연스럽게 살아가지 않도록 도와야 한다. 가정과 직장과 사회 각 분야에서 기독교인으로서 산다는 것이 무엇을 의미하는지를 숙고하여 결과를 제시할 필요가 있다. 하나님의 행위가 세상에서 어떻게 현실로 나타나는지에 대해서도 깊이 생각해야 한다. 단순히 교회 내 신앙생활의 연장으로서가 아니라 교회 밖의 신앙생활의 구체적인 모습들을 개발해야 한다. 인권, 환경, 문화, 예술, 복지, 정치, 경제, 교육, 사회, 스포츠 등의 분야에서 어떻게 하면 하나님의 다스림을 나타낼 수 있는지를 고민하고 연구해야 한다. 이럴 때 보통은 '결실하는 혹은 열매 맺는 신앙생활'이라는 표현을 사용한다.

이런 문제의식을 통해 표면에 드러나는 과제가 있다. 세상 문화 속에서 어떻게 기독교인으로서 살아갈 수 있는가 하는 것이다. 세상 문화는 기독교 문화와 다르다. 가치관이 다르고 표현방식도 다르고, 지향하는 목적도 다르다. 문화를 향유하는 방식도 다르다. 그렇다고 해서 무조건 배타적이고 경계하는 태도는 현대사회에서 더는 바람직하지 않다. 한편으로는 세상 문화에서 긍정적인 점을 발견하면서도, 다른 한편으로는 그것의 한계를 발견하고 또 그 한계를 넘어서는 문화를 생산하면서 기독교인의 정체성을 드러내야 한다.

세상 문화와 대면할 때 오히려 우리에게 필요한 덕목은 용기다. 쉽지 않고 또 거듭 실패할 수도 있지만 덕을 갖추기 위해 꾸준히 노력할 필요가 있다. 세상이 불가능하다고 말할 때 가능성을 찾고, 모두가 포기하는 때에 하나님의 말씀에서 희망을 찾아내며, 필요하긴 해도 경제적으로 혹은 정치적인 부담으로 어렵다는 이야기가 들릴 때 이념과 이해관계를 초월한 기독교적인 헌신을 통해 그 일을 맡아 수행할 수 있어야 한다. 사람의 행복을 위해 요구되는 일이지만 미래에 대한 두려움 혹은 죽음에 대한 두려움에 사로잡혀 거듭 미루는 일이 있다면, 신앙을 갖고 있기 때문에 아무렇지도 않게 받아들이는 대범함도 필요하다. 왜냐하면 우리 안에는 소망의 이유가 분명히 현존하기 때문이다.

신앙생활이 교회생활로 축소되어서도 안 되지만, 신앙생활이 세속적인 삶에 의해 압도되어서도 안 된다. 기독교인의 정체성을 갖고 사는 신앙생활의 핵심은 교회에서나 교회 밖에서나 하나님의 뜻이 현실로 나타나도록 하는 삶이다. 모양은 달라도 본질에서는 같다. 교회와 세상을 두 초점으로 삼아 타원형 궤도를 형성하는 신앙생활, 신앙에 근거하여 세상을 하나님의 사랑으로 다스리고 관리하는 신앙생활 그리고 성령 안에서 균형잡힌 신앙생활이 필요하다.

묵상과 토의를 위한 질문

- 신앙과 선한 행위의 관계에 대해 생각해 보자

- 신앙의 공적 의미란 무엇인가?

신앙은 삶^(혹은 교회)의 안정을 위한 것인가?

신앙은 삶(혹은 교회)의
안정을 위한 것인가?

삶의 위기와
믿음

믿음을 권유할 때 종종 화두로 삼는 말이 인생의 행복이다. 특히 맘이 불안하거나 삶이 불안정한 사람이 믿음을 잘 받아들인다고 한다. 경험에 바탕을 둔 말이다. 그래서 흔히 전도 대상자를 물색할 때 교회는 대개 어려움을 겪고 있는 사람을 염두에 둔다. 기꺼이 도우려는 마음에서 비롯하나 어려움을 겪는 사람이 하나님의 위로를 보다 잘 수용하기 때문이다.

이런 경우를 자주 접하면서 드는 생각이 있다. 신앙은 삶의 안정을 위해 필요한 것일까? 물론 삶의 안정이 신앙의 목적은 아니다. 그것이 부수적인 일임을 누구도 부정할 수 없다. 그런데 실상을 보면 삶의 안정을 목표로 삼는 신앙인들이 많다. 본말이 전도되었다. 다시 말해서 삶이 불안정해지거나 힘들어질 때 믿음을 포기하는 경우가 많고, 그 반대의 경우도 있다. 곧 평소에는 믿음을 거부하다가도 삶이 불안정해지거나 힘들어질 때 비로소 믿음을 받아들이는 사람이 있다. 그 수가 결코 적지 않으니 삶의 불안정과 믿음은 깊은 상관관계를 갖고 있는 듯이 보인다. 정말 그럴까?

최첨단의 문명을 누리고 있는 현대인의 특징 가운데 하나는 불안정성의 상실이다. 모든 일에서 안정을 추구하고 또 제도적으로 보장하기 때문이다. 이것 믿음을 삶의 안정을 위한 도구로 필요하다고 생각하는 현대인들이 스스로 믿음을 불필요하게 생각하게 만드는 이유는 아닐지 싶다. 따라서 나는 이어지는 글에서 불안정성의 상실이 갖는 신학적인 의미와 관련해서 신앙이 삶의 안정에 기여한다고 생각하는 것이 왜 문제인지 살펴보려고 한다.

불안정 지수와
문명

'불안정'의 사전적인 의미는 '흔들림 없이 안전하게 자리 잡지 못한 상태'를 말한다. 기초가 튼튼하지 못하기 때문에 나타나는 현상이다. 설령 바람 부는 대로 흔들려도 기초가 바로 서 있으면 불안정하다고 하지 않는다. 또한 불안정은 물리적인 측면 이외에 심리적으로 혼돈의 상태에서 느끼는 현상을 가리키기도 한다.

인류 사회의 발전 과정은 언제나 불안정한 상태를 극복하고 안정된 삶의 형태가 정착되는 방향으로 이루어졌다. 원시 상태는 혼돈이고, 문명은 안정을 상징한다(실제는 그렇지 않다). 유목민 생활에서 농경사회로의 변화는 불안정한 삶에서 안정된 삶으로 옮겨진 대표적인 사례다. 하늘만 바라보며 농사를 지어야 했던 천수답에서 물을 관리하여 안정적인 물 공급을 통해 농사를 짓는 수리답으로의 변화 역시 마찬가지다. 자연 재해 앞에 속수무책이었던 때에 과학기술의 힘을 매개로 기상예측을 할 수 있게 된 것도 불안정에서 안정으로의 변화를 가능하게 했다. 문명을 추구하는 한 인류는 언제나 안정을 추구하는 방향으로 나아간다. 문명 발전 과정에서 어느 정도 불안정 상태를 받아들일 수밖에 없는 일이 일어난다 해도 일시적인 현상으로만 여길 뿐이며 곧 안정된 상태를 추구한다. 사회 발전과 안정은 서로 비례한다. 안정은 문명이며, 문화이며, 성장이며, 복을 받은 상태를 가리킨다.

사회는 안정된 구조로 발전할 수밖에 없는데, 여기에는 나름의 이유가 있다. 사회가 불안정할 때, 가장 먼저 나타나는 현상이 현재는 물론이고 미래의 삶에 대한 염려와 불안이기 때문이다. 염려와 불안은 개인이 개인으로 머물지 않고 서로 협력하여 사회를 구성하는 배경적인 이유다. 인간 사회에서 미래에 대한 청사진은 언제나 현재의 안정된 구조에서 보장된다는 확신 때문에 나타난 결과다. 불안정한 구조에서는 미래설계가 불가능하다. 계산되지 않고 또 예측할 수도 없기 때문이다. 20세기에 새롭게 등장한 미래학(futurology)은 외삽법(extrapolation) 같은 통계학과 과학적인 예측 방식을 개발하여 20–50년 후 혹은 100년 후의 미래를 청사진으로 보여 준다. 미래의 불안정성을 극복하기 위한 노력의 결실이다.

인간이 끊임없이 안정을 추구하는 것은 생존을 위한 본능이라 말할 수 있다. 이것은 인간으로 하여금 지속적인 문명을 추구하도록 한다. 문명의 정도가 어떠한가는 얼마나 안정된 사회인가에 좌우된다.

심적인 안정, 종교
그리고 정치

종교는 사회에서 내적인 안정을 보장해 줄 것으로 기대되는 제도이다. 이런 점에서 과학과 종교는 서로 협력한다. 곧 과학기술 기반의 문명은 인과론적인 세계를 이해하도록 함으로써 삶의 안정과 유익을 주고, 종교는 과학적인 세계관으로 설명하기 어려워 불안에 사로잡히고 또 염려할 수밖에 없는 인간에게 초월자와의 관계에 근거를 두고 내면의 평안을 위한 이유를 공급한다. 삶의 안정, 사회의 안정, 국가와 지구촌의 안정을 위해서라면 종교와 과학은 갈등을 빠르게 봉합하고 서로 손을 잡는다. 종교가 휴머니즘적인 경향을 강화하는 문명을 비난하면서도, 어느 정도 문명의 힘으로 작용하는 이유는 안정을 추구하는 인간의 욕망을 종교가 충족시켜 주기 때문이다.

언어분석 철학자 비트겐슈타인(Ludwig Wittgenstein)은 종교적 경험에 관해 말하기를, 근심을 없애는 것이고 또한 무슨 일이 일어나더라도 불안해하지 않을 수 있는 용기를 주는 것으로 이해했다. 종교는 불안정한 상황을 교리체계에 따라 해석하고 설명하면서 그 상황을 긍정적으로 극복할 수 있는 힘을 공급해 주고 또 안정된 삶이 지속적으로 가능할 수 있도록 돕는다. 기독교는 그 스스로는 불안정한 환경에 있었지만, 영혼의 평안을 보장해 주는 일에서는 그 무엇과도 비교할 수 없을 정도로 큰 역할을 했다. 문제는 안정성 자체를 종교가 보장해 주는 평안으로 볼 때 발생한다. 문명을 통해 얻는 안정을 종교적인 평안과 동일시할 때 발생한다. 결국 불안정성의 상실은 종교의 핵심 문제가 된다.

불안정한 구조에서는 민주주의의 기본 원칙조차 제대로 지켜지지 않는다. 사회가 불안정해지면 국가는 자유를 제한하고, 국민에게 불평등한 삶을 어느 정도 감수할 것을 요구한다. 이럴 때는 정의의 실현을 기대하기 쉽지 않다. 유신통치 시대의 소위 '한국적 민주주의의 토착화'라는 미명하에 일어난 무수한 인권침해 사례들에서 볼 수 있듯이, 사회가 불안정하여 미래가 불투명질 때 나타나는 부조리한 현상은 말로 다할 수 없다. 대표적인 것이 독재 정치이며 전체주의 사회이다. 자연재해로 인해 나타나는 일은 어쩔 수 없다 해도 그렇지 않은 이유로 발생하는 불안정한 상태는 한 나라와 사회에서 결코 일어나지 않아야 할 일이다.

그러므로 민주주의 국가는 언제나 안정된 사회를 우선적인 과제로 생각한다. 정치적으로 선진국가로 갈수록 사회의 안정지수는 점점 높아진다. 개인의 정치적 결단보다 각종 법과 제도로 안정된 구조를 마련하기 때문이다. 만일 어떤 이유에서든 법과 제도가 무시당하고 개인의 정치적 신념이 중시되면, 사회는 불안정해진다. 그러므로 안정된 사회를 위해 법과 제도는 공권력에 의해 보장되어야 한다.

한편 불안정 구조가 발생하는 이유에서 인간의 내면적인 측면, 곧 심리적인 면을 배제할 수 없다. 법과 제도가 잘 갖춰져 있다고 해서 심리적으로 불안정 상태가 제거되는 것은 아니다. 사람에 따라 다르지만, 법과 제도를 통해 심리적인 안정을 추구하는 사람이 있다. 그러나 엄밀히 말해서 마음의 안정은 법과 제도와 무관하다. 어느 정도 영향을 미치긴 하고 관심을 가지면 중요한 변수가 되지만, 결코 안정을 보장해 주지는 못한다.

불안정을 느끼는 이유는 삶이 일정한 패턴에서 벗어나기 때문이다. 항상 동일한 패턴으로 반복된다면, 누구든지 그것을 준비할 수 있다. 그러나 패턴이 일정치 않을 경우 사람들은 불안정을 느낀다. 무엇을 해야 할지, 어떻게 준비해야 할지를 모르기 때문이다. 고정된 월급을 받는 사람들은 대체로—적어도 생활계획에 있어서—안정된 삶을 살 수 있다. 비록 월급을 받는다 해도 보장된 일자리를 가진 사람들에 비해 그렇지 못한 비정규직의 경우 불안정 지수가 더욱 높아진다. 그러나 아무리 정규직 직원이라 해도 마음의 불안정은 쉽게 피할 수 없다. 세상은 예상하는 대로 움직이지 않기 때문이다.

삶의 불확실성과
욕망의 충돌

세상이 사람이 원하는 대로 혹은 예측에 따라 움직이지 않는 중요한 이유로 정치 사상가들은 인간의 욕망이 서로 상충하기 때문이라고 말한다. 대표적인 예로 헤겔(Friedrich Hegel)은 인정 욕구를 들었다. 따라서 법과 제도는 인간의 욕망을 일정하게 규제하는 방향으로 제정된다. 그러나 과연 그 이유가 인간의 욕망에만 있을까?

기독교는 이것보다 더욱 중요하고 또 핵심적인 이유로 하나님의 섭리를 말한다. 다시 말해서 세상이 우리가 원하는 대로 혹은 예측이 가능한 방향으로 움직이지 않는 까닭은 하나님이 역사를 다스리시기 때문이라고 믿는다. 하나님은 당신의 뜻에 따라 섭리로 세상을 다스리기 때문에 인간의 뜻과 의지 그리고 생각으로는 받아들이기 어려운 일이 일어난다. 세상은 기대하는 것과 전혀 다른 방향으로 흘러간다. 사실 법과 제도는 어느 정도 하나님의 뜻을 반영한다. 따라서 일반은총의 하나로 받아들여진다. 그럼에도 법과 제도는 기본적으로 인간의 뜻을 반영하기 때문에 하나님의 뜻을 온전히 드러내지 못한다. 법과 제도가 잘 갖춰진 사회임에도 불구하고 불안정한 상태가 나타나는 이유는 바로 여기에 있다. 때로는 잘못된 법이 제정되는 경우도 발생한다. 그러니 섣불리 세상이 안정을 보장하기 위해 마련한 구조를 교회에 적용하려고 해서는 안 된다. 교회가 추구하는 안정은 어느 정도 법과 제도를 통해 보장받지만, 전적으로 그것에만 의지하려 해서는 안 된다.

안정 추구는
본능

이것을 이해하기 위해 다시 처음으로 돌아가 보자. 인간은 생존을 위해 본능적으로 안정을 추구한다. 물질세계에서는 엔트로피가 증가하는 방향으로 진행되지만, 인류사회는 이것을 막으려는 노력을 기울여왔다. 오랜 세월에 걸쳐 이룩한 발전이 가져온 대표적인 현상은 안정된 구조이다. 안정된 구조를 추구하는 경향은 인간의 뜻에 따라 구성된 혹은 인간에 의해 예측 가능한 사회를 지향하는 경향으로 이해할 수 있다. 인간은 생존을 위해 불안정한 상태를 극복하려 할 뿐 아니라 불안정한 상태로 들어갈 가능성을 처음부터 피하고자 한다.

기독교 신앙과
삶의 불안정

그런데 신앙의 관점에서 본다면 안정 지향적인 성향은 조금 달리 평가된다. 왜냐하면 하나님은 삶의 안정을 보장해 주는 분이 아니라 오히려 당신의 뜻을 위해 선택한 사람을 삶의 불안정한 상태로 불러내시기 때문이다. 안정된 상태에서 불안정한 상태로 불러내심으로 하나님 안에서 안식과 평안을 누리도록 하신다. 그러므로 기독교 신앙에서 안정은 삶의 안정이나 문명 혹은 민주적인 절차로 인해 보장되는 안정이라기보다는 하나님을 신뢰하는 가운데 선물로 주시는 은혜로 말미암아 얻는 평안이며 안식이다. 안정과 불안정의 문제에서 관건은 하나님을 신뢰하느냐 그렇지 않느냐이다.

그러므로 안정을 추구하는 현대 기독교인의 경향을 다른 말로 표현한다면 '불안정성의 상실'이라 말할 수 있다. 다시 말해서 하나님을 신뢰하는 가운데 그분이 주시는 평안을 기대하며 기꺼이 불안정한 삶 혹은 자발적인 불편함을 선택하는 것이 기독교인들에게 마땅하다고 생각하기 때문이다. 그런데 기독교인마저 세상이 주는 평안과 안정을 추구한다면, 그것은 정상이 아니라 상실의 상태다. 그러므로 불안정성의 상실이란 표현에는 신앙생활에서 불안정은 당연한 현실이라는 의미를 어느 정도 내포하고 있다. 신앙은 본질상 안정된 삶을 추구하지 않고 언제나 불안정한 삶을 추구한다는 말이다. 곧 자신의 계획에 따라 살려하지 않고 하나님의 다스림에 자신을 내 맡기는 삶, 이것이 신앙이다. 불안정성의 상실이란 신앙에서 당연하게 여겨지는 불안정의 현실에서 벗어난 경우를 말한다. 인간이 생존 본능을 따라 살다 보니 안정된 상태를 삶의 환경으로 삼게 된 것이다. 신앙적으로 보면, 현대 사회는 불안정성의 상실로 특징지을 수 있다.

믿음은
불안정한 삶을 선택

성경에서 특히 믿음의 역사를 살펴보면 금방 확인할 수 있다. 하나님에 의해 혹은 예수님에 의해 부르심을 받은 사람들은 한결같이 안정된 삶에서 벗어나 불안정한 삶을 살았다. 부름 받아 그렇게 살기도 했지만, 자발적인 선택이기도 했다. 히브리서 11장에 소개되는 믿음의 조상들의 삶을 보라. 그들은 한결같이 보이지 않는 세계, 감각적으로 지각할 수 없는 세계를 믿음으로 바라보았다. 그런 가운데서 하나님이 요구하시는 것은 오직 하나님만을 의지하며 사는 일이었다. 세상이 제공해 주는 것으로 우리 안정을 보장하게 하는 것에서 벗어나 하나님이 보장해 주시는 평안을 기대하며 살라는 말이다. 하나님이 주시는 안정은 오직 약속으로 주어졌을 뿐, 결코 현재적으로 누릴 수 있는 것은 아니었다. 게다가 안정 자체보다는 평화, 기쁨, 사랑, 생명 등의 형태로 주어졌다.

이렇게 말할 수 있을 것 같다. 신앙인은 불안정한 구조에서 하나님의 약속을 신뢰하며 살면서 하나님이 주시는 것으로 안정의 기반을 삼는 사람이다. 불안정한 삶의 환경과 구조에서 오히려 역설적으로 안정을 누리며 살도록 부름 받았다. 믿음의 선배들은 이런 부르심에 따라 살았고, 오늘 우리에게 불안정한 삶에 관한 한 모범이 되었다.

과학자들은 무질서한 것처럼 보이는 자연 현상에도 일정한 패턴이 있음을 발견하고 그것을 설명하는 이론을 개발하여 카오스 이론이라 명명했다. 마찬가지로 하나님을 신뢰하며 사는 삶이 겉보기에는 불안정한 것 같이 보이지만, 신실하신 하나님은 약속을 반드시 이루시는 분이시고, 세상을 하나님의 뜻(로고스)대로 다스리기 때문에 신뢰하는 자에게는 신뢰하는 삶 자체가 안정된 삶이다. 다른 사람이 볼 수 없는 것을 보고, 다른 사람이 느낄 수 없는 것을 느낀다. 그래서 하나님의 말씀대로 사는 사람은 세상이 보장하는 안정된 상태에 결코 안주하지 않는다. 그럴 수도 없거니와 믿음은 결코 그것을 수용하지 않는다. 세상으로부터 부르심을 받은 사람답게 하나님의 뜻이라면 불안정한 상태로 과감하게 나를 던져 넣는다. 그리고 오직 하나님 안에서, 하나님의 약속을 믿는 믿음을 갖고, 하나님을 신뢰하는 가운데 안정을 추구한다. 불안정하지만 평안한 마음을 누린다. 그래서 예수님은 제자에게 평안을 주시면서 세상이 주는 평안과 결코 같지 않다고 말씀하신 것이다.

하나님의 말씀에 의탁해야 할 또 다른 이유는 하나님의 말씀이 미래적인 사건을 가져오기 때문이다. 하나님의 말씀은 비록 과거의 기록이지만 그것은 결코 역사적인 유물이 아니다. 또한 현재적으로만 작용하는 것도 아니다. 히브리서 기자는 하나님의 말씀의 작용에 관해 이렇게 기술하고 있다.

> **히브리서 4장 12절** 하나님의 말씀은 살아 있고 활력이 있어 좌우에 날선 어떤 검보다도 예리하여 혼과 영과 및 관절과 골수를 찔러 쪼개기까지 하며 또 마음의 생각과 뜻을 판단하나니.

이런 작용과 효력은 현재에만 해당되는 게 아니다. 하나님 말씀은 하나님의 약속으로서 미래를 밝힌다. 과거에 기록되었고, 그것을 읽는 사람에게 현재에도 유효하게 작용하지만, 또한 말씀에 순종하는 자들이 미래를 살도록 인도한다. 말씀에 순종하는 일이 쉽지 않지만, 사실 그것은 기독교인이 현재에서 미래를 살 수 있는 길이다. 말씀은 영원한 현재이기 때문이다.

안주?

기독교인은 세상이 주는 안정을 하나님이 주시는 것과 혼동하지 말아야 한다. 여기서 실패하면 세상에서 기독교인으로서 제대로 살지 못한다. 우리가 가진 세상의 가치들을 하나님 앞에서 과감하게 내려놓을 수 있다면, 그때는 우리가 하나님이 주시는 안정을 발견할 수 있을 때다. 비록 당장에 발견하진 못했다 하더라도 약속에 대한 신뢰를 바탕으로 세상이 주는 안정을 내려놓을 때, 비록 겉으로 혹은 일시적으로 불안정하게 보일 수 있어도, 결국에는 하나님이 주시는 평안을 누릴 수 있다.

돈으로 안정을 추구하려는 삶, 사회적인 지위로 안정을 추구하려는 삶, 각종 성과와 업적으로 안정을 추구하려는 삶, 명예와 권력으로 안정을 추구하려는 삶, 지식으로 안정을 추구하려는 삶, 행복한 가정을 통해 안정을 추구하려는 삶, 자녀들의 성공적인 삶에서 안정을 추구하려는 삶, 성공을 충분히 예상할 수 있는 삶을 통해 안정을 추구하는 삶, 계산되거나 예측이 되는 삶에서 안정을 추구하려는 삶, 특정인과의 관계를 통해 안정을 추구하려는 삶 등. 참 기독교인으로 살기를 결단한다면, 세상이 인정하고 또 높이 평가하는 것 중에 우리가 떠나야 할 것, 버려야 할 것들이 얼마나 많은지 모른다. 그러니 불안정한 삶을 살 수밖에 없는 우리는 언제나 주의 재림을 기대하며, 마라나타(주여, 어서 오시옵소서.)를 외칠 수밖에 없다. 우리는 오직 주님 안에서만 안식과 평안을 누릴 수 있기 때문이다.

신앙은 삶(혹은 교회)의
안정을 위한 것인가?

정의냐 안정이냐

삶과 믿음의 본질인 불안정성은 기독교인이 부르심에 따라 살고 자기 뜻과 계획에 따라 살지 않기에 당연시 되는 일이다. 이런 부르심과 관련해서 삶의 영역을 교회로 확장해 보자. 불안정성은 어떤 갈등을 유발할까?

신앙의 본질인 불안정성을 거짓 안정으로 대체하려는 노력과 관련해서 교회에서 첨예하게 드러나는 갈등은 '정의냐 안정이냐'로 표현된다. 안정을 최고의 가치로 추구하면 종종 정의가 침해를 받고, 정의를 내세우면 불안정한 상태가 되기 때문이다. 대표적인 경우를 담임 목사직 세습과정에서 볼 수 있다. 특별히 명성교회는 안정과 정의 사이에서 발생한 첨예한 갈등 양상을 보여 주었다.

명성교회 담임 목사직을 두고 전개된 논쟁 '세습이냐 승계냐'의 문제와 실제로 기독교 윤리적으로나 신학적으로 설명하기 어려운 방식으로 진행되는 과정을 안타깝게 살펴보면서 사람들은 주목할 만한 사실 한 가지를 발견하였다. 과거 김 목사 부자 모두 동일한 논리로 세습을 반대하였고, 또 같은 논리로 세습의 불가피성을 피력했기 때문이다. 그들이 과거 세습을 반대했던 이유는 법이었다. 대한예수교장로회총회(통합)에서 세습 금지 법안이 가결되었을 때, 그들은 세습은 결코 없을 것이라고 선언했다. 그런데 2017년 총회 재판국에서 이 법안이 교회의 자유를 침해할 소지가 있으며 또한 교회 운영의 주체인 교인의 권리를 침해할 소지가 있다는 해석을 의도적으로 흘리면서 상황은 급변하였다. 결국 법 해석이 다양해질 수 있는 현실에 천착하여 두 사람은 세습의 불가피성을 피력하였고, 세습이 아닌 '승계'란 표현을 사용하며 그들의 뜻을 관철시켰다(다행스럽게도 2018년 103회 총회에서 이런 법 해석은 부결되었다.). 통합 교단 총회 재판국에서 재판이 한창 준비 중인 때에 각 교단신문에 광고를 게재하였는데, 이를 통해 대한예수교장로회(대신)는 총회장 이름으로 세습이 아닌 승계란 말을 사용할 것을 주장하였고, 승계는 전적으로 교회 내적인 문제임을 천명하였다.

그들이 주장한 '승계'의 불가피성이란 교회의 안정을 말한다. 두 사람 모두 세습을 정당화할 뿐 아니라 논란이 증폭되는 현실에서 적어도 교회 내적인 지지를 얻기 위한 근거였다. 결국 교회론적인 원칙이나 법적인 정의보다 '개교회의 안정'에 우선적인 가치를 두었기 때문에 '승계'는 피할 수 없는 일이었다는 것이다. 이런 결정을 신학적으로 분석해 보면, 교회론적으로 매우 중대한 원칙을 무시하고 있음이 드러난다. 개교회의 안정을 위해 공교회의 불안정을 초래하는 결정이기 때문이다. 이는 사도신경에서 고백하는 교회의 공교회 됨을 부정하는 결과로 이어진다.

세습과 승계 중 어느 것이 적합한지를 놓고 벌이는 논쟁은 그야말로 언어적인 유희에 불과하다고 생각한다. 세습이라 규정한 것은 실제로 교회의 사유화를 인정하고 선택한 언어라기보다는 어떤 이유와 배경에서 이루어지든 그렇게 생각하며 실천하는 일부 교회의 관습적인 행위를 '세습'이란 말로 규정한 것이라고 보는 것이 옳다. 보다 중요한 것은 총회법이 규정한 조항을 어길 수밖에 없는 이유로 교회의 안정을 제시한 것에 있다고 생각한다. 다시 말해서 필자는 바로 이 대목에서 교회의 안정과 교회의 정의의 갈등에 주목하게 되었다. 교회론 측면에서 매우 중요한 화두라고 생각하기 때문이다. 이 점을 좀 더 꼼꼼히 살펴볼 필요가 있다.

정의보다 교회의 안정을 위해 세습의 불가피성을 주장하고 결국 담임 목사직을 아들에게 넘겨준 아버지 목사와 그것을 교회의 안정을 위한 하나님의 뜻으로 받아들여 담임 목사로 임직된 아들 목사는 결과적으로 개 교회를 보편적인 가치에 맞추려하기보다 오히려 보편적인 교회를 부정하면서 자신들의 형편과 가치에 맞는 교회를 지향했다고 볼 수 있다. '명성교회적인 교회의 토착화'를 표방하며 개 교회에 적합한 교회를 추구하는 가치로 본다면 문제될 것이 없어 보인다 해도, 보편적인 교회(공교회)를 신앙고백으로 삼는 입장에서는 결코 수용할 수 없다. 교회라고 해서 다 똑같아야 하는 것은 아니나, 교회는 지역적인 가치와 보편적인 가치 사이에서 하나님의 인도하심을 기대해야 한다. 그래야 교회는 신앙의 본질적인 측면인 불안정성을 지킬 수 있을 뿐 아니라, 하나님이 선물로 주시는 안정과 정의가 균형을 잡는 현실을 경험할 수 있게 된다.

개인과 교회 차원에서 신앙의 불안정성을 살펴보았다. 신앙의 본질인 불안정성을 제거하면, 신앙은 왜곡되고 교회는 타락한다. 불안정성의 상실 혹은 삶의 안정을 축복의 상태와 동일시해서는 안 된다. 당신 자신을 나타내시면서 동시에 숨어 계시어 사람의 지각방식이나 인지방식에서 벗어나는 하나님에 대한 신앙을 암울하게 만들 뿐이다. 그러므로 하나님을 믿고 살아가는 성도는 삶의 불안정성을 오히려 하나님을 신뢰할 이유로 삼아야 하겠다.

묵상과 토의를 위한 질문

- 인간은 왜 안정을 추구하는가?

- 안정된 삶과 종교의 관계를 생각해 보자.

- 불안정한 삶은 왜 필요하며, 그것이 왜 기독교 신앙의 본질인가?

- 교회 세습과 교회 안정의 관계를 믿음의 본질과 관련해 생각해 보자.

교리는
왜 필요한가?

교리[1]에 대한
오해

기독교 가르침인 교리는 하나님이 어떤 분인지를 알게 하면서, 한편으로는 기독교인이 하나님과 그분의 말씀 및 행위에 대해 어떻게 반응할지를 알려 주는 삶의 형식이고, 다른 한편으로는 현실과 현실에서 일어나는 사건을 하나님의 경륜의 결과로 이해하고 판단하며 받아들일 수 있도록 이끄는 안내자다. 따라서 교리는 본질적으로 하나님의 경륜에 방향을 맞추고, 기독교인이 그에 따라 적합하게 반응하도록 지도하기 때문에 하나님의 주권적인 자유가 보존되기 위해서는 결코 경직되어서는 안 되며 열려 있어야 한다. 교리는 삼위일체 하나님에 대한 신앙에서 벗어나지 않는 범위에서 자유롭게 그러나 논쟁적으로 전개된다. 하나님의 진리가 나타나기를 함께 기대하면서 벌이는 논쟁은 기독교에서 진리에 이르기 위한 한 방법이다. 교리는 그것을 두고 전개되는 논쟁이 아무리 지루하고 또 피곤하게 할 정도라고 해도 결코 포기하지 말아야 할 것이다.

---

1 교리란 삶에서 드러나는 하나님의 행위에 대한 고백 혹은 단언적인 진술.

그런데 교리와 관련해서 성도에게 종종 듣는 말이 있다.

> 교리는 신앙을 구속하고 자유로운 삶을 제한하며, 교리의 차이는 교회를
> 분열시키고 교회의 일치를 요원하게 만든다. 교리는 이념이 다른 집단이
> 나 타종교와의 평화로운 관계를 불가능하게 만든다.

명백한 오해이기는 하나 그동안 교리교육이 잘못되고 또 교리가 잘못
사용된 결과인 것은 부정할 수 없다. 그러니 반박하기 전에 일단은 귀를 기
울일 필요가 있다. 무엇을 수정해야 할지를 알기 위함이다. 아울러 이런 비
판과 더불어 회자되는 질문은 이렇다.

> 교리는 신앙생활에 도움이 될까, 아니면 방해가 될까? 거대담론의 역할
> 을 하는 교리가 그것의 해체를 추구하는 포스트모던 시대에도 여전히 의
> 미가 있을까? 이 시대에 기독교가 세상에 영향력 있는 제도로 자리매김
> 하기 위해서는 교리 없는 기독교가 되어야 하지 않을까? 다문화 혹은 다
> 종교 사회에서 건강한 교양인으로서 살기 위해 교리는 불필요하지 않을
> 까? 도대체 교리는 무엇인가? 그것은 필요한 것일까? 만일 필요하다면
> 무엇을 위해 그런 것일까?

교리의
기원

십계명과 율법만을 신앙의 규범으로 삼는 유대교에 비해 기독교의 특징
은 교리(dogma)가 있는 것이다. 유대교에 교리가 없다는 말이 아니라 유대
교보다 기독교가 더욱 체계적인 형태의 교리를 갖추고 있다 함이다. 이것을
하르낙(Adolf von Harnack)은 헬라 문화와 만나면서 형성된 결과로 보지만,

엄밀히 말해서 교리는 그 이전부터 이미 신앙고백의 형태로 작용하고 있었다. 교리 형성의 주요인은 신앙의 체계화가 필요했기 때문이 아니다. 이것 역시 한 요인이나 더 중요한 이유는 올바른 신앙을 지키기 위함이고, 신앙의 궁극적인 대상을 알게 해 줄 필요가 있고, 또 예배에서 실천되는 고백과 찬양과 관련해서 의문을 품게 되었을 때 합리적으로 대답할 필요가 있었기 때문이었다. 교리의 일차적인 목적은 하나님을 알게 하고 또 그분에 대한 무지를 깨치기 위함이다.

교리의 삶의 자리(Sitz im leben)로서
예배

사실 여호와를 오직 유일한 하나님으로 섬기는 유대교 신앙에 비해 성자와 성령을 포함해서 성부 하나님을 한 분 하나님으로 신앙하기까지는 유대교보다 더욱 복잡한 사고의 과정이 필요했다. 계시를 합리적으로 설명할 수는 없었지만, 삼위일체 유일신 신앙, 곧 성부 성자 성령을 한 하나님으로 고백하는 신앙은 예수님을 그리스도요 주님으로 믿는다면 결코 포기할 수 없었다. 달리 말해서 예수님을 그리스도로 믿고 살면서 은혜와 사랑과 공의의 하나님을 경험하는 일이나 찬양과 예배의 형태를 통해 드러난 하나님의 행위(계시)를 언어적으로 기술하거나(내러티브) 진술한 것(신앙고백)이 교리로 발전되었다. 교리 그 자체에 대한 관심보다 궁극적인 관심을 불러일으키는 대상인 여호와 하나님을 예배하는 실천이 교리형성에 있어서 우선적인 관심이었다.

믿음을 합리적으로
설명할 필요

사정은 이렇다. 예수님을 그리스도로 또 주님으로 고백하는 등 예배에서 실천하고 있는 신앙에 대해 그동안 전통적인 사고와 믿음에 기초하여 살았던 사람이 의문을 품게 되었을 때, 교회는 대답할 필요를 인지하였다. 왜냐하면 이것 때문에 교회에서 적지 않은 논란이 일어났기 때문이다. 입장이 팽팽하게 맞서 있어서 심하면 교회의 분열로 이어질 수도 있었다. 이 문제를 해결하기 위해 교회의 공의회가 소집되었고, 공의회의 결정을 통해(니케아-콘스탄티노플 공의회, 325, 381) 신앙인이라면 누구나 삼위일체 하나님을 믿어야 한다는 원칙이 생겼다. 그 후에 칼케돈 공의회(Council of Chalcedon, 451)에서는 그동안 몸을 가진 인간이며 또한 하나님의 아들로서 하나님으로 믿고 있는 예수 그리스도를 "참으로 하나님이며 참으로 인간(vere Deus vere homo)"으로 고백했다.

교리의
의미

교리를 설명하기 위해 삼위일체 유일신 신앙을 예로 들어 설명했지만, 교리란 신앙인으로서 살아갈 수 있기 위해 무조건 믿었던 원칙이다. 신앙의 문법 혹은 신앙의 규칙(regula fidei)이라고도 한다. 교리는 믿음을 가진 사람의 예배를 통해 실천된 삶이 더욱 올바르고 또 풍성해지도록 하는 일에 필요하다. 건강하고 바른 신앙과 올바른 예배를 위해서는 물론이고 성경을 제대로 이해하기 위해 또 신앙생활에서 경험되는 것을 설명하고 이해하기 위해 반드시 숙지하고 있어야 할 것들이다. 무지한 인간이 무지한 인간에게 하나님을 알려 주는 일을 교리, 곧 신앙고백이 수행한다. 믿고 고백함으로써 비로소 이해하고 또 보게 되는 것이 교리다.

그뿐 아니라 교리는 신앙인들의 윤리적인 삶을 더욱 강화하는 역할도 한다. 왜냐하면 교리는 하나님의 속성과 하나님의 행위에 대한 고백이지만, 그것은 처음부터 하나님의 형상으로 만들어진 인간에 의해 현실로 드러나도록 선험적으로 구조되어 있기 때문이다. 다시 말해서 하나님을 믿는다면 현실에서 하나님이 어떤 존재임을 나타내도록 부름 받은 것이다. 교리의 진실성은 세상에서 이루어지는 부르심에 합당한 삶을 통해서 입증된다. 그렇다고 해서 실천이 교리의 진실성을 입증하지 못한다. 곧 윤리가 하나님 인식을 규정하진 못한다. 교회사에서 출현한 일부 이단(예컨대 몬타니즘)은 윤리적인 삶을 통해 자신의 교리가 옳음을 입증하려 했다. 그러나 비록 윤리적인 측면에서 사회로부터 비난받는 입장에도, 교회는 그들을 잘못된 교리 때문에 배제해야만 했다.

본질에 있어서 교리는 기독교인이 무엇에 반응하며 살아야 하는지를 안내한다. 오직 성경이 증거하는 하나님의 말씀과 행위에만 반응하며 살 것을 규정한다. 그리고 교리는 기본적으로 종말론적인 속성을 갖고 있어서 기존에 알려진 하나님 지식에 매이지 않도록 하고 오히려 새로운 행위에 대한 기대를 가능하게 한다. 이미 알려진 하나님을 고백하면서 동시에 기대 가운데 하나님의 새로운 행위를 인지할 수 있도록 돕는다. 이것을 보다 분명하게 밝히는 일이 신학이다.

교리는 하나님과 관계를 갖고 공동체로 살아가는 인간이 마땅히 받아들여야 할 것들과 또 반드시 해야 할 것들에 대한 해석을 기반으로 형성되었다. 교리는 궁극적으로는 하나님의 영광을 지향하나 현실적으로는 인간의 삶을 위하므로 결코 인간의 삶에 방해물이 아니다. 방해물로 여겨진다면 욕망이 작용했기 때문이지 교리의 잘못이 아니다. 교리는 경직되어 있지 않고 오히려 열려 있어야 한다. 연역적이면서도 귀납적이다.

교리를 모르면 성경 이해의 방향을 제대로 찾을 수 없다. 올바른 예배를 위해서도 필요하다. 교리가 없다면 무엇보다 잘못된 가르침에 현혹되기 쉽고, 우리 삶의 주변에서 일어나는 각종 사건을 기독교적으로 혹은 성경적으로 이해하기 쉽지 않다. 그러나 교리는 결코 인간의 삶을 규정하지 않는다.

교리의
용도

교리는 우리가 예배하는 대상이 누구인지를 제대로 이해하고 또 신앙을 이해하는 동기에서(교의학) 혹은 의심 때문에 제기된 질문에 합리적으로 대답하는 과정에서(변증론) 형성되었지만, 하나님을 바르게 믿는 자로서 풍성한 삶을 향상시키기 위해(공동체 윤리) 그리고 하나님에 대한 잘못된 가르침이 교회에 유입되는 것을 막는 과정에서 형성되기도 했다(이단연구). 이단은 늘 교회를 위협했고, 한편으로는 그런 이단 때문에 교회가 각성하였다. 각성한 결과로 나타난 것이 교리의 발견이었다. 이렇게 해서 교의학과 변증론과 윤리학과 이단연구는 조직신학의 연구 분야로 자리를 잡았다. 후에 기독교 윤리학은 독립적인 학문 영역의 자리를 차지했다.

교리의
역사성

교리가 역사적인 사건을 계기로 형성되었다 해서 역사적인 상황에 의존되어 있다는 말은 아니다. 교리는 하나님의 행위를 단언적으로 진술한 것이다. 종말론적인 의미를 갖는다. 따라서 교리는 시대의 변화와 함께 바뀌는 것이 아니다. 인지체계가 바뀜에 따라 바뀌어야 할 것도 있지만 그것은 설명 방식, 곧 신학의 변화인 것이지 교리 자체는 아니다.

예컨대 성경 계시와 관련해서 과거 17세기에 나타난 축자영감설(theory of verbal inspiration)이 유기적 영감설(theory of organic inspiration)로 바뀔 수 있지만, 성경을 하나님의 계시로 고백하는 것은 바뀌지 않는다. 관건은 교리가 단지 시대적인 산물은 아니라는 것이다.

종종 교리를 거부하는 사람들 중에는 교리가 역사적인 상황에서 발생한 문제와 관련해서 공의회의 결정에 의해 형성되었기 때문에 과거에 생긴 교리를 현대인에게까지 적용하는 것은 시대에 맞지 않다고 여기는 사람이 있다. 문법에도 변화가 생기듯이, 신앙의 문법인 교리에도 변화가 있을 수 있다는 말이다.

교리는
단언적인 진술

교리를 신학적으로 설명할 때 흔히 쓰는 표현은 이렇다. '교리란 하나님과 그분의 행위에 대해 단언적으로 진술한 것이다.' 하나님의 행위란 성경에 기록된 것으로 하나님이 행하신 일들 혹은 하나님이 하실 것으로 약속한 일을 가리킨다. '하나님은 전능하시다', '하나님은 삼위로서 한분이시다', '예수 그리스도는 참 하나님이고 참 인간이다', '하나님이 세상을 창조하셨다', '하나님이 죄를 용서하셨다', '하나님이 세상을 구원하셨다' 등이다.

단언적인 진술이란 어떤 예외도 허용하지 않고 오직 옳고 그름에 대한 판단만이 허용되는 언어적인 표현을 말한다. 믿든지 안 믿든지 둘 중 하나만 허용되는 언어표현이다. 단언적인 진술은 고백할 수밖에 없는 사태를 표현한다. 그러므로 신앙을 위해 반드시 받아들여야만 하고, 만일 받아들이지 않으면 신앙 공동체를 형성하기 쉽지 않게 된다는 말이다. 문법이 다르면 서로 소통할 수 없기 때문이다. 바둑과 장기는 게임이라는 점에서는 같아도 서로의 규칙이 다른 것과 같다. 기독교 교리는 유대인들에게 신앙의 규칙이자 문법인 첫 번째와 두 번째 계명에 해당하는 것이다.

물론 구체적으로 교리를 알지 못해도 신앙생활을 하는 일에 아무런 지장이 없을 수 있다. 이단이 잘못된 교리를 바탕으로 성도를 현혹하고 있음에도 수많은 사람이 이단에 빠지는 이유가 있다. 신앙생활은 교리가 없어도 가능할 수 있기 때문이다. 신앙생활에서 겪는 고민이나 갈등과 관련해서 아무런 의문을 제기하지 않는다면 교리에 대한 생각을 전혀 하지 않고 살 수 있다. 그렇다고 해서 교리가 불필요하다는 말은 아니다.

겉보기에는 아무 문제가 없어 보이지만 교리가 없는 신앙은 인간의 욕망을 자극하고 부추기는 것을 따를 뿐이다. 다시 말해서 하나님을 잘못 이해할 때 나타나는 직접적인 현상은 인간욕망의 극대화다. 이단들의 결국에는 항상 개인숭배와 윤리적인 타락이 있다. 이단이 인간의 영혼은 물론이고 인격에 위험한 요인으로 여겨지는 까닭이다. 왜냐하면 결국 인간이 우상이 되고, 인간 욕망이 극대화 되어 결과적으로 그곳에 속한 사람들은 노예가 되고 도구로 전락되고 단지 욕망을 소비하는 일에 필요한 대상이 될 뿐이기 때문이다.

교리는 성경에 근거하여 신학적인 성찰과 논쟁을 바탕으로 형성되었는데, 교리로 형성된 후에는 표현에 있어서 변하기도 하고 또 새롭게 발견되기도 한다. 논쟁은 신학적인 진리를 발견하는 방식의 하나다. 교리의 역사를 통해 알 수 있는 일이다. 교리가 역사 속에서 신학적인 성찰과 논쟁의 과정을 거쳐 형성되었다 해서 없었던 것을 상황에 따라 만들어냈다는 말은 아니다. 흔히 '새롭게 발견되었다'는 표현을 쓰는데, 이미 신앙 안에 혹은 성경 안에 포함되어 있는 규칙 혹은 문법을 발견했다는 말이다.

대표적인 경우가 칭의론(Rechtfertigungslehre)이다. 하나님은 오직 예수 그리스도에 대한 믿음을 바탕으로 죄인을 의롭다고 선언하신다는 고백이다. 당시 상황에서 루터에 의해 새롭게 발견된 교리이지만, 그렇다고 해서 루터가 만들어낸 것은 아니다. 루터는 이미 성경에 포함된 것을 단지 새롭게 깨달았고 또 언어적으로 표현했을 뿐이며, 교회는 그가 인지하고 깨달은 것을 옳다고 선언하여 교리로 받아들였다. 오직 예수 그리스도에 대한 믿음을 보시고 죄인을 의롭다고 칭하시는 하나님의 행위에는 예외가 없다. 설명하는 방식에서 변화가 있을 수 있지만, 신앙인은 무조건 받아들여야 한다.

교리는 워낙 비합리적인 내용을 포함하고 있어서 사람이 이해할 수 있는 방식으로 설명하거나 또 그것을 이해하는 일이 비록 쉽지 않아도, 기독교인은 바르고 건강한 신앙생활을 위해 믿음의 대상과 내용을 이해하는 일에 대한 관심은 늘 가지고 있어야 한다.

교리의
올바른 사용

끝으로 교리의 사용에 관해 언급해 보고자 한다. 교리를 부정적으로 보는 까닭은 대체로 교리를 잘못 사용했기 때문이다. 교리는 문법과 같아서 일상의 신앙생활에서 크게 문제되지 않는다. 신앙의 내용을 더 깊이 이해할 필요가 있다거나 혹은 신앙과 관련해서 서로 마찰이 생길 경우에 비로소 필요성이 대두된다. 그런데 문제는 교리가 자신의 신앙을 설명하기 위한 근거로 사용될 때 그리고 교리로 신앙을 규정하려 하거나 말과 행위의 정당성을 검증하려는 수단으로 사용할 때 발생한다.

그러나 교리는 인간이 자의적으로 사용할 수 있는 것이 아니다. 왜냐하면 교리는 하나님과 그분의 행위에 대한 단언적인 진술이기 때문이다. 그것의 진리성은 오직 하나님 자신에 의해 보장된다. 오히려 교리는 논쟁의 당사자들이 함께 고백해야 할 것이다. 주장을 위한 근거로 교리를 사용하면, 교리 자체에 이미 규범성이 들어 있기 때문에 자신의 주장을 무조건 받아들여야 한다는 의미로 이해된다. 교리를 이렇게 연역적인 의미에서만 사용하면 교리에 대한 부정적인 인식만 유발할 뿐이다.

교리는 논쟁의 대상이 아니라 논쟁을 거치는 중에 논쟁자가 함께 고백할 대상이다. 왜냐하면 교리는 하나님과 그분의 행위에 대한 진술이기 때문이다. 교리는 근본적으로 종말론적인 성격을 갖는다. 그러므로 신앙이 문제가 되었을 경우 성급하게 교리에 의존하기보다 무엇보다 먼저는 무엇이 문제인지 정확하게 기술하고 그 문제와 관련한 신학적인 논의가 전개되도록 해야 한다. 논쟁을 통해 의견의 차이와 공통점을 확인했다면, 그럼에도 함께 고백할 수 있는 가능성을 모색한다. 이렇게 되면 교리가 다르기 때문이 아니라 다만 문제를 신학적으로 이해하는 방식의 차이와 교리를 이해하는 방식의 차이일 뿐임이 드러난다. 하나님을 함께 고백할 수 있는 이유를 발견한다면, 서로 다른 신앙 색깔을 가졌다 해도 충분히 함께 할 수 있는 것이다. 교리를 사용하여 다른 사람의 신앙을 평가하는 것은 교리를 적합하게 사용하는 것이 아니다. 신앙은 교리를 전제하지만, 신학적인 사고를 전개하고 또 논쟁하는 과정에서 교리는 공동의 고백을 가능케 한다. 이런 의미에서 교리의 위치는 신앙의 처음이자 마지막이다.

묵상과 토의를 위한 질문

- 교리에 대해 가졌던 오해에 대해 서로 나누어 보라.

- 교리가 신앙생활에서 왜 중요한가?

- 교리와 이단의 관계에 대해 생각해 보자.

사람은 믿음으로
의롭게 되는가?

갈라디아서 2장 16절 사람이 의롭게 되는 것은 율법의 행위로 말미암음이 아니요 오직 예수 그리스도를 믿음으로 말미암는 줄 알므로 우리도 그리스도 예수를 믿나니…이는 율법의 행위로써는 의롭다 함을 얻을 육체가 없느니라.

믿음의
의

사람이 의롭게 되는 것은 하나님의 주권적인 은혜에 따른 것이다. 또한 사람이 하나님의 말씀에 온전히 순종할 때 의롭다 함을 받는다. 사람을 의롭게 하시는 분은 오직 하나님이며, 하나님이 사람에게 말씀하신 것이 현실로 나타났을 때도—예컨대 명령이 이행되어 하나님의 뜻이 성취되었을 때나 약속이 성취되었을 때—우리는 '하나님은 의로우시다'고 말한다. 엄밀히 말해서 예수 그리스도를 믿음으로 얻는 하나님의 의(義)는 하나님의 신실하심과 밀접한 관련이 있다. 여기서 말하는 의는 신실하신 하나님이 그리스도를 믿는 자들에게 베푸시는 은혜이다. 믿음으로 얻는 의라 해서 루터는

'Glaubensgerechtigkeit(믿음의 의)'라 말했다.

종교개혁 전통에서 복음의 핵심으로 여기는 이 사실을 이해하는 데 어려움을 겪는 이유는 지극히 현실적인데, 무엇보다 인간은 의롭다 함을 받을 조건을 스스로 충족하지 못하기 때문이다. 인간은 여러 가지 면에서 온전하지 못하다. 인간은 무엇보다 자신의 뜻과 생각을 우선함으로 하나님의 말씀대로 살지 못하기 때문에 누구도 하나님이 의롭다 판단하실 조건을 충족하지 못한다. 그래서 모든 인간은 죄인이며 하나님의 의에 이르지 못한다. 그래서 성경에 명시적으로 기록되어 있음에도 사람이 의롭게 되는 것은 믿음 때문이라고 말하는 데에 주저하게 된다. 기대 이상으로 좋은 일을 만났을 때, 현실감이 없기 때문에 반신반의하는 것과 같다.

믿기를 주저하는 까닭은 크게 보아 두 가지다. 먼저는 하나님의 의를 율법적/윤리적/도덕적으로만 이해하기 때문이다. 하나님의 의를 이렇게만 이해하면 성경이 증거하고 있음에도 말하기를 삼갈 수밖에 없다. 실제로 적지 않은 수의 기독교인은 믿는다고 하면서도 그릇된 행위로 사회의 공분을 일으키고 있다. 그러니 믿음으로 의롭게 된다는 말은 그저 공수표로만 여겨질 뿐이다. 하나님의 의를 잘못 이해한 결과다. 그 다음으로 의(義)에 해당하는 헬라어 디카이오쉬네(δικαιοσυνη)가 주로 규범적인 맥락에서 이해되어 왔기 때문이다. 이 말이 믿음에 따라 얻는 의에 사용되면서 자연스레 윤리적/도덕적으로 이해되었다는 말이다. 믿음으로 의롭게 된다고 말할 때 겪는 어려움은 의라는 말에 함의된 것이 맥락과 상관없이 함께 작용하기 때문에 발생한다.

그런데 결론부터 말하면 믿음으로 의롭게 된다는 말에서 사용된 '의'는 구약의 용례와 달라서 율법적으로나 윤리적으로나 혹은 도덕적으로 이해해서는 안 된다. 그런 의미가 없지 않으나 그것만이 전부는 아니다. 이것에 관해 살펴보도록 하자.

믿음의 의와
복음

복음의 핵심을 보통은 예수 그리스도의 고난과 죽음 그리고 부활을 통해 인간이 죄의 권세에서 자유롭게 되어 구원을 받았다는 사실이라고 말한다. 이런 이해에서 아쉬운 점은 그 결과를 단지 구원이라는 말로만 표현하는 것이다. 무엇보다 하나님 백성으로 선택받은 유대인에게는 죄의 용서가 전부가 되겠지만, 이방인에게는 죄 용서와 더불어 하나님의 자녀가 되는 일을 포함시켜야 한다. 곧 복음은 여호와 하나님을 알지 못할 뿐 아니라 하나님과 원수 되었고 또 소망이 없이 살던 사람이 예수 그리스도를 믿을 수 있게 되면서, 그 믿음으로 하나님의 자녀가 된다는 사실이다. 스스로를 나면서부터 하나님의 선택된 백성으로 생각하는 유대인에게는 율법의 요구(율법을 지켜야 구원을 받는다는 믿음에서 오는 요구)로부터 벗어나고 율법의 행위와 상관없이 예수 그리스도를 믿음으로 죄 용서를 받아 의인으로 칭함을 받는다는 사실이 복음이라면, 이방인에게는 할례를 받거나 율법의 행위와 무관하게 예수 그리스도를 믿음으로 하나님의 자녀가 될 뿐 아니라(이것이 얼마나 큰 은혜인가! 이것을 결코 배제할 수 없다) 죄의 권세에서 해방되어 구원을 받는다는 사실이 복음이다. 이런 구분은 믿음으로 의롭게 된다는 말을 이해할 때 반드시 전제되어야 한다. 곧 이방인들에게 믿음에 의한 칭의란 예수 그리스도를 믿음으로 하나님의 자녀로 받아들여졌다는 사실과 예수 그리스도의 의에 근거하여 죄 용서를 받고 의롭다 여김을 받는다 함이다. 유대인들은 전자보다는 주로 후자에 방점을 두고 하나님에 의해 받아들여짐을 경험하고 고백한다.

구원하는 의와
심판하는 의

하나님의 행위는 크게 심판과 구원으로 구분되기 때문에 성경에서 하나님의 의는 심판하는 의와 구원하는 의로 나타난다. 사람에게 말씀하신 것이 불순종으로 이루어지지 않았을 때는 심판하는 의가 나타나고, 사람에게 말씀하신 것이 이루어졌을 때는 구원하는 의가 나타난다. 유대인들은 이런 맥락에서 하나님의 의를 이해했고, 하나님의 의를 얻고자 율법을 지키려 노력했다. 구약에서 의인이라 함은 하나님 백성으로서 말씀대로 산 사람, 율법을 온전히 지킨 사람을 뜻한다.

이런 측면에서 예수 그리스도를 믿음으로 의롭게 된다는 사도 바울의 말은 개종했음에도 전통적인 사고와 관습에 매인 유대인 그리스도인들에게 매우 충격적이었다. 하나님의 말씀에 대한 순종 여부에 따라 결정되는 하나님의 의가 어떻게 단지 예수 그리스도를 믿음으로 얻어질 수 있는지를 물은 것이다. 게다가 그들은 이방인이었다. 이방인으로서, 다시 말해서 하나님 백성이 아닌 사람이 어떻게 단지 예수 그리스도를 믿는다고 해서 여호와 하나님에 의해 의인으로 인정받는다는 말인지 이해하기 쉽지 않았다. 이방인은 먼저 하나님 백성이 되어야 하지 않겠는가? 그러므로 계약을 통해 약속된 하나님 백성이 되기 위해서는 먼저 할례를 받아야 하지 않는가? 유대인 그리스도인들은 쉽게 받아들일 수 없었고, 그래서 심지어 이방인과 유대인 그리스도인들에게 이렇게 주장하며 선교하는 바울의 사도직마저 의심하는 일이 발생하였다. 아무리 이방인을 위한 사도라 해도 과연 그는 하나님의 말씀을 바르게 전하는 것일까? 그는 실제로 예수 그리스도에 의해 부름 받은 것일까? 하나님의 말씀인 율법을 지키지 않고 의롭게 될 수 있다는 것은 유대인 그리스도인들이 받아들이기가 심히 어려운 말이었다.

문제는 사람이 의롭게 되는 것이 하나님의 행위에 따른 것이라는 사실의 단면만을 본 것이다. 사람에게 말씀하신 것이 순종을 통해 현실로 나타나기도 하지만, 하나님은 주권적인 역사로 당신의 말씀을 현실로 나타내신다. 심지어 예수 그리스도는 말씀이 현실이 되신 분이다. 예수 그리스도를 믿는 자는 성령을 통해 그와 연합하며, 하나님은 예수 그리스도와 연합한 사람을 그리스도의 의를 통해 보시며, 그래서 그분의 의 때문에 그를 믿는 자들을 의롭다고 판단하신다는 것이 사도 바울의 말이다. 이것의 의미를 좀 더 살펴보자.

바울이 이방 지역에 보낸 편지에서 '사람이 예수 그리스도를 믿음으로 의롭게 된다'고 한 말은 무엇을 염두에 둔 표현일까? 무엇보다 하나님의 의에 합한 상태를 염두에 두고 있다. 그러므로 하나님이 보시기에 의롭다고 여기는 상태가 되는 것이다. 이렇게 되면 관건은 '하나님의 의'가 무엇인지를 밝히는 일이다. 그래야 그에 합당하게 스스로를 조율할 수 있기 때문이다. 인간 사회에서 이것을 가능하도록 돕는 매개는 언제나 도덕이고 윤리이며 또한 율법이었다. 이것들은 하나님과의 관계에서 사람에게 무엇이 결핍되어 있는지를 드러내고(혹은 죄를 깨닫게 하고), 하나님 앞에서 어떻게 살아야 할 것인지를 적극적으로 지시해 주어 타락을 막으며, 하나님과 인간이 누구인지를 알게 함으로 하나님이 기뻐하시는 삶이 무엇인지를 알게 한다. 결과적으로 예수 그리스도를 믿는 일이 필요하다는 사실을 증거한다. 이런 맥락에서 하나님의 의는 율법에 따라 규정되며, 그 결과로 예수 그리스도에 대한 믿음의 필요성이 부각된다고 보았다.

구원을 위해
율법을 강조하는 이유는?

그런데 여기서 결코 간과해서는 안 되는 한 가지 사실이 있다. 신명기 7장에 나오는데, 과거 유대인들은 하나님의 사랑에 근거하여 하나님 백성으로 선택받았다는 것이다. 그것은 그들의 노력에 따른 결과가 아니었으며, 그들의 힘이 크거나 수가 많기 때문도 아니었다. 전적으로 하나님의 사랑에 근거한 선택이었다. 하나님 백성이 되는 일에서 그들은 오직 그 사랑을 받아들이기만 했을 뿐이다.

이스라엘 백성은 하나님의 은혜와 사랑으로 선택받았음에도 하나님의 말씀에 따라 살지 않았다. 말씀에 순종하지 않았고, 여호와를 하나님으로 섬긴다고 하면서도 동시에 우상을 마음에 두었으며, 다른 신의 가르침을 따라 살았다. 그 결과 하나님 백성으로서 하나님을 온전히 경외하지 않은 것은 물론이고 사회적인 약자를 경시했고 착취하고 학대했으며, 할 수만 있다면 이웃과의 관계에서 자신의 이익을 관철시키려 노력했다. 하나님 백성으로 선택받았지만 하나님이 원하시는 대로 살지 않고 자신이 옳다고 여기는 방식으로 살았다. 여러 선지자들의 경고들이 있었지만 청종하지 않았다.

하나님은 슬퍼하셨을 뿐 아니라 유대인을 당신의 백성으로 삼으신 것을 후회하셨다. 당신이 사랑하여 백성으로서 선택한 그들을 더는 '내 백성이 아니라'고 선포하셨고, 나라를 멸망시키셨고, 그 땅을 황폐케 했으며, 심지어 약속해 주신 땅에서 그들을 쫓아내어 우상을 섬기는 이방 나라에서 포로의 신분으로 살도록 하셨다.

이런 모든 사태를 역사적인 교훈으로 삼으면서 유대인들은 하나님의 말씀을 지키기 위해 노력했다. 말씀대로 사는 삶을 통해 하나님 백성 됨을 회복하고자 했다. 그러나 나라는 그들의 깨달음이나 노력을 통해 회복되지 않았다. 또한 순종을 통해 그들이 다시 하나님 백성으로 받아들여진 것이 ᵞ 아니었다. 그들의 깨달음이나 순종과 무관하게 이 일 역시 하나님의 계획에 따른 것이었다. 유대인들은 비록 하나님의 말씀대로 살지 않았으나, 그렇다고 해서 하나님 백성이 아닌 것은 아니었다. 하나님은 신실하신 분으로서 조상들과 맺은 약속을 지키셨다.

그럼에도 유대인들 사이에서는 과거의 경험을 바탕으로 하나님 백성은 마땅히 하나님의 말씀에 따라 살아야 한다고 생각했고, 한 걸음 더 나아가 이런 행위를 통해 하나님 백성이 될 수 있다고까지 생각하였다. 말씀에 불순종하면 죄를 범하게 되고, 이렇게 되면 하나님의 심판을 받아 하나님 백성다운 삶을 살지 못하게 되니, 어쩌면 율법을 지키는 것을 하나님 백성으로서 자격을 얻는 일로 생각한 것은 당연한 결과일 것 같다. 이런 믿음은 무엇보다 이방인에게 유효했다. 이방인들은 먼저 할례를 받고 율법의 규례를 지켜야 했고, 그 결과로 하나님 백성으로 인정받았다.

그러나 은혜와 사랑에 따라 선택받은 이스라엘 백성이 그렇게 생각한 것은 아주 잘못된 일이었다. 율법은 하나님 백성으로서 마땅히 지켜야 할 것이나, 그렇다고 하나님 백성이 될 자격을 결정하는 조건은 아닌 것이다. 하나님 백성은 오직 하나님의 사랑에 의한 선택의 결과다. 율법을 지키는 일은 하나님 백성으로서 합당하게 사는 일이며, 하나님 백성으로 살면서 하나님의 구원의 의를 나타내 보이는 일이고, 또한 인간이 누구이고 하나님은 어떤 분인지를 세상 가운데 증거하는 일이다. 그러므로 하나님 백성의 자격을 부여하는 하나님의 의는 율법적인 행위에 따라 주어지는 것이 아니라 오직 하나님의 은혜와 사랑으로 주어지는 것이다.

이 일을 분명하게 나타내 보여 주신 분이 예수 그리스도다. 예수 그리스도는 하나님이 세상을 사랑하신다는 증거이며, 세상은 그를 믿음으로써 하나님의 자녀로서 하나님의 생명을 살 수 있다는 사실을 계시하셨다(요 3:16). 그러므로 예수 그리스도를 믿는다 함은 하나님의 자녀로 받아들여졌음을 인정하는 것이다(요 1:12). 그래서 이미 구약의 사건을 통해 드러나 있고, 예수 그리스도를 통해 밝히 나타난 하나님의 사랑을 받아들이는 것이다. 동시에 여기에 덧붙여 말할 수 있는 것이 있다면, 그분의 백성으로서 혹은 자녀로서 사는 것을 하나님의 부르심으로 받아들이는 것이다. 곧, 하나님의 사랑을 받아들여 그분의 자녀가 됨과 동시에 그분의 자녀로서 부르심에 합당하게 사는 것이다.

하나님 백성은
오직 하나님의 의에 근거한다

만일 하나님의 의에 따라 하나님의 자녀(백성)의 자격이 결정된다면, 하나님의 의는 심판하는 의가 아니라 구원하는 의이며, 예수 그리스도를 믿음으로 의롭게 된다 함은 예수 그리스도를 믿음으로 하나님의 자녀가 된다는 것으로 이해할 수 있다. 그러나 예수 그리스도를 믿음으로 하나님의 자녀로 받아들여졌지만, 세상 가운데 머물러 있는 한 욕망에서 온전히 자유하지 못하기 때문에 여전히 죄를 지을 수밖에 없다. 다시 말해서 하나님의 자녀로서 죄를 짓는 것이다. 죄를 짓는 한 하나님의 자녀로 받아들여졌다 해도 용서를 필요로 한다. 특히 예수 그리스도를 필요로 한다. 십자가를 통해 죄가 사해졌기 때문이다. 이방인으로서 예수 그리스도를 믿어야 할 이유는 하나님의 자녀가 되기 위함이고, 또한 죄를 용서받기 위함이다. 이에 비해 유대인이 예수 그리스도를 믿어야 할 이유는 비록 그들이 하나님 백성으로 태어났다 해도 죄의 문제에서 유일한 해결책은 예수 그리스도를 믿는 것이기 때문이다.

죄가 하나님과의 관계에서 이해되는 한 범죄 현상은 오직 하나님의 자녀에게서 나타난다. 그러나 하나님의 자녀로서, 하나님의 자녀의 신분에서 벗어나지 않는 상태에서 짓는 모든 죄는 용서를 받는다. 죄를 짓는다고 해서 하나님의 자녀의 신분에서 완전히 벗어나는 것은 아니다. 루터는 이런 현실을 가리켜 의인이면서 동시에 죄인이라고 말했다. 하나님의 자녀로 받아들여졌지만, 이 땅에 사는 동안에는 온전히 그 사실을 세상 가운데 나타내며 살지 못한다 함이다. 예수 그리스도를 믿는 자는 용서 받은 죄인이며, 또한 장차 모든 죄에서 자유롭게 될 의인으로 약속받았다. 여기서 우리가 믿지 않는 자의 운명을 염려하며 그들의 구원 가능성을 거론할 필요는 없다. 믿는 자는 다만 그들에게 복음을 전할 의무가 부여될 뿐이다. 복음을 전할 뿐 그들의 구원은 오직 하나님의 은혜와 사랑에 근거한 주권적인 결정에 따른다.

하나님의 자녀와
죄 용서

다시 처음으로 돌아가 보자. '사람이 의롭게 되는 것'이 '오직 예수 그리스도를 믿음으로 된다' 함은 '사람은 예수 그리스도를 믿음으로 하나님의 자녀가 되는 권세를 얻는다'는 뜻이다. 이 일이 혈통으로나 육정으로나 율법의 행위에 근거하지 않는 까닭은(요 1:13) 하나님이 우리를 당신의 백성으로 삼는 일이 하나님의 주권에 따른 일이고 또한 오직 하나님의 은혜에 따라 일어나기 때문이다.

따라서 이방인이 믿음으로 의롭게 된다 함을 도덕적으로나 윤리적으로만 이해해서는 안 되고, 먼저는 신분적으로 하나님 백성 됨 혹은 자녀 됨과의 관계에서 이해해야 한다. 그래야 하나님의 통치를 받는 자가 되기 때문이다. 또한 믿음으로 의롭게 된다 함은 예수 그리스도를 믿음으로 죄가 용서받는다는 의미로 이해되어야 한다. 이것은 유대인이나 이방인 모두에게 해당한다. 한 국가의 국민이고 또 국가의 철학과 윤리와 도덕 그리고 법이 있다 해도 죄를 범할 수 있듯이, 하나님 백성이고 또 하나님의 자녀라 해도 죄를 범하는 자가 나올 수 있다. 이 땅에 머물러 있는 한 지극히 당연한 현상이다. 관건은 우리가 예수 그리스도를 믿음으로 하나님 백성으로서 혹은 하나님의 자녀로서 받아들여졌으며 하나님의 자녀로 살도록 부름 받았다는 사실을 인정하는 것이다. 이 두 가지 사실들을 인정하지 않을 때 하나님 백성으로 사는 일에 가치를 두지 않게 되며, 결과적으로 스스로를 하나님 백성으로 인정하지 않는 것과 다르지 않다.

이에 비해 아무리 도덕적으로나 윤리적으로 애를 쓴다 해도 예수 그리스도를 통해 주어진 하나님 백성으로서 자격을 인정하지 않는다면, 스스로 하나님 백성임을 인정하지 않는 것이다. 타 종교인으로서 예수 그리스도를 믿으려 하지 않는 것은, 비록 그들이 도덕적으로나 윤리적으로 더 나은 삶을 산다 해도 죄의 문제에서 결코 자유롭지 못하다. 또한 이것은 여호와 하나님 백성으로 인정받기를 스스로 거부하는 것이다. 그러나 타 종교인이라 하더라도 예수 그리스도를 믿으면 하나님 백성으로 받아들여지며, 또한 죄 용서받는다.

그런데 이는 기본적으로 여호와 하나님 백성이 되려는 갈망이 없다면 쉽게 일어날 수 없다. 여호와 하나님의 자녀가 되려는 사람은 예수 그리스도를 통해 행하신 모든 일을 진리로 인정하고 그분을 통해 계시된 것을 받아들이며, 하나님 백성으로서 부르심에 예수 그리스도를 믿음으로 응답할 때 하나님의 의를 얻으며 하나님의 자녀가 된다.

믿음의 의는
하나님 나라 백성의 자격

정리해 보자. 믿음으로 의롭게 된다 함은 하나님의 자녀로 받아들여진다 함이다. 그러므로 율법의 행위로 말미암지 않고 오직 예수 그리스도를 믿음으로 의롭게 된다 함은 도덕적으로나 윤리적으로 이해해서는 안 된다. 오히려 존재론적으로 이해해야 하는데, 오직 예수 그리스도를 믿음으로 하나님 백성으로 받아들여진다 함이다. 다른 어떤 것으로도 하나님 백성이 될 수는 없다. 또한 믿음으로 의롭게 된다 함은 예수 그리스도의 의로 인해 죄가 용서받는다 함이다.

하나님 백성은 하나님의 다스림을 인정하고 받아들인다. 하나님을 세상의 통치자로 인정할 뿐 아니라 그분의 뜻과 계획이 자신의 삶에서 관철되도록 한다. 통치자를 섬기는 백성으로서 의무이기 때문이다. 하나님의 뜻이 자신에게 일어나도록 하고 또 자신을 통해 이루어지도록 순종한다. 다시 말해서 하나님 백성이 된다 함은 예수 그리스도를 통해 계시된 하나님의 뜻이 자신에게 일어날 뿐 아니라 자신의 순종을 통해 현실이 되도록 부름 받았다 함이다. 그러므로 예수 그리스도를 믿지 않는다면, 아무리 선한 삶을 산다고 해도 하나님을 찬양하지 못하고 또 예배할 수 없다는 점에서 한계를 갖는다. 하나님의 뜻이 자신에게 일어나도록 허락하지 않으며, 자신의 순종을 통해 현실이 되게 하는 일에서도 한계가 있다. 하나님 백성으로서 모두가 순종하는 것은 아니라도 하나님 백성에게는 그 책임을 물을 수 있으나, 그렇지 않은 자에게 책임을 물을 수 있는 것은 오직 하나님을 인정하지 않고, 그분의 위엄에 합당한 찬양을 드리지 않으며, 그분에게 예배하지 않는 것에 관한 것이다. 이 일이 예수 그리스도를 통해 계시되었고, 그를 통해서만 알 수 있고 또 행할 수 있는 일이니, 결국 예수 그리스도를 믿지 않은 사실에 대해 책임을 물을 수밖에 없다.

묵상과 토의를 위한 질문

- 칭의란 무엇인가?

- 믿으면 구원을 얻는다는 것은 절대적인가?

- 믿는 자에게 요구되는 것은 무엇인가?

헌신하다

신앙생활에서 '헌신' 만큼 자주 회자되는 말도 없을 것이다. 기독교인은 교회 안팎에서 무엇을 한다면 항상 헌신을 염두에 둔다. 믿음을 갖고 난 후 모든 삶의 영역에서 헌신할 것을 배우기 때문이다. 그런데 정작 헌신의 의미를 물어보면 선뜻 대답을 하지 못할 뿐 아니라 상당 부분 잘못 알고 있다. 헌신이란 무엇을 의미할까? 무엇을 바치는 것이며, 누구에게 헌신하는 것이며, 왜 헌신하는가? 그리고 헌신을 통해 우리가 기대하는 것은 무엇일까?

'헌신'의
관용적인 의미

먼저 교회에서 사용하는 언어의 의미로 시작해 보자. 헌금(獻金)은 하나님께 돈을 바치는 일 혹은 바친 돈이고, 헌물(獻物)은 물건을 바치는 일 혹은 바쳐진 물건을 말한다. 봉헌(奉獻)은 받들어 드린다는 뜻으로 정성을 갖춰 드리는 금품을 모두 포함한다. 바친다 함은 신앙적인 예전을 통해 하나님의 소유로 인정하여 더 이상 나의 소유로 주장하지 않는 행위를 가리킨다. 그러므로 바쳐진 돈은 더 이상 내 돈이 아니고, 바쳐진 물건 역시 더 이상 내 물건이 아니다. 하나님께 바쳐진 것을 성경은 '거룩하다'라고 말한다. 구별되었다 함이며, 거룩하게 구별된 것은 더는 내 것이 아니라 하나님께 속한 것이다. 다시 말해서 신앙적인 맥락에서 헌금과 헌물은 하나님께 드려진 것으로 거룩한 것이며, 동시에 하나님께 드려진 것이기 때문에 바친 돈과 물질에 대한 소유권을 포기하는 행위다. 헌금과 헌물은 예전적인 의미에서 모든 것이 하나님의 것임을 인정하는 마음에서 비롯하는 감사 행위이며, 교회 안팎의 사역에 기여한다는 의미에서 '기부'를 뜻하기도 하고, 때로는 교회의 이념이나 정신을 실현하기 위해 자신을 포기한다는 맥락에서 '희생'을 의미하기도 한다.

헌신(獻身)은 헌금과 헌물의 연장선에서 생각할 수 있는 말인데, 문자적으로 이해하면 하나님께 몸(자신)을 바치는 일이며, 더는 나 혹은 세상에 속하지 않고 하나님께 속하는 것으로 스스로를 구별하는 것이며, 더 이상 몸(자신)을 나의 소유로 주장하지 않고 하나님의 것으로 인정하는 신앙 행위다. 달리 말해서 하나님에 의해 내가 거룩해졌음을 고백하면서 그것을 드러내는 행위가 '헌신'이다. 이런 의미의 헌신은 거의 제물에 가깝다. 그러므로 몸을 제물로 바친다는 뜻이다. 우리나라 설화인 심청전에서와 같이 과거 고대 근동 지역의 제사 전통에는 몸을 제물로 바치는 관습이 있었다. 이런 의미의 헌신의 사례를 성경에서 찾는다면, 아브라함이 자신의 아들인 이삭을 바치려 했던 일이나 사사 입다가 딸을 제물로 바친 행위, 예수 그리스도의 십자가의 죽음을 희생 제의의 의미로 이해한 것 등을 들 수 있다. 그래서 결국 예수 그리스도를 제물로 이해하였고(히 7:27, 9:14, 28, 10:10, 12), 사도 바울의 "너희 몸을 하나님이 기뻐하시는 거룩한 산 제물(holy and living sacrifice)로 드리라(롬 12:1)."는 표현에서 그 흔적을 볼 수 있다. 바울은 특별히 이것을 '영적 예배(spiritual act of worship)'로 보았는데('영적'이라는 말은 '합리적인'으로 번역되는 말인데, 불가타에서는 rationabile, 헬라어 성경에는 λογικην이 사용되었다), 이처럼 일련의 기록들과 관련해서 본다면, 예배가 제사행위와 전혀 무관하지 않음을 알 수 있다. 오늘날의 예배는 제사의 현대적인 적용이라고 보면 되겠다. 따라서 각종 제사규정을 담고 있는 레위기는 오늘날 결코 무용하지 않으며 현대적인 맥락에서 해석하여 의미를 얻을 수 있다. 제사와 예배를 연결해서 이해할 경우, 헌신은 그 자체가 예배다. 이것에 관해 좀 더 살펴보자.

헌신은
예배

헌신이란 말은 성경에서 매우 드물게 사용되고 있는데, 오히려 개념을 통해서보다 이야기를 통해 말을 하려는 의도가 강하다. 헌신의 의미가 가장 먼저 나타나는 곳은 출애굽 과정에서 애굽 사람의 장자에 대한 심판 후에 일어난 하나님의 소유권 주장이라고 볼 수 있다. 하나님은 애굽 사람의 장자들을 심판하신 후에 이스라엘의 모든 장자와 첫 소산이 다 하나님의 소유임을 선포하셨다.

> **출애굽기 13장 2절** 이스라엘 자손 중에서 사람이나 짐승을 막론하고 태에서 처음 난 모든 것은 다 거룩히 구별하여 내게 돌리라 이는 내 것이니라 하시니라.

헌신은 문자 그대로 몸(자신)을 바치는 일이지만, 그것의 구체적인 의미는 스스로를 거룩하게 구별하여 하나님께 속한 것으로 인정함으로써 하나님이 주재자이심을 인정하는 일이며, 또한 현대적인 의미에서 하나님께 예배하는 행위를 가리킨다. 하나님의 말씀과 행위에 대해 전 인격적으로 반응하면서 그리고 영과 진리 안에서 예배함으로써 성도는 하나님께 헌신한다. 헌신은 하나님 백성으로 받아들여진 사실에 대해 감사하면서 스스로를 거룩하게 지키는 일이지만, 엄밀히 말해서 예배 자체가 헌신의 의미를 갖는다. 헌신한다 함은 예배한다는 것을 의미하고, 예배한다 함은 하나님과의 관계에서 하나님은 누구이며 또 내가 하나님께 속해 있음을 확인하고 또 하나님과 그분의 말씀과 행위에 대해 전인격적으로 반응하는 일이다. 찬송하고, 기도하며, 성도들과 교제할 뿐 아니라 그들을 섬기는 일이다(성도를 섬긴다는 것은 하나님의 뜻이 성도에게 혹은 성도를 통해 드러나도록 노력하는 것이다.). 헌신한다 함은 하나님이 모든 것의 주인이심을 인정하는 일이고, 또 내가 하나님의 것이며 나를 내어 드려 더 이상 나 자신을 내 소유로 주장하지 않는 일이다. 헌신하는 자는 내 안에 내가 아니라 내 안에 그리스도가 사는 경험을 한다. 나의 생각과 느낌과 정서를 온전히 하나님과 그분의 은혜에 반응하는 일에 내맡기는 시간이 예배이며 또한 헌신이다. 나를 드려 하나님이 참 하나님 됨을 증거하는 행위다.

예전의 의미로서 헌신은 오늘날 다소 의미가 바뀌어 많은 정성을 들여 행하는 모습을 가리킨다. 그렇기 때문에 '헌신적으로 일한다' 함은 최고의 정성을 들인다, 혹은 모든 잠재력을 발휘해 최선의 노력을 기울인다는 의미로 이해되곤 한다. 이렇게 본다면 교회에서 성도로서 헌신을 다짐하는 결의를 보이는 기회로 삼는 '헌신예배'는 먼저 하나님이 주인이시며, 내가 하나님 앞에서 바쳐진 존재로서 거룩하게 구별되었음을 새롭게 고백하는 일이고, 그래서 자신을 하나님께 내어 드리는 것이 마땅함을 인정하는 일이며, 앞으로 맡은 바 직분에 충실하게 살 것을 하나님 앞에서 다짐하는 시간이다. 단지 특정한 시간을 내어 단합을 위한 모임을 갖는 것이 결코 아니다. 그러므로 헌신예배는 일종의 계약갱신예배(Covenant Renewal Worship)[1]이다. 일종의

---

1 과거 이스라엘 백성들은 절기에 하나님과 시내산에서 맺은 계약(출 24:1-14)을 회상하며 고백했다. 영국 청교도들은 이것을 계약신학(Covenant Theology)을 바탕으로 하나님과 성도의 계약을 되새기는 예전을 만들었는데, 이것을 감리교 창시자 존 웨슬리는 '계약갱신'이라는 말로 이해하고, 그리스도를 믿음으로써 하나님 백성이 된 그리스도인이 예수 그리스도를 통해 하나님과 맺은 계약을 새

계약갱신예배로서 헌신예배는 믿음의 처음 순간을 되새겨보면서 '하나님은 우리에게 누구인지 그리고 우리는 하나님 앞에서 누구인지 또 하나님이 우리를 통해 무엇을 원하시는지 그리고 하나님의 뜻에 어떻게 반응하며 살아야 하는지'를 다시 한번 환기하고 순종을 다짐하는 시간이다.

그런데 최근 들어 헌신예배는 많은 성도에게 불편한 감정을 불러일으키는 행사로 전락했다. 왜냐하면 정기적으로 드리는 헌금 이외에 또 다른 헌금을 강요하는 기회로 받아들이는 사람이 있고, 때로는 헌신이 헌금이나 헌물을 바치는 행위로 이해되어 헌신의 진정한 의미를 망각하는 일이 많으며, 경우에 따라서는 헌신이 자발적으로 이루어지지 않고 행사에 동원되거나 강요받는 느낌을 받기 때문이다. 진정으로 헌신을 다짐하는 성도가 있지만, 오랫동안 신앙생활해 온 성도일수록 단지 습관에 따라 치르는 연례행사로 여기는 경향이 두드러지고 있다.

헌신의
진정한 의미

헌신에서 관건은 결코 바치는 행위나 바치는 내용과 그것의 양에 있지 않으며 오히려 우리가 하나님에게 바쳐진 존재로서 하나님의 소유임을 인정하는 것이며, 또한 하나님의 뜻을 얼마나 숙지하고 있으며, 내 삶과 관련해서 그 뜻에 어떤 가치를 부여하는지에 달려 있다. 무엇을 헌신하고 또 어떻게 헌신할 것인지는 하나님의 뜻에 따라 결정되며, 결국에는 순종의 의지에 달려 있기 때문이다. 바울은 이런 의미에서 헌신의 가장 이상적인 모습을 예수 그리스도에게서 본다.

....
롭게 다지며 예배하는 일을 '계약갱신예배'라고 했다. 감리교 교회에서 신년예배나 특별한 계기에 행해지는 예전이지만, 오늘날에는 교단의 벽을 넘어 많은 교회에서 수용되어 예전의 하나로 정착하는 추세다.

사도 요한은 요한복음 3장 16절에서(하나님이 세상을 이처럼 사랑하사 독생자를 주셨으니…) 하나님이 독생자를 주셨다고 표현하고 있는데, 주셨다는 말은 독생자에 대한 권한을 세상에 넘겨 주셨다 혹은 내어 주었다는 의미로 그야말로 우리의 구원을 위한 하나님의 헌신의 의미에 가깝다. 하나님의 헌신을 이렇게 표현했다고 여겨진다. 하나님은 독생자를 내어 주어 세상으로 하여금 멸망치 않고 영생을 얻기를 원하셨다. 성경은 예수 그리스도의 성육신과 지상 사역 그리고 십자가 위에서의 죽음을 하나님에게 바쳐진 희생으로 말한다. 하나님의 헌신은 세상의 구원을 위해 스스로를 희생 제물로 드리는 모습으로 나타났다.

그런데 하나님의 내어 주신 행위에 대한 예수 그리스도의 반응을 살펴보면, 그것은 하나님의 헌신에 대한 반응으로 또 다른 헌신의 모습이다. 곧 사도 바울의 표현에 따르면, 그는 하늘의 영광을 버리시고 세상에서 종의 형체를 가져 사람들과 같이 되셨으며, 하나님의 뜻이 자신을 통해 이루어지고 또한 자신에게 일어나도록 허락하심으로 고난을 받으셔야 했으며, 그 고난을 피하지 않으셨고, 결국에는 십자가에서 못 박혀 죽기까지 복종하셨다(빌 2:5-11). 달리 말해서 세상에서 하나님의 뜻이 실현되고, 세상을 통해 하나님의 뜻이 구체적으로 드러나도록 예수 그리스도는 헌신하셨다.

이런 의미의 희생, 곧 헌신은 하나님의 헌신에 대한 성도의 마땅한 반응이다. 헌신은 하나님 앞에서 스스로를 구별된 자로서 인지하는 일이며, 하나님의 뜻이 자신에게 일어나고 또 자신을 통해 이루어지게 함으로써 현실이 되게 하는 일이며, 성도가 하나님 앞에서 마땅히 가야 할 길을 선택하여 가는 일이다. 헌신(희생)을 통해 성도는 결코 자기 자신이나 혹은 가야 할 길을 잃을 것이라는 염려를 할 필요가 없다. 오히려 헌신을 통해서 자신이 누구이고 또 어떻게 무엇을 위해 살아야 하는지 알 수 있으며, 이웃 가운데 계신 하나님을 만날 수 있고, 하나님의 뜻이 무엇인지 알 수 있다.

달리 말해서 기독교에서 헌신은 자신의 달란트 혹은 소명이 무엇인지를 아는 과정이고, 진리가 무엇인지를 인식하는 한 방식이며, 진리를 현실로 옮겨 놓을 수 있게 하는 삶의 한 방식이다. 자신의 달란트 혹은 소명이 무엇인지를 알고 그리고 진리를 인식하는 일과 관련이 있기 때문에 헌신은 무조건적인 혹은 무책임한 복종과 무관하며, 진정한 헌신은 하나님을 알고 경외하는 가운데 하나님이 행하시는 일들에 진정으로 감사함으로써 반응할 때 가능해진다. 하나님의 헌신, 곧 하나님이 우리의 구원을 위해 행하신 일들에 대해 감사함으로써 반응하는 것이 헌신이다.

헌신의 양태,
시점, 방법

하나님의 헌신에 대한 감사의 반응으로 성도의 헌신은 무엇보다 먼저는 하나님이 예수 그리스도를 통해 주신 생명을 긍정하고 또 그것에 감사하며, 그 후에 비로소 자기중심적인 생각과 삶의 방식을 극복할 가능성을 모색하며 실천하는 일이다. 이 일에서 무엇보다 중요한 것은 신뢰다. 이기적인 인간이 물질이나 자기 자신을 내어 주는 일은 극심한 불안을 초래할 수밖에 없기 때문에 하나님에 대한 신뢰가 없다면 결코 가능하지 않다. 하나님을 신뢰하는 일은 미지의 세계로 걸어 들어가는 일과 같아서, 무지와 어둠에 사로잡혀 불안에 압도되는 일이 헌신하는 자에게 종종 발생한다. 헌신의 가장 큰 적은 하나님의 헌신에 대한 무지이며, 그 다음은 비록 하나님의 헌신을 잘 알고 있다 해도 그것에 헌신적으로 반응하기를 주저하는 이기심이며, 또한 삶에 대한 불안, 미래에 대한 불안이다. 불안감은 성도로 하여금 스스로를 무능한 사람이라고 생각하게 만들고, 때로는 무력감에 빠뜨려 아무런 분별력을 발휘하지 못하게 한다. 헌신이라는 이름으로 포장되어 나타나는 무조건적인 복종, 무책임한 맹종은 불안과 무력감이 동시에 작용하여 나타나는 현상이다. 하나님에 대한 신뢰에서 우러나오는 헌신이 아니라 특정 인간에 대한 신뢰의 표현일 뿐이다.

따라서 성도가 헌신할 수 있기 위해서는 무엇보다 하나님이 우리의 구원과 거룩함을 위해 어떻게 헌신하셨는지를 알아야 하며, 또한 하나님을 철저히 신뢰할 수 있어야 한다. 그리고 성도의 생각과 의지에 강하게 영향을 미치는 이기심을 극복하고, 타자에 기꺼이 자신을 내어 줄 수 있는 용기를 덕목으로 갖출 수 있도록 훈련해야 한다. 이를 위해서는 감성적이고 지성적인 노력만으로는 부족하고 무엇보다 강도 높은 영성 훈련이 필요하다. 헌신예배는 이런 훈련이 어느 정도 있고 난 후에 갖는 것이 좋지만, 경우에 따라서는 헌신예배를 통해 헌신과 훈련의 의미 및 가치를 깨닫고 훈련의 기회를 새롭게 가질 수 있다.

헌신의 시점과 관련해서 생각한다면, 하나님의 말씀을 들을 때다. 잠언은 모든 일에는 다 정한 때와 시기가 있다고 했다. 헌신의 때는 하나님의 말씀을 듣는 시간이다. 헌신의 기회가 지연되어서는 안 된다. 물론 구체적으로 헌신을 실천할 때까지 준비하는 시간이 필요한 경우가 있고, 아무런 통제장치 없이 즉흥적인 반응으로 헌신을 결단하는 것도 바람직하지 않다. 그렇지만 준비하는 것 자체가 이미 헌신의 과정이다. 따라서 헌신은 하나님의 말씀에 긍정적으로 반응하는 바로 지금이며, 바로 이런 순간에 비록 내가 어디로 가야 할지를 알지 못한다 해도 오직 하나님만을 신뢰하며 나아갈 수 있다. 헌신의 시기를 놓치면 핑계를 대는 상황만 자꾸 발생한다. 인간은 본질적으로 자기중심적이기 때문이다.

헌신의 방법과 관련해서 가장 우선적인 가치는 사랑이다. 하나님은 세상을 사랑하셨기 때문에 독생자를 내어 주셨다. 사랑이 헌신의 동기와 방식에서 가장 중요하게 여겨지는 이유는 사랑만이 헌신의 진정성을 드러내고, 또한 헌신은 일시적이어서는 안 되기 때문이다. 헌신의 관건은 자신을 통해 하나님의 뜻이 온전히 이루어지는 일에 있기 때문에 일시적이어서는 안 되고 지속적이어야 한다. 사랑으로 하지 않은 헌신은 지속적이지 못하고 인간의 자기 과시로 끝날 뿐이다.

희생으로서 헌신은 결코 보상을 기대하는 행위가 아니다. 헌신으로서 희생은 보상보다 공동체의 생명과 미래에 기여한다. 공동체는 공동체를 구성하는 개별자들의 헌신을 통해 생명을 유지하며, 공동체의 미래는 헌신이 있기에 기대가능하다. 하나님 나라는 헌신된 공동체에 임한다.

헌신과
순종

정리하여 말한다면, 헌신한다 함은 예수 그리스도를 믿은 후 하나님의 부르심에 따르겠다는 의지를 의미한다. 자기 자신에 대한 소유권을 하나님에게 위임하는 일이며, 하나님을 철저히 신뢰하는 삶이다. 언제 어디서든 하나님을 예배하는 삶이고, 공동체의 생명과 미래를 위한 희생이다. 사도 바울이 로마서 6장 12-23절을 통해 말한 내용은 일상에서 일어나는 헌신과 관련해서 주목할 만하다. 바울은 이곳에서 우리의 몸으로 섬기는 두 가지 대상을 언급하고 있다. 하나는 죄이고 다른 하나는 하나님이다. 다시 말해서 인간은 죄에 사로잡혀 자신의 욕심에 헌신하거나 혹은 죄로부터 해방된 후 하나님에게 헌신한다. 세상의 욕심에 사로잡혀 자신의 출세와 성공과 부귀영화 그리고 행복과 안정을 얻기 위해 헌신하는 모습이 있는가 하면, 성령의 소욕에 따라 하나님의 뜻의 결실을 위해 헌신하는 모습도 있다. 이 둘 중에 어느 것에 헌신하겠는가를 촉구하면서 바울은 결론적으로 이렇게 말한다.

로마서 6장 23절 죄의 삯은 사망이요 하나님의 은사는 그리스도 예수 우리 주 안에 있는 영생이니라.

묵상과 토의를 위한 질문

....

- 헌신의 의미는 무엇인가?

- 교회에서의 헌신과 일상에서의 봉사에 관해 이야기해 보자.

- 헌신을 위한 적합한 방식에 관해 이야기해 보라.

복을 구하는 것은 모두 기복 신앙인가?

: 복은 하나님의 뜻대로 살 수 있게 하기 위해 주시는 하나님의 능력

복에 대한 오해는 복을 구하는 신앙 행위 자체를 불신하게 한다. 복을 구하는 신앙과 기복 신앙은 구별되어야 한다. 기복 신앙은 복(물질적인 번영)을 최우선 가치로 구하는 신앙, 혹은 복을 받을 것을 목적으로 삼는 신앙이다. 이기적이고 자기중심적인 신앙의 대명사로도 쓰인다. 기독교 신앙을 왜곡시킨 주범 중 하나로 평가된다. 기복 신앙은 전통종교에 깊이 뿌리를 내리고 있어서 이미 전통종교적인 토양 위에 세워진 한국 기독교에 깊은 영향을 미쳐 올바른 기독교를 갈망하는 사람이 건강한 신앙생활과 더는 구별하기 힘들다고 하소연할 정도다.

그런데 기복 신앙에 대한 불신이 성경에 명시되어 있는 복을 사모하고 또 구하는 행위 자체를 불신하는 데까지 나아가는 것은 바람직할까? 복을 구하는 것은 모두 기복 신앙인 것일까?

복을 빌고
또 구하는 삶

묵은 해를 보내고 새해를 맞이할 때마다 떠오르는 말 중에 가장 으뜸은 복이다. 가장 흔한 새해맞이 덕담은 "새해 복 많이 받으세요!"이다. 복을 말

할 때는 전통적으로 오복을 염두에 둔다. 장수, 강녕(몸이 건강하고 마음이 평안함), 부유함, 유호덕(덕을 좋아하고 즐겨 실천함), 고종명(제 명을 다하고 죽는 것) 등이다. 복이 갖고 있는 따뜻함과 풍성함 때문인데, 이런 이미지에 고무되어 사람들은 스스로 복을 구하고 또 다른 사람이 복 받기를 기원한다. 단지 이미지에 불과해도 그토록 열광하는 이유는 복이 인간의 기본 욕망과 깊은 관련이 있기 때문이다. 그렇기 때문에 새해 첫 번째로 떠오르는 해를 보며 한해의 복을 기원하기 위해 정체와 지체를 반복하면서도 먼 길을 가는 수고를 마다하지 않는 것이다. 새해를 맞이할 때나 경제가 어려운 때에 단연코 화제는 복이다. 아니 복에 대한 관심은 시기를 가리지 않는다.

복에 대한 관심은 동북아시아에 속한 나라의 국민들에게 나타나는 공통적인 현상이지만, 한국인은 유별나다. 어렵게 살던 과거 때문이라고 말하곤 하나, 어렵게 살았던 경험은 어느 나라, 어느 민족에게나 다 있다. 어렵게 살았다는 이유만으로 충분히 설명되지 않는 현상이다. 이에 비해 보다 설득력 있는 설명은 이렇다. 곧 모든 사람에게 있는 번영과 안정과 풍요에 대한 갈망을 복으로 이해하게 한 것은 전통종교이며. 또한 전통종교는 이것에 대한 관심을 증폭시켰다는 것이다. 대표적인 것이 한국무교(巫敎)이다.

무교는 매우 원시적인 형태의 신앙형태이며, 특히 동북아시아 지역에서 많이 볼 수 있는 종교 현상이다. 샤먼(영매 혹은 무당)이라 불리는 사람이 황홀경(엑스타제)에 빠진 상태에서 이생과 차생을 연결시켜 주어서 이생의 화를 쫓고 복을 불러들이는(遠禍召福) 행위를 하는데, 이것을 체계화하여 일정한 신앙적인 태도를 갖게 한 것이 무교이다. 인간의 두려움과 복을 바라는 마음을 교묘히 이용한다 하여 계몽 이후의 시기에는 미신으로 취급받아 왔다. 무교는 한국종교사에서 불교와 유교에 의해 탄압을 받아 여러 번 부침의 운명을 겪었지만 결코 사라지지 않았고, 오히려 여러 종교와 다양한 형태로 결합하여 영향력을 행사하고 있다.

기독교인 종교 신학자로서 기독교에 대한 무교의 영향력을 연구한 유동식에 따르면, 무교는 불교와 유교 그리고 기독교에 기생하거나 혹은 이들 종교와 결합하여 한편으로는 종교에 새로운 옷을 입히는 역할도 했지만, 다른 한편으로는 종교의 본질을 변질시키는 주범이었다. 무교가 워낙 한국인의 의식에 깊이 뿌리내리고 있다 보니 어떤 종교든 사람의 마음을 얻기 위해서는 무교적인 심성을 무시할 수 없었다. 기독교 역시 예외는 아니다.

　　학자들이 이구동성으로 지적하는 바, 기복 신앙은 60−70년대 한국 기독교를 움직이는 힘이었다. 이기적이고 무책임한 기독교 신앙을 양산한 주범으로 간주되곤 한다. 순복음교회 조용기 목사는 소위 "삼박자 축복(몸의 건강과 영혼이 잘 되고 또 범사가 잘 되는 것)"을 앞세워 성도의 무교적인 종교성을 자극하여 열광케 했다. 한국 기독교는 뒤늦게 교회의 본질을 돌아보면서 기복 신앙이 기독교 신앙을 왜곡했을 뿐 아니라 유신독재 통치시기에 성도들로 하여금 정치적인 현실과 사회의 부조리에 대한 관심을 갖지 못하게 하는 요인임을 간파하였다. 무교적인 영성을 접목시킨 것은 단순한 종교심의 발로가 아니라 정치적인 전략이었다는 말이다. 이 때문에 기복 신앙은 한국 교회의 병폐를 유발하는 요인으로 여겨져 비판받았고, 그 후 일부 깨어 있는 목회자와 신학자들에 의해 기복 신앙에서 벗어나는 새로운 목회 패러다임이 시도되고 있다. 그 대표적인 것이 교회의 공공성과 신앙의 공적인 성격을 회복하는 일이다. 비록 늦었지만 이제라도 바른 길을 걷게 된 것은 참으로 감사한 일이다.

　　그러나 양적으로 성장하는 교회를 들여다보면 무교적인 영성에서 여전히 벗어나지 못하고 있다는 인상을 받는다. 잘 되는 것, 성공하는 것, 아무 문제없이 또 아무 어려움 없이 사는 것을 하나님의 복으로 간주하고 또 그것을 추구하는 것을 신앙으로 여긴다. 일부 신학자는 소위 보수주의 신학이라는 이름으로 그것을 뒷받침하기도 했다. 기복 신앙은 보수주의 신학과 맞물리면서 날개를 얻었다고 볼 수 있다. 도대체 성경에서 말하는 복의 진정한 의미는 무엇일까? 질문이 절로 나온다. 복을 구하는 태도가 갖는 부정적인 이미지 때문에 오늘날 교회에서 복에 관한 설교를 듣는 것은 쉽지 않다.

기복
신앙?

복을 구하는 것, 곧 기복 행위는 근본에 있어서나 신학적으로 볼 때 결코 잘못된 일은 아니다. 문제는 복의 진정한 의미를 밝히기보다 복을 구하는 행위 자체를 기복 신앙으로 인지하게 된 현실이다. 복은 성경적인 개념이고 또 주제이며 하나님의 선물로 받는 것이다. 무엇보다 그것은 성경적이다. 찬송가 1장은 "만복의 근원 하나님"을 노래하고 있다. 하나님은 복을 주시는 분이다. 따라서 복과 관련해서 하나님을 말하는 일에서 주저할 이유가 없다. 문제의 핵심은 복을 잘못 이해할 뿐 아니라 또한 복을 구하되 어려운 사람을 돌보지 않고 자신의 안일함이나 혹은 가족의 행복만을 추구하면서도 그것을 신앙으로 여기는 것이다. 이기적이고 현실도피적인 신앙 형태이다. 여기에는 신앙의 공공성이 없다. 기복 신앙은 복에 대한 잘못된 이해에서 비롯하며 또한 그것의 치명적인 결과는 신앙 행위를 개인이나 가족 혹은 '우리'의 틀 안에 머물러 있게 한다는 것이다.

기독교적인 의미에서
복이란 하나님의 능력

창세기에 처음 등장하는 "복을 주다"는 말은 원래 받는 사람이 풍성하고 효과적인 삶을 살 수 있도록 권세가 높은 자가 낮은 자에게, 부를 가진 자가 없는 자에게 주는 것으로, 성공, 번영, 다산 그리고 장수를 위한 능력을 부여하는 것을 뜻한다. 이에 따르면 복은 '~을 할 수 있는 능력'으로 이해되고 있고, 우리 자신이 행복해지는 것보다 하나님의 뜻에 따라 살 수 있기 위해서, 하나님의 창조원리에 따라 서로가 서로를 도우며 살 수 있도록 하나님이 주신 능력이다. 각종 형태의 생활 능력이고, 자연을 돌보고 관리하는 능력이며, 다른 사람의 기쁨과 행복의 증진에 기여할 수 있는 능력이고, 하나님과 관계맺음의 능력이며, 하나님의 일을 할 수 있도록 주어진 은사이고, 하나님을 알고 또 그분과 더불어 살 수 있는 능력이다. 하나님의 명령을 이행할 수 있는 능력이다.

다시 말해서 내게 주어진 복은 하나님의 뜻대로 살 수 있기 위해 주어진 것이다. 그렇기 때문에 우리에게 주어진 것을 이웃과의 모든 관계에서 하나님의 도움을 경험할 수 있는 방식으로 사용할 때, 그것을 비로소 복이라고 말할 수 있다. 그렇지 않고 단지 내가 누리며 나를 기쁘게 하고 또 행복하게 만들어 주는 것으로 이해하거나 나를 드러낼 목적으로 사용한다면, 그것은 기독교에서 말하는 복이 결코 아니다.

기독교에서 말하는 복에 따르면, 지식을 가진 사람은 그 지식으로 자신이 이득을 누리기 위한 것이 아니라 지식을 다른 사람의 유익을 증진시키기 위해 사용할 수 있어야 한다. 돈이 많으면 그것으로 개인적으로 안락함을 누리기 위한 것이 아니라 없는 자를 섬길 수 있는 능력이 되도록 해야 한다. 그러니 내가 무언가를 가지고 있다면, 갖지 못하고 있거나 갖고 있어도 부족한 자들에게 나누어져서 그들이 하나님 앞에서 인간다운 삶을 살 수 있도록 도와주는 데에 기여했을 때 그리고 그들이 하나님의 도움을 경험하도록 했을 때, 그때 비로소 내가 가진 것이 복으로 인정받는 것이다. 나의 능력을 통해 다른 사람이 하나님의 능력을 고백할 수 있을 때 비로소 하나님의 복을 받았다고 말할 수 있다. 나의 섬김으로 비롯하는 타자의 기쁨과 평안을 보는 것, 그것이 내게는 복이다. 비록 수고와 봉사로 인해 육체와 정신이 피곤해질 수 있다 해도 그것으로 사람이 하나님을 알고 섬기게 된다면, 수고하고 봉사할 수 있는 기회는 복이다. 그렇지 않고 자기 자신만을 위해서 사용하는 능력은 하나님이 주신 복을 왜곡하는 것이다.

하나님이 주신 복은 하나님이 주신 능력이기 때문에 하나님의 뜻을 위해 사용되는 것이 마땅하다. 하나님의 뜻이 이 땅에 이루어지는 일에 기여하도록 해야 한다. 그렇지 않게 사용한다면, 오직 자신이 누리기 위한 것으로 여긴다면, 기독교적인 의미에서 그것은 복이 아니라 화근이 된다. 복을 이렇게 이해하면서 하나님의 뜻을 이행하기 위해, 다른 사람을 돕기 위해, 하나님의 영광을 위해 복을 구하는 것은 하나님의 은혜를 구하는 것과 전혀 다르지 않다. 교회의 일을 하고 또한 교회의 덕을 세우기 위해 성도가 마땅히 구해야 할 일이다. 복은 신약에 오면 성령의 은사로 나타난다. 은사는 하나님의 부르심에 합당한 삶을 위해 주시는 성령의 능력이며 하나님의 은혜이다.

인격적인
의미에서 복

하나님의 능력으로서 복의 개념은 아브람을 부르시는 과정에서 한 차원 더 확장된다. "너는 복이 될지라(원래는 '너는 복이라.'는 선언)."고 말씀하시면서 아브라함 자신을 복으로 삼아 주셨다. 비인격적인 의미의 복이 인격적인 의미로 바뀌었다. 아니 바뀌었다기보다는 의미가 확장되었다. 능력으로서 복의 의미는 여전히 유효하지만, 아브라함의 부르심을 통해 인격적인 의미의 복이 새롭게 드러난 것이다.

한편, 아브람을 복이라 말씀하셨다 함은 무엇을 의미할까? 인격적인 의미의 복은 무엇을 말할까? 기록된 대로 이해한다면 무엇보다 먼저 생각할 수 있는 것은 '사람이 복'이라는 말이다. 하나님의 부르심을 받은 사람 자신이 복이라는 말이다. 하나님은 이제부터 당신이 부르신 사람을 통해(그 사람이 가진 능력이 아니라) 당신의 인격적인 능력을 나타내 보이시겠다는 의지의 선언이다. 특정한 능력을 갖춘 사람도 있지만, 사람 자체를 하나님의 능력으로 삼겠다는 약속이다. 이 언약을 통해 우리는 아브라함의 후손으로 나중에 나타날 예수 그리스도를 만난다. 하나님은 아브라함을 복으로 부르시면서 그를 통해 예수 그리스도를 약속해 주셨다는 말이다. 예수 그리스도는 복이다. 하나님의 구원을 이루는 능력이다. 인간은 그를 믿고 영접함으로 그의 능력에 의지하여 하나님의 자녀가 되고 또 하나님의 구원을 받는다.

이 약속을 믿음으로 받아들이는 사람은 이제 예수 그리스도의 향기로 혹은 편지로 혹은 그분을 세상 가운데 나타내는 사람이 된다. 부르심을 받은 사람을 통해서, 무엇보다 그 사람의 능력을 통해서가 아니라 그 사람과 함께 하시는 하나님의 능력으로, 하나님은 당신의 구원의 역사를 이어 나가기를 원하신다. 그렇다고 믿는 자들에게 구원의 능력이 있는 것은 아니다. 믿음으로 예수 그리스도를 영접할 때 우리는 하나님의 복으로서 살게 된다. 하나님은 부르심에 순종하는 우리의 삶을 사용하셔서 당신의 구원을 이루신다. 우리는 다만 복으로 부름 받은 자로서 부르신 뜻에 순종하고 또 그 뜻에 합당하게 살아감으로써 예수 그리스도의 복음의 능력과 하나님의 구원의 능력이 나타나는 것을 경험할 수 있을 뿐이다.

예수 그리스도를 믿음으로 받아들이는 사람들은 모두가 복이며 또한 복을 받은 사람이다. 그러나 빛과 소금으로 부르신 하나님의 뜻에 순종하기 전까지는 복이 있는지 없는지 복을 받았는지 그렇지 않은지가 아직 확인되지 않은 상태이다. 아무리 많은 돈을 갖고 있어도, 아무리 높은 지위에 있어도, 아무리 건강하다 해도 그리고 예수 그리스도를 믿는 성도라 해도, 그 자체만으로는 아직 하나님이 주신 복이라 할 수 없고 복을 받았다고 말할 수 없다. 복을 잘못 이해하는 목회자들이 성도의 집을 심방하는 중에 말씀을 전하면서 자주 실수하는 것이 바로 이것이다. 승진하거나 재물을 얻거나 혹은 자녀들이 좋은 대학에 가면 복 받았다고 말하는데, 이것은 잘못이며 성도들로 하여금 개인주의적이고 이기적인 신앙으로 이끄는 요인이다. 신앙의 공공성을 망각한 행위다. 그 자체를 복으로 볼 것이 아니라 그것으로 주의 뜻을 위해 사용될 때 비로소 그것이 복이 되는 것임을 일깨워 주어야 한다. 그것이 사용될 때, 내 뜻대로 사용되는 것이 아니라 하나님의 뜻에 순종하여 사용될 때, 비로소 복이 되는 것이다.

하나님의 능력으로 사용되기 전까지는 아무리 좋은 것을 많이 가지고 있다 해도 복이라 말하지 말아야 한다. 개인의 능력일 수 있지만, 그것은 성경적인 의미에서 하나님의 복은 아닌 것이다. 복은 말씀에 순종할 때 비로소 그 진가를 발휘한다. 하나님의 복은 먼저는 나를 위한 것이 아니라 타인의 유익과 행복을 위해 존재한다. 이것이 성공적으로 이루어질 때 나를 위한 복, 내가 누릴 수 있는 복은 오직 약속을 통해 주어진다. 이런 맥락에서 복은 모든 기독교인이 구해야 마땅한 것이다.

복,
순종의 능력

한편, 복은 하나님의 뜻을 이루도록 하나님이 인간에게 주신 능력이다. 그러면 인간은 이 능력으로 하나님의 명령을 지킬 수 있을까? 복을 받은 자로서는 가능하다. 다시 말해서 예수 그리스도를 영접한 사람은 하나님의 명령으로서 계명과 율법을 지킬 수 있는 능력을 받는다. 어떻게 이런 일이 일어날 수 있을까?

먼저 하나님이 인간에게 말씀하시되 명령의 형태를 취하는 까닭은 인간이 자신이 행해야 할 것으로 생각하지 않을 뿐 아니라 또한 그것을 행하기를 좋아하지 않기 때문이다. 인간의 생명을 위해 그리고 구원을 위해 반드시 되어야 할 일이지만 인간은 그것의 의미와 가치를 깨닫지 못하기 때문이다. 이것은 인간이 육체의 소욕에 매여 있기 때문이다. 육체의 욕망에 매여 있는 한 인간은 하나님의 말씀을 지키고 싶어 하지 않고 또 도저히 지킬 수 없다고만 생각한다. 그것은 부담이며 큰 짐으로 여겨질 뿐이다. 게다가 예수 그리스도의 복음이 없다면, 용서가 없고 오직 정죄만 있기 때문에 더욱 큰 부담으로 여겨진다.

그러나 믿음을 통해 성령에 사로잡힘으로써 육체의 소욕에서 벗어나는 순간, 하나님의 말씀은 진리로 가는 길을 안내하고, 생명을 살리는 능력이며, 하나님의 생명으로 살 수 있도록 한다. 하나님의 명령은 인간을 거룩하게 하며 의롭게 한다. 따라서 명령은 오히려 칠 흑 같이 어둔 밤에 빛나는 촛불 같다. 주의 말씀은 내 발의 등이요 내 길의 빛(시 119:105)이라는 시편 기자의 고백을 인정하지 않을 수 없다. 하나님의 명령을 듣는다 해도 꿀 송이보다 더 달게 느껴지며, 따라서 명령의 형태라도 하나님의 말씀을 들을 때 오히려 기쁘고 감사할 수밖에 없다. 이런 의미에서 하나님 안에서 안식하기를 원하는 사람에게 하나님의 명령(계명)은 그 자체가 복음이다.

그리고 복이신 예수 그리스도를 영접한 사람은 성령이 그 안에 거하시며, 성령의 인도를 받는다. 믿음을 통해 성령이 우리 안에 거하시면 욕망이 이끄는 삶이 아니라 성령의 소욕에 따라 산다. 예수 그리스도를 영접한 자는 이전과는 전혀 다른 새로운 피조물이다. 하나님의 은혜 안에 머물고, 그 은혜로 만족하며, 은혜를 기대하며 산다. 하나님의 은혜에 힘입어 성령의 능력으로 살기 때문에 하나님의 명령을 지킬 수 있을 뿐 아니라 또한 성령의 결실을 나타내며 산다. 하나님의 명령은 하나님 나라의 씨이며 또한 풍성한 삶을 위한 거름이 되어 오히려 명령을 지키는 자의 삶에 풍성한 결실을 안겨 준다.

묵상과 토의를 위한 질문

- 기복 신앙과 그 폐해에 관해 말해 보자.

- 기복 신앙을 극복하는 방법은 무엇인가?

- 복 받은 자로서 바람직한 삶은 무엇인지 이야기해 보자.

돈은 복인가?
저주인가?

『하나님이냐 돈이냐』, 쟈크 엘룰(Jacques Ellul)이 쓴 책 제목이다. 그가 이렇게 도발적인 질문을 한 이유는 기독교인이 돈에 대한 태도에서 하나님을 대하는 모습을 그가 목격했기 때문이다. 달리 말해서 그는 기독교인에게서 하나님보다 돈을 더 사랑하는 태도를 보았기 때문이다. 돈에 대한 잘못된 태도를 지적하고 돈에 대한 태도를 바로 잡으려는 의도였다.

돈은 화폐가치
이상의 의미

돈은 물건을 구매할 수 있는 화폐가치이다. 현대인에게 돈은 화폐가치 이상의 의미가 있다. 물건 구입을 위한 화폐이며, 더 많은 수입을 얻기 위한 자본이고, 심지어 권력과 명예와 사랑까지도 자기 것으로 만들 수 있는 힘으로 작용한다. 현대 사회에서 돈은 존재하는 모든 것의 가치를 대신한다. 성과를 중시하는 시대에는 심지어 사람의 가치마저도 돈으로 환산한다. 돈으로 장기를 구입할 수 있다. 돈으로 죽어가는 생명도 살릴 수 있으며, 돈이 없으면 생명까지도 스스로 포기할 정도로 현대인에게 돈이 갖는 의미는 상상을 초월한다. 현대 사회에서 맘몬이즘이 새로운 우상의 형태로 자리 잡을 수 있는 이유다.

현대 사회의 현상을 보거나 혹은 교계의 흐름과 대형 교회의 행태들을 보면 돈에 의미와 가치를 두는 일에서 기독교인 역시 세상과 크게 다르지 않은 것 같다. 적지 않은 경우에서 돈은 정당하게 벌어들이고 있지 않고 있으며 또한 정의롭게 분배되지 않고 있다. 상품을 통해 소비 욕망을 부추기면서 과잉 소비를 유발하지만, 만족감보다는 또 다른 소비거리를 욕망하도록 자극한다. 욕망을 소비하는 방식으로 확산되는 상품문화는 돈을 가지고 있으면서도 늘 부족하게 여기게 한다. 원래, 가치를 소통하기 위해 마련된 화폐제도이지만, 현대인은 더는 가치를 소통하거나 소비하지 않고 상품과 이미지와 욕망을 소비하고 소통한다.

한편, 금융자본주의는 돈을 자본으로 삼아 이익(돈)을 얻는 것을 가능하게 한다. 이것이 제도화되었기에 금융자본주의 시대라 한다. 오늘날 돈은 실제 가치보다 훨씬 더 높게 평가되고 있다. 토마 피케티(Thomas Piketty)가 『21세기 자본』(글항아리, 2014)에서 지적하고 있듯이, 금융수입(자본을 통해 얻는 수입)이 소득수입(노동을 통해 얻는 수입)보다 더 많아짐으로써 현재 지구촌은 부익부 빈익빈이 일반적인 현상이 되었다. 상황이 이렇다 보니 돈을 사랑하는 것이 일만 악의 근원으로 알고 있는 기독교인에게 다음과 같은 질문이 제기되는 것은 당연하다. 기독교인에게 돈은 무엇을 의미할까?

기독교인에게
돈이란?

돈은 무엇인가를 교환할 수 있게 한다. 성경에서도 교환 가치로서 돈을 인정한다. 하나님께 드릴 제물을 돈으로 구입했다. 회당에서는 제물 대신 돈으로 희생을 표현했다. 노예 사회에서는 사람을 살 수 있었다. 돈이 있다면 원하는 것이 무엇이든 사들일 수 있다. 사도행전에 보면 로마 시민의 자격까지도 돈으로 살 수 있었다고 기록하고 있다. 심지어 하나님의 은혜를 돈으로 구입하려는 시도도 있었는데, 마술사 시몬은 빌립을 따라 다니면서 성령의 은사를 돈으로 사려고 했다. 그러나 하나님의 구원과 성령의 은사는 돈으로 얻을 수 없는 것임을 성경은 분명하게 강조한다.

기독교가 돈의 기능과 역할에 대해 무조건 부정적인 것은 아니다. 돈은 하나님이 주신 복이다. 돈을 벌 수 있는 능력을 복으로 주셨고(신 8:18) 돈으로 누릴 수 있는 삶도 복으로 주셨다. 그러나 탐욕을 금했고 또 가난한 자를 배려해서 생계를 위해 빌린 돈에 대해 이자소득을 금했다. 고아와 과부처럼 사회적인 약자들이 공동체에서 어려움을 겪지 않도록 배려하라고 했다. 가진 재산을 처분하여 얻은 돈을 공동체와 공유하기 위해 내 놓기도 했다. 하나님의 것은 공유하는 것이 마땅하다는 생각에서였다. 돈은 개인에게 하나님의 뜻에 순종하기 위한 능력으로써 복이었으며 또한 공동체 정신을 실천하기 위한 재화였다. 돈에 대한 바람직한 가치관과 타인에 대한 배려는 동전의 양면이다. 돈 때문에 타인을 힘들게 한다면, 그런 돈을 소유하려는 시도는 잘못이다.

돈에 관한
성경의 경고

돈에 관해 성경이 주는 경고는 돈을 의지하지 말라는 것이다. 복으로 이해되는 부는 하나님이 주신 것이나, 하나님보다 부에 더 높은 가치를 두지 않아야 한다. '돈을 사랑하지 말라.'고 했다. 돈을 사랑함이 일만 악의 뿌리라고 했다. 이렇게 말한 까닭은 돈이 단순히 교환 가치를 넘어 그만큼 사람의 마음을 사로잡는 힘으로 작용하기 때문이다. 돈에 대한 경고를 무시하면, 돈은 하나님을 대신하고 또 신뢰하는 대상이 된다. 곧 우상이 될 수 있다. 그래서 셰익스피어는 화폐를 '보이지 않는 신'이라고 말했다.

성경이 돈에 대해 왜 부정적인가 하면, 바로 돈의 힘 때문이다. 돈 많은 청년이 예수님을 찾아와 물었다. '무엇을 행해야 영생을 얻을 수 있습니까' 예수님은 청년과의 대화에서 결국에는 가진 재물을 나눠주라고 말한다. 왜 이런 대답을 하셨을까? 성경에는 나오지 않는 부분이지만, 재물이 많은 청년임을 부각시킨 것으로 보아, 청년은 비록 자신이 가진 재물로 영생을 얻을 수 있다고 생각하지는 않았다 해도 돈으로 영생을 얻을 만한 일을 할 수 있을 것으로 생각했던 것은 아니었을까. 청년의 생각을 간파하신 예수님은 오히려 영생은 은혜로 얻는 것임을 청년이 깨닫도록 하신 것은 아닐까? 그래서 오히려 그가 가지고 있는 것을 팔아서 가난한 사람에게 나누라고 말씀하신 것은 아닐까?

돈과
욕망

사람은 대체로 자신의 욕망을 충족시키기 위해 돈을 사용한다. 그런데 돈은 인간의 욕망을 채워 주지만 또한 탐욕을 부추긴다. 모든 것이 상품화된 소비사회에서는 없었던 욕망도 돈 때문에 생긴다. 욕망 때문에 괴로움을 느낀다면 내 맘이 원하는 만큼 충족하지 못해서 그렇다. 만일 충족할 수 있는 방법이 있다 해도, 욕망은 결코 만족하지 않는다. 욕망은 또 다른 욕망을 낳을 뿐 아니라 오히려 쾌락으로 이어진다. 돈은 욕망을 깨우고 또 욕망을 어느 정도 충족시켜 주지만, 또 쾌락을 위한 다른 욕망을 일깨운다. 결국 쾌락을 가능하게 해 주는 것이 돈이다. 돈은 마약 같다. 임상수 감독은 영화 "돈의 맛(2012)"에서 돈은 사람까지도 종으로 삼을 수 있고 또 인생을 달콤하게 만들어줄 정도로 모든 것을 가능하게 하지만, 정작 돈이 주는 맛은 씁쓸할 뿐임을 폭로했다. '씁쓸하다'는 맛에 대한 표현으로는 적합하지 않은 말인데, 이런 표현을 사용한 까닭은 아마도 돈이 실제로 미각을 자극하기보다는 돈 때문에 겪는 인생의 쓰디쓴 경험을 말하고 싶었기 때문이리라.

돈과
영적 경험

실제로 돈은 다양한 경험을 일으킨다. 감각적인 경험은 물론이고 지적인 경험 그리고 심지어는 영적 경험까지 가능하게 한다. 영적인 경험까지? 그리 놀랄 일은 아니다. 세습하는 일부 대형 교회와 일부 탐욕적인 목회자들의 축재 그리고 그들을 우상처럼 떠받드는 일부 성도를 떠올려보면 돈은 영적인 경험까지도 가능하게 한다는 사실을 부정하기 어렵다. 돈만 있으면 영적인 경험마저도 사들일 수 있다. 물론 그들이 말하는 영적 경험의 진정성을 묻는 일을 일단 배제한다면 말이다. 굳이 표현한다면 '유사 영적 경험'이라 할 수 있을까?

사람은 돈이 없으면 가난한 자로서 겪을 수밖에 없는 다양한 심리적인 경험을 하고 또 사회적으로는 빈곤층이라는 계급의식에 시달린다. 이에 비해 돈이 많으면 경험의 범위는 무제한적이다. 돈은 온갖 욕망을 충족시켜 주는 능력을 발휘하기 때문이다. 정확하게 말하면, 돈 자체에 능력이 있기보다 돈으로 포장된 욕망에 대해 자본주의 사회는 상당히 관용적이다. 불가능하다고 여겨지던 사랑조차도 어느 정도는 돈으로 얻을 수 있다고 여겨지는 시대이고 보니 권력이나 명예는 돈 앞에서 스스로 긴다고 보면 틀림없다. 혹시 이런 사실을 의심하는 사람이 있다면, 사회성 짙은 영화를 보면 된다. 비록 영화는 현실이 아니라서 영화와 현실을 동일시해서는 안 되지만, 우리나라에서 정치 경제 언론의 유착관계를 살펴보면 영화보다 더한 일이 현실에 얼마나 많은지 모른다. 말하고자 하는 요점은 돈은 욕망의 작용과 관련해서 다양한 느낌과 경험을 불러일으킨다는 것이다.

영화 "원라인(양경모, 2017)"은 사람이 돈에 대해 어떤 의미를 부여하며 살고 있는지를 잘 보여 준 영화다. 돈은 기본적으로 더럽다고 보아서 어떤 방법으로 돈을 벌어들이든지 무관하다고 생각하는 사람이 있는가 하면, 돈은 삶의 의욕을 북돋는다고 여기면서 수단과 방법을 가리지 않고 돈을 버는 사람이 있다. 누군가에게 돈은 가난으로부터 벗어나게 해 주며 또한 필요 이상의 욕망을 충족시키는 수단이다.

돈이냐
예수냐

가룟 유다에게서 볼 수 있는 특이한 현상이 있다. 이스라엘의 해방을 위해 열심을 내었던 그는 예수님에 대해 크게 실망하게 되었다. 실망은 배신으로 이어졌다. 그런데 그 결과로 얻은 것이 돈이었다. 가룟 유다가 예수님을 돈과 바꾸었다고 말한다면 조금 지나친 점이 없진 않다. 그러나 실제로는 예수님을 돈과 바꾼 셈이 되었다. 결국 자살로 끝났다는 사실은 배신의 대가인 돈의 맛이 얼마나 독했는지를 말해 준다. 스스로 토해 내었다고 말할 수 있을 정도로 그는 받은 돈을 내던졌다.

오늘날 불신자들이나 신앙을 떠나 세속적인 가치를 추구하며 사는 사람이 돈을 많이 번다고 해서 그것을 부러워하는 기독교인이 많다. 하나님을 믿지 않은 사람이 오히려 믿는 자들보다 더 잘 살산다고 하니 속이 편하질 않다. 그들의 생명을 염려하여 복음을 전하긴 해야 하는데, 오히려 믿는 사람들보다 더 잘 나가니 복음을 전할 이유를 발견하지 못한다. 아니, 복음을 들을 이유가 없다고 생각하기 때문에 전할 수가 없다.

그러나 예수님을 배반할 때 대가로 주어지는 것이 돈일 수 있다는 사실을 생각한다면, 그렇게 부러워할 일만은 아니다. 돈은 예수 그리스도에 대한 믿음의 반대편에 있다. 달리 말한다면, 돈은 죄로부터 구속을 무의미하게 만들거나 혹은 그것을 가능케 할 만한 힘이 있다고 여겨진다. 이런 생각은 결코 사실이 아니다. 단지 그렇게 보일 뿐이다. 베드로와 요한은 성전 미문에 앉아 있는 앉은뱅이를 은과 금이 아니라 예수 그리스도의 이름으로 일으켜 세웠다. 예수 그리스도가 돈보다 더 큰 능력이 있음을 나타내보였다.

기독교인에게 돈은 만일 정상적으로 벌어서 과욕을 부리지 않고 적절하게 사용된다면 아무 문제가 없다. 가난한 자들에게 나누어 주어 그들이 힘을 얻도록 하고, 어려움에 처한 사람을 구하는 일에 사용된다면 돈은 하나님의 복이다. 그러나 돈을 사랑하여 축재를 목적으로 한다면 돈을 획득하는 과정에서부터 부정이 발생할 수밖에 없다. 더욱 심각한 일은 하나님이 있어야 할 자리를 돈이 차지하게 된다. 이것이 바로 현대 기독교 신앙에서 흔히 나타나는 맘몬이즘이다. 돈은 인간의 욕망을 깨우고 탐욕을 불러 일으켜 하나님을 대적하거나, 하나님의 뜻이 실현되지 못하게 방해하는 데에 사용되기 때문에 문제가 된다. 사탄의 역할을 수행한다고 말할 수 있다. 가룟 유다의 경우에서 볼 수 있듯이, 돈은 그 대가로 주어지기도 한다. 하나님을 대적하고 또 하나님의 뜻이 이루어지기를 방해할 때, 그 대가로 돈이 주어질 수 있다는 말이다. 실제로 기독교인이라고 해도 부정부패를 통해 치부하는 사람이 우리 사회에 얼마나 많은가. 다 신앙을 배신하여 얻은 대가다.

교회 내
맘몬이즘

돈에 대한 부정적인 이미지를 피하기 위해 흔히 하나님을 섬기는 일에 사용되면 괜찮다고 말한다. 하나님의 일을 위해서도 돈은 필요하다. 교회의 사회학적인 측면에서 볼 때 당연한 일이다. 각종 운영비와 인건비 그리고 교회의 행위를 수행하는 데에 돈은 필요하다. 대형 교회를 비판할 때마다 대형 교회를 변호하는 사람에게서 늘 듣는 말이 있다. 대형 교회가 할 수 있는 일이 있기 때문이라는 것이다. 교회의 연합을 통해 충분히 할 수도 있는 일인데, 연합을 위한 노력을 기울이지 않고 자기 혼자 힘을 키워서 하겠다는 것은 공동체와 연합 그리고 일치로서 교회의 본질을 왜곡하는 일이고 또한 욕심이다. 이런 의미에서 대형 교회가 필요하다고 생각한다면, 교회가 돈에 집착하고 있다는 것을 스스로 드러내는 것이다. 대형 교회가 무너진다면 아마도 돈 때문일 확률이 크다. 돈이 많아서 문제가 되든가 아니면 메가 처치를 운영할 돈이 부족해서 무너질 것이다.

예수님은 부자가 하나님 나라에 들어가는 일이 낙타가 바늘구멍으로 들어가는 것보다 힘들다고 하셨다. 자신의 부를 축적하는 데 혈안이 된 부자의 삶은 하나님 나라가 도저히 임할 수가 없을 정도로 변형될 가능성이 크다는 말이다. 이것을 기억하지 못하고 하나님의 일과 돈을 자연스럽게 연결시키면서 돈을 긍정적으로 보게 되면 맘몬이즘은 교회 안에서 고개를 들기 시작한다. 맘몬이즘은 배금주의를 말한다. 돈을 인생 최고의 가치이며 삶의 목적이라고 생각한다. 누구나 표면적으로는 돈을 우상으로 섬기지 않는다고 말하지만, 어느새 돈이 우상이 되어 있음을 발견한다.

자본주의 사회에서 교환가치인 돈은 절대적으로 필요하다. 문제는 돈 자체가 아니라 돈에 대한 태도다. 그것을 최고의 가치로 혹은 삶의 목적으로 삼는 일은 없어야 한다. 돈은 단지 교환을 위한 수단에 불과하다. 없으면 불편하긴 해도 그것이 목적일 수는 없다. 지금은 고인이 된 법정 스님은 무소유라도 얼마든지 가치 있는 삶을 살아갈 수 있음을 보여 주었다. 현대인이 그렇게 살 수는 없지만, 그렇다고 돈이 많아야 행복한 삶을 얻을 수 있는 것은 아니다. 돈은 세상에서 생명을 영위하며 살아가는 일에 필요하고, 하나님을 섬기며 이웃을 사랑하며 사는 일에도 필요하다. 이것들이 우선적인 가치를 갖는다. 돈은 이것을 가능하게 하는 유일한 방법이 아니다. 그렇게 보기 시작하면서 돈은 우상으로 전락한다. 돈은 많은 방법 가운데 하나일 뿐이다. 돈은 하나님의 능력으로 사용될 때, 달리 말해서 절박하게 돈을 필요로 하는 사람에게 도움으로 작용할 때, 비로소 복이 된다. 초대교회 성도처럼 있는 사람이 없는 사람과 나누면 된다. 사람의 어려움을 극복하기 위해 사용하면 된다. 나쁜 환경을 개선하기 위해 사용할 수 있다. 이에 반해 돈을 단지 쾌락의 수단, 축재의 수단, 권력의 수단, 명예의 수단으로 삼으면 화가 된다.

돈의
종교적인 속성

끝으로 돈이 우상이 될 수 있다는 말은 돈의 종교적인 속성을 지적한 것이다. 이것을 말한 사람은 사도 바울이다. 돈의 종교적인 속성을 간파한 후에 그는 성경 여러 곳에서 돈에 대한 성도의 잘못된 태도를 경고했다. 그 가운데 하나가 디모데전서 6장 10절이다.

> 돈을 사랑함이 일만 악의 뿌리가 되나니 이것을 탐내는 자들은 미혹을 받아 믿음에서 떠나 많은 근심으로써 자기를 찔렀도다.

탐심은 헬라어 '플레오넥시아(pleonexia)'란 말의 번역어인데, 이것은 물질적 소유를 얻으려고 애쓰는 노력을 가리킨다. 바울은 물질적인 소유를 위해 애쓰는 사람이 어떻게 미혹을 받는지를 잘 알고 있었던 것 같다. 미혹으로만 끝나지 않고 근심에서 근심으로 이어지는 삶에서 결국에는 믿음을 떠난다는 사실을 환기한다. 그래서 탐심 자체가 우상숭배라고 말할 수 있었던 것 같다. 여호와 하나님 이외의 다른 것을 최고의 가치로 삼도록 하는 것이 바로 끝없이 물질적인 소유를 추구하는 탐심이기 때문이다. 로날드 사이더(Ronald Sider)는 "탐심, 즉 더욱 더 많은 물질을 소유하려고 애쓰는 것이 현대 문명의 주요한 악이 되어 버렸다(『가난한 시대를 사는 부유한 기독교인』, IVP, 2009, 173)."고 단언한다.

돈에 대한 태도에서 성경이 요구하는 것 가운데 특히 구약에서 많이 등장하는 것은 가난한 자를 돕는 데 사용함으로써 공동체 구성과 유지를 위해 사용하라는 것이다. 삶의 목적이 물질적인 소유를 늘리는 데에 있지 않다는 말이다. 부익부 빈익빈 현상이 현저해지는 시대에 가난한 자들이 하나님의 형상으로서 인간답게 살 수 있도록 돕는 데에 돈을 사용하는 일은 시대를 떠나 세상 속에서 사는 기독교인들의 핵심 과제다.

묵상과 토의를 위한 질문

....

- 돈의 의미와 가치 그리고 그것의 기능에 관해 이야기해 보자.

- 돈의 종교적인 속성에 대해 토의해 보자.

- 돈에 대한 바람직한 태도는 무엇일까?

하나님이 세상을
이처럼 사랑하사?

하나님은 스스로 사랑이시면서 세상을 사랑하시며 그 사랑이 어떤 것인지를 예수 그리스도를 통해 나타내 보이셨다. 이것이 복음의 핵심이다. 예수 그리스도의 존재는 하나님이 사랑 안에서 어떻게 서로에 대해 존재하는지를 증거하며, 그의 인격은 하나님이 육체를 입고 우리와 함께 계시면서 우리를 사랑하신다는 것을 증거하고 그리고 그의 사역은 하나님이 우리에 대한 당신의 사랑을 어떻게 나타내 보이셨는지를 증거한다.

그런데 우리에게 익숙한 사랑의 개념(에로스)에 따르면 조금은 의아해진다. 인간은 가치와 의미가 있는 것을 추구하고 또 그것을 자신의 소유로 삼으려 하며, 이를 위해 자신의 열정을 발휘하면서 이를 두고 사랑이라 말하기 때문이다. 하나님은 왜 당신과 함께 있을 가치가 없는 세상을 사랑하시는 것일까? 가치가 없는 세상에 특별한 가치를 부여하면서까지 사랑하시는 이유는 무엇일까? 단지 당신의 피조물이기 때문에? 아니면 특별한 이유가 있어서? 기독교인으로서 하나님이 왜 자신을 사랑하시는지를 아는 사람은 얼마나 될까? 또 그것의 의미를 이해하는 사람은 얼마나 될까? 하나님이 사랑하시는 이유를 알면 그것을 모를 때와 비교해서 무엇이 달라질까? 기독교인이라면 너무나도 당연하게 생각하고 있지만 사실은 많은 점에서 오해하고 있는 하나님의 사랑에 관해, 특히 그 의미에 관해 생각해 보자.

하나님은
세상을 사랑하신다

기독교인이 가장 사랑하는 구절 가운데 하나는 요한복음 3장 16절 말씀이다. 앞서 이 구절이 기독교의 본질을 담고 있음을 밝혔다. 이 장에서는 하나님의 사랑에 천착하여 그 의미를 살펴보고자 한다. 자주 사용하는 말이기는 해도 그 의미를 정확하게 알고 사용하는 것이 좋겠다고 생각하기 때문이다. 관건은 '하나님이 사랑하신다'는 말의 의미를 아는 것이다. 곧 '하나님이 세상을 사랑하신다' 함은 하나님이 죄 가운데 놓인 인간을 긍휼히 여기신다는 것이며, 또한 인간의 삶과 생명을 위협하는 것으로부터 인간을 구원하신다는 것이다. 이를 위해 하나님은 사람이 되셨고 우리와 함께 계신다. 곧 인간으로 하여금 하나님 자신과 친밀한 사귐을 갖게 하셨다. 물론 하나님이 사랑하시는 대상에는 자연환경도 포함된다.

사도 요한이 '하나님이 사랑하신다'는 말씀을 통해 선언하는 바는 세상이 하나님의 사랑을 받고 있다는 사실이다. 그래서 독생자를 세상에 보내어 세상을 대신해서 죽게 하심으로 세상이 영생을 얻도록 하셨다 함이다. 왜 죄 많고 죽을 수밖에 없는 운명에 놓인 세상을 심판하시지 않고 사랑하시는 것일까? 또 어떻게 그 사랑을 나타내셨을까? 다시 말해서 하나님의 사랑은 어떤 사랑일까? 이런 질문에 대답을 하다 보면 성경의 핵심 가르침에 이르게 된다. 하나님, 세상, 인간, 예수 그리스도, 믿음, 독생자, 십자가, 구원, 영생, 멸망 등. 이처럼 하나님의 사랑에는 매우 복합적인 의미를 담고 있어서 요한복음 3장 16절은 예나 지금이나 기독교인들이 가장 선호하는 구절로 꼽힌다.

이 질문에 대해 요한은 세상을 사망의 권세로부터 구원(영생을 얻게)하기 위해 하나님은 당신의 외아들을 세상에 보낼 뿐 아니라 그를 세상의 손에 넘겨 주셨다고 말한다. 사랑의 목적과 표현 방법을 제시함으로써 하나님의 사랑이 어떠함을 말하고 있다. 곧 요한은, 하나님은 세상을 사랑하시며 또 그 사랑이 어떻게 실현되었는지를 보여 줌으로써, 세상은 원래 그 죄 때문에 멸망 받도록 되어 있어서 결국 구원을 필요로 하게 되었다고 말한다. 이런 상황에서 하나님은 세상의 구원을 위해 세상의 죄를 대신해서 아들을 죽게 하셨다고 선포한다. 죄에 빠져 멸망 받을 운명에 처한 세상을 구원하시는 핵심 동기가 하나님이 세상을 사랑하신 것에 있음을 분명하게 밝혔다. 죄의 권세에 사로잡힌 인간은 서로가 서로에 대해 싸움을 함으로 스스로를 구원하려 하지만, 결국 멸망을 자초할 수밖에 없다. 하나님의 구원은 하나님의 심판으로부터의 구원이기보다 죄의 권세로부터의 구원이며, 현상적으로 볼 때 인간에 대한 인간의 증오와 적대감으로부터의 구원으로 이해할 수 있다.

심지어 사도 요한은 편지에서 "하나님은 사랑"이라고 말한다. 하나님이 사랑하신 것이 먼저이고, 세상의 구원을 위한 행위는 그 다음이라고 생각할 수 있다. 하나님은 사랑이시기 때문에 세상을 창조하셨고, 사랑이시기 때문에 세상을 구원하신다. 내재적인 삼위일체와 관련해서 설명한다면[2], 아버지가 아들에 대한 사랑으로 세상을 창조하셨고, 아들에 대한 사랑 때문에 세상을 구원하셨다. 이를 위해 아버지는 당신의 아들을 버리셨다. 아들은 아버지에 대한 사랑으로 죽기까지 복종하셨다.

그런데 사도 바울은 이 사실을 조금 뒤집어서 말한다. 곧 예수 그리스도

---

2 내재적 삼위일체는 아버지와 아들과 성령 하나님의 내적인 관계를 설명한다. 고전적인 형태는 어거스틴에게서 유래하는데, 아버지는 아들을 사랑하고, 아들은 아버지를 사랑하며, 성령은 사랑의 끈으로서 역할을 한다. 하나님은 아들과의 관계에서 아버지이고, 또한 아버지와의 관계에서 아들이다. 아버지와 아들의 관계에서 성령이 나오신다. 이에 비해 경륜적 삼위일체는 세상의 역사를 통해 계시된 하나님을 설명한다. 성부는 창조하시고, 성자는 구속하시고, 성령은 온전케 하신다.

의 십자가 사건, 곧 죄인을 용서하심으로 하나님의 사랑이 확증되었다는 것이다. 보이지 않는 하나님의 사랑은 예수 그리스도의 죽으심과 부활을 통해 확증되었다는 것이다. 예수 그리스도의 죽음과 부활은 하나님이 우리를 사랑하시어 생명을 주신다는 사실을 증거한다. 이 말을 곰곰이 생각해 보면 이런 질문이 제기된다. 십자가 사건 이전에는, 아니 예수 그리스도의 나심 이전에는 하나님의 사랑에 대한 증거는 없었을까? 아니면 예수 그리스도의 죽음과 부활은 사랑의 증거 가운데 최고의 것임을 말하는 것일까?

하나님의
사랑과 십자가

신명기 7장에서 하나님은 이스라엘을 자기 백성으로 택하신 이유가 사랑 때문이라고 분명히 밝히셨다. 호세아 선지자와 행실이 부정한 아내와의 결혼관계를 통해서도 하나님은 당신을 거듭 배반하는 이스라엘을 향해 당신이 어떤 사랑으로 그들을 대하시는지를 보여 주셨다. 에스겔 16장은 눈물 없이는 읽기 힘든 하나님의 사랑 이야기다. 구약, 특히 시편에서는 하나님의 자비와 은혜를 고백하는 일이 많다. 하나님을 믿는 사람의 핵심 경험은 하나님의 사랑임을 알 수 있다.

그런데 왜 사도 바울은 십자가 사건을 하나님의 사랑을 확증한 사건으로 해석한 것일까? 이것은 그 이전에 하나님의 사랑에 대한 경험과 증거가 없었다기보다는 일단 사랑을 표현하는 방식에서 획기적인 것임을 인지한 결과다. 하나님은 당신에 대한 신뢰를 저버리고 우상을 따랐던 이스라엘 백성을 징계하시기는 했어도 결코 버리지는 않으셨다. 조상들과 맺은 언약 때문에, 비록 그들이 죄를 범하고 하나님을 떠났어도 그들을 끝까지 당신의 백성으로 삼으셨다. 참으셨고, 기다리셨고, 돌아오라 외치셨으나 세상을 대신해서 아들을 죽게 하는 일은 하지 않으셨다. 십자가 사건은, 곧 세상의 죄를 대신해서 아들을 죽게 하신 일은, 계약에 충실한 행위였고 사랑으로 이해되었다. 사도 바울은 바로 이 점을 부각한 것이다.

심지어 요한은 '하나님은 사랑(아가페)'이라고 말한다. '하나님은 사랑'이라 함은 사랑 그 자체라는 의미다. 사랑을 통해 하나님이 나타나고, 심지어 원수까지도 사랑함으로써 당신이 하나님임을 입증하신다. 인간은 사랑 안에서 하나님을 인식하고, 서로 사랑함으로써 하나님을 공유한다. 또한 서로 사랑함으로써 하나님을 세상 가운데 나타낸다. 물론 여기서 말하는 사랑은 에로스가 아니라 아가페다. 그렇다고 에로스적인 면이 전혀 없지는 않다. 그러나 에로스만으로는 하나님의 사랑을 결코 다 설명할 수 없다.

에로스는 상대를 매혹시키는 힘이다. 사람으로 하여금 대상을 통해 자신이 추구하는 진리에 이르게 하고, 또한 자신의 행복을 위해 대상을 사랑하도록 한다. 상대를 통해 자신의 결핍과 부족을 채우려 한다. 감각적인 세계에서 초월적인 세계에 대한 관심을 일으킨다.

그러나 하나님은 자족하시기 때문에 자기 이외의 다른 것을 추구하지 않는다. 『아가페와 에로스』의 저자 안더스 니그렌(Anders Nygren)은 "아가페는 그 자신의 풍성함에서 아낌없이 후하게 베푸는 하강하는 사랑이다(219)."고 말했다.

하나님의 사랑은
충격 그 자체

바로 이런 사실에서 하나님이 세상을 사랑하신다는 말을 이해하기가 쉽지 않다. 적어도 고대 사회에서 그랬고, 오늘날도 마찬가지다. 니그렌의 설명에 따르면, 하나님이 세상을 사랑하신다는 말이 우리에게는 자연스럽게 여겨지나, 사실 고대인들에게는 충격적인 일이었다. 유대인들에게 하나님은 심판자다. 하나님은 심판자로서 무엇이 옳고 그른지를 판단한다. 선과 악을 구별한다. 명령하고 그 명령을 이행했는지를 판단하며 책임을 추궁한다. 심판하는 자일 뿐 용서가 없는 것처럼 보인다. 이런 까닭에 마키온은 구약의 하나님과 신약의 하나님을 구분하였다. 그러나 실제로 하나님은 은혜와 자비의 하나님이시다. 이 사실은 예수 그리스도를 통해 가장 분명하게 계시되었다. 그를 통해 나타난 하나님은 용서함으로 사랑을 나타내 보이신다. 오히려 세상으로 내려오시어 자신을 세상에 내어 주시고는 인간을 구원하신다. 인간의 몸을 입으시고 심지어 죽으시기까지 한다.

헬라인에게도 '하나님이 세상을 사랑하신다'는 쉽게 이해할 수 있는 말이 아니다. 왜냐하면 플라톤의 『향연』에서 볼 수 있듯이, 당시의 사랑은 아가페가 아니라 에로스를 의미하기 때문이다. 인간이 진선미로서 신을 추구하는 일은 가능하고, 그래서 인간이 신을 사랑한다고 말할 수 있지만, 자족하는 하나님이 가변적인 인간을 추구하는 일이나 연약하고 죽을 수밖에 없는 인간에게 가치를 두는 일은 가당치 않다. 그런데 예수 그리스도를 통해 계시된 하나님이 인간을 사랑하는 것은 가치 때문이 아니라 하나님 자신에서 비롯하는 사랑 때문이다. 어떤 가치와 의미가 있기보다는 존재 자체에 대한 사랑 때문이다.

그러므로 요한이 하나님이 세상을 사랑하신다고 했을 때, 이것은 에로스를 사랑의 전형으로 생각하고 있던 당시 사람이 쉽게 받아들일 수 있는 말이 아니었다. 실제로 이 말은 사랑한다는 말에 포함된 여러 정서적인 측면을 생각할 때 오늘날에도 받아들이기 어렵다. 마치 그것이 너무나도 당연하다고 생각한다면 세상 일을 너무 쉽게 보는 것이다. 예컨대, 하나님이 사랑한다면 왜 악이 존재할까. 왜 불의한 사람이 흥하고, 의로운 사람들은 흥하지 못하는 것일까? 원치 않는 일과 불행한 일은 왜 일어나는 것일까? 왜 여전히 우리는 힘들게 사는 것일까? 적어도 옳은 일이 인정받고, 잘못된 일은 판단 받아야 하지 않을까? 사는 동안에는 다양한 경험을 하며 산다 해도 적어도 끝은 선해야 하지 않을까? 그러나 현실은 그렇지 않다. 이런 이유 때문에 '하나님은 세상을 사랑하신다'는 말은 오늘날에도 여전히 받아들이기 어렵다. 어쩌면 그것은 모든 믿는 자에게 하나의 문제로 여겨지지 않을까 싶다.

그렇다면 '하나님이 세상을 이처럼 사랑하사…', 이 표현을 헬라 사상이 지배적인 당시 초대교회 성도들은 어떻게 받아들였을까? 일단 이 말이 중생을 묻는 질문과 연관해서 나타나 있다는 사실에 초점을 맞춰 생각할 필요가 있다. 다시 말해서 중생이 무엇인가를 묻는 질문에 대답하면서 예수님은 민수기에 기록된 불 뱀 사건을 통해 십자가 사건에 주목하도록 하셨다. 누구든지 하나님이 보내신 아들을 구주로 믿고 그를 영접하면 중생했다고 볼 수 있다는 말이다. 중생은 예수님을 그리스도로 믿으며 또한 그와의 올바른 관계에서 일어난다.

결국 하나님이 세상을 사랑하신다는 말을 초대 교회 성도들은 예수 그리스도를 통해 계시된 사실을 바탕으로 이해하였음을 짐작할 수 있다. 하나님은 예수 그리스도를 우리에게 보내시고, 우리를 대신해서 죽게 하셨으며, 이를 계기로 우리가 예수 그리스도를 구원자로 믿게 하시어 구원을 받도록 하심으로써 당신의 사랑을 계시하였다. 그래서 사도 바울은 비록 하나님의 사랑은 이전에도 있었지만, 예수 그리스도의 십자가 사건을 계기로 확증했다고 말한 것이다.

그러므로 '하나님이 세상을 이처럼 사랑하사…'는 '하나님은 세상에 대한 당신의 사랑을 이렇게 나타내셨다'로 이해할 수 있다. 첫째는 독생자를 세상에 내어 주어 세상을 대신해서 죽게 하셨으며, 둘째는 아들에게 일어난 일을 통해 드러난 하나님의 사랑을 진리로 인정하여 받아들이고 또 하나님의 사랑이 자신에게 일어나도록 하는 사람은 누구든지 영생(하나님의 생명, 새로운 삶)을 얻도록 하셨다.

예수 그리스도를 통해 드러난 하나님의 사랑을 받아들이면 중생하고(하나님과 교제할 수 있게 되고), 받아들이지 않으면 중생하지 않는다. 사랑을 받아들이면 그 안에 하나님의 생명이 있고, 그렇지 않으면 그 안에 하나님의 생명이 있을 수 없기 때문이다. 하나님의 사랑은 영생을 주는 사랑이다. 새로운 삶을 가능케 하시는 사랑이다.

과거의 성도가 확신할 수 있었던 것은 바로 이것이다. 곧 살아 있을 뿐만 아니라 예수 그리스도와 바른 관계를 갖고 있는 사람은 누구든지 하나님의 생명을 받고 새로운 삶을 살 수 있었으며 또한 새로운 삶을 통해 하나님이 사랑하고 있음을 확신할 수 있었다. 생명이 있는 한 하나님의 사랑을 받고 있는 것이며, 새로운 삶을 사는 한 하나님의 사랑을 받고 있는 것이다. 그리고 하나님의 사랑을 받고 있는 동안은 영생을 소망할 수 있다고 믿었다.

하나님의 사랑을
받아들인다는 것

이제 이런 질문을 던져보자. 오늘 우리는 '하나님이 [세상을] 사랑한다'는 말을 받아들일 수 있을까? 그렇다면 어떤 의미에서 받아들이는 것일까? 만일 그렇지 않다면 무엇 때문일까?

앞서 말했지만, 사랑과 함께 떠오르는 이미지와 현실 사이에 존재하는 상반된 경험들이 서로 충돌하기 때문에 하나님이 세상을 사랑하신다는 사실을 받아들이기가 쉽지 않다. 만일 받아들이지 못한다면, 서로 충돌하는 두 이미지 사이에서 갈등하고 있는 것이며, 경우에 따라서는 사랑을 감각적인 만족이나 이생에서의 행복과 평안과만 연결해서 생각했기 때문이다.

만일 하나님의 사랑을 받아들인다면, 그것은 어떤 의미에서 그런 것일까? 하나님이 세상을 사랑한다는 말은 첫째, 모든 행위의 동기가 사랑에서 비롯함을 가리킨다. 하나님은 무엇을 하시든 사랑하시기 때문에 행하신다. 사랑의 동기를 받아들이고 또 하나님의 다스림을 믿는다면, 비록 이해하지 못하고 수긍할 수 없는 일이라도 그것을 인정할 수 있고 인내할 수 있다. '하나님은 사랑'이라는 고백이 중요하게 여겨지는 까닭이다. 하나님의 모든 행위는 사랑에서 비롯한다. 창조는 물론이고, 세상을 다스리는 일과 구속 그리고 심지어 심판조차도 하나님의 사랑에 근거한다.

문제는 우리가 그 사랑을 우리가 원하는 방식으로 기대하고 또 감각적으로 확인할 수 있는 방식으로 제한하는 데 있다. 성경에서 징계도 사랑의 한 표현으로 보고 있다면, 우리가 겪는 고통이 경우에 따라서는 사랑의 한 표현일 수 있다. 그렇기 때문에 고통을 겪는 때에 그것의 의미를 알려고 노력하기보다는 오히려 인내할 수 있기를 노력해야 한다. 왜냐하면 하나님이 사랑에 따라서 우리에게 행하신 일이거나, 혹은 우리에게 일어나도록 허용된 일 때문에 비록 불행을 겪는다 하더라도, 하나님은 우리를 사랑하기를 멈추지 않기 때문이다. 인내는 반복되는 훈련을 거치도록 함으로써 사람을 온전하게 한다.

> **야고보서 1장 4절** 내 형제들아 너희가 여러 가지 시험을 당하거든 온전히 기쁘게 여기라 이는 너희 믿음의 시련이 인내를 만들어 내는 줄 너희가 앎이라 인내를 온전히 이루라 이는 너희로 온전하고 구비하여 조금도 부족함이 없게 하려 함이라.

둘째, '하나님이 세상을 사랑하신다'는 말은 '하나님은 생명, 곧 영생을 주신다'는 의미다. 하나님은 세상을 당신과 교제할 수 있게 하신다고 이해할 수 있다. 하나님의 사랑을 받아들이고 자신에게 일어나도록 하는 자는 하나님의 생명을 얻고, 거부하는 자나 주저하는 자는 하나님의 생명을 얻지 못한다. 신앙과 불신앙에서 관건은 하나님과 교제할 수 있는 사람이 되느냐에 있다. 하나님과 교제할 수 있기 위해서는 예수 그리스도를 통해 화목의 은총을 받아야 하며, 오직 그를 통해서만 교제할 수 있다. 하나님의 생명은 영생으로서 생물학적인 것과 비교할 때 전혀 다른 생명이며, 또한 그 생명은 일시적이지 않고 하나님 안에서 영원히 지속한다. 그러므로 하나님의 사랑을 받는 사람은 하나님의 안식을 기대하고 갈망하며 또 소망한다.

셋째, 예수 그리스도 이후의 시대를 살아가는 오늘 우리에게 '하나님이 세상을 사랑하신다' 함은 구원과 평화의 길이 예수 그리스도를 통해 열렸다는 사실을 말한다. 인간은 사랑한다 해도 능력의 한계를 경험할 수밖에 없다. 아무리 사랑하는 사람이라도 그 영혼을 구원할 수는 없다. 그러나 하나님은 사랑하심으로 동시에 평화를 주시고 또 구원하신다.

넷째, '하나님이 세상을 사랑하신다' 함은 하나님 나라가 임하였고 예수 그리스도를 통해 들어갈 수 있게 하셨다는 말이다. 하나님은 예수 그리스도를 통해 계시된 사랑을 받아들이는 사람에게 하나님과 더불어 살 수 있는 영생을 주신다. 하나님 나라에 들어갈 수 있게 하신 것이다.

다섯째, '하나님이 세상을 사랑하신다' 함은 하나님이 예수 그리스도를 믿어 하나님의 자녀가 된 나를 혹은 우리를 통해서 당신의 사랑을 나타내신다 함이다. 예수 그리스도를 통해서 당신의 사랑이 어떠함을 나타내 보이셨듯이, 그렇게 하나님은 당신의 자녀들을 통해 당신의 사랑이 어떠한지를 나타내 보이실 것이다. 예수님이 겪으시고 예수님이 당하신 일이, 비록 동일한 방식과 모양은 아니라도, 오늘 우리에게도 일어나고 또 우리를 통해 이루어지기를 하나님은 원하신다. 이것은 하나님이 우리를 사랑하시기 때문이고 또한 세상을 사랑하시기 때문이다. 설령 하나님이 세상의 구원을 위해 우리를 버리시고 세상을 구원하신다 해도, 예수님이 부활하셨듯이, 하나님은 반드시 우리를 부활시키실 것이다.

묵상과 토의를 위한 질문

- 하나님이 세상을 사랑한다는 것은 무슨 뜻인가?

- 사랑을 받는다는 것의 의미에 관해 이야기해 보자.

- 사랑을 받으면 자동적으로 사랑을 할 수 있는가?

- 사랑을 받는 자로서 부름 받은 이유는 무엇일까?

하나님을
사랑하라?!

하나님이 세상을 사랑하셨다는 말과 더불어 교회에서 자주 사용하는 말은 '하나님을 사랑하라'이다. 성경에도 분명하게 기록되어 있는 말이다. 보통은 이 말을 하나님이 사랑하셨으니 이 사랑에 대한 반응으로 하나님을 사랑하라는 의미로 이해한다. 그러나 이것의 의미에 대해 좀 더 살펴보면 하나님을 사랑하는 일이 결코 쉽지 않을 뿐 아니라 가능하지도 않은 일임을 알게 된다. 아니 그 의미를 제대로 알지 못하고 사용하면 하나님을 오해하게 만든다. '하나님을 사랑하라'는 말은 어떤 의미이고 이 말은 어떤 맥락에서 사용해야 할까?

사랑은 보는 것

폴란드 영화감독 키에슬로프스키는 "데칼로그"에서 사랑을 '보는 행위'로 정의한다. 이것을 주제로 삼아 일곱 번째 계명("간음하지 말라")을 연출하였다. 사랑하는 대상을 보고자 하는 것은 모든 사랑에서 공통적이다. 보이지 않아서 보고 싶어 하고, 볼 수 없어서 괴로워한다. 또 봄으로써 평안과 기쁨을 누린다. 보고 싶은 마음은 그리움과 열정의 옷을 입는다. 이것은 에로스의 특징이며 또한 사랑이 때로는 가슴 저리게 때로는 뜨겁게 느껴지는 까닭이다.

건너편 아파트 창문을 통해 여성을 몰래 훔쳐보면서 사랑을 키우는 우체국 직원인 청년은 그녀와의 감격적인 만남에서 지극한 희열을 느낀다. 그런데 그녀가 남녀 사랑의 본질은 육체적인 접촉일 뿐이며 사정과 함께 끝난다는 말을 듣고 심한 모멸감을 느낀다. 그 후 그는 그녀를 보는 행위를 멈춘다. 아니 더 이상 누구에게도 보이지 않으려 자살을 시도한다. 사랑하기를 멈춘 것이며 더는 사랑받는 존재이길 거부하는 행위다.

그 후로 그를 볼 수 없게 된 그녀는 조바심을 갖게 되고, 그를 보고 싶어 하는 자신을 보고 비로소 자신이 그를 사랑하고 있음을 깨닫는다. 그것은 그동안 자신이 믿고 있던 사랑이 아님을 또한 깨닫는다. 그리고 병원에서 퇴원한 그가 우체국에서 다시 모습을 드러내자, 그녀는 기쁜 마음에 그에게 다가가 자신의 마음을 고백한다. 진정한 사랑을 깨달았다고 생각했던 그녀를 그는 더는 보지 않겠다고 말한다. 그녀를 더 이상 사랑하지 않는다 함이다.

아가서 역시 사랑을 말하면서 보는 행위를 중시한다. 사랑하는 자에게 모습을 보여 달라고 한다. 사랑하는 사람은 마땅히 그래야 한다고 한다.

> **아가 2장 14절** 바위 틈 낭떠러지 은밀한 곳에 있는 나의 비둘기야 내가 네 얼굴을 보게 하라 네 소리를 듣게 하라 네 소리는 부드럽고 네 얼굴은 아름답구나.)

프레드릭 비크너(Frederick Buechner)도 『어둠 속의 비밀』(포이에마)에 수록된 "사랑"이라는 제목의 설교에서 사랑을 보는 행위와 연결시켰다. 그래서 비크너는 보이지 않는 하나님을 사랑한다는 것이 무엇을 의미하는지를 묻는다. '보이지 않는 하나님을 어떻게 사랑할 수 있단 말인가?' 하나님을 사랑하라는 말은 불가능한 것을 요구하는 것일까? 그는 쉐마(신 6:4)를 중심으로 해석하면서 하나님을 사랑하는 일은 보는 행위가 불가능하기 때문에 '듣는 행위'와 관련해서 이해할 필요가 있다고 역설한다.

비크너가 하나님을 사랑하는 것이 무엇인지 깨달은 계기는 광야 체험이다. 하나님은 우리가 하나님을 사랑할 수 있게 하는 힘을 주신다는 것이다.

> 도무지 사랑할 수 없는 상황에서,
> 하나님이 떠났다고 여겨지는 그런 순간에,
> 하나님은 존재하지 않는다는 확신이 강하게 드는 순간에,
> 하나님을 결코 볼 수 없는 상황에서

하나님은 우리로 하여금 당신을 사랑할 수 있게 하신다는 말이다. 하나님은 예수 그리스도의 십자가를 바라보게 함으로써 당신을 보여 주신다는 말이다. 그래서 비크너는 '하나님을 사랑하라'를 명령이 아니라 약속으로 이해한다. 다시 말해서 예수 그리스도를 통해 너희에 대한 나의 사랑을 보여 준 것 같이 너희의 이웃 사랑을 통해 나의 사랑이 어떠한지를 나타내 보일 것이라는 약속이다. 인간의 사랑을 촉구하는 의미로 이해한 것과 비교하면 그 의미에서 얼마나 다른지 확인할 수 있다.

이것이 어디 '사랑하라'는 명령에만 해당될까. 하나님의 명령은 사실 모두 약속으로 이해할 수 있다. 하나님은 주로 우리가 행하지 않고, 행하기를 주저하거나 미루는 것들, 혹은 행하기를 싫어하는 것을 명령하신다. 그럼으로써 하나님과의 관계에서 우리가 실제로 누구인지, 어떤 존재인지를 직접 보기를 원하신다. 이로써 우리는 우리가 우리를 보는 모습과 하나님이 우리를 보시는 모습 사이에서 얼마나 큰 차이가 있는지 알게 한다. 결국 우리가 이 사실을 깨닫게 되지만, 더 이상 손 쓸 수 없다는 자각으로 절망적인 상황으로까지 몰고 가신다. 그곳이 비크너가 말하는 광야다.

하나님은 광야에서 당신을 보여 주신다. 예수 그리스도의 십자가를 보게 하시고, 그 앞에서 우리 자신을 내려놓으며, 그분 안에서 새로운 생명을 얻게 하신다. 우리가 하나님을 사랑한다는 것은 예수 그리스도를 통해 주신 하나님의 생명으로 사랑하는 것이다. 우리 자신의 힘이 아니라 성령이 공급해 주신 힘으로 사랑한다. 하나님은 사랑이시기 때문이다. 하나님은 우리를 당신의 사랑 안에 머물게 하시고, 삼위 하나님의 서로 사랑에 성령을 통해 우리를 참여하게 하신다.

하나님께
속하는 것

안더스 니그렌은 『아가페와 에로스』(크리스찬다이제스트)에서 하나님을 사랑하라는 말은 하나님의 소유물이 된다는 것, 하나님에게 속한다는 것을 인정하는 것과 동일하다고 본다(96). 하나님이 가치가 있어서 사랑하는 것이 아니며 또한 인생의 목적이기 때문에 사랑하는 것도 아니다.

> 하나님에 대한 사랑은 아무것도 얻으려고 하지 않는다. 심지어 그 사랑은 하나님이나 하나님의 사랑까지도 얻으려고 하지 않는다. …하나님 사랑은 하나님께 마음을 그저(그리고 바로 그런 의미에서 자발적으로) 드리는 것이다(96-97).

누가복음 17장 10절(이와 같이 너희도 명령 받은 것을 다 행한 후에 이르기를, 우리는 무익한 종이라 우리가 하여야 할 일을 한 것뿐이라 할지니라.)을 인용하면서 니그렌은, 인간의 하나님에 대한 사랑은 "하나님에게 철저히 소속되어 있다는 사실로부터 필연적으로 흘러나온다. 그리고 그러한 소속의식을 가지고 있기에 그것은 하나님의 뜻을 행하는데 온갖 주의력을 다 기울인다. 그것은 보상을 고려하지 않고 하나님에게 복종하는 것(97)"이라고 주장한다. 달리 말하면 하나님을 사랑하라는 말은 하나님의 사랑을 받아들이고 그의 사랑 안에 머물러 있어 결코 떠나지 말라는 의미다.

하나님을 사랑하는 것은 하나님의 사랑을 받아들이고 그 안에 머물러 있는 것이기 때문에, 니그렌에 따르면, 이웃 사랑은 하나님의 사랑을 반영한다. 양자는 동일하지 않다. 하나님의 사랑을 받은 대로 인간이 서로에 대해 사랑하는 것이 이웃 사랑이다. "기독교적 사랑은 하나님의 사랑을 반영한다. 그것의 원형과 궁극적 근거는 바로 하나님의 사랑이다(98)." 이웃 사랑은 "하나님의 아가페에서 태어나며 아가페의 창조적 생명으로부터 유출된다(102-103)." 이웃 사랑은 무엇보다 자기 자신을 사랑하는 자기중심적인 사랑을 배제하며 극복할 때 현실로 나타난다(102). 그래서 니그렌은 이웃 사랑과 원수 사랑을 같은 것으로 보았다(102-103).

하나님 사랑과
이웃 사랑

보이지 않는 하나님을 사랑하라는 말씀과 관련해서 성경은 두 개의 질문을 생각하고 있다. 하나는 '보이지도 않는 하나님을 사랑하는 것이 어떻게 가능한가?' 하는 것이며, 다른 하나는 '보이지 않는 하나님을 어떻게 사랑할 수 있고, 무엇을 통해 하나님을 사랑하는 줄을 알 수 있느냐?' 하는 것이다.

다시 한번 반복한다면, '하나님을 사랑하라' 함은 예수 그리스도를 통해 계시된 사랑을 받아들이고 또 그 사랑 안에 머물러 있으라는 것이다. 이것이 함축하는 의미를 요한신학의 범위에서 말한다면, 성경에서 하나님을 사랑한다 함은 하나님의 말씀대로 사는 것을 뜻한다. 하나님이 말씀하시는 것을 듣고, 하나님의 계명을 지키면서 순종하는 것이다. 그것은 제사보다 나은 것으로 여겨진다. 예수님 역시 하나님의 말씀에 죽기까지 순종하셨다.

그러나 요한은 십계명에 새 계명을 더했다. 그리고 이웃 사랑을 통해 하나님 사랑을 설명했다. 보이지 않는 하나님을 사랑하는 방법은 새 계명, 곧 이웃을 사랑하는 것이다. 또한 이웃을 사랑함으로써 하나님 사랑의 진실성을 확인할 수 있다고 한다. 이처럼 요한은 앞에서 제기된 두 개의 질문에 하나의 대답을 주는데, 곧 이웃 사랑으로 대답한다.

만일 '하나님을 사랑하라'는 말씀을 인간이 마땅히 해야 할 당위규범으로 듣는다면, 인간은 하나님 사랑을 자신의 열정을 통해 나타내 보이려 노력한다. 롤 모델을 전면에 내세우거나 자신의 헌신의 정도를 기준으로 삼아 그 기준에 미치지 못한 것은 비판한다. 하나님에 대한 사랑이 어떠한지 평가하여 그것을 자신의 의로 삼는다. 유대교가 그랬고 또한 자신의 의를 강조하는 모든 종교가 그렇다. 하나님을 사랑하라는 말씀을 잘못 이해해서 그렇다.

문제는 하나님을 사랑하라는 말씀을 이렇게 이해하면 율법적인 종교로 전락해 복음의 의미가 드러나지 않을 뿐 아니라 예수 그리스도를 통해 계시된 하나님의 사랑의 본질에 대한 이해에 이르지 못하는 것이다. 그뿐 아니라 역사에 보면 인간은 하나님을 사랑한다는 미명 하에 폭력적인 행위를 서슴지 않았으며 또한 그런 폭력을 정당화하는 일이 비일비재했다.

하나님을 사랑하라는 말씀은 비록 눈에 보이지는 않아도 분명히 존재함을 예수 그리스도를 통해 드러냈고 또 성령을 통해 지금도 세상에 대해 작용하는 하나님의 사랑을 세상과 이웃에게 나타내 보이라는 말이다. 보이지 않는 하나님의 사랑을 이웃 사랑과 원수 사랑이 아니라면 또 어디서 드러낼 수 있을까! 나를 중심에 놓고 설정되는 이웃들을 사랑하는 것이 아니라 나의 도움을 필요로 하는 사람을 중심에 놓고 그를 사랑하는 일과 나를 적대시하는 사람이라도 하나님의 사랑으로 사랑하는 것, 바로 이것이 하나님을 사랑하는 일이다. 하나님의 사랑을 받아들이지 않고 있거나 그 사랑 안에 머물러 있어 그 사랑의 풍성함을 경험하지 못한 사람에게는 결코 가능하지 않은 일이다.

　하나님을 사랑하는 일에서 우리가 자주 실패하는 이유는 예수 그리스도를 통해 계시된 하나님의 사랑을 우리가 실감하지 못하고 있거나 혹은 받아들이지 않고 있거나 혹은 그 사랑 안에 머물러 있으면서 그 사랑의 풍성함을 체험하지 못하기 때문이다. 하나님을 사랑한다고 말하기 전에 그리고 하나님을 사랑하라고 말하기 전에 무엇보다 먼저 하나님의 사랑을 받고 있는지, 그 사랑을 실감하고 있는지, 그 사랑의 풍성함 안에 머물러 있는지 그리고 도움을 필요로 하는 사람에게 기꺼이 도움을 베풀어 주며 살고 있는지를 돌아보아야 할 것이다.

묵상과 토의를 위한 질문

. . . .

- 하나님을 사랑하는 것은 어떻게 이해되고 있는가?

- 하나님을 사랑하는 일에서 인간의 한계를 말해 보라.

- 하나님을 사랑하는 것과 이웃을 사랑하는 것을 비교해 보자.

당신은 사랑받기 위해
태어난 사람?

이민섭 작사/작곡인 "당신은 사랑받기 위해 태어난 사람"은 더는 복음성 가로만 여겨지지 않는 노래이다. 이미 대중가요로 자리매김되어 많은 사람의 사랑을 받고 있다. 생일 축하나 누군가를 환영할 때 혹은 서로를 축복할 때 즐겨 불린다.

이 노래가 대중의 사랑을 받는 몇 가지 이유가 있다. 가사는 특별히 외로움에 지치고 자신이 무가치하다는 생각에 사로잡혀 있는 사람에게 위로와 힘을 주고, 멜로디는 마치 포근한 달빛을 가로등 삼아 밤거리를 걷는 것 같은 느낌을 준다. 사랑을 받는 일은 누구에게든 세상을 살아갈 힘이 되는데, 사랑을 받고 있음을 상기하는 곡이니 들으면서 많은 위로를 느낄 수 있다.

더욱 가슴에 와 닿는 것은 이 노래를 부르는 사람이 누구든 "당신"을 전제하고 있고, 그 "당신"에게 힘과 위로를 주려는 의도가 현저한 것이다. 내가 사랑 받기 위해 태어났다고 주장하거나 바라지 않는다. 자기암시도 아니고 자신에게 관심을 가져달라고 호소하는 노래가 아니다. 나보다 오히려 "당신"의 의미와 가치를 강조하는데, 내가 행복한 것도 당신이 있기 때문이라는 의미로 들린다. 감정적으로 자신에 몰입해 있거나 자기애적인 의도를 전혀 느낄 수 없다. 오직 "당신"의 존재 때문에 가능해진 우리의 만남에만 집중한다. 그 만남을 가능하게 한 "당신"의 가치가 얼마나 큰지를 강조한다.

그런데 가사의 의미를 묵상하면서 그리고 노래가 사용되는 사례를 살펴보는 중에 사람이 이 노래를 원래 의도와 다르게 개인주의적인 맥락에서 이해하는 경향들을 발견하였고, 심지어 원래 취지와 다르게 하나님의 사랑에 대한 오해를 불러일으키는 사례를 접하였다. 그래서 노랫말의 의미를 비판적으로 숙고할 필요를 느꼈다.

존재 이유와 목적이
사랑에 있다

첫째, '당신은 사랑받기 위해 태어났다'는 말의 외연적인 의미는 이 세상에 존재하는 이유와 목적이 하나님의 사랑을 받는 것에 있다는 말이다.

세상에서 실제로 사랑받는 사람을 보라. 그들은 스타이고, 유명인이고 부자이며, 똑똑하고 재능이 있고, 권력과 명예가 있는 사람이다. 미모가 탁월하고, 건장한 체격을 가진 사람이다. 어디다 내놓아도 손색이 없는 사람이 사랑을 받는다. 사랑을 받을 만한 충분한 가치와 이유가 있다. 사람들은 그들의 모임 가운데 있기를 원하며, 그들과의 만남에서 기쁨을 느끼고, 그들과 알고 지낸다는 사실로 자부심을 갖는다.

이에 비해 가난하고 연약하고 내놓을 것이 별로 없는 사람들 그리고 무명인은 종종 경시되고, 인권존중의 차원에서 그나마 대접은 받긴 해도 사람의 큰 주목은 받지 못한다. 그럴 가치와 이유가 없다고 보기 때문이다. 없진 않다 해도 대수롭게 여기지 않는다. 그렇다고 사랑받지 못하는 것은 아니라 해도 당사자들은 자신들이 사랑받지 못하고 있음을 몸으로 느낀다. 이런 상황에서 사랑받기 위해 태어났다는 말은 무엇을 의미할까?

물론 여기서 말하는 사랑은 인간의 사랑보다는 일차적으로 하나님의 사랑을 가리킨다. 이런 의미에서 '당신은 사랑받기 위해 태어났다' 함은 당신은 창조주 하나님의 사랑으로 태어났고 또 그분의 사랑을 받으며 산다는 말이다. 그렇다고 반드시 그럴 이유와 가치가 있기 때문이라는 말은 아니다. 설령 그렇지 않다 해도 하나님은 피조물로서 당신을 사랑하신다. 아니 비록 사람들은 인정하지 않더라도 하나님이 인정하시는 가치를 당신은 가지고 있다. 그 가치는 우리와의 만남에서 우리의 만남을 통해 열매를 맺는다고 말한다. 모든 사람은 처음부터 하나님의 사랑을 받고 있지만 그 사랑은 특히 공동체의 사랑을 통해 더욱 분명해질 뿐 아니라 사랑의 열매를 맛보게 된다 함이다. 태어났다는 사실 자체가 이미 하나님의 사랑을 받고 있는 것이나, 그것은 공동체 안에서 더욱 분명하게 확인할 수 있는 것임을 환기하려는 의도를 읽어 볼 수 있다.

비록 어떤 과정을 거쳐 태어났는지, 어떤 부모의 자녀로 태어났는지 모르지만, 세상에 태어난 사람은 누구든지, 남자든 여자든, 장애인이든 비장애인이든, 자국인이든 외국인이든, 기독교인이든 비기독교인이든, 종교인이든 비종교인이든, 부자든 가난한 자든, 신분이 높든 신분이 낮든, 외로운 사람이든 그렇지 않든, 젊은이든 노년이든, 결혼을 했든 싱글이든, 죄인이든 의인이든, 건강한 가정에 속해 있든 결손 가정에 속해 있든 아무 상관하지 않고 하나님의 사랑을 받는다는 말이다. 생명이 있는 존재는 누구나, 설령 믿음 가운데 죽은 자라도, 하나님의 사랑에서 벗어나 존재하지 않는다. 실수 때문에 자책에 빠져 있고, 사랑하는 사람에게서 버림을 받고, 원치 않는 오해를 받으며 고통을 겪고 있는 사람을 하나님은 품어 주신다. 이 노래는 그 사랑을 구체적으로 느끼지 못하는 사람에게 하나님의 사랑을 확인시켜 준다.

존재를 행위나 생각 혹은 성과나 가치나 소유에 근거하여 이해하지 않고, 오히려 무조건적으로 사랑받는 자로 이해하는 것은 매우 참신하다. 기독교적인 인간 이해를 통해서만 얻을 수 있는 고백이다. 그리고 이 사랑은 오직 하나님에 대한 믿음과 공동체를 통해 확인할 수 있고 또 느끼며 살 수 있다고 말함으로써 존재를 개인이 아닌 교회론적인(공동체적인) 맥락에서 이해하는 것 역시 신선하다. 헨리 나우웬은 『분별력』이란 제목의 책에서 "우리가 하나님께 사랑을 받는 자녀가 되었다는 것은 우리 존재의 핵심 진리를 나타내는 말"이라 했다. 사랑을 받아 사랑이 무엇인지 알아야 사랑할 수 있기 때문이다. 따라서 이 노래는 인간의 존재와 가치를 말하는 것이 아니라 궁극적으로 하나님의 사랑을 증거한다.

사랑받는 것과
사랑하는 것

이것과 관련해서 궁금해지는 것이 두 번째 질문이다. 우리는 사랑받기 위해 태어나는 것일까, 아니면 사랑하기 위해서일까? 태어나 어느 정도 성장할 때까지는 부모의 관심과 사랑이 절대적으로 필요하다. 장성해서는 친구와의 우정이 필요하고 그리고 어른이 되어서도 이성의 사랑을 필요로 한다. 노년이 되어 활동에 제약을 받으면 자녀들의 사랑과 돌봄을 필요로 한다. 누구도 이런 사랑을 받는 일에서는 예외가 될 수 없다. 모든 인간은 사랑을 필요로 한다. 사랑을 받은 사람이 사랑할 수 있다.

그러나 기독교인의 본분은 하나님이 우리를 사랑하듯이, 우리도 그렇게 서로를 사랑하는 것은 아닐까? 아니 나를 사랑하지 않는다 해도 하나님의 사랑으로 사랑하도록 부름 받은 것은 아닐까? 기독교인의 사명은 하나님의 사랑을 세상 끝까지 전하는 것이다. 하나님의 사랑이 자신을 통해 나타나도록 부름 받았다. 그렇다면 일시적으로 사랑을 받는 경험이 필요하지만, 우리는 궁극적으로 사랑하기 위해 태어난 사람이다. 하나님의 사랑을 받기 위한 존재로 태어났지만, 하나님의 사랑을 예수 그리스도를 통해 확인했다면, 이제는 사랑하며 사는 존재로 거듭나야 한다. 거듭남은 사랑을 받는 존재가 사랑하는 존재로 변하는 것이다. 이것은 사람의 힘으로 가능하지 않고 오직 성령의 도움으로 가능하다. 그러니 기독교인으로서 하나님의 자녀로 거듭 태어났다면 사랑하는 존재로 태어나는 것이다.

사실 그렇다. 사랑을 받는 것이 필요하고 또 비록 보이는 인간에게서 사랑을 받지 못하고 자랐다 해도 오히려 예수 그리스도를 통해 나타난 하나님의 사랑을 경험한 후에는 이웃을 사랑하며 사는 것이 하나님의 부르심에 합당한 삶이다. 하나님의 형상으로서 인간은 모든 인간 및 자연과의 관계에서 그리고 사회관계에서 심지어 국제관계에서도 하나님을 나타내도록 부름 받았기 때문이다. 인간으로 존재한다는 것은 사랑하는 존재라고 제임스 스미스(James K.A. Smith)는 그의 여러 저서 곳곳에서 말했다.

기독교인에게는 받는 사랑보다는 베푸는 사랑이 더욱 요구된다. 가치가 있기 때문에 사랑하는 것도 아니고 사랑받을 만한 이유가 있기 때문에 사랑하는 것도 아니다. 하나님의 사랑은 이유가 아니라 사랑 그 자체가 현실로 나타나도록 한다.

> 태초부터 시작된 하나님의 사랑은
> 우리의 만남을 통해 열매를 맺고
> 당신이 이 세상에 존재함으로 인해
> 우리에게 얼마나 큰 기쁨이 되는지

노랫말 중 위의 내용은 우리 삶의 의미와 가치가 "당신"의 존재와 깊은 관련이 있음을 말하는데, 아마도 이 말을 듣는 "당신"이 누구이든 큰 위로를 받을 것이다. 삶이 무의미하다고 생각하는 사람을 절망의 수렁에서 건져낼 수 있는 힘을 느낄 수 있다. 이것을 사랑과 연결지어보면, 우리가 사랑할 수 있다는 사실과 그 사랑을 받는 "당신"의 관계에서 방점은 우리가 공동체에서 서로 만나게 되었다는 것과 공동체에서 서로 사랑으로 교제하는 것에 있는데, 이것이 매우 기쁜 일임을 강조한다. 결국 당신은 사랑받기 위해 태어났다는 말은 "당신"이 있기 때문에 우리가 있고, 우리가 한 공동체에 있음으로 서로를 사랑할 수 있고, 또 예수님의 말씀대로 살 수 있게 되어 감사하고 기쁘다는 의미다.

결과적으로 '당신은 사랑받기 위해 태어났다'는 말은 당신이 있음으로 공동체의 만남이 가능해지고 또한 공동체의 서로 사랑이 가능해진다는 의미에서 큰 가치를 갖는다는 사실을 드러낸다. 이는 우리가 사랑하기 위해 태어났다는 사실과 크게 다르지 않는데, 사랑을 받는 존재로서만 생각하게 하고 사랑하는 존재인 것을 암시하는 내용이 보다 분명하게 드러나지 않는 것이 아쉽다.

실제로 하나님께 사랑을 받는 것에 대해 감사하며 또 그것으로 만족하는 기독교인들이 많다. 그동안 가진 많은 대화의 내용을 생각해 보면, 사람들은 자신이 하나님의 사랑을 얼마나 많이 받았는지를 감격하며 그것을 말로써 증거하는 일에 열심이다. 그런데 그들이 경험한 하나님의 사랑이 삶에서 어떻게 나타나고 있는지를 알아보면, 종종 그 진정성에 의심이 갈 정도다. 사랑을 받았다는 간증은 넘쳐나도 사랑을 함으로 겪는 아픔에 대한 간증은 드물다. 물론 자신을 드러내지 않으려고 말하지 않는 성도가 많다는 사실도 알고 있다.

물질적인 축복으로 하나님의 사랑을 받았다고 말하는 사람이 적은 물질이라도 나누며 살기보다는 더 많은 물질을 구하며 산다. 좋은 직장에 은혜로 들어갔다며 하나님의 사랑을 받고 있다고 말하는 사람이 직장을 구하지 못해 힘들어 하는 사람을 위로해 주지 못하고, 심지어 직장에서 관행적으로 이루어지고 있는 불의와 타협하며 산다. 하나님의 사랑으로 생명을 연장 받았다고 감사하며 말하는 사람이 다른 사람의 생명을 위해 사는 일에 지극히 인색하다. 하나님의 사랑으로 사는 사람이 다른 사람을 힘들게 한다. 이런 모습들은 하나님의 사랑을 받는 기독교인으로만 만족할 뿐, 하나님과 이웃을 사랑하는 기독교인으로 부르심을 받았다는 사실을 간과할 때 나타난다.

나 자신 역시 사랑을 받은 사람이 사랑하지 못하는 이유를 처음에는 사람이 본래 이기적이기 때문이라고 생각했다. 받은 사랑에 감격하고 감사는 해도 이기적이기 때문에 그것을 나누지 않는 거라 생각했다. 사랑을 개인이 소유할 수 있는 것으로 이해한 것이고, 이는 '하나님은 사랑'이라는 요한서신의 말씀을 간과한 결과라고 생각했다.

그러나 사랑은 결코 누구의 소유가 되지 않는다. 사랑은 그 자체로 힘과 논리를 갖고 있어서 사랑받는 사람을 사로잡는다. 사랑을 받는 사람은 사랑이 원하는 대로 반응하고 또 움직인다. 사랑에 자신을 내맡긴다. 그러나 사랑을 받은 자는 사랑이 원하는 대로 움직여 결국 사랑하게 되는 것이다. 헨리 나우웬은 앞서 말한 『분별력』에서 이것을 "끌려가는 삶"으로 표현했다.

받은 사랑의
의미와 가치를 모르면

이기적이고 또 사랑을 개인 소유로 생각하기 때문에 받은 사랑을 나누지 못하지만, 또 다른 이유가 있음을 알게 되었다. 사랑을 받은 사람이 그 사랑의 의미와 가치를 깨닫지 못하기 때문이다. 사랑을 받아도 그 사랑의 의미와 가치를 알지 못하면, 그래서 사랑이 의도하고 있는 변화로 이어지지 못하면 그 사랑을 나눌 생각을 하지 못한다.

사랑은 단순한 감각적인 쾌락을 얻는 데 있지 않다. 사랑을 받는 사람이 평안하고 행복해지길 바란다. 사랑은 변화를 가져온다. 불안정에서 안정으로, 의심에서 확신으로, 불안에서 평안으로, 불행에서 행복으로 변화한다. 이런 변화를 경험하지 못하고 단순히 심리적인 만족과 감각적인 즐거움으로 그치면, 그 사랑은 자기 안에서 정체되어 자기 밖으로 흐를 수 있는 힘을 상실한다. 변화가 있을 때 비로소 사랑의 의미와 가치는 확인된다.

그러므로 사랑을 받았어도 생각과 태도에서 아무런 변화도 나타나지 않으면, 그 사랑을 다른 사람과 공유할 마음을 얻지 못하는 것이다. 예수 그리스도를 통해 계시된 하나님의 사랑이 무엇을 의미하는지를 바로 알아야 하는 이유는 바로 여기에 있다. 하나님의 사랑은 십자가에 기초한 사랑이다.

우리가 하나님의 형상으로 만들어졌음을 인정한다면, 우리의 일거수일투족을 통해 하나님을 드러내는 일에 노력해야 마땅하다. 하나님의 형상으로 만들어졌다 함은 바로 이것이 당연함을 정당화한다. 하나님의 사랑을 받았다면, 하나님이 사랑하시는 분임을 나의 사랑, 곧 사랑하라는 명령에 순종함으로써 하나님이 사랑하시는 분임을 드러내야 한다. 특히 십자가에 기초한 사랑을 전해야 한다. 이 일은 자주 인간의 욕망에 부딪혀 좌절된다. 그래서 인간은 하나님의 도움을 구할 수밖에 없다. 하나님 안에서 힘을 공급받아야 한다.

성령은 우리가 하나님의 사랑을 받을 때 변화로 이어지게 하고(갈 5:17, 22-23) 또 그 사랑을 다른 사람과 나눌 수 있도록 한다. 아우구스티누스는 삼위일체의 내적 관계를 말하면서 사랑이신 하나님이 서로 소통하는 일에서 성령이 사랑의 끈으로서 작용한다고 말했다. 하나님의 사랑을 받고 또 이웃에게 그 사랑을 나눌 때 성령이 없으면 힘을 잃고 또 어떻게 사랑을 표현해야 할지를 알지 못한다.

하나님의 사랑이
주는 과제

셋째, 이런 의문이 든다. 하나님의 사랑이 내게 일어나도록 할 때 일어나는 일을 나는 과연 감당할 수 있는가? "너는 내 사랑하는 아들이라 내가 너를 기뻐하노라(막 1:11).”고 말씀하실 정도로 하나님의 사랑을 받은 예수께서 어떠한 고난을 받았고 또 어떻게 죽어야 했는지를 생각한다면, 과연 하나님의 사랑을 받기 위해 태어났다는 말을 그렇게 쉽게 할 수 있을까? 앞서 잠시 언급한 십자가에 기초한 사랑을 염두에 둔 말이다.

우리는 하나님의 사랑을 받는 것과 관련해서 항상 좋은 것만 생각하는 경향이 있다. 그래서 하나님의 사랑을 받는다면 그저 좋다고 생각한다. 그러나 그 누구보다도 더 깊고 큰 사랑의 대상인 예수님 역시 십자가의 고난과 죽음을 피할 수 없었다면, 우리를 향한 하나님의 사랑은 얼마나 두렵고 떨리는 일인가. 엠마오로 가는 두 제자와의 대화에서—개역개정에는 분명하게 나타나 있지 않지만—예수님의 고난은 마땅히 겪어야 하는 일로 언급되고 있다. 하나님의 사랑을 받은 자로서 또한 하나님의 사랑을 세상에 전하는 자로서 예수님은 반드시 고난을 받으셔야 했다. 하나님의 사랑을 받아들이는 일은 항상 기쁘고 감격적이며 감사할 일만은 아니다. 이것을 깨닫기 위해서는 얼마나 깊은 영적 수련이 필요한가. 하나님의 사랑을 받고 있다고 확신하는 순간 우리에게 닥치는 어려운 문제로 우리가 당황하는 일이 얼마나 많은가. 금방 지나갈 일이라면 어떻게든 참아보겠으나, 끝이 보이지 않는 어두운 터널 같고 또 어두운 밤처럼 느껴질 때 하나님의 사랑을 받는 일은 갑자기 내 삶의 심각한 문제로 모습을 드러낸다. 하나님은 정말 나를 사랑하시는 것인가? 사랑하신다면 어찌해서 이런 일이 내게 일어나는가? 등.

물론 예수 그리스도를 통해 계시된 우리를 향한 하나님의 사랑은 우리의 구원을 이루었다. 얼마나 감사하고 얼마나 기쁜 일인가. 그러나 곤고함을 만날 때 그 사랑을 받고 있는 자로서 겪는 삶의 고통과 어려움을 어떻게 받아들여야 할지를 모른다. 이런 상황에서 대개의 성도들은 하나님의 사랑을 받고 있다는 말을 의심한다. 이스라엘 백성이 성전이 무너지고 나라를 잃었을 때 하나님은 떠나셨다고 생각한 것과 다르지 않다. 하나님의 사랑을 받는 일은 그의 징계도 받는 것이다. 왜냐하면 사랑하는 자이기 때문에 징계하신다고 했기 때문이다.

게다가 하나님의 사랑을 받는 사람으로서 사는 것은 하나님의 사랑을 나타내는 사람으로서 그리고 하나님의 뜻을 이루는 사람으로서 사는 일이기 때문에, 예수님과 사도들처럼 어려움과 곤고함을 겪을 수밖에 없다. 이것을 피하기 위해 사랑을 받는 자로서만 사는 것은 부르심에 합당하지 않다. 하나님의 사랑을 알고부터 또 그것을 감사함으로 받아들이는 기쁨과 동시에 두렵고 떨리는 마음이 일어나는 이유는 그 사랑이 이제 나를 통해 드러나야 하고, 또 우리는 이 일을 위해 기독교인으로 부름받았기 때문이다.

문제는 하나님의 사랑을 전하는 일이 헌신과 희생을 동반하는 일이라는 것이고 또 그 사랑을 거부하고 심지어 사랑 때문에 박해를 받는 일도 일어난다는 것이다. 사랑이라고 해서 누구나 받아들이는 그런 것이 아니고 심지어 박해를 받을 수도 있기 때문에 심신의 고통을 겪을 수밖에 없다. 따라서 하나님의 사랑을 받는 기쁨이 삶의 문제 때문에 사라지지 않고 또 하나님의 사랑에 대한 잘못된 환상과 오해를 깨기 위해 알아야 할 사실이 있다. 하나님의 사랑은 한편으로는 우리로 예수 그리스도를 믿도록 하고 궁극적으로 구원을 얻게 하는 일이지만, 다른 한편으로는 그 귀한 사랑을 받기 때문에 고난도 받아야 한다는 사실이다. 사도 바울은 빌립보 교회에 보내는 편지에서 이렇게 말했다.

> **빌립보서 1장 29절** 그리스도를 위하여 너희에게 은혜를 주신 것은 다만 그를 믿을 뿐 아니라 또한 그를 위하여 고난도 받게 하려 하심이라.

하나님의 사랑을 받으면서 그저 좋은 것만 바라는 사람은 아직도 성숙하지 못한 어린아이와 같고, 이 사랑을 기꺼이 받아들이면서 고난까지도 감수할 수 있는 사람이 진정으로 성숙한 신앙인이다.

기독교인은 서로가 서로를 사랑하기 위해 부름 받았다. 비록 상대가 사랑하지 않는다 해도 거기에 반응하지 말고 오히려 하나님의 사랑으로 꾸준히 사랑하며 사는 것, 하나님은 이것을 원하신다. 하나님의 사랑을 소통하고 공유하면서 나만의 사랑이 아니라 모두의 것이 될 수 있도록 하라는 것이다. '서로 사랑'은 공동체에서 열매로 확인된다. 그 열매는 우리 안에서 성령이 당신의 사역을 온전히 이루실 그것이다. 이 모든 것은 하나님의 사랑에서 시작하는데, 때로는 우리를 기쁘게 하나 때로는 나 아닌 다른 사람이 결실을 기쁨으로 맛볼 수 있기 위해 고난을 받게 한다. 하나님의 사랑을 받는 일이 오히려 두려워지는 까닭이다.

그러나 하나님 때문에 얻는 달콤한 것만을 바라는 마음을 내려놓고 기꺼이 고난당하기를 각오해 보자. 두려움과 떨림이 아니라 신앙의 아름다운 열매가 우리의 삶에서 결실될 것을 기대하는 중에 하나님의 사랑을 감사와 기쁨으로 받을 수 있을 것이다.

네가 나를
사랑하느냐

"네가 나를 사랑하느냐?"

부활 후 예수님은 십자가 사건 때문에 낙심하여 고향으로 내려간 베드로를 친히 찾아와 이렇게 물으며 그와 대화를 나누셨다. 요한이 그 대화의 일부를 전해 주고 있는데, 그 대화에는 우리가 너무나도 잘 알고 있는 질문이 있다. 베드로를 사랑했던 예수님은 그에게 다가가 물으셨다. "네가 나를 사랑하느냐?" 세 번이나 반복된 질문의 의도를 베드로는 잘 몰랐던 것 같다. 이 말의 의미를 아는 사람들은 얼마나 될까? 예수님을 사랑하다니 그것은 무슨 의미일까? 제자가 스승을 사랑하는 것은 당연한 일이 아닐까? 그런데 사랑하느냐는 질문과 베드로의 대답이 오고가는 현장에서 예수님은 베드로의 고난과 죽음에 관해 언급하셨다. 예수님을 사랑하는 것과 장차 베드로에게 일어날 일이 결코 무관하지 않다는 의미로 들린다. 아니 어쩌면 필연적인 관계에 있는 것은 아닌지 싶다.

사도 바울에게서 더욱 분명해진다. 바울은 예수님과 그를 믿는 자들을 박해하는 사람에서 예수님을 사랑하고 그를 증거하는 사람으로 바뀌었다. 승승장구하던 그의 커리어는 그 후 유대교로부터 박해를 받고 사람에게 매를 맞으며 죽을 고비를 몇 번이나 넘겨야 하는 인생으로 바뀌었다. 게다가 성령의 법과 사망의 법이 주인의 자리를 놓고 서로 싸우는 과정에서, 육체의 소욕과 관련해서 스스로 날마다 죽기를 바라는 사람이 되었다.

하나님의 사랑을 보여 주면서 우리를 사랑한 예수님은 우리에게 질문한다. 너희가 나를 사랑하느냐? 고난을 각오하지 않으면 그리고 하나님 나라의 약속이 성취될 것을 기대하지 않으면 도무지 감당할 수 없는 사랑이다. 그러니 '당신은 사랑받기 위해 태어난 사람'이라고 축복하여 말하는 일은 조금도 주저할 일이 아니지만, 그 사랑을 받아들이는 자에게 나타날 일과 관련해서 생각해 볼 때 조금은 조심하지 않을 수 없다. 하나님은 예수님을 통해 당신의 사랑을 나타내 보이셨을 뿐 아니라 예수님의 고난을 통해 그 사랑이 결실하기 위해 어떤 고난이 일어날 수 있는지도 보여 주셨기 때문이다. 사정이 이러니 '당신은 사랑 받기 위해 태어났다'는 말을 도대체 누가 아멘으로 또 기쁨으로 받아들일 수 있을까? 그러나 적어도 우리는 이런 경지에까지 이르러야 할 것이다.

사랑을 받는
기독교인의 과제
하나님의 사랑을 받고 또 하나님을 사랑하는 것은 구체적으로 어떻게 나타날까?

감사함으로 받고 기쁨을 주는 하나님의 사랑은 예수님에 대한 믿음과 고난의 삶으로 이어진다고 말했다. 요한서신은 우리가 하나님을 사랑하는 것이 곧 이웃을 사랑하는 것을 통해 표현된다고 했다. 이것은 믿는 자에게 해당하는 말이지, 믿지 않는 자에게 해당하는 말이 아니다. 곧 양자를 동일시하면 안 된다.

간혹 사랑이 믿음보다 우선적인 가치를 갖는다고 하면서 믿음이 없다 해도 사랑의 실천을 통한 구원을 받을 수 있다고 말하는 사람이 있다. 요한서신의 말씀은 그런 의미가 아니다. 하나님을 믿는 자가 하나님을 사랑한다고 말한다면, 오직 이웃을 사랑하는 자로서 그렇게 할 수 있다는 말이다. 곧 하나님의 사랑은 한편으로는 예수 그리스도를 믿게 하고 또한 사망에서 영생을 얻게 하지만, 다른 한편으로는 구체적인 삶에서 우리가 그 사랑을 이웃에게 전하도록 한다. 이 내용은 응답으로 만들어진 설경욱의 '또 하나의 열매를 바라시며'에 나타난다.

그러나 우리가 하나님을 사랑한다 함은 이웃을 사랑하는 것에 제한되지 않는다. 하나님을 예배하는 것도 포함한다. 하나님을 예배하면서, 곧 하나님을 참 하나님으로 인정하고 높여 드리면서 이웃을 사랑하는 것, 바로 이것이 하나님을 사랑한다는 의미다.

여기서 기독교인에게 과제가 생긴다. 하나님의 사랑이 우리에게 나타나는 특별한 방식들에 주목하는 일이다. 성경은 하나님의 사랑이 어떻게 나타났는지를 증거하는 내용으로 가득 차 있다. 창조를 통해, 억압으로부터 구원하심을 통해, 하나님 백성으로 선택하심을 통해, 율법의 요구를 통해, 불순종을 심판하심으로, 예수 그리스도를 통해, 원수의 잘못을 용서함으로써 그리고 하나님 나라의 약속을 통해 하나님은 당신의 사랑이 어떠한 것이고 또 어떻게 세상 가운데 나타나는지를 보여 주셨다.

가장 두드러진 방식 하나를 말한다면, 하나님의 사랑은 하나님이 원하시는 방식으로 나타난다는 사실이다. 사랑하는 사람 사이에서 소통하는 사랑 역시 예측 불가능한 면이 있다. 놀라움이 있고, 감격이 있다. 그러나 살아가는 동안 사랑의 방식은 어느 정도 익숙해진다. 더 이상 놀라움이나 감격을 겨냥하지 않고 평안과 기쁨과 안정을 추구한다. 만일 사랑하는 방식이 평생 수시로 바뀐다면 심장이 터질 것이고 함께 사는 일은 가능하지 않을 것이다.

그러나 하나님의 사랑은 다르다. 예측이 어렵고, 나중에 가서야 그것이 사랑인 줄 깨닫는 경우가 많다. 이스라엘 역사를 통해서 알 수 있지만, 예수 그리스도의 십자가 사건은 하나님이 세상을 사랑하는 방식을 인간이 온전히 깨닫는 일이 불가능함을 알려 준다. 하나님의 사랑은 세상 모두를 상대하기 때문이다. 사랑에 있어서 누구를 편애하는 법이 없고 공평하시다. 이 사실을 깨닫기 위해 빌립보서 2장 5-11절에서 바울이 말한 예수님의 마음(겸손, 희생, 섬김의 마음)을 내 마음으로 품을 수 있어야 한다.

그러므로 우리의 느낌이나 판단에 따라 하나님의 사랑을 기대하거나 판단해서는 안 되고, 하나님의 사랑이 사랑 받을 가치와 이유에 좌우되게 해서도 안 된다. 오직 그 사랑을 받는 자로서 존재한다는 사실을 매 순간 감사함으로 인정하는 태도가 필요하다. 또한 그 사랑을 이웃에게 전하는 자로서 부름 받았음을 인정하고 실천해야 한다. 영성수련은 성도가 바로 이 일을 할 수 있도록 도와준다.

묵상과 토의를 위한 질문

- '사랑받기 위해 태어났다'는 말의 의미를 생각하고 나누어 보자.

- 하나님의 사랑을 받는 일과 이웃을 사랑하는 일이 서로 무관하지 않은 이유는 무엇인가?

- 하나님의 사랑을 받는 자로서 기독교인의 과제에 대해 생각해 보자.

기독교인에게
국가란 무엇인가?

이게
나라냐?

"이게 나라냐?" 2016년 국정농단 사건으로 촛불시위가 한창일 때 자주 들을 수 있었던 질문이다. 실망을 넘어 분노의 표현이었다. 이 질문에 대답하는 것이 차기 정부의 과제가 될 정도로 거국적인 화두였고, 국회에서도 자주 들을 수 있었다. "이게 나라냐?"는 질문으로 사람들은 국가를 다시 생각하게 되었고, 그동안 배웠고 또 알고 있다고 여겼던 국가에 대한 생각들을 수정할 필요를 강하게 느꼈으며, 위의 질문은 바로 그 시기에 대다수의 국민이 느꼈던 필요성에 따라 제기된 것이다.

이 질문은 무엇보다 기독교인에게 새롭게 느껴졌는데, 이명박, 박근혜 정권 창출에 상당수의 기독교인(그중에 목사, 장로 신분의 교계 지도자들이 많았다)이 조직적으로 기여했기 때문이었다. 도대체 어떤 국가 개념을 갖고 있었던 것일까? 국가에 대한 성경적인 개념은 무엇일까? 기독교인에게 국가란 무엇인가?

국가와
교회

하나님은 만물의 창조주이시면서 만물을 다스리신다. 만물이 하나님께 예배하기를 원하신다. 무엇보다 이 일을 당신의 형상에 따라 만든 인간에게 위임하셨다. 그러므로 하나님의 주권을 고백할 때 국가 역시 하나님의 다스림을 받는 영역 안으로 들어온다.

그런데 다수의 기독교인에게 국가는 양면성을 갖는다. 하나님의 통치를 중심으로 생각할 때와 현실적으로 인간에 의한 통치를 중심으로 생각할 때가 다르다. 결국 두 가지 통치 형태에 어떤 입장을 취하느냐에 따라 교회와 국가의 관계에 대한 이해가 달라진다. 로마에 의해 기독교가 공인된 이후 교회와 국가는 상보적인 관계를 유지했고, 중세에는 교회가 국가 위에 군림하였다. 종교개혁과 그 이후의 시기에 교회와 국가의 사이에서 전개되는 관계의 양상은 종파에 따라 혹은 국가적으로 달랐지만, 대개의 학자들은 양자의 관계가 완전히 결별하게 되는 때를 프랑스 혁명 이후로 본다. 사실 결별의 의미만이 아니라 교회가 더는 국가 일에 간섭하지 못하게 만든 조치가 취해졌다고 보는 것이 정확한 표현이다.

근대 이후 국가는 일정한 영토 내에서 공인된 권력을 매개로 사람을 통합하는 제도로 인식되었다. 이에 따라 영토, 국민, 주권은 소위 국가의 3대 요소라 불린다. 군주시대에는 통치자가 국가를 대신했고 영토와 국민은 왕의 소유로 인식되었다. 따라서 루이 14세의 "내가 곧 국가다"는 말은 당시의 생각을 잘 대변하는 표현이었다. 그런데 이것은 권력의 주체가 누구인지를 분명히 밝혀 오히려 근대 시민 국가, 곧 군주가 아닌 국민이 권력의 주체가 된다는 의식을 불러일으키는 계기가 되었다.

고대 국가의 경우와 달리 근대국가의 형성은 나라와 나라 사이에서 이루어진 빈번한 무역행위와 적지 않은 관계를 갖는다. 자국민을 보호하고, 상거래 행위에서 일어나는 갈등을 조정하기 위한 법을 마련할 필요성을 느꼈고, 상인들의 활발한 상거래 행위가 이루어지기 위한 기반시설을 마련해야 했으며, 또한 이를 위한 자금을 조달하는 과정에서 조세제도의 필요성이 절박해졌다. 그 결과 공적으로 이를 수행하기 위한 주체가 필요하게 되었는데, 이 과정에서 국가라는 의미가 크게 부각되었다. 국가는 결국 개인의 자유를 보장하면서도 공공의 안녕과 질서를 유지할 필요성과 깊은 관련을 갖는다. 자유와 공공의 질서는 상호 협력하면서도 갈등을 피할 수 없다.

국가와
공권력

국가는 공공의 필요성을 기반으로 출현했기 때문에, 다수의 권력이든 소수의 권력이든 아니면 한 사람의 권력이든, 본질적으로 권력 행위를 전제한다. 이는 한편으로는 국민을 보호하기 위한 것이고, 다른 한편으로는 국민들 사이에서 일어나는 이해관계의 충돌을 조정하면서 공의를 실행하기 위함이고, 또 다른 한편으로는 행위의 주체로서 국가가 일정한 이념을 실행에 옮기기 위해 필요로 하는 것이다. 두 번째 경우도 법적이고 강제적인 규범이 작용하지만, 마지막 세 번째의 경우가 되면, 국가는 국민을 보다 적극적으로 때로는 강압적으로 일정한 방향으로 이끄는 역할을 수행한다. 자유주의는 개인의 자유에 우선적인 가치를 부여하는 것이고, 전체주의는 개인의 자유보다 국가의 이념을 더 크게 여기는 태도에서 비롯한다. 권력은 본질적으로 의지를 관철하는 힘이고, 현실적으로 국가 안에는 수많은 권력에의 의지가 존재한다. 그래서 국가는 수많은 갈등 관계를 포함할 수밖에 없고 또한 이것을 조정하는 것을 과제로 삼는다. 이 과정에서 가장 우선되는 가치는 무엇일까? 곧, 국민들이 서로의 이해관계가 충돌해 갈등관계에 직면할 때, 국가는 무엇을 기준으로 조정해야 할까? 이런 상황 때문에 중요하게 부상하는 것이 정치이다.

이와 관련해서 대개는 정의와 평등을 말한다. 정의는 권력 행사의 정당함을 말하고, 평등은 기회의 정당함을 의미한다. 정의와 평등과 관련해서 과거에는 종교에 큰 역할을 부여했다면, 근대 이후, 특히 프랑스 혁명 이후에는 법이 그 역할을 대신했다. 종교와 종교의 자정 기능에 대한 신뢰가 추락했기 때문이다. 다시 말해서 모든 구성원을 만족시킬 수는 없지만 갈등을 미연에 방지하고 또 원만한 해결을 위해 국가는 종교에 의지하기보다 이제는 법을 제정하여 사회의 규범으로 삼는다. 국가는 헌법에 기초하고, 또한 국제 관계에서 행위의 주체로서 국가는 상당부분 국제법을 존중한다. 그래야만 자신도 타국에 의한 불의로부터 보호받을 수 있기 때문이다.

국가의 규범으로서
정의와 평등

정의와 평등의 문제와 관련해서 국가를 보는 시각은 다양하다. 특히 국가의 번영을 위해 경제가 차지하는 비중이 절대적으로 커짐에 따라서 주목을 받는 인물은 마르크스(Karl Marx)와 그의 과학적인 유물사관이다. 사회 곳곳에서 작용하고 있는 갈등을 계급 혹은 계층 혹은 자본가와 노동자 간의 마찰로 인지한 마르크스와 그의 후계자들은 국가 내 다양한 갈등(특히 자본가와 노동자의) 관계에 주목해서 국가를 경제라는 상부구조에 빌붙어 사는 기생충 같은 것으로 여긴다. 비록 사회 안에 존재하는 갈등을 조정하고 계급 및 계층 간의 투쟁을 억압하는 기능을 수행하나, 국가는 대체로 자신의 권력을 지지하고 또 유지하는 데에 도움이 되는 세력(예컨대 자본가 계급)을 지지하는 역할을 수행하기 때문에 약자에게 구조적으로 불이익이 돌아갈 수밖에 없다. 그러므로 마르크스는 궁극적으로는 실질적으로 생산에 종사하고 또 국가에 봉사하는 사람들(예컨대 노동자 계급)에 의한 통치로 대체되어야 할 것으로 본다. 군이 경제적인 관점에서만 보지 않더라도 국가와 국가 간의 경계를 통해 이익을 보는 집단은 대개 통치 그룹이다. 왜냐하면 경계의 배타성을 이용하여 자국인을 통제할 수 있기 때문이다. 경계 간의 공식적 비공식적인 교류가 일어나기도 하나 그것이 미치는 경제적인 이익은 주로 통치자와 그들과 결탁한 경제인들의 몫이다.

오늘날 해방신학의 논리를 제공하고 있는 마르크스의 관점은 사회를 오직 갈등 구조로만 보려고 하고 또 결과적으로 자본가 편에 서서 노동자 계급을 억압한다는 이유로 국가를 폭력적으로 전복시키려 한다는 오해를 받아 많은 비판에 직면하고 있다. 약자를 보호하는 논리로 볼 수 있지만, 자본가 계급에서 오는 저항이 워낙 크다보니 현상적으로 불가피하게 '폭력적'이라는 인상을 주는 것은 사실이다. 마르크스 경제이론은 사회주의 체제의 붕괴와 더불어 더 이상 환영받지 못하고 있지만, 자본주의의 폐단을 극복하기 위한 대안으로 끊임없이 반복되어 나타난다. 자본주의 이념에 복지 개념을 첨가한 '수정 자본주의'나 자본주의 경제에 국가의 통제를 강화한 '사회적 자본주의'의 형태는 마르크스의 관점을 일정 부분 수용한 결과다.

하나님 나라와
국가

한편, 국가와 교회의 관계와 관련해서 제기되는 질문은 이렇다. 법에 기초하고 또 법에 따른 통치행위의 주체인 국가와 하나님의 통치를 지향하는 교회는 어떤 관계에 있는가? 한 국가의 국민이면서 동시에 성도라는 정체성 때문에 제기되고 또 영원한 국가로서 하나님 나라를 지향하면서 국가를 하나님 나라의 부분적인 성취로 믿기 때문에 제기되는 질문이다.

교회와 국가의 관계를 말할 때 가장 기본적인 출발점은 하나님의 형상이고 그 다음으로는 교회는 세상에서 그 모습이 드러나는 하나님 나라의 모형으로서 국가에 봉사하는 존재라는 것이다. 먼저 인간은 하나님의 다스림을 세상에 반영하도록 부름 받았는데, 이것은 하나님의 형상으로 만들어졌다는 사실에서 비롯한다. 인간은 하나님으로부터 다스림을 위임받은 존재이다. 인간은 하나님의 뜻이 하늘에서와 같이 땅에서도 이루어지도록 그렇게 다스려야 한다.

이 사실은 교회와 국가의 관계에서도 그대로 적용된다. 교회는 하나님의 뜻이 국가를 통해 드러나도록 부름 받은 존재라 함이다. 이 말을 오해하면 안 되는데, 교회가 국가의 필요를 충족하기 위하여 존재한다는 의미로 받아들이면, 이는 명백한 오해다. 오히려 국가에 봉사하는 존재라 함은 교회는 국가의 올바른 통치행위를 돕는 존재라는 의미다. 좀 더 정확히 말하면 하나님의 뜻이 국가를 통해 성취되도록 돕는다는 말이다. 이를 위해 교회는 하나님 나라와의 관계에서 국가가 어떤 존재인지를 바르게 알아야 하며, 하나님의 뜻과 관련해서 국가와 연대할 수 있어야 하고 그리고 하나님 나라와 관련해서 국가의 통치행위와 운명에 대한 책임을 자각해야 한다. 국가로 하여금 세속적인 영역에서 하나님의 뜻이 이루어지도록 하는 통치를 촉구하는 일도 포함한다. 이런 목적과 동기에서 교회는 소위 '정치적인 예배' 행위를 한다.

성경 속
국가

성경에서 국가는 다소 부정적인 맥락에서 출발한다. 원칙적으로는 출애굽 사건과 무관하지 않다. 이집트 왕 바로는 국가가 필요로 하는 건축과 토목 사업을 위해 이스라엘 백성을 동원하였다. 과거 이집트의 총리로서 국가를 부자로 만들어준 요셉과 그의 공로를 알지 못했던 사람이 민족적인 차별 정책으로 이스라엘을 노예로 삼았기 때문에 가능했던 것이다. 이런 부조리한 현실 때문에 고통을 겪었던 이스라엘 백성의 신음소리를 들은 하나님은 모세를 통해 출애굽의 역사를 일으키셨다. 이것은 단순한 해방이 아니었다. 한편으로는 이집트의 민족 차별 정책에 따른 억압으로부터 해방이었으나, 다른 한편으로는 억압과 차별로부터 벗어나 자유로운 신분으로 하나님의 통치를 받는 민족으로 거듭나는 일이었고 또한 하나님의 통치를 실현하는(반영하는) 삶으로 부르심이었다. 그리고 무엇보다 하나님을 예배하는 백성으로 부름 받은 것이었다.

그런데 사사 시대에 사람들은 하나님과 그분이 행하신 일을 기억하지 않아 보이지 않는 하나님이 자신을 다스린다는 사실을 더는 실감하지 못했고, 하나님이 과거 자신들의 조상들에게 어떤 일을 행하셨는지를 기억하려는 노력조차 기울이지 않았다. 그들이 어려움을 겪을 때 하나님은 사사들을 세우셔서 하나님의 통치가 그들을 어떻게 보호하고 또 인도하는지를 경험토록 하셨다. 그러나 이내 잊고 지냈다.

이스라엘은 주변 국가들에 비해 문명의 수준에 있어서 상당히 뒤쳐진 민족이었다. 게다가 통치 구조에서 여전히 신정정치였다. 외세의 침입이 있을 경우에만 사사들을 세우는 구조라 외부의 침입에 대해 늘 불안을 느꼈다. 국가의 건립과 왕의 통치 그리고 강력한 군사력에 의해 국가의 안전을 보호하는 일은 인간의 역사에서 발전된 형태로 간주되었기 때문에 이스라엘은 국가 건립을 원했고, 또 국가를 다스리는 왕을 원했다. 그래서 사무엘의 반대에도 불구하고 강력하게 왕을 구했다. 하나님은 이스라엘의 완고함을 아셨기에 그들에게 왕을 허락하셨고, 결국 이스라엘 역사에서 왕정시대가 열리게 되었다. 구약시대까지만 해도 국가와 종교가 분리되지 않았기 때문에 하나님을 향한 태도와 국가와의 관계는 크게 다르지 않았다.

신약의 기록은 로마 식민지를 전제한다. 다시금 다른 나라의 통치를 받게 된 상황이라 그들에게는 출애굽에 대한 기대감 못지않은 독립과 자유에 대한 간절함이 있었다. 그들의 메시야에 대한 기대는 모세와 같은 구원자에 대한 기대였다. 로마의 통치로부터 벗어나 자유로운 민족국가가 되는 것을 꿈꾸었다. 그런데 예수님은 모세의 역할을 인지하지 않았고, 오히려 관심을 하나님 나라에 두었다. 이를 위해 인간의 죄를 문제 삼았다. 로마의 억압과 차별로 신음하는 민중을 해방시키는 일에는 관심을 보이지 않고 오히려 인간의 죄를 문제삼다 보니 당시 진보적인 입장에 있는 사람들은 예수를 거부했고 또 그의 가르침을 거절했다. 게다가 스스로를 하나님의 아들로 여기는 바람에 종교지도자들로부터도 외면당했고, 이 땅의 국가가 아니라 하나님 나라를 강조한 점에서 예수님은 과거 왕정국가 이전에 시행되었던 하나님의 통치를 다시 회복하려는 듯이 보였다. 시대에 뒤진 발상으로 여겨질 수밖에 없었다. 결국 자신을 추종하는 세력들조차도 등을 돌려 마침내 로마군에게 넘겨져 십자가에 못 박혀 죽게 되었다.

그런데 로마의 박해가 끝나고 로마에 의해 공인되면서 기독교는 하나님의 통치를 가시적으로 드러내려 했다. 중세 교회는 국가 위에 군림하는 교회의 통치를 하나님의 통치를 실현하는 모습으로 여겼다. 그러나 수많은 갈등 관계를 거치면서 국가와 교회는 서로 견제하면서도 서로 협조하는 관계를 유지했다. 근대국가 이후로 도입된 정교분리의 원칙은 국가와 교회 사이에서 우호적인 정교분리와 비우호적인 정교분리의 형태가 자리잡도록 했다.

종교개혁과
국가

루터(Martin Luther)는 국가를 교회의 간섭으로부터 분리시켰다. 그는 양자의 관계를 하늘과 땅, 영혼과 육체, 은혜와 율법, 구원과 심판의 관계를 기초로 생각했다. 곧 하나님은 인간이 세상에 사는 동안 죄에서 벗어날 수 없기 때문에 인간을 다스리는 한 방식으로 국가라는 제도를 허용하셨다고 보았다. 국가는 법에 따라 인간을 다스리면서 하나님의 정의를 실현한다. 사람이 국가의 권위에 복종해야 하는 이유다. 이에 비해 교회는 하나님의 통치를 직접적으로 받는 곳이다. 교회는 하나님이 다스리는 곳이고, 복음을 통해 어떻게 하나님의 뜻이 실현되고 또 어디서 실현되는 지를 알려 주는 곳이다. 심지어 교회는 하나님 나라라고 말하는 사람이 있을 정도로 하나님 뜻의 온전한 실현을 지향하는 곳이다. 국가는 종말까지 유효하며, 마지막 심판 후에는 하나님의 통치가 이루어진다. 교회는 이 땅에서 지금 하나님의 통치가 어떻게 실행되는지를 드러내는 무대이다. 그래서 국가의 일은 정치인들에게 위임되고, 교회는 국민의 영혼과 정신의 문제에 관한 책임을 부여받는다.

이것이 루터의 두 왕국설의 근간이다. 교회와의 투쟁에서 로마가톨릭의 교황제도가 갖는 폐단을 극복하려는 의지가 워낙 강해, 비록 기능과 역할에 있어서 엄밀히 구분하긴 했어도, 서로에 대해 무관심해서는 안 될 것을 루터는 분명히 했다. 이에 비해 하나님의 주권을 강조했던 칼빈(John Calvin)은 세상이 하나님의 피조물이라는 사실로 출발하는데, 세상을 다스리는 분으로서 하나님에 대한 믿음 때문에 통치에 있어서 국가와 교회를 특별히 구분하지 않았다. 국가 역시 하나님의 통치에서 벗어나서는 안 된다고 보았다. 이는 교회와 국가를 하나로 통합해야 한다는 말이 아니다. 정교분리의 원칙은 지키되, 국가의 통치 기반이 되는 법 제정 역시 하나님의 뜻에서 벗어나서는 안 될 뿐 아니라 적극적으로 반영해야 한다는 의미다. 이 때문에 칼빈의 후예들은 스스로 정치인의 신분으로 참여하든 시민운동의 일환으로 참여하든 국가의 통치행위에 적극 참여하는 것을 하나의 소명으로 여긴다.

교회와 국가의
관계에 대한 오해

교회와 국가의 관계에서 흔히 발생하는 오해가 있다. 교회는 개인적이고 영적인 일에 전념하고, 국가는 공적이고 육적인 일에 전념한다는 생각이다. 이것은 소위 루터의 '두 왕국설'로 되돌아 간다. 이런 오해 때문에 교회는 국가와의 관계에서 마치 게토(Ghetto: 유대인을 사회로부터 분리시키기 위해 마련된 거주 지역)로 여겨진다. 세상이 어떻게 돌아가든 교회만 성장하면 된다고 생각한다. 교회 밖을 향해 목소리를 높이면, '자유주의 신학을 따르는 이단'이나 '친공(자본주의 사회에 살면서 공산주의를 추구하는 사람)' 혹은 '종북(북한을 추종하는 사람)'이라는 딱지를 붙여 비난했다. 이승만 독재 시절에도, 박정희 유신시대의 독재적인 정치 상황에서도, 전두환 폭력적인 정권 아래에서도 국가가 국민을 경제적으로 잘 먹고 잘 살게 해 준다는 논리로 일관했을 때 교회는 교회 성장 및 부흥을 위한다는 명목을 내세우며 부조리한 정치 경제 사회 문화 교육 현실 앞에서 눈을 감았다. 교회의 공공성을 찾아볼 수 없었다. 이런 경향은 지금까지도 계속되고 있는데, 일부 대형 교회 목회자들은 성경의 논리와 정치 논리를 구분하지 못해, 노골적인 정치적 이해관계에 휘둘리고 있다. 교계 지도자로서 교회를 대표한다고 여겨지는 사람이 이러니 오늘날 한국 교회는 마치 국가의 하수인으로 전락한 것 같은 느낌을 받는다. 비록 왕이라도 하나님을 모욕한다면서 주저하지 않고 다윗에게 죄를 지적했던 나단 선지자와 같은 강직한 목회자가 아쉽다.

교회는 하나님 나라를 이 땅에 드러내도록 부름 받은 성도의 유기적인 공동체이다. 아무리 옳다고 여겨진다고 해도 특정 정당의 이익을 대변하는 곳이 아니다. 정당이란 권력투쟁을 본질로 삼는다. 교회는 결코 그래서는 안 된다. 오히려 교회는 하나님 나라가 존재하며, 또한 하나님이 세상을 다스리심을 드러낼 과제를 갖는다. 만일 교회가 국가나 특정 정당의 하수인이 된다면, 하나님의 통치는 어디서 경험할 수 있을까? 하나님 나라가 존재한다고 믿을 수 있을까? 교회와 국가의 관계가 어긋나면, 직접적으로 피해를 보는 것은 성도이고, 궁극적으로는 하나님의 영광을 가리는 일이 된다.

불의한 국가와
교회

로마서 13장 1–7절의 말씀은 국가와 교회 관계에서 오해를 불러일으키는 이유 가운데 하나다. 그중 1–2절에서 사도 바울은 다음과 같이 말했다.

> 각 사람은 위에 있는 권세들에게 복종하라 권세는 하나님으로부터 나지 않음이 없나니 모든 권세는 다 하나님께서 정하신 바라. 그러므로 권세를 거스르는 자는 하나님의 명을 거스름이니 거스르는 자들은 심판을 자취하리라.

이 구절을 바탕으로 사람들은 국가의 권력이 하나님의 권세를 위임받은 것이라 믿었기 때문에, 잘못된 국가 행위에 대해서도 아무런 저항을 하지 못했다. 기독교인의 참여가 많았던 기미년 삼일운동이 일제에 항거한 것은 매우 예외적인 일이었으나, 선언을 결정하고 운동에 참여하기 전에 기독교 지도자들은 일제의 식민통치를 국가로 인정하고 독립을 선언할 것이 아니라 독립을 청원하자고 주장했다. 그러나 독일의 히틀러(Adolf Hitler)가 통치하던 시기인 1934년에 바르멘 신학선언(Barmen Theologische Erklärung)을 기초했던 바르트는 다섯 번째 조항에서 분명히 이런 해석에 반대하는 입장을 표명했다. 곧, 바르트는 국가가 마치 자신의 특별한 과제의 범위를 넘어 인간 생명을 총체적으로 규제해야 한다거나 교회가 해야 할 일을 할 수 있어야 한다고 가르치는 잘못된 가르침을 거부한다고 선언했다.

국가에게 주어진 역할이 있는데, 이것을 개인의 인권과 생명의 존엄을 무시하면서까지 행하도록 허용할 근거는 없다. 뿐만 아니라 마땅히 교회가 해야 할 일을 국가가 행하도록 해서도 안 된다. 구원은 오직 하나님으로부터 오는 것이고, 예수 그리스도 이외에는 누구도 구세주가 될 수 없다. 뿐만 아니라 국가가 정의와 평등의 관계에서 잘못을 했을 경우나 혹은 국가가 하나의 우상으로 여겨져 법의 한계를 벗어나는 행동을 했음에도 누구도 반대할 수 없는 상황에서는 교회가 나서야 한다. 교회는 이 일을 위해 부름 받았기 때문이다.

하나님 나라와
국가

국가와 교회의 관계는 양자가 하나님 나라와 결코 무관하지 않다는 점에서 공통점을 갖는다. 국가는 비록 하나님 나라와 동일하진 않아도 하나님 나라의 통치를 반영하는 과제를 갖는다. 교회에서와 달리 기독교적인 통치 방식과 상징을 사용하지 않는다 해도 하나님 나라의 가치가 법에 따라 실현될 수 있도록 노력한다. 이를 위해서는 국가와 교회의 관계가 바르게 정립되어야 하는데, 무엇보다 십자군 전쟁에서와 같이 국가를, 교회의 소망을 실현하기 위한 매개로 삼아선 안 되고, 나치 치하에서처럼 교회를, 국가의 업무를 수행하기 위한 도구로 삼거나 법에 따라서만 규정하려 해서도 안 된다. 정치적인 메시아를 기대했던 유대인들은 예수를 바로 이해하지 못했고, 예수를 믿는다면서 국가의 정의에 무관심한 것을 당연하게 생각해 비록 의도하지 않았지만 독재와 전체주의적인 통치를 허용했던 사람들도 예수를 바르게 이해하지 못한 것이다. 교회는 국가 내에서 빛과 소금으로서 존재하고, 국가는 교회의 복음 사역을 안정되게 지켜준다. 국가의 민주적인 통치방식을 교회에 무비판적으로 도입해서는 안 되며, 교회(교회는 어느 정도 신정정치의 모습을 띤다. 목회자와 성도 모두 하나님의 통치를 받는다는 의미에서 그렇다)는 자신의 삶의 방식과 운영방식을 국가에게 요구할 수 없다. 교회는 국가가 선을 권장하고 악을 징벌하도록 돕는다. 교회는 국가적인 불의에 비판의 소리를 낼 수 있다. 교회는 공공의 책임에서 결코 자유롭지 않기 때문에 성도 개인으로서는 시민단체와 협력하여 활동할 수 있으나 교회의 정치세력화는 피해야 한다. 교회는 복음의 가치를 사회적인 삶에서 실천함으로써 그것의 정당성을 알릴뿐인데, 무엇보다 특정 정당의 정책을 지지한다는 인상을 주지 않도록 삼가야 한다. 그렇지 않고 정치적인 영향력을 높이기 위해 교회를 세력화하는 것은 모두에게 환영되어야 할 복음에 대한 적대세력을 형성하는 일이기 때문에 바람직하지 않다. 교회와 국가는 필연적으로 상보적인 관계에 있다 해도, 서로가 서로를 도구로 삼으면 안 된다.

끝으로 교회와 국가의 관계를 말하는 성경(막 12:13-17; 딛 3:1; 롬 13:1-7)과 관련해서 제기되는 질문은 이렇다. 교회는 국가의 권위에 무조건 복종해야 하는가? 국가가 하나님으로부터 권위를 부여받았다고 해서 그리스도인이 국가에 무조건적으로 순종해야 하는 것은 아니다. 특히 국가의 신적 기원에서 벗어나 국가의 권력이 국민으로부터 온다는 민주주의 국가 이념이 보편적으로 수용되고 있는 시대일수록 더욱 그렇다. 독일의 나치시대에 바르트를 중심으로 한 고백 교회가 바르멘 신학신언을 통해 국가에 저항했듯이, 교회는 불의한 세력에 대한 저항권을 갖는다. 오히려 불의한 국가임에도 국가의 권위가 하나님 안에서 유래한다는 믿음 때문에 저항을 포기한다면, 생명이 파괴되고 인권이 유린당하는 부조리한 현실에 대한 책임에서 자유롭지 못할 것이다. 그러나 저항은 결코 폭력적이어서는 안 되며 복음의 소망에 관한 이유를 전할 수 있기 위해 언제나 온유하게 실천되어야 한다(벧전 3:15).

묵상과 토의를 위한 질문

· 교회와 국가의 관계는 그동안 어떻게 바뀌었는지, 그 이유는 무엇인
  지 정리해 보자.

· 기독교인에게 국가는 어떤 의미가 있는가?

· 국가 안에서 기독교인이 인지해야 할 과제는 무엇인가?

교회가 비판 받는 시대에 하나님 나라 백성으로 산다는 것은 무엇을 의미하는가?

기독교가 세상에서 비판받고 심지어 염려와 근심의 대상으로 전락한 데에는 기독교인 각자의 책임이 크다. 그리고 여기에는 정체성과 사명과 관련해서 기독교인 자신에 대한 잘못된 이해가 크게 작용하고 있다. 하나님 나라 백성의 의미를 잘 모르기 때문에(혹은 알고 있더라도 제대로 실천하지 않기 때문에) 일어나는 결과라고 생각하는데, 성경이 말하는 하나님 백성을 교회에 출석하며 세례를 받은 기독교인과 동일시할 수는 없다. 그렇게 되면 유대인들과 다를 바 없다. 하나님 나라 백성으로서 산다는 것은 무엇을 의미할까?

통치자에 대한
다양한 경험

한 나라의 국민으로서 통치자에 대한 경험은 각양각색이다. 통치자에 대한 좋은 기억을 갖고 있는 사람들도 있지만, 그렇지 않은 사람들도 있다. 통치자에 대한 경험은 통치자 개인에 따라 달라지지만 경험하는 개인의 성향에 따라서도 달라진다. 자신이 바라는 통치자와 통치자가 원하는 국민이 함께 한다면 그야말로 태평성대를 누리는 이상국가다. 원치 않는 통치자 아래에서 산다는 것은 고역이고, 원하는 통치자 아래에서 산다는 것은 행복한 일이다. 통치자와의 관계에 따라 무엇을 해도 불만의 요인이 되기도 하고, 혹은 무엇을 해도 긍정적으로 받아들이기도 한다. 통치자가 교체되면서 국민 사이에서 희비가 엇갈리는 것은 지극히 자연스러운 일이다. 그러므로 통치자의 최대 과제는 상반되는 경향을 가진 사람들을 화해와 평화로 이끄는 일이다.

하나님 나라 백성으로 사는 일에 관해 생각하면서 국가 통치자에 대한 경험을 말하는 까닭이 있다. 하나님 나라와 그분의 백성과의 관계 역시 마찬가지라고 생각하기 때문이다. 하나님 나라는 복음과 밀접한 관련이 있고, 복음의 핵심은 하나님 나라가 예수 그리스도를 통해 임했으며, 그를 믿는 자에게 현실이 되고, 그의 승천 후에는 성령을 통해 현실이 될 뿐 아니라, 마지막 날에 예수 그리스도가 다시 오실 것을 믿고 기대하는 자들 중에 임할 것이라는 데에 있다. 죄의 권세 아래 고통 속에 사는 사람이, 치료자이시며 죄를 용서하시는 분이시고 또한 죄의 권세에서 구원하실 분인 예수님이 친히 우리를 다스린다는 이야기를 듣는 것은 그야말로 기쁜 소식이 아닐 수 없다. 그래서 복음인 것이다. 구원자이고 자비가 풍성한 그분의 통치를 받는 것은 즐거운 일이다.

그런데 사실 예수님을 구원자로 인정하지 않고 또 자신이 죄의 권세에 사로잡혀 있다는 사실을 인지하지 못할 뿐 아니라 인정조차 하지 않는 사람에게는 아무리 구원자를 말한다 해도 그것이 큰 기쁨으로 다가오지 않는다. 방금 식사를 마쳐 배가 잔뜩 부른 사람에게 놓여 있는 진수성찬이랄까. 아무리 달콤한 것이라도 그것이 오히려 독이 되는 사람도 있는 법이다. 그러니 복음이 복음으로 여겨지기 위해서는 하나님과 자신의 관계가 어떠한지를 먼저 숙지하는 것이 전제되어야 한다. 다시 말해서 아무리 하나님 나라가 좋다 한들 그것을 인정하지 않는 사람에게 그것은 무의미할 뿐이다. 하나님 나라에 있으면 누구든지 행복해지리라는 것은 착각이다. 하나님 나라의 백성으로 산다는 것이 그들에게는 별다른 의미가 없기 때문이다. 오히려 거북하고 불편할 수도 있다. 믿지 않는 자에게 하나님을 예배하라고 해 보라. 얼마나 큰 고통이겠는가. 그러니 하나님 나라 백성으로 산다는 것이 무엇을 의미하는지를 알기 전에 먼저 하나님 나라에 관해 알아볼 필요가 있다.

하나님 나라와
하나님의 통치

하나님 나라는 하나님이 다스리시는 나라다. 하나님의 통치를 거부하는 사람이 섞여 있는 세상도 하나님이 다스리는 곳이라고 생각하면, 하나님 나라를 하나님의 통치와 동일시 하는 것은 문제가 있어 보인다. 덧붙여야 할 것이 있는데, 하나님 나라는 하나님의 뜻이 관철되는 곳이라는 사실이다. 곧 하나님 나라는 하나님의 다스림을 자신에게 일어나도록 순종하는 자들에게 임한다. 공간적인 의미가 전혀 없진 않으나 이 땅에 사는 동안에는 무엇보다 먼저 시간적인 맥락에서 이해되어야 한다. 하나님의 다스림이 나타나는 때를 먼저 고려한 후에 공간을 생각해야 한다는 말이다. 하나님의 뜻에 순종하는 사람에게 하나님 나라가 임할 때 비로소 그들의 삶과 그들이 머무는 공간에서 하나님 나라가 나타난다. 하나님 나라가 임할 때 그 순간을 공유하는 사람이 머무는 공간이 하나님 나라다. 하나님 나라가 임하는 것은 하나님의 다스리심이 나의 삶에 나타날 때다. 그래서 예수님은 여기 혹은 저기가 아니라 마음에 있다고 하신 것이다. 성경에서 사용된 '마음'은 인간의 중심과 본질을 가리키는 표현이다. 하나님 나라가 어디에 있느냐고 묻기 전에 하나님의 뜻이 내 삶의 중심에서 분명하게 나타나고 있는지를 물어야 한다.

누가 하나님 나라에
들어갈 수 있나?

하나님 나라와 관련해서 흔히 제기되는 질문이 있다. 누가 하나님 나라에 들어갈 수 있는가 하는 것이다. 사실 이 질문은 하나님 나라와 하나님의 다스림의 관계를 염두에 둔다면 이렇게 바꿀 수 있다. 누가 하나님의 통치에 적합한 사람인가? 거룩하고 의로운 하나님 앞에 감히 설 수 있는 사람이 누구일까? 대한민국 국민이 되고 싶다고 해서 누구나 대한민국 국민이 될 수 없는 것처럼, 원한다고 해서 모두가 하나님의 통치를 받을 수는 없다. 그래서 사람들은 그 나라의 백성이 될 수 있는 자격과 조건을 물어왔다. 하나님 나라 백성이 되는 것은 어떻게 가능할까? 하나님과 이스라엘의 관계는 하나님의 사랑에 근거한 일방적인 선택과 그리고 율법을 통한 계약에 근거하여 이루어졌다. 예수님은 하나님 나라가 임할 때 우리가 그분의 통치를 받을 수 있도록 길을 열어 주셨다. 따라서 이제는 예수 그리스도를 믿음으로 하나님 백성을 넘어 하나님의 자녀가 되는 권세를 얻는다. 하나님 나라 백성이 되고 또 그분의 자녀가 되는 것은 오직 믿음에 달려 있다.

그런데 하나님은 천지의 창조주로서 만물을 다스린다. 그렇다면 이미 그분의 통치가 미치지 않는 곳이 없다. 빛과 어둠이 모두 하나님의 통치영역이다. 그 통치를 인정하는 사람이 있고, 그렇지 않은 사람이 있을 뿐이다. 아니 어찌 그분의 다스림을 거부할 수 있을까? 그럴 수 없다. 다만 그렇게 보일 뿐이다. 그분의 통치를 인정하고 받아들일 뿐만 아니라 통치를 받으며 사는 것을 기쁨 가운데 감내할 수 있는 사람이 있는가 하면, 이에 반해 그것을 힘들어하며 떠나는 사람이 있다. 혹은 전혀 모를 뿐 아니라 알고 있다 해도 인정하지 않고 다른 존재를 통치자로 삼는 사람이 있다. 만일 누군가가 하나님의 통치의 의미를 알고 또 그것을 기뻐할 수 있다면, 그 사람은 어떤 것을 지불하더라도 기꺼이 하나님 나라에 합당한 사람이 되기를 사모할 것이다.

하나님 나라에 들어가는 사람은 곧 하나님의 통치를 인정하고 또 받아들일 수 있도록 준비된 사람이다. 그럴 능력이 있는 사람인데, 하나님은 이 능력을 은혜와 복으로써 우리에게 주신다. 곧 은혜와 복 받은 자들이 하나님의 통치를 인정하고 받을 수 있는 것이지, 누구나 원한다고 해서 받아들일 수 있는 것은 아니다. 그렇기 때문에 씨 뿌리는 비유에서 볼 수 있듯이, 하나님 나라와 관련해서 각각 다른 결실을 맺는 것이다. 어떤 사람은 전혀 인지하지 못하니 하나님 나라와 전혀 무관하게 산다. 어떤 사람은 좋다고 생각해서 무작정 들어왔으나 자신의 기대와 다르다는 이유로 떠난다. 어떤 사람은 하나님의 통치 아래 들어오지만 하나님의 뜻에 순종할 때 겪게 되는 고난 때문에 떠난다. 어떤 사람은 그 통치가 너무 부담된다고 생각해서 떠난다. 어떤 사람은 하나님의 통치를 받아들여 많은 열매를 맺는다.

복음에 대한
상반된 반응

복음으로 다시 돌아가 보자. 복음은 무엇보다 세상의 통치로 힘들어 하는 사람에게 매우 기쁜 소식이다. 왜냐하면 우리의 중보자가 되고, 우리를 사랑하며 위로하고 또 구원하는 예수 그리스도가 우리를 다스린다는 소식이기 때문이다. 우리를 위해 싸우고 또 우리를 대신해서 싸워 세상을 이기는 분이 우리를 다스린다는 소식만큼 기쁜 소식이 어디 있을까!

그러나 모두가 기뻐하는 것은 아니다. 세상의 통치를 즐기는 사람에게는 결코 기쁜 소식이 아니다. 그분의 통치를 받아들일 수 있고 자신의 뜻보다는 그리스도의 뜻을 우선하는 사람에게만 기쁜 소식이다. 모르거나 싫어하거나 자신의 뜻을 고집하는 사람에게는 전혀 그렇지 않다. 따라서 원한다고 해서 아무나 하나님 나라에 들어가는 것은 아니다. 그것은 인간으로서는 불가능하다. 그럴 능력이 있어야 하는데, 인간은 본래적으로 하나님의 통치를 받기보다는 자신의 뜻대로 살거나 자신이 세운 우상의 통치(결국 자기 자신의 욕망에 따른 통치)를 받는 것을 좋아하기 때문에 가능하지 않다. 인간은 하나님의 통치를 기뻐하지도 않고, 또 인간 자신에게는 거룩하신 하나님의 통치를 감내할 능력도 없다.

피조물인 사람이 자기 뜻대로 사는 것보다 더 좋은 것이 하나님의 통치 아래 있는 것임을 잘 아시는 하나님은 또한 세상을 사랑하시기 때문에 세상에게 더 좋은 것을 주시기 위해 당신의 아들을 통해서 우리에게 은혜로 믿음을 주셨다. 하나님의 통치를 감내할 능력을 주신 것이다. 곧 예수 그리스도의 보혈에 힘입어 우리는 그분 앞에 나설 담력을 얻는다(히 10:19).

따라서 우리가 하는 모든 일, 교회에서 받는 모든 훈련은 하나님 나라에 들어가기 위함이 아니다. 예수 그리스도를 통해 가능하게 된 생명, 곧 그분의 백성으로서 살 수 있는 능력을 얻고 또 훈련을 통해 더 풍성히 얻기 위함이다. 이것은 오직 믿음을 통해서만, 은혜로만 가능하다. 관건은 주신 것을 복으로 알고 하나님의 다스림을 받을 수 있고 또 능히 견딜 수 있을 뿐만 아니라 그것을 즐길 수 있는 능력으로 개발하는 것이다. 이것은 양육과 훈련을 통해 가능하다.

하나님의
다스림을 받는 것

세상을 지배하려 하고 부분적으로 상당한 힘을 행사하는 악의 권세에서 완전히 벗어나 선한 능력을 행하시는 하나님의 다스림을 받으면 좋겠다. 그때가 올 때까지 기다려야 하겠지만, 이것이 지금 어느 정도 가능한 것은 예수 그리스도께서 은혜로 그 길을 열어 주셨고, 또 하나님이 성령을 통해 그 가능성을 우리에게 허락하셨기 때문이다. 하나님 나라의 백성으로서 산다는 것은 예수 그리스도를 통해 나타난 하나님의 은혜와 사랑을 인정하고 받아들여 누릴 뿐 아니라, 그 사랑과 은혜가 자신을 감싸기를 사모하는 것이다. 하나님의 다스림이 내 삶에서 온전히 나타날 때, 하나님 나라는 우리 가운데 임한다. 이 세상에 살면서 순종의 삶을 사는 동안 기독교인은 하나님 나라가 임하는 것을 경험하고 또 매 순간 그렇게 되기를 기대하며 산다.

하나님 나라 백성으로 산다 함은 하나님의 통치를 기뻐하고 또 하나님의 통치를 감내할 능력을 은혜로 얻고 또 누리며 사는 것이다. 그뿐 아니라 사람들로 하여금 하나님의 통치가 어떤 것인지, 이것이 세상에서 어떻게 실현하는지를 나타내 보이며 사는 것이다. 보이지 않는 하나님 나라를 보이도록 하는 것, 하나님 나라가 존재할 뿐 아니라 하나님이 어떻게 다스리시는지를 삶을 통해 보여 주는 것, 이것이 하나님 나라의 백성으로 사는 모습이다.

묵상과 토의를 위한 질문

· 교회 비판의 시대에 관한 자신의 생각을 나누어 보자

· 교회가 비판을 받게 된 이유를 복음과 관련해서 생각해 보자.

· 통치자와 통치를 받는 자의 관계에 대한 다양한 경험을 나누어 보자.

하나님 나라는 무엇인가?
: 하나님 나라 1-반드시 죽고 새 생명으로 거듭나야 가는 곳

하나님 나라에 관해 흔히 듣는 질문은 다음과 같다.

하나님 나라는 무엇인가? 하나님 나라와 세상의 관계는 무엇인가?

하나님 나라는 어디에 있는가?

하나님 나라에는 누가 들어가게 되는가?

하나님 나라는 언제 가시적으로 임하는가?

하나님 나라에 들어가는 자와 그렇지 않은 자를 누가 결정하는가?

예수와 하나님 나라의 관계는 무엇인가?

이런 질문은 기본적으로 하나님 나라에 대한 부정적인 혹은 긍정적인 경험을 전제한다. 부정적인 경험이란 하나님 나라가 없다는 인상을 자아내는 상황을 말하고, 긍정적인 경험은 하나님 나라의 현존을 인정하는 상황이다. 하나님 나라 경험은 증거를 통해 성도들 사이에서 공유되었지만, 그것이 무엇인지 또 그것이 어떻게 나타나는지 등 위의 질문과 관련해서 하나님 나라에 대한 인식은 서로 달랐다. 하나님 나라에 대한 경험과 그것을 성찰하면서 갖게 된 하나님 나라에 대한 인식을 바탕으로 성경 저자들은 하나님 나라

를 말할 때 위의 질문들을 염두에 두고 있었다. 관건은 다음의 사실을 아는 것이다. 하나님 나라에 대한 경험이 어떠했기에 사람들은 그 나라를 증언하는 자가 되었을까?

하나님 나라와
이스라엘

구약에서 "하나님 나라"는 등장하지 않는다. "주의 나라"라는 표현은 있다(시 45:6, 106:5, 145:11-12). 하나님 나라는 세례 요한 기사에서 처음 등장한다. 달리 말하면 구약에서 하나님 나라는 명시적으로 표현되어 있지 않지만, "하나님 나라" 관념은 이미 창조와 에덴동산의 시기로부터 이스라엘 왕국과 디아스포라 유대인으로서 살았던 포로기에 이르는 방대한 역사를 거치면서 암시적으로 드러나고 있다.

창조 신앙에서 드러난 하나님 나라는 하나님의 말씀대로 되는 곳이다. 하나님의 뜻을 담고 있는 말씀이 질서의 기준이 되는 곳, 그곳이 하나님 나라다. 이는 구체적으로 피조 세계를 말하며 특별히 하나님 백성인 인간의 삶의 환경을 염두에 두고 있다. 성경 저자들은 이런 신앙을 구체적인 역사에서 다양한 방식으로 드러내기를 원했다. 또한 동시에 무엇이 하나님의 말씀대로 되는 것을 거스르는지도 밝혔다. 곧 구약에서 하나님 나라는 피조세계에서 그분의 계시된 뜻, 곧 율법을 지킴으로써 그 모습이 드러나는 나라다. 구체적으로 말하면 계명과 율법이 온전히 지켜지는 곳이다. 그래서 하나님의 뜻을 대변하는 계명(과 각종 율법)을 온전히 지키며 사는 사람들은 의인으로 여겨진다. 하나님 나라는 의인만이 누릴 수 있는 나라다. 이에 비해 인간의 불순종은 하나님의 다스림을 거역하는 행위이며 그 나라의 현현(가시적인 임재)을 방해한다. 이런 의미에서 죄인이란 하나님 나라 밖에 머무는 사람이고, 하나님의 뜻이 이루어지는 일에서 태만하거나 그것을 방해하는 사람이며, 교만하여 인간의 뜻으로 하나님의 뜻을 대체하려는 사람이다. 경우에 따라서는 하나님 나라를 하나님 나라가 아니라 하고 오히려 세상 나라를 하나님 나라라고 거짓말을 한다. 이것을 가능하게 하는 방법은 힘과 외식이다.

하나님 나라는 약속의 땅이나 현실의 이스라엘 왕국과 결코 동일시될 수 없었다. 그것을 추구하는 모든 시도는 좌절하였다. 왜냐하면 구약 백성들은 하나님의 뜻이 이루어지는 순간 하나님 나라를 경험했지만, 또한 그 반대의 경우가 언제나 공존하는 것을 경험했기 때문에 하나님 나라를 약속의 땅이나 현실의 이스라엘과 결코 동일시할 수 없었다. 오히려 하나님의 뜻이 온전하게 이루어지는 하나님 나라는 기대의 대상일 뿐이었다. 하나님은 당신의 다스림을 먼저 특정한 사람이 경험할 수 있는 상태로 나타내 보여 주셨는데, 이 경험을 한 사람은 그것을 하나님의 계시로 인식하였고 그것을 증언하였다. 곧 후기 유대교에 등장하는 묵시 전통은 하나님의 계시와 이것이 현실로 나타날 것에 대한 기대가 상호작용하여 나타난 새로운 형태의 종말론적 신앙운동이다.

결과적으로 하나님 나라에 대한 경험은 두 개의 측면으로 곧 한편으로는 긍정적인 측면으로, 다른 한편으로는 부정적인 측면으로 나타났다. 긍정적인 측면은 하나님의 뜻에 대한 순종으로부터 오는 결과다. 하나님의 복과 은혜의 풍성함에 대한 경험이다. 뿐만 아니라 출애굽 과정이나 가나안 정복 과정에서 그리고 왕국의 역사에서 사람들은 하나님의 통치를 경험하였다. 이런 경험들은 또 다른 순종으로 혹은 고백(찬양)으로 혹은 절기로 혹은 각종 제사로 표현되었다.

부정적인 측면은 하나님의 뜻에 대한 불순종으로부터 오는 결과다. 하나님의 심판을 경험하였다. 죄 때문에 겪는 고통의 경험들은 은혜의 경험과 대조적으로 작용하여 하나님의 뜻을 순종하는 일이 삶의 기쁨과 행복 그리고 백성의 행복에 어떻게 기여하는지를 깨닫게 해 주었다. 자신의 행위를 반성하고 회개하여 인간의 통치를 대체하는 하나님의 통치를 갈망하는 마음을 일으킨 것이다. 회개는 물론이고 율법을 온전히 지키겠다는 결심을 하고, 하나님의 뜻이 공동체 안에서 현실이 되도록 노력했다. 은혜는 물론이고 심판도 하나님의 다스림이기 때문에 그것은 하나님 나라의 현실이다. 그러나 인간은 그것을 긍정적으로 혹은 부정적으로 경험한다. 심판은 하나님 나라의 부재 경험이지만, 그 심판이 하나님으로부터 비롯한다고 받아들이는 한 그것 역시 하나님 나라 경험의 하나다.

하나님 나라에 대한 부정적인 경험은 음부(지옥)라는 개념으로 표현되는 중요한 이유로 작용한다. 천국은 하나님의 뜻이 온전히 이루어지는 곳이며, 이것에 대해 어떠한 방해도 없는 곳이다. 그곳에서는 하나님의 사랑과 정의가 실현되며, 누구에 의해서도 불의한 일을 겪지 않는다. 가진 자는 나눔으로써 기쁨을 누리고, 없는 자는 없다 해도 은혜와 사랑을 통해 함께 기쁨을 누리는 곳이다. 모두가 행복을 경험하며 사는 곳이다. 이에 비해 음부(지옥)는 하나님의 뜻이 거절되는 곳이며, 미움과 불의가 가득한 곳이다. 사람이 사람을 억압하고 착취하고 부리는 일로 가득하다. 고통을 호소해도 듣는 자가 없으며, 어려움을 겪어도 돌보아주는 이가 없다. 가진 자는 가진 것으로 고통을 겪고, 없는 자는 없기 때문에 고통을 겪는 곳이다.

간단히 말해서, 이미 에덴동산에서 일어난 사건에서 드러나 있듯이, 하나님 나라는 비록 인간이 스스로 하나님처럼 되려는 욕망을 억제하고 또 그것을 실행에 옮기려는 의지를 삼가야 한다 할지라도 생명(영생)의 나라이며, 음부는 설령 자신이 원하는 것을 맘껏 행할 수 있다 해도 오히려 그것 때문에 사망에 이르는 곳이다.

현실에서 하나님 나라는 모든 것이 하나님의 말씀대로 되는 곳으로서 보이지 않지만 한편으로는 각종 이적과 표적을 통해 가시적이 된다.

하나님 나라의
본질

그렇다면 하나님 나라의 본질은 무엇일까? 보통 국가를 말할 때 3대 요소 곧, '주권, 백성, 영토'를 말한다. 세 요소 가운데 하나라도 빠지면 국가로 인정받지 못한다. 그러나 이것은 근대 이후에 형성된 국가를 염두한 개념이다. 고대 왕정시대에서 국가에 대한 이해는 달랐다. 실제로는 세 가지 요소가 빠지지 않지만, 국가 개념은 늘 통치자 곧 왕을 중심으로 생각되었다. 그래서 누구든 왕을 물리치면 국가를 차지할 수 있었다. 그러니 왕을 보호하기 위한 노력이 대단했다. 허락 없이 왕 앞에 나설 수 없었고, 왕 앞에서는 얼굴조차 들지 못했다. 국가는 통치자 중심으로 이해되었다. 삼권분립이 정착되고, 주권재민 사상이 일반적인 오늘날과는 사정이 많이 다르다. 오늘날에는 대통령을 제거했다고 해서 국가가 적에게 넘어가지 않는다.

그런데 이런 생각이 더는 유효하지 않다. 민주주의 시대에 군주제는 이미 과거의 유물로 취급되기 때문이다. 그렇다면 하나님 통치로서 하나님 나라에 대한 이해는 과거 군주제에 바탕을 둔 것이기에 오늘날에는 수정되어야 할까? 예컨대 주권재민 시대에 하나님 나라는 하나님 백성이라고 말할 수 있을까?

실제로 하나님 나라가 백성에게서 이루어진다는 사실은 예수님이 분명히 밝혀 주셨다. 천국은 이곳 혹은 저곳이 아니라 너희 마음 가운데 있다거나, 두 세 사람이 내 이름으로 모인 곳에는 나도 그곳에 있다는 말씀이 그것이다. 하나님 나라는 특정한 공간이 아님을 지적하신 것이지만, 다른 한편에서는 하나님의 다스림이 백성에게로 옮겨진 것 같은 인상을 받는다. 정말 그러한지 살펴볼 일이다.

여기서 백성은 중립적인 의미에서 사용되지는 않았다. 다시 말해서 모든 인간을 포함하는 말이 아니다. 그것은 예수님을 따르는 제자들이며, 예수 그리스도의 이름을 믿는 사람이다. 이렇게 본다면 하나님 나라는 설령 하나님의 다스림이라고 말은 하지 않는다 해도 예수 그리스도의 인격과 사역과 불가분리의 관계에 있음을 알 수 있다. 그런데 예수 그리스도의 인격과 사역은 하나님의 뜻이 실현되는 현장이다. 그러므로 하나님 나라를 하나님 백성으로 이해한다 해도 하나님의 다스림을 배제할 수는 없다. 다만 관점과 포인트가 시대에 따라 바뀔 수 있다고 말할 수는 있다.

하나님 나라와
예수 그리스도

하나님 나라에 대한 모든 것은 특히 예수님의 인격과 말씀 그리고 사역에서 발견할 수 있다. 예수님은 스스로 하나님 나라로 모습을 나타내셨으면서도 하나님 나라의 도래와 임재를 선포하셨다. 때로는 비유를 통해서 하나님 나라를 가르치셨다. 그리고 각종 이적과 기적을 통해 하나님 나라의 현실을 나타내셨다.

예수님의 인격과 사역을 매개로 생각할 때, 하나님 나라는 하나님의 통치가 실현되는 곳이다. 하나님의 말씀이 현실이 되는 곳이다. '하나님 나라는 어디에 있느냐'는 질문과 '누가 통치하느냐'는 질문은 서로 연결되어 있다. 하나님 나라는 하나님이 통치하시는 곳이며, 하나님의 통치가 실현되는 곳이 하나님 나라이기 때문이다. 또한 하나님이 임하시는 곳은 하나님의 영광으로 가득하기 때문에, 그곳이 어디든지 하나님이 다스리는 나라가 되어 하나님의 통치를 거부하는 자들이 더 이상 버틸 수 없게 된다. 예수 그리스도 앞에 굴복하여 그를 나의 주님이요 나의 왕이라 고백하지 않을 수 없다. 교회는 비록 하나님 나라의 온전한 모습은 아니지만, 하나님의 통치를 인정하고 또 그것을 자신의 삶을 통해 나타내도록 부름 받은 사람의 모임이다. 교회는 하나님 나라의 현실을 지향한다. 교회에는 부름 받긴 했어도 그에 합당하게 살지 못하는 사람이 있고, 부름에 합당하게 사는 사람이 있다. 그래서 교회는 알곡과 가라지가 모두 모여 있는 곳이다. 교회는 하나님 나라와 세상 나라가 뒤섞여 있는 곳이다. 목회자는 목회 활동을 통해 성도가 하나님의 다스림을 원할 뿐만 아니라 하나님의 다스림이 자신에게 일어나기를 순종하도록 돕는다. 가라지가 알곡이 될 수 있도록 돕고, 알곡은 가라지가 되지 않도록 하고 또 더욱 풍성하게 결실할 수 있도록 돕는다. 예수 그리스도와 함께 모습을 드러낸 하나님 나라가 세상에서 더욱 분명하게 나타나도록 부름 받은 자가 성도이다.

하나님 나라는 교회 크기와 전혀 무관하다. 유명세와도 상관없다. 하나님 나라는 사람의 눈과 귀를 사로잡는 어떤 특징적인 것으로 가득한 여기 혹은 저기가 아니라 오직 너희 마음에 있다고 했다. 이 말을 영적으로만 이해해서 하나님 나라의 현상적인 임재를 부정하는 의미로 이해해서는 안 된다. 하나님의 통치와 관련해서 무엇보다 먼저는 인간의 중심에 해당하는 인격으로 인정하는 일이 중요하고 동시에 겉보기에 화려함이나 주목할 만한 어떤 것과 하나님 나라를 동일시하지 말라는 의미다.

한편 성경에는 하나님 나라에 '들어가다', '임하다', '보다' 등의 표현이 사용되었다. 특히 니고데모와의 대화에서 예수님은 '보다'와 '들어가다'는 말을 사용하였다. 바로 이와 관련해서 다음의 질문이 제기된다. '누가 하나님 나라를 보고 또 들어갈 수 있을까?' 이 질문은 '누가 하나님의 온전한 통치를 받으며 살 수 있는가' 하는 질문과 동일하다.

'보다'는 볼 수 없는 자가 보게 된 상태를 염두에 두고 있다. 어둠에 있는 자는 볼 수 없지만 빛의 도움을 받아 볼 수 있다. 다시 말해서 사람들은 거듭날 때, 곧 빛이신 예수 그리스도와의 관계 속에 있을 때 비로소 하나님 나라가 어떤 곳인지 볼 수 있다.

'들어가다'는 밖에 있는 자가 안으로 들어가는 이미지다. 물과 성령으로 거듭나지 않으면 하나님 나라에 들어갈 수 없다 함은 예수 그리스도와의 관계를 벗어나서는 사람이 제 아무리 원한다 해도 결코 하나님의 다스림을 받을 수 없다는 것이다. 하나님의 다스림을 받는 일은 사람이 원한다고 해서 되는 일이 아니다. 오직 예수 그리스도와의 관계가 제대로 서게 될 때, 그때 비로소 사람은 하나님 나라 안에 들어갈 수 있다. 곧 하나님의 다스림을 받는 백성이 된다.

'임하다'는 세상 나라를 발전시켜서 하나님 나라로 만들 수 없다는 말이다. 하나님 나라는 하나님의 주권에 따라 임하며, 하나님 나라가 임할 때 오직 예수 그리스도와 올바른 관계에 있는 사람만 하나님 나라를 경험하도록 허락받는다.

하나님 나라와
은혜

이상과 같은 맥락에서 하나님의 통치를 받는다는 사실은 은혜이며, 이것을 전하는 말은 복음이다. 누구나 받을 수 있지만, 그렇다고 아무나 받을 수 있는 것은 아니다. 여러 나라 가운데 임의로 선택해서 들어갈 수 있는 곳도 아니다. 원한다고 해서 다 통치를 받을 수 있는 것은 더욱 아니다. 대한민국 국적의 사람이 원한다고 다 미국 시민이 될 수 있는 것이 아닌 것과 마찬가지다. 하나님 나라에 들어가는 사람을 결정하는 일은 오직 하나님의 소관이다. 하나님의 통치는 주권적이다. 그러므로 하나님 나라는 하나님이 다스리길 원하는 자가 경험한다. 은혜를 베풀어 주길 원하는 자에게 은혜를 베풀어 주시고, 심판하기를 원하는 자를 심판하신다.

한편, '하나님 나라'는 대개 긍정적인 이미지로 가득 채워져 있다. 그러므로 하나님의 다스림은 보편적이지만, 하나님 나라의 혜택을 받는 사람은 오직 하나님이 보시기에 의인으로 여겨지는 사람이다. 거룩한 자만 하나님 나라의 은혜를 누릴 수 있다. 이것을 두고 의인과 거룩한 자만 하나님 나라에 들어간다고 말하지만, 하나님 입장에서는 심판 역시 다스림의 하나이기 때문에 의인이 아닌 자 혹은 죄인이 하나님 나라에서 완전히 배제된 것은 아니다. 그러나 '하나님 나라'가 긍정적인 이미지로만 알려져 있기 때문에 하나님 나라에 들어가는 자는 오직 의인과 거룩한 자이며 이것은 하나님의 은혜로 여겨진다. 이 말을 달리 말하면 오직 의인과 거룩한 자만 하나님의 통치를 경험하고 또 감내할 수 있다. 이에 비해 의인이 못되는 사람이나 거룩하지 못한 자는 하나님의 심판을 받으면서 하나님의 다스림을 받지만, 그것을 스스로 거부할 뿐만 아니라 하나님의 다스림을 감당하지 못하고 괴로워한다. 한편으로는 하나님 나라에 대한 긍정적인 경험을 원하기는 하지만, 다른 한편으로는 이것을 스스로 거부하기 때문에 부정적인 경험을 피할 수 없는 굴레에 빠진다. 따라서 성경은 이들이 하나님 나라에서 배제되어 울며 이를 가는 일이 있을 것이라고 표현하고 있다. 그래서 스스로 하나님과 그의 행위를 부정한다, 그 대신 자신의 뜻과 생각을 동조하는 다른 존재를 신으로 여기며 산다.

그런데 문제가 있다. 인간은 도저히 하나님의 의와 거룩함의 기준에 미칠 수 없다. 인간은 모두 죄인이기 때문이다. 이것이 성경의 관점이다. 십자가는 그것의 불가능함과 가능함을 동시에 드러낸다. 인간으로서는 불가능하기 때문에 예수를 죽인 것이며, 또한 하나님의 은혜로, 예수께서 죽으심으로 가능해졌다. 인간은 단지 고백할 수 있을 뿐, 이것이 실제로 그러한지를 확인할 수는 없다. 확인할 수 있다고 믿는 사람들은 소위 도덕적 윤리적인 완성을 말한다. 또는 사회진화주의(social evolutionism)에서 나타났듯이, 과학기술의 발전을 보면서 여기에서 인간의 무한한 가능성을 보여 주려 한다. 결국은 시간이 문제라고 말한다. 시간이 지나면 인간은 도덕적으로 완전해질 수 있다고 믿는다. 지금은 의롭지 못하고 거룩하지 못하나 미래에는 인간의 도덕성이 온전해질 것이라는 낙관적인 생각을 갖고 있다. 그러니 하나님 나라에 들어가는 일이 하나님의 결정에 달려 있다는 말을 믿지 못한다.

성경을 진리로 믿는다면 우리는 예수 그리스도를 통해 계시된 사실을 믿어야 한다. 다시 말해서 십자가에 죽으심으로써 우리를 구원하시려는 하나님의 뜻에 순종하셨다는 사실은, 구원에 있어서 인간의 무능력을 환기한다. 아무리 많은 시간이 흘러도 인간 스스로 의와 거룩함에 이를 수 없다. 이것을 인정하며 오직 예수 그리스도를 믿고, 그의 의를 덧입음으로써 우리는 하나님에 의해 의인으로 인정받아 하나님 나라에 들어갈 수 있다. 장차 온전히 이루어질 일이지만, 현재는 이것을 기대하며 살아간다. 달리 말해서 예수 그리스도를 믿는다면, 비록 육체의 정욕 때문에 의와 거룩함에 온전히 이르지 못했다 할지라도, 부분적으로 하나님의 통치를 받아들이고 또 경험하며 또 은혜의 삶을 누릴 수 있다.

죽음과
하나님 나라

한편 하나님 나라와 생명의 관계는 현대사회에서 자주 논의되는 주제이다. 하나님 나라는 영생의 나라, 곧 하나님의 생명을 누리는 곳이다. 하나님의 생명은 영생으로 표현된다. 영생은 크게 두 가지로 이해되는데, 이생에 살면서 하나님 은혜로 누리는 생명과 부활 후에 누리게 될 생명이다. 양자는 같으면서도 다르다. 이생에 살면서 누리는 생명은 예수 그리스도 안에 있는 생명, 곧 새로운 생명이다. 이 생명은 어떻게 얻을 수 있을까?

바로 이 점과 관련해서 명심해야 할 주제는 하나님 나라와 죽음의 관계다. 중생을 말하는 가운데 어느 정도 암시되어 있지만, 영생 곧 거듭남을 통해 얻는 생명은 죽음과 무관하지 않다. 다시 말해 하나님 나라는 이생에서 누리든 부활 후에 누리든 죽음과 결코 무관하지 않다. 이 땅에 임하는 하나님 나라에 들어가는 것, 곧 하나님의 통치가 내게 나타나는 것은 세상 나라의 통치를 내려놓음으로써 가능하다. 욕망이 죽을 때 비로소 인간은 하나님의 통치를 받는다. 세상을 부정함으로써 얻는 생명이다.

우리가 이 땅에서 예수 그리스도를 통해서 그리고 그 안에서 임하는 하나님 나라를 경험하며 누리지 못하면서 오히려 하나님 나라를 갈망하는 까닭은 우리가 하나님의 통치에 합당한 사람이 못되기 때문이다. 여전히 죄의 세력(욕망)에 매여 사느냐 하나님의 통치에 의탁하느냐 하는 일은 하나님의 독생자 예수 그리스도를 믿느냐와 관계한다. 믿음으로 성령의 소욕이 육체의 소욕을 이기기 때문이다.

또한 믿는 자들이 하나님 나라를 경험하면서 그 은혜를 누리지 못하고 오히려 하나님 나라를 갈망하는 까닭은 이 땅에서 그와 함께 죽고 그와 함께 부활하는 경험을 하지 못했기 때문이다. 이 땅에서 하나님 나라는 성령의 소욕에 따를 때 비로소 들어갈 수 있다. 하나님 나라의 실재를 믿지 않거나 그 나라를 제대로 알지 못하기 때문에 우리는 우리 자신의 욕심을 죽이는 일, 곧 육신의 욕망을 십자가에 못 박는 일을 두려워한다.

하나님 나라는 내가 죽고 새로운 생명으로 거듭나는 그곳에서 이루어진다. 화려함이나 번영이 아니다. 중생한 자는 몸의 부활과 함께 영원한 생명을 누린다. 하나님의 영원한 통치를 받는 백성이 된다. 이에 비해 죽지 않는 자는 하나님의 다스림을 심판으로 경험하며, 기쁨과 평안과 행복과 구원을 갈망하면서도 하나님의 다스림을 거부하는 모순된 삶의 굴레에서 벗어나지 못한다. 지옥이 따로 없다.

묵상과 토의를 위한 질문

- 하나님 나라의 본질은 무엇인가?

- 하나님 나라와 고난의 상관관계를 생각해 보자.

하나님 나라 2
: 하나님이 스스로 세우시는 나라

하나님 나라를 말할 때 자주 듣는 말이 있다. '하나님 나라를 확장하여 이 땅에 하나님 나라를 세운다'는 표현이다. 어려서부터 들어온 말이라 아무 의심 없이 사용했을 것이다. 그런데 만일 이 말이 하나님 나라가 인간의 헌신을 매개로 확장되고 또 세워진다는 의미라면, 이 말은 신학적으로 옳지 않다. 왜 그런지 살펴보자.

3인칭
명령

먼저 이 말은 예수께서 가르쳐 주신 기도에 나오는 '아버지의 나라가 오게 하시며'라는 표현과 일치하지 않는다. 헬라어로 이 말은 3인칭 명령형으로 되어 있다. 직역한다면, '(기도를 들으시는 하나님이여) 당신의 나라가 임하게 하소서'이다. 이 말을 의역한다면, '아버지께서 스스로 당신의 나라가 임하도록 하소서'라는 뜻이다. 즉 하나님 나라가 이 땅에 나타나도록 하는 주체는 하나님이다. 하나님 스스로 하나님 나라를 이루심을 의미한다. 하나님 나라는 인간에 의해 세워지지 않고 하나님이 오심으로 그 모습이 나타난다. 따라서 하나님 나라를 확장하거나 하나님 나라를 이 땅에 세우는 일은 결코 사람의 몫이 아니다. 오히려 하나님 나라는 완성된 상태로 임한다. 하나님 나라는 계시다.

인간이 세우는 나라는
갈등을 피하지 못한다

둘째는 인간이 하나님 나라를 세우거나 혹은 확장하려 할 때마다 흔히 나타나는 현상은 갈등이다. 하나님 나라에 대한 이해가 사람마다 다르다 보니, 어떤 사람은 이것이라고 하고, 어떤 사람은 저것이라고 주장한다. 이곳에 있다고 하고 저곳에 있다고도 한다. 정치적인 참여를 통해 하나님 나라를 이루려는 사람이 있는가 하면, 교회의 행위와 복음 전파를 통해 하나님 나라를 확장하려는 사람이 있다. 하나님 나라에 대한 이해가 다르니 하나님 나라를 위한 노력 역시 달라질 수밖에 없다. 서로 다른 이해 중에 무엇이 옳고 그른지를 따져야 할 텐데, 자신의 판단이 옳다고 주장하기 위해 기준을 제시하려는 노력은 종종 더 큰 차이와 극심한 갈등을 유발한다. 문제를 해결할 단서를 발견하지 못하다보니 결국 하나님 나라에 대한 상이하고 심지어 상반된 이해 때문에 교회는 갈등을 넘어 분열하는 가슴 아픈 현실을 경험하기도 한다.

아이러니하게 이 땅의 그리스도인들은 하나님 나라 때문에 서로 갈등하고 분열한다. 또한 하나님 나라 때문에 세상과 교회가 갈등하는데, 왜냐하면 교회는 하나님 나라에 천착하여 세상에 대해 자신을 주장하고, 사회는 이 땅의 원리에 따라 구성되기 때문이다. 이런 갈등은 인간의 무지와 욕망의 상승작용 때문이라고 볼 수 있다. 왜냐하면 한편으로는 하나님의 다스림을 알지 못할 뿐만 아니라 인정하려 하지 않기 때문이고, 다른 한편으로는 하나님 나라를 핑계로 자신의 뜻을 관철시키려는 욕망이 작용하기 때문이다.

그렇더라도 문제는 진정 무엇일까? '하나님 나라와 인간의 노력'에 대한 이해에 문제가 있다. 인간이 자신의 생각이 정당함을 나타내기 위해 하나님 나라로 투사시켜 생각한 결과다. 다시 말해서 하나님 나라는 하나님이 통치하시는 곳이고, 인간은 다만 하나님 나라가 자신에게 이루어지도록 하나님의 말씀에 순종하면서 경험할 뿐이다. 인간은 순종할 뿐이고, 하나님은 주권적인 뜻에 따라 인간의 순종을 사용하여 당신의 나라를 세우신다. 이것을 모르는 것은 아니지만, 단지 언어적인 관습에 따라 '하나님 나라의 확장'이니 '하나님 나라를 세운다'고 표현한 것이라 생각한다. 만일 그렇지 않고 실제로 인간이 하나님 나라를 확장할 수 있고 또 세울 수 있다고 생각한다면, 제국주의적인 발상이며 19세기 독일 자유주의 신학의 주장과 다르지 않으며 또한 문화개신교주의(Kulturprotestantismus)가 겪었던 것과 똑같은 운명을 맞게 될 것이다.

하나님 나라가 언제 임할지 모르고, 이곳 혹은 저곳에 있다고 말할 수 없다는 예수님의 말씀은 하나님 나라와 인간의 노력의 상관관계를 이해하는 데에 매우 중요한 단서다. 곧 하나님의 통치는 인간의 기준에 따르지 않는다. 수고와 헌신의 결과로 얻은 것을 두고 '이것이 하나님 나라다'라고 말할 수 있는 가능성이 인간에게는 처음부터 배제되어 있다. 인간의 꿈이 이루어지면, 하나님 나라가 세워질 것이라고도 말할 수 없다. 인류 모두가 공유하는 이념이 실현되었다 해도, 그것을 두고 하나님 나라라고 말할 수 없다는 말이다. 하나님의 약속을 신뢰하고, 그 약속을 인간이 이루려 노력한다고 해서 성취될 나라도 아니다. 하나님 나라는 하나님이 다스리는 나라다. 하나님이 예수 그리스도를 통해 또 성령 안에서 세상 가운데 임재하시면서 하나님 나라의 모습은 나타난다.

하나님 나라는 멀리 있지 않고 너희(신앙공동체) 가운데 있다는 말씀도 마찬가지로 중요한 단서다. 하나님의 통치를 인정하는 곳에서는 이미 선취(先取)된 형태로 하나님 나라를 경험할 수 있다. 우리가 주의 이름으로 모이고 그곳에서 하나님의 통치에 순종하는 삶을 실천하면, 우리는 부지중에 하나님 나라를 경험한다. 하나님이 다스리시고 계심을 고백할 수 있다.

순종과 신뢰
그리고 하나님 나라

한편, 앞서 언급한 우리에게 익숙해 있는 표현을 쉽게 포기할 수 없다면, 그 말을 이렇게 이해하면 된다. '그리스도인은 하나님의 통치가 세상 가운데 나타나도록 순종을 통해 노력하지만, 하나님 나라를 세우시는 분은 하나님'이라고 말이다. 이렇게 되면, 사람은 다만 하나님의 통치를 세상 가운데 나타내기 위해 말씀에 순종하며 노력할 뿐, 그 나라가 모습을 드러내고 이 땅에 세워지는 것은 오직 하나님에게만 달려 있다는 의미로 이해된다. 그리스도인이 먼저 순종을 통해 하나님의 통치를 받는 삶을 살 뿐만 아니라 또한 복음을 전하면서 그것의 의미와 가치를 설득하면, 하나님은 우리 가운데 하나님 나라를 임하게 하신다. 세상에서 하나님 나라는 마지막 날에 온전히 나타나기까지 결코 지속적이지 않고 언제나 일시적이다. 이렇게 되면 누구도 '이것이 하나님 나라다.' 혹은 '저것이 하나님 나라다.'라고 주장할 수 없다. 나타났다가도 사라지고, 하나님 나라 안에 있는 것 같으면서도 어느 순간 밖에 있는 우리 자신을 발견한다. 현존을 경험하며 기쁨에 충만하다가도 부재하여 마치 광야에 있는 것 같은 느낌을 받는다. 칼 바르트는 이를 두고 원과 직선이 만나는 접점과 같다고 했다. 순간적이다. 하나님 나라는 다만 순종하고 신뢰하는 자에 의해 발견되고 경험될 뿐이다.

회개와
하나님 나라

그렇다면 이 땅에 임하는 하나님 나라를 인식할 수 있는 사람은 누구이며 또한 은혜로 들어가게 된 하나님 나라에 오래 머물 수 있는 조건은 무엇일까? 예수님의 첫 번째 선포를 보자.

마태복음 4장 17절 회개하라, 천국이 가까이 왔느니라.

회개가 천국에 들어가기 위한 필수조건은 아니다. 회개가 필요하지 않다는 말은 아니고 다만 천국이 회개하는 자만 들어갈 수 있는 곳이 아니라는 말이다. 천국은 하나님이 다스리는 나라다. 그러니 누가 그곳에 들어갈수 있고, 누가 들어갈 수 없는지, 인간으로서는 알 방법이 없다. 그러나 예수님은 "회개하라 천국이 가까이 왔다"고 말씀하심으로써 회개와 천국이 전혀무관하지 않음을 분명히 말씀하셨다.

이 말을 크게 두 가지 의미로 생각해 볼 수 있다. 하나는 천국 백성으로부름 받았으니 그에 합당한 사람이 되기 위해 회개하라는 것이고, 다른 하나는 예수님의 등장과 더불어 나타난 천국을 식별할 수 있도록 회개하라는 말이다. 회개하는 자만 예수 그리스도를 통해 임하는 천국을 알아볼 수 있고, 회개하는 자만 천국 백성으로서 천국에 오래 머물 수 있다는 말이다.

이것을 좀 더 자세하게 살펴보자. 먼저 이런 질문을 생각해 보자. 예수님이 오심으로 세상 가운데 드러난 천국을 도대체 누가 알아볼 수 있을까? 예수님은 천국이 어떤 곳인지를 나타내 보여 주셨다. 그래서 예수님은 말씀하셨다. "회개하라, 천국이 가까이 왔느니라." 예수 그리스도를 통해 분명하게 드러난 하나님 나라를 식별할 수 있는 사람이 있다면 오직 회개하는 자라는 말이다. 어둠에서 빛으로 나오는 사람, 진노의 자녀로서 은혜 밖에 있는사람이 죄 용서의 은혜를 감사함으로 받아들일 때 곧 회개하는 자만 예수님과 함께 이 땅에 임하는 천국을 알아볼 수 있다. 예수님 당시에는 매우 제한된 범위의 사람만이 인식할 수 있었다. 그러나 회개하지 않은 다수의 사람들에 의해 예수님은 죽임을 당했다. 회개하지 않는 자는 세상에서 예수 그리스도를 통해 나타난 하나님 나라를 식별하지 못할 뿐만 아니라 오히려 그와 적대적인 관계를 갖는다. 하나님의 영광을 싫어하고 하나님의 영광이 나타나면 오히려 그것을 제거하려 한다. 왜냐하면 하나님의 영광이 나타나면 자신들이 어떠한 죄인인지가 분명하게 폭로되기 때문이다. 어둠은 빛을 싫어한다. 이에 반해 예수 그리스도를 통해 하나님 나라를 볼 수 있는 사람은 은혜 위에 은혜를 누린다. 죄 용서의 은혜를 받을 뿐만 아니라 또한 하나님 나라의 백성으로서 은혜를 누린다.

회개의 또 다른 의미를 말한다면, 회개는 예수 그리스도와 함께 이 땅에 임하는 천국에 머물 수 있는 조건이다. 다시 말해서 영원한 천국, 그곳은 마지막 날에 임할 것이지만, 지금 우리가 살고 있는 이곳에 임하는 하나님 나라에 오래 머물 수 있는 사람은 회개하는 사람이다.

좀 더 쉽게 말하면 이렇다. 우리는 하루에도 여러 번 천국과 지옥을 경험한다. 천국에 있는 것 같다가도 어느새 지옥 같은 시간들을 보낸다. 그러다가도 뜻하지 않게 다시금 천국을 경험하며 구원의 기쁨을 갖는다. 그것이 다가 아니다. 금방 뒤따르는 지옥 같은 시간들을 또 경험한다. 세상사는 동안 이런 변화는 끊이지 않는다. 천국과 지옥을 수시로 드나드는 일은 왜 일어나는 것일까? 도대체 이런 변화를 결정하는 것은 무엇일까? 무엇이 우리가 경험하는 현실을 천국과 지옥으로 경험하게 하는 것일까?

이런 질문에 대한 대답으로 나오는 것이 회개다. 회개하는 자만이 앞서 말한 대로 우리의 평범한 일상에 임하시는 하나님 나라를 알아볼 뿐만 아니라 회개하는 마음으로 살아가는 자만 천국을 오랫동안 경험한다. 어디에 있든, 무엇을 하든, 누구와 있든 하나님의 다스림을 경험한다.

회개는 하나님의 용서를 받은 자가 그에 합당한 반응을 하는 것 가운데 하나다. 은혜를 받고 비로소 자신이 어떤 존재인지를 깨닫고, 그것 때문에 일어난 일들로 애통해하고, 다시는 반복하지 않기를 결심하면서 돌아서는 것, 이런 반응을 보이는 것이 회개다. 회개하는 자는 자신의 것을 버린 후에 오직 은혜로 살기 때문에 세상을 내 것으로 생각하지 않는다. 물질과 지식을 내 것으로 생각하지 않는다. 은혜로 받고 또 누리는 것이기 때문이다.

회개하는 자에게 나타나는 변화가 있다면, 세상이 내 것이 아니라 하나님의 것임을 인정하며 사는 것이다. 내가 사는 것이 내가 아니라 예수 그리스도께서 내 안에 사시는 것임을 인정한다. 모든 것이 하나님께로부터 왔음을 인정하고 범사에 감사한다. 용서 받은 죄인이니 당연히 나보다 남을 더 낮게 여긴다. 그리스도와 함께 십자가에 못 박혀 죽었다고 믿으니 타인에 대해 더 이상 자신을 주장하지 않는다. 이기적이지 않다. 이런 마음을 갖고 사는 사람이라면 어디에 있든, 누구를 만나든, 어떤 일을 하든, 그곳이 곧 천국이다. 하나님이 모든 것을 다스리신다고 생각하니 당연한 결과다.

그러나 은혜를 받았으면서도 은혜에 적합하게 반응하지 못하는 사람, 그중에 회개하지 않는 사람은 궁궐에서 지내든, 존경받는 자리에 있든, 수입이 얼마나 되며, 직위가 어떠한지와 무관하게 그 삶이 지옥과 다르지 않다. 왜냐하면 회개하지 않는다 함은 그 자체로써 이미 하나님 나라를 알지 못한다는 것, 설령 안다 해도 하나님의 다스림을 인정하지 않는다는 것을 의미하기 때문이다. 하나님의 다스림을 인정하지 않는 곳이 바로 지옥이다. 아무리 잘 살아도 하나님이 없으면 지옥에서 사는 것이다. 아무리 높고 또 강력한 권력을 가졌어도 하나님 없으면 그곳은 지옥이다. 아무리 행복한 듯이 보여도 하나님이 없으면 그곳은 지옥이다. 회개에 합당한 열매를 맺지 못하는 것, 그 자체가 이미 천국에서 벗어나 있는 것이다.

이처럼 사람이 천국에 머물러 있다가도 내쫓기기도 하는 일은 성경의 비유에서 자주 등장한다. 한 번 천국 백성이면 영원한 천국 백성이 되는 게 아니라는 말이다. 이 말은 적어도 이 세상에서는 유효하다. 다시 말해서 온전한 하나님 나라가 임하기까지 이 땅에 임하는 천국은 수시로 옮겨진다. 임했다가도 사라지고, 천국 백성이 되었다가도 내쫓기기도 한다. 그래서 사도 바울은 구원을 온전히 이루라고 말했고, 예수님은 천국은 침노하는 자의 것이라고 했다. 이 말은 종말론적인 의미에서 말하는 하나님 나라가 아니다. 이 땅에 임하는 하나님 나라의 경우에서 그렇다는 말이다.

하나님 나라에 대한 오해는
욕망이 원하는 것

다시 처음으로 돌아가 보자. 하나님 나라는 하나님이 통치하시는 곳이다. 하나님의 뜻과 말씀이 현실로 나타나는 곳이다. 사람의 힘으로 확장할 수도 없고 또 세울 수도 없다. 이런 의미를 모르진 않았을 텐데, 어찌해서 '하나님 나라의 확장'이나 '하나님 나라를 세운다'는 표현을 사용하게 되었을까? 언어적인 표현이 보통은 이해의 정도를 반영하지만, 프로이드(Sigmund Freud)는 정신분석 임상사례를 통해 언어가 무의식을 반영할 수도 있다고 주장했다. 혹시 하나님 나라에 대한 관습적인 표현을 통해 인간의 욕망을 알 만한 것을 찾을 수 있을까? 하나님 나라를 빌미로 인간의 나라를 공고히 하려는 욕망은 아닐까? 교회 구성과 운영에 자신의 철학을 관철시키려는 숨은 의도는 없을까? 제국주의적인 신앙관이 우리 신앙에 침투한 것은 아닐까? 만일 그렇다면 이제는 더 이상 관용적인 표현이라고만 여길 수 없다. 신학적으로 오해의 소지가 많을 뿐만 아니라 인간의 잘못된 욕망을 드러내는 언어는 더 이상 사용하지 않아야 할 것이다.

그리스도인은 하나님 나라의 임재를 소망하며 다만 하나님 말씀에 순종하며 살뿐이다. 하나님 나라를 이루기 위해서도 아니고, 그 나라를 확장하기 위해서도 아니다. 이 일은 하나님이 하시는 일이고, 그리스도인은 다만 말씀에 순종하고 약속의 성취를 기대하면서 하나님의 뜻이 자신에게 일어나게 하고 또 나를 통해 나타나는 하나님 나라의 현실을 사람들로 보게 하고 경험하게 하면서 예수 그리스도의 오심을 소망하는 가운데 하루하루 힘든 삶을 인내하며 살아갈 뿐이다. 그 나라를 오게 하시는 분은, 예수님이 가르쳐 주신 기도에 나와 있듯이, 오직 하나님이다.

묵상과 토의를 위한 질문

· 하나님 나라가 인간의 과제가 될 때 어떤 일이 일어나는가?

· 하나님 나라와 관련해서 바른 태도는 무엇인가?

하나님 나라 3
: 세상을 변혁하는 힘

예수님 당시에 유대인들은 하나님 나라가 하나님이 율법을 통해 통치하시는 곳으로 알고 있었다. 하나님의 통치를 받는다는 사실을 율법을 지킴으로써 확인했던 것이다. 그들이 그토록 율법에 집착하고 또 율법을 지킴으로써 의인으로 인정받으려 한 까닭은 그들이 영생을 얻고자 했기 때문이다. 그런데 예수님은 놀랍게도 하나님 나라가 임했다고 선포하였다. 이 말을 들은 유대인들은 어떻게 생각했을까? 유대인들의 하나님 나라와 예수님의 복음을 통해 선포되는 하나님 나라의 차이는 무엇일까?

하나님 나라는 세상을 전제한 개념이다. 세상을 전제하지 않고 하나님 나라를 말할 수 없다. 그렇다고 포이에르바흐(Ludwig Feuerbach)가 말하듯이, 이상적인 세상을 투사하여 얻은 결과물에 불과한 허구적인 나라는 아니다. 혹은 토마스 모어(Thomas More)가 말한 유토피아와도 같지 않다. 순서로 따지면 하나님 나라가 앞서고, 세상은 하나님의 피조물이다. 하나님 나라가 세상을 전제한다 함은 인식의 관점에서 그렇다는 말이다. 하나님 나라에 대한 인간의 경험과 인식은 언제나 세상에 대한 경험 및 인식과 결합되어 있다. 그렇지 않고는 하나님 나라를 경험할 수도 없고 또 인식할 수도 없다.

세상을 하나님 나라로 변화시킬 목적을 갖고 사는 것을 그리스도인의 과제로 보는 사람이 있다. 앞서 말했지만, 이것은 옳지 않다. 하나님 나라는 결코 세상의 미래가 아니다. 하나님 나라는 세상 가운데 존재할 뿐만 아니라 세상으로부터 독립하여 존재한다. 하나님 나라는 세상을 심판하면서도 그 가운데 임하는 나라이지, 인간의 노력과 투쟁으로 건설되어 세워지는 나라가 아니다. 하나님이 임하심으로 존재하기 때문에 아무리 태평천국이라 해도 그곳을 하나님 나라와 동일시할 수 없다. 이런 점에서 독립해 있다. 오히려 하나님 나라의 도래는 세상에 대한 심판이다. 하나님 나라는 세상과의 관계에서 그것을 변혁하는 힘으로 작용한다. 그 힘의 나타남과 작용은 한편으로는 돌연히 드러나지만 다른 한편으로는 결코 중단되지 않는다.

인간은 예수 그리스도 안에 있을 때 성령의 역사로 세상에서 하나님 나라를 경험한다. 양자는 서로 묘한 관계로 드러난다. 세상이 인간으로 하여금 하나님 나라를 경험하지 못하게 하는가 하면, 하나님 나라는 피조물인 세상을 재구성한다. 달리 말해서 변혁하며 새롭게 창조한다. 어떻게 이런 일이 일어날까?

먼저 양자는 서로 상관하고 있으면서도 결코 동시에 경험되지 않는다. 하나가 나타나면 다른 하나는 사라진다. 세상은 지속하는 듯이 보이지만 결코 영원하지 않다. 하나님 나라는 세상에 임하면서 또한 사라진다. 하나님 나라 역시 마지막 때가 오기까지는 영원히 지속하지 않는다. 일시적이다. 창발적(사건의 전후관계를 충분히 설명할 수 없는 새로운 방식)으로 모습을 드러내지만, 세상이 힘을 얻으면 이내 보이지 않는다.

양자의 관계에서 부침을 일으키는 변수는 하나님 자신이다. 하나님은 당신이 머물고 또 다스리는 공간으로 세상을 취하시고 또 세상을 섭리 가운데 다스리는 주체이지만, 마지막 때까지는 인간에게 세상을 위임하셨다. 그럼에도 하나님 나라는 하나님의 뜻에 따라 임한다. 결코 인간의 뜻에 좌우되지 않는다. 따라서 하나님 나라가 세상에서 부재한다기보다는 인간이 그렇게 경험할 뿐이다. 하나님은 한결 같으시고, 하나님 나라는 늘 존재하지만, 마치 하나님 나라가 있다가도 없고 또 없다가도 있는 듯이 만드는 요인은 인간 자신이다.

세상에서 하나님 나라의 부재를 경험하도록 하는 주요 요인은 인간의 욕망이다. 더 나아지려고 하고, 더 많이 알려고 하고, 더 많이 소유하려고 하고, 또 더 높아지려고 하는 욕망은 하나님 나라를 볼 수 없게 한다. 욕망은 자신을 중심에 두려는 인간 본질의 표현형이다. 인간이 자신을 중심에 두면 하나님 나라는 비록 현존한다 해도 보이지 않는다. 욕망에 사로잡히면 인간은 자기가 보고 싶은 것만을 보고, 자기가 듣고 싶은 것만을 듣기 때문에 하나님 나라가 나타난다 해도 경험하지도 인식하지도 못한다. 그러나 하나님 나라가 나타나면 세상은 변형과 재구성의 과정을 겪는다. 개혁신학에서는 이것을 변혁(transformation)이라는 말로 표현한다. 개인적인 측면에서는 회개라 말할 수 있다. 하나님 나라의 도래는 우발적이라 예측할 수 없고, 하나님의 주권적인 행위에 따른 것이기 때문에 인간의 노력으로는 결코 이를 수 없다.

인간이 세상에서 또 다른 세계를 볼 때, 사람들은 이것을 가능하게 하는 힘을 창의성이라고 한다. 창의력을 통해 인간은 보통 자신의 욕망과 통찰력을 통해 세상에서 중첩되어 있는 또 다른 세상을 보고 또 그것을 현실로 옮겨 놓는다. 이에 비해 그리스도인은 비록 세상에 있으나 하나님 나라를 경험하며 산다. 하나님 나라는 세상과 중첩되어 존재하지 않고 수시로 도래하는 세상이고, 비록 일시적이라 해도 그것을 반복적으로 경험하면서 새로운 세상을 경험하고 또 재구성한다. 하나님 나라에 따라 세상을 재구성하는 것과 인간의 욕망에 따라 세상을 재구성하는 것은 다르다. 하나님 나라는 하나님의 뜻에 따르며, 타자의 유익과 모두의 유익을 지향하고, 나보다 남을 더 낫게 여기며, 약자와 부족한 자들을 돕는 삶으로 나타나지만, 세상은 그렇지 않다. 인간의 뜻에 따르고 자신의 유익을 우선한다. 언제나 타자를 이기고 누르고 또 남보다는 자신이 먼저 정상에 오르려고 노력한다.

이런 세상에서 교회는 하나님 나라의 존재를 드러내고 또 하나님 나라의 능력으로 세상을 재구성할 수 있도록 부름 받았고, 그리스도인은 이 일을 위해 특별히 교회로 부름 받은 사람이다. 교회에게는 하나님 나라의 현존은 물론이고 세상을 변혁하는 능력을 나타낼 과제가 주어져 있다. 뿐만 아니라 개인의 차원에서 이 일을 수행할 과제를 받은 사람은 그리스도인이다. 이 일을 위해 성령은 교회와 개인에게 임하시는데, 이런 의미에서 공동체의 일원으로서 성도 개인이 교회이다. 세상에 살면서 하나님 나라를 드러낸다. 세상은 성도를 통해 하나님 나라를 경험한다.

묵상과 토의를 위한 질문

· 하나님 나라와 세상 나라의 차이에 대해 생각해 보자.

· 세상에서 하나님 나라를 말한다는 것은 어떤 의미가 있는가?

하나님 나라 4
: 현실인가? 의미인가?

하나님 나라를 말하면서 가장 먼저 언급되는 것은 예수님의 천국에 관한 비유이다. 예수님은 천국에 관해 말씀하셨고, 또 말씀하실 때마다 비유를 사용하셨다. 따라서 천국에 관한 비유의 의미를 이해하는 것은 천국이 어떤 곳인지를 알 뿐 아니라 또한 이 땅에서 천국 백성의 정체성을 갖고 살아가기 위해 선결해야 할 과제가 된다. 그런데 이런 관습이 가져오는 치명적인 결과는 보이지 않는 세계와 그것의 작용에 대한 말씀의 의미를 깨친 것만으로 마치 천국 백성이라도 된 것인 양 여기는 것이다.

하나님 나라는 의미로서 존재하는 곳일까, 의미를 알면 하나님 나라를 알고 또 하나님 나라의 백성이 되는 것일까? 아니면 하나님 나라는 현실이어서 하나님 나라의 백성이라면 마땅히 경험하며 살아야 하는 곳일까?

마가복음 4장 11절에는 하나님 나라의 비밀에 관한 이야기가 나온다. 씨 뿌리는 자의 비유와 관련해서 그 의미를 물었을 때 하신 말씀이다.

> 이르시되 하나님 나라의 비밀을 너희에게는 주었으나 외인에게는 모든 것을 비유로 하나니.

예수를 따르는 사람에게는 하나님 나라의 비밀을 주셨으나, 그렇지 않은 사람에게는 단지 비유로 말씀하셨다는 말이다. 비유의 의미를 묻는 제자들에게 주신 말씀인 점을 고려한다면 조금 의문이 간다. 제자들 역시 비유의 의미를 알지 못해 물었는데, 그렇다면 제자는 외인과 다르지 않았다는 사실을 폭로한다. 실제로 예수님은 그것을 꾸짖는 말씀을 하셨다(13절).

또 이르시되 너희가 이 비유를 알지 못할진대 어떻게 모든 비유를 알겠느냐.

이 말씀을 깊이 생각해 보면 이런 속뜻을 읽어 볼 수 있다. '너희들은 당연히 알 줄로 알았는데, 모른다고 하니 참 난감하다. 그렇다면 내가 말하는 많은 비유를 어떻게 알 수 있겠느냐?' 예수님은 제자들이 비유를 이해할 수 있을 것을 전제하셨는데, 이는 하나님 나라의 비밀이 그들에게 주어졌기 때문이라고 말씀하셨다. 여기서 말하는 하나님 나라의 비밀이란 무엇일까?

당시 로마의 식민통치를 받고 있던 유대인이 궁금해 하는 것 중에 하나가 하나님 나라에 관한 것이었다. 그 나라는 언제 또 누구에 의해 실현될 것인지 궁금해 했고, 그 나라를 현실로 옮길 수 있는 메시아를 고대했다. 하나님 나라는 어떤 것인지, 누가 이 나라를 세울 것인지, 누가 다스릴 것인지 등을 생각해 본다면 많은 사람에게 하나님 나라는 아직 현실로 나타나지 않았다. 그것은 비밀이었다. 그런데 예수님은 이 비밀이 자신을 따르는 사람에게 주어졌다 혹은 맡겨졌다고 말씀하셨다. 이것은 예수를 따르는 사람은 하나님 나라를 현실로 경험하며 살고 있음을 환기한다. 그런데도 그것의 의미를 물으니 답답해서 책망한 것이다. 예수님을 따르는 사람들은 하나님 나라의 의미를 이해하고, 그 후에 그것을 추구하며 살아가는 것이 아니라는 말이다. 그들에게 하나님 나라는 이미 현실이기 때문에 그 나라의 비밀이 그들에게 주어졌다 혹은 맡겨졌다고 말씀하신 것이다.

이를 이해하기 위해 앞서 제기한 질문을 소환해 보자. 하나님 나라는 현실일까, 그래서 경험이 가능한 것일까, 아니면 의미로 존재하여 그것을 깨달은 사람들에 의해 실현되어야 할 것인가? 이와 관련해서 통찰을 얻을 수 있을 것으로 생각되는 영화를 살펴봄으로써 하나님 나라의 비밀이 믿는 자들의 현실 경험과 밀접한 관련을 갖고 있음을 확인해 보자. 1998년에 개봉되었으나 2018년에 재개봉된 고레에다 히로카즈 감독의 "원더풀 라이프"다.

살아 있는 동안 영생의 삶을 구체화시키려는 것은 유토피아를 꿈꾸는 일이다. 유한이 무한을 결코 포함하지 못할 뿐 아니라, 영생의 삶은 이생의 삶과 비교할 때 차원이 다른 세계이기 때문이다. 낮은 차원의 세계에 있으면서 상위 차원의 세계를 생각할 수 없는 것과 같다. 그럼에도 인간은 생각하기를 결코 포기하지 않았는데, 비록 구체화시킬 수는 없다 해도 각종 이미지를 동원하여 상상함으로써 영생의 삶에 대한 궁금증을 풀어 보려 노력했다. 특히 영화는 시청각 이미지를 통해 보이는 현실을 다시 보게 할 뿐 아니라 현실을 재구성하여 새롭게 보게 하며 또한 보이지 않는 세계를 가시화시키는 일에서 매우 뛰어난 능력을 발휘하였다. 이제는 심지어 특수입체영상기술로 영화적인 현실을 가상 체험할 수도 있다.

이런 질문을 생각해 보자. 만일 죽은 후의 삶에 관한 질문을 받는다면, 사람들은 어떤 삶을 꿈꿀까? 사람이 생각하는 미래나 불현듯 떠올려지는 지난 과거는 대개 하나의 이미지로 형상화된다. 과거와 미래는 실재가 아니라 이미지다. 그렇다면 죽은 후의 삶은 어떤 이미지로 형상화될까? 죽음을 떠올리는 것은 쉽지 않은 일이나, 그렇다고 터무니없는 일은 아니고, 충분히 그럴 가치와 의미가 있는 일이라고 생각한다. 왜냐하면 죽음 후의 삶을 상상하는 것은 현실과 이생에 대한 사람의 태도에 큰 영향을 미치기 때문이다.

그러나 실제로 임사체험을 해 보지 않는다면 쉽게 대답할 수 없는 질문임에는 분명하다. 그럼에도 앞서 말했듯이 인간은 이미지를 통해 대답을 시도했다. 예컨대 영화 "신과 함께(김용화, 2017)", "코코(리 언크리치, 2018)", "원더풀 라이프"를 들 수 있다.

특히 고레에다 히로카즈 감독은 "원더풀 라이프"에서 매우 흥미로운 상상을 영화적으로 표현하였다. 살아 있는 동안 가장 행복한 순간은, 죽은 후 49일을 보내면서 기억해 낼 수 있는 한, 사후 세계에서 현실이 될 것이라는 상상이다. 인생에서 가장 행복한 순간은, 만일 잊히지 않는다면 사후세계에서 새로운 삶으로 재현된다 함이다. 이렇게 되면 사후세계는 현실에서 가장 행복한 순간의 재현 혹은 연장으로 이해된다.

엄밀히 말해서 죽은 자에 대한 어떤 형태의 이야기는 살아 있는 자를 위한 내러티브다. "코코"와 "신과 함께"에서 볼 수 있듯이 교훈을 위한 것이든 아니면 경고를 위한 것이든 살아 있는 자에게 유익을 줄 목적을 지닌 이야기로 재구성된다. 이에 따르면 영화에서 말하는 '죽은 자의 기억'은 엄밀히 말해서 죽은 자에 대한 살아 있는 자의 기억이 아닐지 싶다. 살아 있는 자가 죽은 자의 가장 행복한 순간을 기억해 주는 조건에서 죽은 자는 가장 행복한 삶을 사는 것이라 함이다. 따라서 망자의 기억과 사후세계에 관한 이야기가 아니라 사실 살아남아 있는 자와 그들의 현실에 대한 올바른 태도에 관해 교훈을 주는 이야기다. 다시 말해서 살아 있는 자는 어떤 태도로 살아가야 하며, 또한 살아 있는 자가 죽은 자를 어떤 방식으로 추모해야 할 것인지를 시사한다. 한편으로는 살아 있는 한 행복한 삶을 추구해야 할 것을 강조하면서, 다른 한편으로는 망자가 어떤 삶을 살았느냐와 상관없이 망자의 가장 행복했던 순간을 기억해내고 또 그것을 영원히 추모할 때, 망자는 그런 삶 속에 머물러 있을 수 있다는 사실을 환기한다.

영화는 불교적인 세계관을 전제하고 있어서 기독교인으로서 수용하기 어렵지만, 이런 상상은 영생의 삶에 대한 기독교인의 상상에 매우 의미 있는 통찰을 준다. 예컨대 앞서 제기한 영생의 삶이 어떠할 것인가 하는 것이다. 필자가 영생의 삶을 사후의 삶과 동일시하지 않았다는 사실을 주지하기 바란다. 영생의 삶은 이 땅에서 선취하여 경험할 수 있을 뿐 아니라 또한, 비록 그것이 어떤 모습일지는 상상하기 어렵지만, 하나님의 약속에 근거하여 하나님 나라가 임할 때 확실하게 이루어질 것으로 기대되는 삶이기 때문이다. 사후세계로만 이해하는 것은 성경적으로나 신학적으로 옳지 않다. 오히려 '부활세계'가 더 적합하다.

　　이런 생각을 해 보자. 하나님과 함께 영원히 산다는 것은 어떤 모습의 삶일까? 시편 기자는 하나님의 집에 영원히 거하기를 기대하는 기쁨을 노래한 바 있다(시 23:6). 하나님의 집에서는 예배와 찬양과 경배가 끊이질 않을 것이라는 사실은 주지의 사실이나, 그런 삶이 실제로 어떤 느낌을 줄 것인지는 경험해 보지 않은 사람이라면 결코 알 수 없다. 다시 말해서 부활 후 승천하여 하나님 우편에 앉아 계신 예수 그리스도 이외의 누구도 그것이 어떠함을 말할 수 없다. 그렇다면 전혀 불가능한 일일까? 바로 이런 질문과 관련해서 현실에서 선취(先取)하는 하나님 나라에 대한 경험은 영생의 삶을 상상하는 일에 매우 큰 도움을 준다.

　　한편, 세상 사람이 기대하고 또 말하듯이 기독교에서는 인생에서 최고의 행복한 순간이 영생의 삶에서 재현되리라고는 결코 생각하지 않는다. 믿음이 없는 사람들은 이생에서 하나님 없는 행복한 삶을 누렸기 때문이다. 그런데 만일 기독교인이 하나님 나라를 선취하여 경험하였다면, 그는 그 경험이 영생의 삶에서 재현될 것을 기대할 것이다. 이렇게 되면, 곧 귀납적 외삽법(inductive extrapolation)에 따른 추리에 따르면, 이생에서 하나님 나라를 더 자주 또 더욱 다양하게 경험하면 할수록 장차 임할 하나님 나라에서 기대되는 삶은 더욱 풍성해질 것이다.

　　예컨대 하나님 나라의 경험을 교회에만 제한한다면, 영생의 삶은 언제나 예배와 찬양과 성도 간의 교제에만 제한될 것이다. 이에 비해 교회를 넘어 일상에서 하나님 나라를 경험한다면, 영생의 삶에 대한 기대는 더욱 다양해지고 또 더욱 풍성해질 것이다. 그러므로 신앙생활의 관건은 이생에서 하나님 나라의 오심을 더욱 자주 또 더 다양하게 경험하는 것이라 말할 수 있다. 이 땅에서 살면서 우리가 왜 교회에서와 일상에서 하나님을 자주 예배하고 찬양해야 하는지 그리고 왜 자주 기도해야 하는지는 바로 이런 이유로 설명할 수 있다.

하나님 나라를 선취하여 경험한 것이 장차 임할 아버지의 나라에서 재현되리라는 것은 예수님의 마지막 만찬의 말씀에 근거해서 말할 수 있다(마 26:29). 제자들과 마지막 만찬에서 예수님은 이렇게 말씀하셨다.

그러나 너희에게 이르노니 내가 포도나무에서 난 것을 이제부터 내 아버지의 나라에서 새것으로 너희와 함께 마시는 날까지 마시지 아니하리라….

제자들과의 마지막 만찬은 아버지의 나라에서 새로운 모습으로 재현될 것이라는 뜻이다. 예수 그리스도는 부활을 통해 이 땅에서 하나님 나라를 선취하여 경험할 수 있는 가능성을 열어 주었다. 이에 따라 우리가 하나님 나라를 선취하여 경험하면 할수록 영생의 삶은 더욱 풍성해질 것이다. 이런 삶은 이 땅에서는 물론이고 하나님의 약속에 따라 임하시는 하나님 나라에서도 더욱 새롭고 또 풍성하게 재현될 것이다.

이뿐 아니라 우리가 이 땅에서 어떤 모습으로 살든 마지막 심판 이후에 정의롭게 회복되어 재현될 것이라는 의미의 비유도 있다. 부자와 나사로의 비유가 대표적이다. 이생에서 부자는 호화스런 삶을 살았으나 가난한 자들을 돌보지 않았고, 나사로는 가난했지만 하나님의 도움을 의지하며 살았다,

그들이 죽은 후에 상황은 역전되어 나사로는 아브라함의 품에 안기고, 부자는 지옥에서 고통의 삶을 살게 되었다는 말이다.

양과 염소의 비유(마 25:36ff)도 마찬가지 맥락에서 이해할 수 있다. 이 땅에서 비록 힘들고 심지어 자신의 영혼을 괴롭히는 일이라도 가난하고 헐벗고 굶주리고 옥에 갇힌 자를 돌보며 사는 사람들은 천국에서 영생의 삶을 누리게 될 것이나, 이런 작은 자들을 돌보지 않고 자신의 안위를 위해 살았던 사람들은 오히려 영생의 삶에서 배제되는 삶을 살 것이다.

현실에서 어떤 삶을 사느냐는 것은 장차 임할 하나님 나라에서 어떤 삶을 살 것인지를 반영한다. 현실에서 하나님 나라를 선취하는 삶을 사느냐 아니면 현실에서 세상의 행복을 추구하며 사느냐에 따라 장차 임할 하나님 나라에서 그대로 재현될 것이다. 세상의 행복을 추구하며 살았다면, 하나님의 정의에 따라 재편될 것이며, 하나님 나라를 선취하여 경험하였다면, 그 경험은 하나님 나라에서 더욱 새롭고 풍성하게 재현될 것이다.

하나님 나라는 내가 원한다고 해서 경험할 수 있는 것이 아니라 하나님의 주권에 따라 임하면서 경험된다. 우리가 하나님 나라를 경험하며 살아야 할 이유는 경험을 통해 이 땅에서 하나님의 은총이 어떠하며 또 그 풍성함이 어떠한지를 알 수 있기 때문이다. 하나님 나라가 온전히 임하게 될 때 영원히 지속할 은총을 우리는 대체 무엇을 근거로 소망을 갖고 기대할 수 있을 것인가. 하나님 나라를 선취하여 경험하지 않은 사람에게는 그저 낯선 현상에 불과할 것이다.

예수님을 따르는 사람에게 하나님 나라는 이해해야 할 대상으로 존재하지 않는다. 그것의 의미를 이해하는 것으로 만족할 수도 없다. 하나님 나라는 예수 그리스도 안에서 선취하여 경험될 수 있으며 또한 그를 따르는 삶에서 현실이 된다. 경험하는 자에게 하나님 나라는 다른 사람이 알 수 없는 것이며, 예수님은 이를 두고 '비밀'이란 표현을 사용하셨다고 생각한다. 비밀을 갖고 있는 사람에게 관건은 하나님 나라의 의미를 이해하는 것이 아니라 하나님 나라를 경험하면서 현실을 보고 인정하며 받아들이는 것이다. 제자들은 예수님을 따르면서 하나님 나라를 누릴 수 있도록 허락되었지만, 그들은 이해하려고 했을 뿐 누리고 있다는 사실을 깨닫지 못했다. 결국 하나님 나라에 대한 비유를 이해하지 못했으며, 이것이 예수님으로부터 꾸짖음을 받은 이유다.

묵상과 토의를 위한 질문

- 하나님 나라는 의미의 나라가 아니고 현실이라고 말할 수 있는 이유는 무엇인가?

- 하나님 나라는 어떻게 현실로 나타나는지를 생각해 보자.

하나님 나라 5

: 들어가는 곳인가? 임하는 곳인가?

하나님 나라를 말할 때 성경의 저자는 몇 개의 표현을 사용하고 있다. '하나님 나라에 들어가다' '하나님 나라를 보다' '하나님 나라가 임하다' '하나님 나라의 유업을 받다' 등이다.

이 중에 '하나님 나라를 보다'는 그 나라에 들어간 후나 그 나라가 임한 후에 일어나는 일이다. 그리고 '하나님 나라를 유업으로 받다'는, 주시는 주체가 하나님이고 인간은 믿음을 통해 그것을 선물로 받는다는 의미를 갖는다. 이것을 제외하면 다른 두 개의 표현 '들어가다'와 '임하다'는 일정한 경계를 두고 서로 상반된 위치를 전제하고 있어 듣는 자들에게 의문을 낳는다. 하나님 나라는 우리가 있는 곳에서 출발하여 들어가야 할 곳인가, 아니면 그 나라는 우리가 있는 곳, 곧 하나님 백성이 있는 곳으로 임하는 것인가?

들어가다

'들어가다'는 이쪽 경계에서 다른 쪽 경계로 넘어가는 것을 말한다. 세상에서 하나님 나라로 가는 것이며, 경우에 따라서는 땅에서 하늘(천국)로 올라가는 상승 운동을 상상할 수 있다. 이에 비해 '임하다'는 다른 쪽 경계에서 이쪽 경계로 오는 것을 말한다. 모두 월경(crossing border)을 전제한다. 하나님 나라가 세상으로 오는 것이며, 하늘에서 땅으로 오는 하강 운동이다. 사실 관점의 차이에서 비롯한 표현의 차이로만 여긴다면 대충 간과할 수 있는 일이지만, 내용을 들여다보면 그렇게 간단하게 넘어갈 일이 아니다. 무엇보다 인간의 이기적이고 안전을 추구하는 심리인 경계짓기의 산물이기 때문이다. 더 나아가면 이원론으로 귀착하는 경우도 있다.

들어가는 것은 인간이 노력을 통해서든 아니면 은혜로든 하나님 나라를 향해 나아가는 운동을 전제한다. 하나님 나라에 들어간다고 말한다면, 이를 위한 일정한 기여로 인간의 노력을 염두에 둔 표현이다. 물론 '은혜로 들어가다'는 말이 있어서 항상 그렇다고 볼 수는 없다. 어쨌든 이렇게 되면 하나님 나라에 합당한 자격을 묻게 되는데, 성경은 그것을 창조주 하나님의 백성이 되어 그분을 신뢰하는 것이며 또한 예수 그리스도를 구주로 믿어 의를 얻는 것이라 말한다. 그리고 성령으로 거듭나고 그분의 인도에 따라 하나님의 뜻에 따라 사는 것을 언급한다. 인간이 볼 때 비록 자격을 갖추지 못한 것 같아도 하나님이 보시기에는 다를 수 있으며, 또한 비록 실제로 하나님의 기준에 미치지 못한다 해도 예수 그리스도의 의를 보시는 하나님은 비록 죄인이라도 예수 그리스도를 믿는다면 은혜로 받아 주신다. 요한복음은 니고데모와 예수님의 대화를 전해 주면서 물과 성령으로 거듭나는 것, 곧 중생을 하나님 나라를 보고 또 그곳에 들어가는 조건으로 제시하고 있다. 인간은 하나님의 생명을 얻을 때에만 하나님 나라를 보고 또 들어갈 수 있다.

임하다

이에 비해 '오는 것' 혹은 '임하는 것'은 순전히 하나님의 주권에 따라 세상에 모습을 나타내는 것을 말한다. 하나님 나라가 임한다 하면, 인간이 불러들이는 것이 아니며 또한 인간이 기여할 것은 없다. 유일한 덕목은 순종하는 삶이며 또한 약속이 성취되어 나타날 때까지 기다리는 인내이다. 그리고 하나님 나라가 임할 때 그것을 받아들이고 볼 수 있으며 또한 기쁨과 감사로 즐길 수 있는 영성이다. 인간 혹은 세상은 그저 하나님 나라가 임하여 작용하는 것을 확인할 수 있을 뿐이다. 하나님 나라가 임하는 것은 사람이나 시간 혹은 장소에 구애받지 않으며, 누구에게 언제 또 어디에 임하느냐 하는 것은 오직 하나님의 주권에 달려 있다. 하나님 나라가 임하면 반드시 그에 따른 작용이 일어난다. 성경은 하나님 나라에 대한 여러 비유와 이미지를 사용하여 하나님 나라와 그 나라의 작용을 표현하였다.

'들어가다'와
'임하다'

성경은 이처럼 서로 상반되는 듯이 보이는 표현을 특별한 구분 없이 모두 사용하고 있다. 내용상 다소 차이를 보이는 것 같지만 엄밀히 말해서 결코 간과해서는 안 되는 긴장을 유발한다. 다시 말해서 어떤 표현을 사용하느냐에 따라 하나님 나라에 대한 태도와 삶의 자세가 달라질 뿐 아니라 심하면 서로 대립할 수도 있다.

이렇듯 서로 다른 표현을, 어떻게 이해해야 서로에 대해 아무런 문제를 느끼지 않고 서로를 받아들일 수 있을까? 표현이 다를 뿐 실상은 같은 의미로 보고 서로 바꾸어 사용할 수 있는 것일까? 아니면 엄밀히 구분하여 사용하여야 할까? 아니면 양자가 서로 함께 작용하는 것일까? 하나님 나라는 우리에게 임하는 나라인가, 아니면 우리가 들어가야 할 곳인가?

만일 성경에서 사용된 표현이 서로 모순이 아니라면, 그것을 다음과 같이 두 가지 방향에서 이해하는 것은 어떨까. 첫째, 믿는 자들에게 '임하는' 하나님 나라에 들어가도록 허락된 사람이 '하나님 나라에 들어간다'고 말하면 어떨까? 이렇게 되면 두 개의 표현은 서로 모순되지 않으며 한 번에 모두 사용될 수 있다.

그러므로 하나님의 주권에 따라 하나님 나라가 하나님의 백성 가운데 임하면, 하나님을 즐거워하며 사는 성도를 지켜보는 사람들(다른 성도를 포함해서)이 하나님 나라의 특권을 함께 누리기 위해 그 나라에 들어가기를 사모할 수 있다. 왜냐하면 그곳은 사랑과 정의와 평화와 기쁨이 가득하며 전혀 새로운 삶(영생)이 있는 곳이기 때문이다.

밖에서 하나님 나라를 보는 사람은 누구라도 그것을 갈망할 수밖에 없으며, 하나님 나라에 들어가려고 노력하는 가운데 그 나라에 합당한 자격, 곧 예수 그리스도에 대한 믿음을 갖기를 사모한다. 하나님 나라가 임해도 모두가 그 나라를 인지하는 것이 아니듯이, 하나님 나라에 들어가기를 원한다고 해서 모두가 들어갈 수 있는 것은 아니다. 성경은 이와 관련해서 하나님 나라에 '합당한 사람'을 말하고 있다. 예수 그리스도를 믿고, 예수 그리스도의 형상으로 사는 사람을 말한다.

그러므로 세상에는 이미 세상 가운데 현존하여 작용하는 하나님 나라를 맛보며 사는 사람들과 그것을 갈망하는 마음으로 바라보는 사람들 그리고 전혀 인정하지 않아 인지하지 못하는 사람이 있다. 하나님의 뜻에 따라 사는 사람들은 그때와 장소를 알 수 없는 방식으로 임하여 작용하는 하나님 나라를 불현듯 경험하고, 그렇지 않은 사람들은 하나님 나라와 그 안에 사는 사람을 보면서 그들이 누리는 복에 참여하기 위해 그곳에 들어가려고 갈망하며 노력한다. 물론 하나님 나라와 무관하게 사는 어리석은(성경에서 이 표현은 하나님이 없는 듯이 사는 사람을 가리킨다) 사람이 있고, 스스로를 하나님 백성으로 여기는 사람이 하나님 나라와 무관하게 살기도 해서 그 나라에 대한 열망을 잠재우는 경우도 있다.

둘째, 이스라엘 백성은 땅을 약속으로 받았다. 그들에게 약속의 땅은 오랜 광야 생활을 거친 후에 들어가 취해야 할 곳이었다. 하나님의 약속에 따라 이스라엘의 기업으로 주어졌지만, 그들은 그곳에 거하는 족속과 싸움을 통해 쟁취한 후에 들어갈 수 있었다. 나라를 잃고 이방인의 나라에 머무는 동안에도 그들은 약속의 땅으로 돌아가는 것을 소망하였다. 약속의 땅을 유업으로 누리며 살기를 소망한 것이다. 이런 맥락에서 그들은 하나님 나라를 말할 때 언제나 약속의 땅과의 관계에서 이해했으며, 실제로 그들에게 약속의 땅은 언제나 들어가야 할 곳이었다. 들어가서 하나님이 주시는 복을 누리며 살 수 있는 곳이었다. 따라서 유대인 기독교인에게 하나님 나라에 들어간다는 표현은 결코 낯설지 않았을 것이다. 이 표현이 주로 마태복음에서 많이 나타나고 있는 것도 다 이런 이유 때문은 아닐까.

이에 비해 예수님의 첫 번째 오심과 관련해서 새로운 현실을 경험한 제자들과 초대 공동체는, 비록 그들의 다수가 유대인 기독교인이었다 하더라도, 하나님 나라가 임한다는 의미에 더 큰 비중을 둔 것으로 보인다. 예수님이 가르쳐 주신 기도에도 '아버지의 나라가 오게 하시며'라고 되어 있다. 예수님을 따르는 자들에게 하나님 나라는 특정 땅이나 공간에 매여 있지 않으며, 오히려 그의 말씀과 뜻에 순종하는 사람에게 그들 가운데 불현듯 임하는 곳으로 이해되었다. 육으로나 혈통으로나 그 무엇으로도 되지 않고 오직 믿음으로만 하나님의 자녀가 될 수 있다는 믿음을 가진 초대공동체에게 하나님 나라는 더는 유대민족에게 고유한 것일 수 없었다. 오히려 하나님 나라는, 예수가 이 땅에 오시고 지상에 계시는 동안에 사역을 행하시며 하나님 나라를 보여 주었듯이, 그렇게 하나님의 뜻과 말씀이 현실이 되는 곳에 임하고 또 성령의 능력에 힘입어 작용하면서 세상 가운데 모습을 드러내는 곳으로 이해되었다. 지혜로운 다섯 처녀 이야기에서 볼 수 있듯이, 믿음 가운데 깨어 기다리는 자만이 불현듯 임하는 하나님 나라에 들어갈 수 있다.

그러므로 하나님 나라에 들어간다는 표현이나 하나님 나라가 임한다는 표현은 서로 모순되지 않고 사용될 수 있다.

이루다?

확장하다?

문제는 오히려 교회에서 자주 들을 수 있는 '하나님 나라를 이루다' 혹은 '하나님 나라를 확장하다'는 표현이다. 주어가 교회나 성도인 경우다. 기도와 설교는 물론이고 기독교인의 일상적인 대화에서 자주 듣는 표현이다. 특히 선교와 관련된 대화나 선교교육 그리고 선교설교에서 자주 사용된다.

이것의 의미는 세상을 하나님 나라로 변화시키다, 혹은 믿는 자들의 숫자를 늘리다, 혹은 교회를 확장하다라고 할 수 있다. 이 말을 단순히 이해한다면, 잘못된 것을 개혁함으로써 하나님의 뜻이 관철되게 하고 또한 믿는 자들의 숫자가 많아지면, 그만큼 하나님 나라는 땅에서 실현되고 또 영역적으로 커진다 함이다. 작은 불씨가 숲을 태우듯이, 겨자씨 하나가 큰 나무로 성장하듯이, 그렇게 하나님 나라는 점점 커진다.

그러나 이것들은 성경적인 표현이 아니며 또한 주의 기도에 나오는 '아버지의 나라가 오게 하시며'라는 표현과도 일치하지 않는다. 단적으로 말해 하나님 나라를 이루다 혹은 확장하다는 표현은 신학적으로 적합하지 않다. 왜냐하면 하나님 나라는 인간에 의해 이루어지거나 성장하는 곳이 아니기 때문이다. 성령으로 임하여 스스로 자라고, 장차 하나님 나라는 완성된 형태로 세상에 임한다. 물론 현실적으로 경험하는 하나님 나라는 온전히 드러나지 않아 마치 인간이 이루어나가고 또 확장하는 듯이 보일 수 있다. 선교를 하는 이유 역시 더 많은 지역의 사람에게 믿음을 전하려는 것이기 때문에 같은 이유에서 하나님 나라를 이루며 또 확장하는 일로 여겨진다.

그러나 이런 이유 때문에 하나님 나라를 이루려 하거나 그 나라를 확장할 것을 과제로 삼게 될 경우, 우리는 우선적으로 우리가 사는 세계를 변혁해야 하며 기독교 세계로 건설해야 한다. 식민주의와 제국주의의 태동에는 이런 논리가 어느 정도 작용하였다. 예수 그리스도를 전하는 일은 예수님의 지상명령으로 대단히 중요하고 또 반드시 실행해야 할 일이지만, 그렇다고 해서 그것을 하나님 나라를 이루며 확장하기 위한 것이라고 생각한다면 문제다.

이런 의미에서 추진되고 있는 대표적인 작업이 소위 '식민지 개척'이며 '성시화 운동(聖市化運動)'인데, 이런 사고와 행동이 갖는 치명적인 오류는 하나님 나라를 인간의 나라로 변형시키는 것이며 또한 하나님 나라를 공간에 매이도록 하는 것이다. 제국주의적인 망령을 낳게 한 생각이다. 하나님 나라는 이곳 혹은 저곳이 아니라 우리들 마음 가운데 있다는 말씀은 하나님 나라를 특정 공간에 매어 둘 수 없다는 사실을 입증한다.

순종하는 자가
경험한다

사도행전 1장 8절에서 예루살렘에서 시작하는 복은 선포가 땅 끝까지 이어질 것이라고 말하면서 지역적인 확장을 말하고 있지만, 그렇다고 해서 이것이 하나님 나라를 확장하는 일을 의미하는 것은 아니다. 복음이 선포된다고 해서 하나님 나라가 임하는 것은 아니다. 하나님 나라는 하나님의 약속이 성취되고, 하나님의 뜻대로 되며, 하나님의 말씀이 현실이 되는 그곳에 불현듯 임함으로써 모습을 드러낸다. 영원이 순간의 세계로 진입한다. 나타났다가도 인간의 욕망이 작용하는 순간 이내 사라진다. 세상에서 하나님 나라를 경험하는 것은 늘 이런 식이다. 순간적이며 일시적이다. 여기 혹은 저기가 아니라 하나님의 말씀이 이루어지는 곳에서 현실이 된다.

관건은 하나님 나라는 하나님의 뜻에 따라 나타나고, 오직 믿고 순종하는 사람들만이 경험하는 곳일 뿐이며, 또한 결코 우리의 소유가 될 수 없는 곳임을 숙지하는 것이다. 우리는 단지 순종할 뿐이며 그 나라가 우리에게 임하느냐 그렇지 않느냐는 오직 하나님의 뜻에 달려 있다. 그뿐 아니라 그 나라를 경험하는 것 역시 오직 성령의 도움을 통해서만 일어난다. 거듭나지 않으면 하나님 나라를 볼 수 없다고 했다. 보아도 알아보지 못하니 보지 못하는 것과 다르지 않다. 들어도 식별하지 못하니 듣지 않는 것과 같다.

하나님 나라에 관해서는 이곳에 있다 혹은 저곳에 있다고 말할 수 없으며, 인간의 기준에 따라 하나님 나라는 이것이다 혹은 저것이라고 단언할 수도 없다. 정의를 위해 투쟁할 수 있으나 그것으로 하나님 나라를 이루려는 노력은 옳지 않다. 죄의 권세와 투쟁하나 그것은 다만 하나님의 약속을 기대하며 행하는 인간의 행위일 뿐이며, 하나님 나라의 임함은 오직 하나님의 주권에 달려 있다. 하나님 나라는 결단코 특정한 사람(목회자나 카리스마를 가진 사람)을 통해 이루어지지 않으며 오직 하나님의 주권에 따라 임한다. 하나님 나라는 단지 그분의 말씀과 뜻에 순종하면서 소망하며 기대할 수 있을 뿐이다. 세상 가운데 임하는 하나님 나라는 우리가 감사할 때 뚜렷하게 보이고, 하나님을 신뢰할 때 밝게 빛난다. 그러나 우리가 염려할 때는 흐려지고, 두려움에 사로잡히면 사라진다.

묵상과 토의를 위한 질문

• 하나님 나라에 '들어가다'와 하나님 나라가 '임하다'의 차이를 정리해 보자.

• 하나님 나라는 왜 확장되는 것이 아니라 임하는 나라로 이해되어야 하는지 토론해 보자.

마을 교회와
마을 목회란 무엇인가?

새로운
패러다임

2017-18년 102회기 대한예수교장로회(통합)의 주제는 "거룩한 교회, 다시 세상 속으로!"이다. 이전 101회기의 주제인 "다시 거룩한 교회로!"와 연이어져 있다. 대사회적인 이미지가 크게 실추된 현실을 겸허히 받아들이고 교회의 4개의 표징(하나된, 거룩한, 보편적인, 사도적인) 중 하나인 거룩함을 회복하자는 취지였다. 일 년이 지난 후 총회는 거룩함을 회복한(?) 교회가 이제는 세상에서 마땅히 해야 할 일을 감당해야 할 것을 자각하고, 그것을 "거룩한 교회, 다시 세상 속으로"라는 주제로 표현했다. 어느 정도 거룩함을 회복했는지에 대한 공식적인 평가는 없어 보이는 현실에서 성급하게 후속조치가 취해진 프로그램이었다.

이 주제는 전국적으로 구체적인 실천운동을 촉발시켰는데, 그 대표적인 것이 마을 교회 혹은 마을 목회이다. 교회의 정체성과 행위를 더는 교회라는 건물에 제한하지 말고 범위를 교회가 위치하고 있는 마을로 확장하자는 취지다. 물론 이미 전국 곳곳에서 실천되어 온 운동 혹은 프로그램들을 좀 더 전국적으로 확산시킨다는 의미로 보는 것이 좋겠다. 처음으로 제시된 것은 아니다. 교회는 건물에 제한되지 않는다고 생각하기 때문에 교회의 경계는 마을로까지 확장되고, 교회의 각종 시설들은 마을 사람이 유익하게 사용할 수 있는 공유공간으로 제공된다. 그뿐 아니라 목회자는 교회와 교인만이 아니라 마을과 마을 주민들을 목회의 대상으로 삼는다. 공공도서관, 아이들에 대한 공동 책임, 독거노인들이나 거동이 불편한 마을 사람들에 대한 봉사, 복지 사각지대에 놓인 사람을 돌봄, 지역의 관심사와 관련해서 연대하는 등이 대표적인 모습이다.

이런 프로그램을 실행한 결과에 따른 수많은 성공사례에서 공통적으로 들을 수 있는 내용은 대사회적인 이미지가 많이 개선되었고, 실질적으로 교회가 마을주민들의 행복지수를 높이는 일에 크게 기여했으며 그리고 교인의 수가 늘어났다고 한다. 교인들이 행복해한다는 말도 덧붙인다.

마을 교회나 마을 목회가 교회의 공공성을 실천하고 교회의 대사회적인 이미지를 개선할 뿐 아니라 일종의 사회복음을 실천하는 것이어서, 이와 관련한 연구 논문을 살펴보면, 이구동성으로 현대 기독교의 시대정신을 대변하는 것으로 강조되고 있다. 실제로 마을 교회나 마을 목회는 그동안 개인과 교회 중심의 교회 구조를 개선하면서 단점을 보완하는 일에 크게 기여하였다. 그래서 새로운 시대의 교회 혹은 목회 패러다임으로 각광을 받고 있는 것은 결코 이상한 일이 아니다.

신학적인
배경

신학적으로 볼 때, 새로운 트렌드가 형성되기까지는 교회의 공적인 책임의식과 '하나님의 선교' 신학이 크게 작용했다. 다시 말해서 하나님이 선교의 주체임을 인정함으로써 나타난 결과다. 창조주 하나님은 교회 밖 세상에서도 이미 행위의 주체로서 생명과 인권과 환경과 교육 그리고 의료사업 등과 관련해서 당신의 뜻을 이루어나가시기 때문에 교회는 다만 하나님이 앞서 행하신 것을 마을 교회 혹은 마을 목회를 통해 세상 사람에게 나타내 보여 줄 뿐이다. 이런 점에서 마을 교회 혹은 마을 목회는 하나님의 선교 정신에 순종하는 행위라고 볼 수 있다. 그렇기 때문에 마을 교회 혹은 마을 목회는 과거와 달라진 생활환경에서 교회가 교회의 본질을 지키고 또 실천할 수 있는 가장 적합한 방법으로 여겨지고 있다.

　또한 교회의 공공성을 회복하자는 취지에서 새롭게 인식한 결과다. 교회의 표징 중 하나인 보편성의 범주 안에서 공공성을 포함시켜 이해한 것이다. 다시 말해서 교회는 더 이상 교회 안에만 머물러서는 안 되고, 교회가 위치하고 있는 마을 일에서도 책임 있는 행위를 해야 한다는 주장이다.

　하나님의 선교와 교회의 공공성에 대한 인식은 다시금 삼위일체 하나님의 상호 관계로 소급된다. 아버지와 아들과 성령이 상호 내주하면서 서로를 사랑함으로 상호 침투한다는 내재적인 삼위일체에 근거하여, 교회 역시 교회 내적으로는 성도와 목회자의 관계에서 그리고 교회 외적으로는 교회와 마을과의 관계에서 상호 협력을 실천함으로써 자기 존재의 의미와 가치를 실천해야 한다는 것이다.

　신학적인 배경을 설명하면서 주장하는 내용의 핵심은 교회에서만이 아니라 세상에서도 하나님을 만날 수 있는 길을 찾고 또 그 길을 걷자는 것이다. 아니 세상을 더는 교회와 구별하지 말자는 것이다. 왜냐하면 온 세상이 하나님이 다스리는 곳이기 때문이다. 그러므로 마을 교회와 마을 목회 운동에는 하나님 나라 사상이 뒷받침되어 있다. 곧 마을을 살만하게 만들고 또 마을 사람을 행복하게 하는 마을 목회를 통해 먼저는 교회가 위치하고 있는 곳에서 하나님 나라를 경험토록 하자는 말이다. 마을 목회를 실천하는 사람의 표현을 빌린다면, 마을 목회를 통해 먼저 마을에서 하나님 나라를 건설하고자 한다. 여기에서 언급되는 하나님 나라 사상은 다분히 몰트만(Jürgen

Moltman)의 하나님 나라 사상에 근접한다. 곧 하나님 나라는 비록 약속으로 주어진 것이지만, 약속의 성취를 향한 노력은 결핍을 극복하려는 인간의 과제로 인지된다. 그렇기 때문에 결국 하나님 나라의 건설은 인간의 순종에 좌우되는 것이라고 볼 수 있다.

의문 1
: 교회사적인 사례

그런데 마을 교회 혹은 마을 목회와 관련해서 드는 가장 큰 의문은 일련의 프로그램과 신학적인 배경, 특히 하나님 나라 사상이 과거 유럽에서 유행했던 종교사회주의와 어떤 차이가 있는가 하는 것이다. 20세기에 위세를 떨쳤던 종교사회주의는 종교적인 신앙과 확신을 통해 사회주의 이념을 실현할 수 있다고 믿었고, 그에 따라 그들은 자신들이 사는 지역에서 하나님 나라를 건설하려고 했다. 소위 문화개신교주의가 지배적이던 시기였다. 문화개신교주의는 슐라이어마허로부터 시작되어 리츨(Albrecht Ritschl)에서 절정을 이룬 흐름인데, 기독교 신앙을 하나의 문화로 자리매김하고 그것을 교회와 교회 밖으로까지 확산하려는 노력이었다.

방법론적으로는 과학적으로 뒷받침된 진보사상과 계몽된 사회 그리고 개인적으로는 도덕적인 완성을 통해 가능성을 실현하고자 했다. 이 시기에는 교육과 대 사회적인 봉사가 매우 중시되었다. 신학생들은 교회 목회자가 되기보다는 종교교사가 되는 것을 더 선호했다.

그런데 여기서 주목할 인물은 칼 바르트다. 그의 출현으로 새로운 물꼬가 터졌기 때문이다. 바르트의 사상을 소개할 목적은 아니지만, 다만 오늘의 상황과 관련해서 반드시 말해야 할 것은 있다. 곧 그가 로마서 연구에서 발견한 것은 '전적으로 다른 존재(혹은 '전적 타자' der ganz Andere)'이었지만, 또한 그가 종교사회주의에서 본 한계는 결국 인간의 한계가 아니었을까? 하나님과 질적으로 전혀 다른 인간에 대한 잘못된 인식에서 그 원인을 찾고 자유주의 사상에서 벗어나 새로운 신학의 물꼬를 튼 것은 아닐까?

의문 2
: 교회 목회는?

또 다른 문제는 마을 교회 혹은 마을 목회를 추구하면서 교회와 교회 목회에는 얼마나 충실한가 하는 것이다. 교회에서 혹은 교인들에게서 복음이 얼마나 생동감 있게 살아 있는지를 조금 더 깊이 살펴보면 교회의 현실이 얼마나 심각한지를 금방 느낄 수 있다. 부 교역자들은 교회 목회에만 전념해도 지치고 피곤한 상태를 회복하지 못한 채 또 다른 하루를 맞이하면서 보내고 있다. 또한 상당수의 교역자들은 변화되지 않는 교인들의 삶에 좌절하고 있고, 상당수는 심지어 목회의 한계를 뼈저리게 느끼고 있다. 그것이 교회 목회에 전념하기 때문이라는 증거는 없다. 그럼에도 교회 밖으로까지 목회의 범위를 확장하는 건, 성도로 하여금 본질에서 벗어나 관심을 다른 곳으로 돌리게 하는 것은 아닐까? 대사회적인 이미지를 개선함으로써 혹은 교회의 선한 영향력을 회복하면 사람이 복음을 받아들이게 될까? 성도가 도덕적으로 온전해지거나 교회가 사회개혁에 앞장서면 복음을 받아들이게 될까? 어느 정도는 가능하겠지만, 그렇다고 말할 확실한 증거는 없다. 마을 목회의 성공 사례는 그야말로 개별적인 성공사례일 뿐이며, 그것을 당위적인 일로 여길 만한 하등의 이유가 없다. 그것은 다만 교회에 대한 관심이 높아졌고, 교인의 수가 늘었으며, 대사회적인 이미지가 많이 개선되었다는 증거일 뿐이다. 그것이 진정성 있는 회개를 동반한 예수 그리스도에 대한 신앙인지는 확인되지 않고 있다.

의문 3
: 예수님의 마을 목회?

마을 교회와 마을 목회를 주장하는 사람들은 예수님이 마을과 마을을 옮겨 다니시면서 복음을 전파했다는 사실을 근거로 제시한다. 마을로 들어가서 사역하시고, 마을 밖으로 나와 또 다른 마을로 옮기셨다는 것이다. 이것이 정말 마을 교회와 마을 목회를 위한 근거가 될까? 스스로 복음이시면서 또한 하나님 나라를 전파하시는 예수님의 사역을 마을 교회와 마을 목회로 이해하는 것은 아전인수적인 해석의 전형이다.

진짜 문제는
무엇인가?

분명히 구분되어야 할 사실은 교회의 대사회적인 이미지가 나빠진 원인이 어디에 있느냐는 것이다. 교회가 사회봉사를 하지 않아서인가, 아니면 교회, 교인 자체에 문제가 생겨서 그런 것인가? 개신교의 사회봉사는 양적으로 볼 때는 기독교 내의 다른 종파와 다른 종교에 비해 가장 많다. 그럼에도 이미지가 나쁘게 각인되었다면, 무엇이 문제일까? 마을 밖의 교인까지 수송해 오는 현실은 놔두고 마을을 대상으로 목회를 한다? 이것은 얼마나 탐욕스런 일인가! 대 사회적인 이미지 문제를 해결하기 위해서는 먼저 교회의 회개와 회복이 우선이라는 것이 필자의 생각이다. 마을 교회와 마을 목회를 위해서는 지역 내의 교회는 서로 연합할 수 있어야 하고 공동체적인 생각이 우선되어야 한다. 그렇지 않으면 개 교회 성장을 위한 프로그램일 뿐이다.

물론 이 일이 쉽지 않다는 것은 주지의 사실이다. 특히 그동안 사회적으로 복음의 영향력을 행사하지 못하는 기독교인을 양산한 사실은 비판받아 마땅하다. 교회는 커졌고, 부유해졌으며, 그 결과 교회는 더욱 대형화되었고, 이에 따라 목회자는 부를 축적할 수 있었다. 사회에서 일어나는 사건과 관련해서 목회자의 분별력이 떨어져 영적 지도자로서 자질이 의심받고 있다. 다수 교회 분쟁과 윤리적 타락은 그에 따른 결과 중 대표적인 것이다. 이것은 교회가 사회로부터 비난 받는 대표적인 이유다. 사회봉사가 부족해서 비난 받는 부분도 있지만, 그렇게 압도적인 요인은 아니다.

그럼에도 무엇보다 교회 중심의 신앙에서 마을로 확장하는 신앙을 갖는 것은 매우 바람직하다고 여겨진다. 이를 위해 목회자가 마을을 대상으로 목회하는 것 역시 당연한 일이다. 그러나 그 일을 맡아 행하는 부교역자나 성도의 형편을 고려하지 않는다면, 명백한 노동력 착취로 이어질 것이다. 또한 명심해야 할 일은 영향력을 키운다고 해서 복음을 전할 수 있는 것은 아니며 또한 교회의 영향력 때문에 사람이 복음을 받아들이는 것은 아니라는 사실이다. 이를 절대 간과하지 않았으면 좋겠다.

문제
해결

관건은 마을 목회에 앞서 먼저 교회 목회가 제대로 회복되어야 한다. 자신들이 얼마나 목회에 충실하고 있는지는 누구보다도 목회자 스스로가 잘 알 것이다. 교회 목회를 위해 얼마나 공부하고 있는지, 성도를 어떤 마음으로 돌보고 있는지, 성도가 교회 안에서 복음이 주는 은혜를 얼마나 갈망하고 있는지를 돌아보라. 교회 안에서 성도가 구원의 확신뿐 아니라 삶에서 행복을 느끼게 하는 일이 우선이다. 마을 목회를 위해서는 교인의 범위도 마을로 제한해야 하고, 규모에 있어서는 같은 마을에 있는 다른 교회에 부정적인 영향을 주지 않아야 한다. 또한 서로 협력할 수 있는 정서가 마련되어야 한다. 그런데 실상은 전혀 그렇지 않다. 다른 교회의 마을 목회와의 경쟁관계에서 발생하는 갈등은 피할 수 없는 안타까운 현실이다.

전통적으로 알려진 교회의 다섯 기둥(예배, 교육, 선교, 봉사, 교제)은 얼마든지 목회가 교회 안팎에서 실행될 수 있도록 한다. 중요한 것은 교회가 먼저 회개하며 예수 그리스도를 믿는 참 신앙인을 길러내어 그들로 하여금 세상에서 하나님의 살아 계심을 증거할 수 있게 하는 것이다. 내적으로 풍성해져서 자연스럽게 밖으로 흘러넘치게 하는 것이 바람직하다. 결과적으로 이것은 코칭 목회의 한 형태로 나타난다. 이것이 잘 되면 교회 밖의 삶에서도 결실은 나타날 것이며, 교회 밖의 사람이 교회로 오는 것은 물론이고 그들이 속한 사회에서 제 역할을 인지하게 될 것이다.

교회 목회와
병행하는 마을 목회

초대교회는 예수 그리스도의 가르침, 기도, 성찬을 통한 교제를 통해 먼저 공동체 안에서 회복과 부흥이 있었고, 공동체는 그 수가 점점 늘어가는 가운데 박해로 흩어졌다. 그 결과 디아스포라 그리스도인을 통해서 복음이 세상으로 확장되었다. 달리 말해 사도행전은 제자들이 먼저 성령 충만함을 받은 후에 공동체가 세워지고, 성령을 통해 예수 그리스도의 인격과 사역이 계속됨을 증거하였다. 복음의 확산은 그 후에 일어난 일이었다.

근본적으로 볼 때 마을 목회와 마을 교회는 교회와 교회 목회가 먼저 살고 난 후에 일어날 일이다. 살았다 함은 예수 그리스도와 그의 복음으로 생명을 삼는다는 말이다. 예수 그리스도와 복음을 생명으로 삼지 않고는 겉으로 보기에는 화려할 수 있지만 실상은 죽은 것이다. 꽃병에 꽂힌 꽃들처럼 이내 시들 뿐이다. 사실 교회의 현실과는 무관하게 교회 밖의 일을 통해 교회가 살아 있는 듯이 보일 수 있다. 그러나 버가모 교회가 살아 있는 것 같으나(무엇을 염두에 두고 살아 있다고 여겨졌는지를 생각해 보라. 다분히 교회를 바라보는 사람의 관점이 반영되어 있지 않을지 싶다.) 실상은 죽었다는 평가를 받았듯이(그러나 하나님의 평가에 따르면 살아 있다고 말할 수 없는 상태였다 함이다. 어떤 상태를 염두에 둔 것일까?),

마을 교회와 마을 목회를 통해 세상과 교회로부터 살았다는 평가는 받을 수 있을지 모르지만, 만일 교회 목회를 등한시한다면, 실상은 죽은 것으로 여겨질 수도 있다. 왜냐하면 그 안에 예수 그리스도의 복음이 살아 있지 않을 수도 있기 때문이다.

마을 목회는 먼저 교회에서 성도를 훈련시킨 후에 그들로 하여금 빛으로서 혹은 소금으로서 살도록 하는 것으로 실천되어야 한다. 평신도를 깨우는 것을 목회 과제로 삼은 옥한흠 목사의 사상은 매우 바람직하다. 세상 속의 교회는 의식 있는 성도 자신이며 그들을 통해 든든하게 세워지고 또 확산된다. 문제는 교회를 비대하게 하고 교회를 부자로 만드는 교회 중심적인 신앙인 것이지, 교인들에게 올바른 복음을 선포하고 또 올바르게 가르치며 훈련시키는 일을 충실히 감당하는 것은 결코 잘못이 아니다. 그들로 하여금 사회에서 부름 받은 자로서 살도록 도전을 주는 가르침은 결코 중단되어서는 안 된다. 교회 목회를 먼저 한다고 해서 순서적으로 반드시 그 후에 마을 목회를 실천해야 한다는 것은 아니다. 양자는 병행되어야 한다. 그러나 교인을 대상으로 하는 목회조차도 힘겹게 여기는 상태에서 목회자가 마을 사람을 목회 대상에 포함시키는 것은 자신의 아내를 제대로 돌보지 못하면서 다른 여자들에게 지나치게 친절을 베푸는 모습과 다르지 않다. 따라서 순서적으로 본다면 교회 목회에 우선순위를 두면서, 동시에 마을 목회를 실천해야 한다.

거룩한 교회,
다시 세상 속으로

거룩한 교회를 주제로 삼아 보내는 기간 동안 교회는 과연 거룩해졌을까? 그래서 다시 세상 속으로 가서 교회의 역할을 충실히 감당할 수 있게 되었을까? 이 질문에 자신 있게 말할 수 있는 사람은 아무도 없을 것이다. 기독교인은 다만 말씀을 듣고 교회 안팎에서 순종함으로 하나님이 어떤 분임을 증거하며 또한 순종과 함께 하나님 나라가 임하는 것을 경험하면서 자신이 보고 느낀 것을 증거할 뿐이다. 먼저 교회로 부름 받은 사람으로서 기독교인은 예배와 교육과 훈련을 통해 마을로 보냄을 받는다. 교회 목회를 통해 훈련받고 세상으로 파송 받는 성도, 곧 공동체와의 유기적인 관계에 있는 성도가 곧 교회이다. 교회 목회를 통해 교육 받고 또 훈련 받은 성도는 어디를 가든 그곳에서 마을 목회를 실천할 능력을 실천한다.

따라서 교회 목회가 먼저 살아나야 한다. 이를 위해서는 먼저 목회자가 스스로를 하나님 앞에 세워 놓는 일을 실천해야 하고, 그 은혜로 성도가 하나님 앞에 설 수 있도록 도와야 한다. 진정 마을에 인권 회복이나 복지 개선이나 참 교육이 필요하다면, 먼저 교인의 범위를 마을로 제한하고, 그들을 상대로 하는 교회 목회를 실천함으로써, 그 결과가 성도의 증거를 통해 교회 밖으로 소문이 나가도록 해야 하지 않을지 싶다. 그리고 이것이 교회 목회가 곧 마을 목회가 되는 길이라고 생각한다.

묵상과 토의를 위한 질문

....

- 마을 목회와 교회 목회의 공통점과 차이는 무엇인가?

- 마을 목회의 신학적인 배경은 무엇인지 알아보자.

- 마을 목회를 위해 선행되어야 할 조건은 무엇인가?

- 마을 목회는 교회 목회의 한계인가, 교회 목회의 연장선인가?

원수를
사랑하라

원수?

기독교인들이 하나님의 말씀 가운데 실천하기 정말 어렵다고 여기는 것 중에 으뜸은 "원수를 사랑하라"이다. 보통 원수를 말하거나 생각할 때마다 떠올려지는 모습은 이렇다. 원수란 복수하고 싶은 사람, 결코 잘 되어서는 안 되는 사람, 그 자신은 물론이고 가족까지도 안 되었으면 좋겠다고 여기게 만드는 사람, 어떻게 해서든 나쁜 평가를 받아야 하는 사람, 그 사람을 좋아하는 사람들까지도 원수로 여겨지게 하는 사람이다. 이것은 사전적인 의미에서 크게 벗어나지 않은 것 같다. 사전적으로 원수란 원한이 맺힐 정도로 자기에게 해를 끼친 사람이나 집단을 말하기 때문이다.

그런데 원수를 사랑하라? 물론 사람들은 이 말을 원수에게 복수를 행하지 말라는 의미로 이해하면 된다고 생각한다. 그러므로 내가 복수하려하지 말고 복수는 하나님에게 맡기라는 뜻으로 이해한다. 복수를 맡기고 더는 직접적으로 상관하지 않으면 된다고 생각한다. 그 사람에 대해 굳이 말하거나 생각하지 않으면 된다고 여긴다. 그런데 복수를 아무리 하나님께 맡겨도 원통함과 미움은 가시지 않는다. 그렇기 때문에 아예 무관심해지는 것이 가장 상책이라고 여긴다. 우연히 만나게 되면 외면하면 그만이라고 생각한다. 그런데 정말 그럴까? 그것이 성경이 의도하는 것일까?

원수 사랑 ≠
복수하지 말라

성경을 찬찬히 살펴보면, 원수를 사랑하라는 말을 단지 복수하지 말라는 의미로만 이해하는 것은 부족하지 싶다. 모순처럼 느껴지는 '원수'와 '사랑'의 조합 자체가 사실 무리라는 생각이 든다. 그러나 그것은 부정할 수 없는 성경의 기록이고, 예수님의 말씀이다. 원수를 사랑하라고 말씀하셨다. 심지어 사랑하는 자를 사랑하는 것은 누구나 할 수 있는 일이지만, 예수 믿는 사람들은 그 수준을 넘어서야 한다고 하시면서 원수를 사랑하라고 말씀하셨다. 이렇게 하는 것이 하나님의 온전하심을 나타내는 것이며 또한 우리역시 온전해지는 일이라고 하셨다. 정말이지 이런 말을 들으면 기독교인으로서 깊은 한계를 느끼지 않을 수 없다.

사실 원수를 사랑한다는 것이 실제적으로 어려운 일이기 때문에 무작정부정하기보다는 그것이 어떻게 하면 가능할 수 있는지를 살펴보는 것이 필요하다. 그렇다고 손양원 목사님 같은 모범적인 사례들만을 나열한다면, 어느 정도 감동은 주고 또 동기부여는 되겠지만, 그것이 우리로 하여금 원수를사랑할 수 있게 하는 것은 아니다. 이렇게 되면 원수사랑은 개인의 역량에맡겨지는 일로 바뀐다.

'비록 누구는 할 수 있고 또 실제로 그랬지만, 나는 그럴 수 없어. 나로서는 결코 할 수 없는 일을 강요하면 오히려 내게 부정적인 결과만 나타날 뿐이야. 그러니 강요하지 않는 것이 좋겠어.'

우리는 대체로 이런 식의 변명과 항변으로 말씀을 무력화한다. 하나님의 말씀은 진리라고 고백하면서도 하나님의 말씀에 나를 조율하는 것이 아니라, 그 반대로 나의 현실에 맞게 하나님의 말씀을 해석한다. 하나님의 말씀을 내 편의에 따라 해석하는 것이다. 이러니 예수를 몇 십 년 믿어도 변화되지 않는다는 말을 듣는 것은 당연하다. 믿는다고 하지만 믿음의 능력이 없는 성도가 되는 것이다.

누구도 원수로
여기지 말라

기독교인으로서 원수를 사랑해야 하고 예외 없이 마땅히 그래야 한다면, 이것은 어떻게 가능할까? 개인적인 역량에 맡기는 대신 원수를 사랑할 수 있는 방법을 제시할 수 있을까? 어떻게 해야 '원수를 사랑하라'는 예수님의 말씀이 여전히 진리로 또 현실 가능한 말씀으로 여길 수 있을까?

일단 원수를 사랑할 수 있어야 한다는 것은 하나님의 명령임을 인정하는 것이 필요하다. 이것은 반드시 현실이 되어야 한다는 말이다. 이렇게 될 때 우리는 하나님의 온전하심을 나타낼 뿐 아니라 원수를 사랑하는 순간에 하나님 나라를 경험한다. 사정이 이렇다면, 원수를 사랑하라는 말씀은, 단지 그것이 불가능하다는 것을 확인시켜 주면서 우리를 절망하게 하려는 목적을 갖고 있지 않다. 오히려 하나님은 우리로 하여금 당신이 어떤 복과 은혜를 우리에게 주셨는지를 확인하게 하고 또 그것을 경험하도록 원수를 사랑하라고 말씀하셨음을 알게 된다.

원수를 사랑하라는 말씀은 이웃을 네 몸과 같이 사랑하라는 말씀과 대조적인 맥락에서 주어졌다. 그러므로 원수와 이웃을 함께 고려할 대상으로 놓은 것이다. 원수는 그 개념상(by definition) 사랑의 대상이 못된다. 원수를 사랑할 수 있기 위해서는 무엇보다 원수를 이웃 사랑의 맥락에서 대하는 자세가 필요하다. 달리 말해서 원수 자체가 없는 현실을 염두해야 한다.

일단 이웃에 대한 생각으로 시작해 보자. 이웃을 대하는 유대인의 관습과 달리 예수님의 말씀에서 이웃은 나를 중심에 두고 생각되지 않고, 오히려 도움이 필요한 대상에 대한 우리의 태도에 비추어서 정의되는 개념이다. 사마리아 사람의 비유에서 드러난 사실이다. 이것을 받아들이기 위해서는 생각의 전환이 필요하다. 이 비유에서 이웃은 우리의 주변에 있는 사람이 아니라, 오히려 우리는 '도움을 필요로 하는 누군가'에게 이웃이다. 이웃 사랑, 곧 이웃을 사랑하라는 말은 내 주변에 있는 사람, 내 가족, 내 친족, 나의 지역, 나의 국가, 나와 같은 종교를 가진 사람을 사랑하라는 말이 아니다. 도움을 필요로 하는 사람에게 도움을 주는 행위를 실천하는 사람으로서, 곧 이웃으로서 도움이 필요한 사람에게 도움을 베풀어 주며 살라는 말이다. 이런 점에서 예수님을 믿는 사람은 누구나 누군가의 이웃이 되도록 부름 받았다.

원수의 이웃이
되어라

이와 관련해서 원수를 사랑하라는 말을 이해한다면, 다시 말해서 원수를 사랑할 수 있기 위해서는 원수를 이웃의 입장에서 생각해야 한다. 다시 말해서 누군가를 원수로 삼고 있는 나는 이런 부조리한 관계를 극복하기 위해서는 나의 감정을 앞세우기보다 먼저 원수에게 무엇이 필요한지, 원수가 어떤 도움을 필요로 하는지를 알고, 그것을 충족시켜 주려고 애쓰는 사람이 되어야 한다. 원수를 사랑하라는 말은 이렇게 이해할 수 있다. '원수의 이웃으로 부름 받은 너는 원수가 필요로 하는 도움을 베풀며 살아라.'

이것을 아주 잘 알 수 있게 하는 성경 본문은 잠언이다.

> **잠언 25장 21-22절** 네 원수가 배고파하거든 음식을 먹이고 목말라 하거든 물을 마시게 하라 그리 하는 것은 핀 숯을 그의 머리에 놓는 것과 일반이요 여호와께서 네게 갚아 주시리라.

그리고 누가도 이렇게 기록했다.

> **누가복음 6장 35절 상반절** 오직 너희는 원수를 사랑하고 선대하며 아무것
> 도 바라지 말고 꾸어 주라….

바울 역시 잠언을 인용하면서 로마서 12장 20절에서 이렇게 말했다.

> 네 원수가 주리거든 먹이고 목마르거든 마시게 하라 그리함으로 네가 숯
> 불을 그 머리에 쌓아 놓으리라.

원수가 필요로 하는 것을 공급함으로 우리는 원수의 이웃이 된다. 다시
말해서 우리는 원수를 원수로 놓고는 그들을 결코 사랑할 수 없으며, 예수님
의 말씀의 의미를 결코 이해할 수 없고 또 실천할 수도 없다. 예수님의 말씀
의 본래 취지는 우리에게 원수란 존재는 아예 존재하지 않도록 하라는 데에
있다. 세상의 가치관에 따르면, 우리를 박해하는 사람을 원수로 여기고, 우
리를 미워하고 욕하며 심지어 때리고 죽이는 사람을 원수로 여기는 것을 당
연하게 여기지만, 예수님은 그들도 하나님의 사랑과 은혜가 필요한 사람으
로 여기셨으며, 실제로 자신을 십자가에 못 박으라고 외치고 또 십자가형을
실행한 사람을 용서하셨다. 그들은 자기들이 무엇을 행하는 줄 알지 못했기
때문이다. 그들에게도 하나님의 용서와 구원이 필요하기 때문에 예수님은
비록 자신을 비난하고 또 욕하고 심지어 죽였다 해도 그들에게 필요한 일을
베풀어 주셨다. 예수님은 그들의 이웃으로서 그들을 사랑하신 것이다. 그러
니 예수님께는 원수라는 존재 자체가 없다. 오히려 하나님과의 관계에서 스
스로를 원수로 여겨지도록 했던 사단의 궤계에서 그들을 건져내셨다. 세상
의 이웃으로서 예수님은 세상이 하나님의 도움을 받아 구원에 이를 수 있게

하셨다. 우리를 부르셔서 그들에게 복음을 전하라고 하셨다.

　이 사실은 인간과 하나님과의 관계에서도 나타난다. 하나님과 인간은 원래 원수 관계에 있었다. 이런 우리에게 하나님은 예수 그리스도를 보내 주시어 원수 관계를 깨뜨리셨다. 원수를 멸망시키기보다는 구원을 필요로 하는 존재임을 알고 그들을 구원하기 위해 아들을 보내 주시어 십자가에서 대신 죽게 하셨다. 예수 그리스도의 화목 사역을 통해 우리는 하나님과 화목하게 되었다.

　이렇게 생각할 때 원수를 사랑하라는 말씀은 우리에게 불가능한 일이 결코 아니다. 우리의 무능을 폭로하면서 절망으로 밀어 넣는 수단은 더욱 아니다. 원수를 사랑하라는 말씀은 우리에게 원수라는 존재 자체가 없도록 하라는 것이며, 하나님은 세상에게 필요한 구원을 세상이 우리를 통해 받도록 우리를 이웃으로 부르신 것이다. 우리는 세상의 이웃으로서 세상이 필요로 하는 하나님의 구원을 얻도록 수고해야 한다. 구체적으로 먹고 사는 일에 관한 것일 수 있고, 또 이것을 넘어 복음일 수도 있다. 삶에서 필요로 하는 도움일 수도 있다. 그들이 비록 자신들이 필요로 하는 것이 무엇인지 알지 못한다 해도 그들에게 반드시 필요함을 일깨워 주어야 한다. 그리고 그것을 공급해 주어야 한다. 이것이 바로 원수를 사랑하는 일이다. 우리가 하나님 안에서 그리고 세상에 머물러 있는 동안 '이웃'으로서 정체성을 갖고 사는 동안 원수는 더는 존재하지 않는다. 왜냐하면 세상 모든 사람은 하나님의 은혜와 구원을 필요로 하고 있으며, 우리는 그것을 전하기 위해 이웃으로서 부름 받았기 때문이다.

묵상과 토의를 위한 질문

· 원수를 사랑하라는 말씀을 실천하기 어려운 이유는 무엇인지 나누어 보자.

· 원수를 사랑하라는 말씀의 의미를 묵상해 보자.

· 이웃으로서 정체성을 원수와 관련해서 다시 한번 깊이 묵상해 보자.

· 원수로 여겨지는 사람이 필요로 하는 것 중에 당신이 도울 수 있는 것은 무엇인가?

'영적'
표현의 의미

의미의
모호함

'영적(spiritual)'이라는 말은 신앙생활에서 자주 사용하고 또 듣지만 그 의미가 매우 부정확하고 또 종종 과하다 싶을 정도로 남용되는 표현이다. 때로는 '신령한'이라는 말로 대체되기도 한다. 교회 및 신앙생활에서 가장 많이 사용되는 형용사라고 생각할 수 있을 정도인데, 성도의 대화나 교회 설교 및 교육을 포함한 각종 교회 행위에서 들을 수 있으며 그 사용되는 범위가 광범위하다. 문제는 말하는 자나 듣는 자 모두가 잘 알고 있고 공통된 의미를 전제하는 것같이 보이지만, 그 의미가 정확한 지는 꼼꼼하게 따져보아야 한다. 성경에서 말하는 의미에서 벗어날 뿐만 아니라 비신학적인 의미로 사용되는 경우를 자주 접하기 때문이다.

가장 흔한 예는 '비감각적' '신비적' '초월적' 혹은 '몰아적' 혹은 '탈 육체적' 혹은 '탈 물질적'이라는 말과 동일하게 사용하는 경우다. 때로는 '이성적' '합리적' '인간적'이라는 말의 반대말로 사용되기도 한다. '영적'은 포스트모더니즘 시대에 혹은 다종교 사회가 되면서 종종 '종교적(religious)'이라는 말 대신에 사용되기도 한다. 왜냐하면 '종교적'이라는 말은 특정 종교를 염두에 둔 표현이라고 생각하기 때문이다. 특히 대중문화 분야에서는 '영적'이라는 말이 '종교적'이라는 표현과 거의 동일하게 이해되고 있다. 기독교에서도 '교회와 관련된' 문화를 가리켜 말할 때 '영적(spiritual 신령한)'이라는 표현을 사용한다. 영적 관계, 영적 음악, 영적 문학, 영적 영화 등. 이것은 '세속적'이라는 말과 대조적인 맥락에서 이해된 것이다. 그러므로 세속적이지 않은 것임을 말하기 위해 '영적'이라는 말을 사용한다.

경우에 따라서는 세속적인 영역으로 알려진 대중문화에서도 '영적'이라는 표현을 자주 발견한다. 특히 미국 대중문화에서는 '영적'이라는 말이 '종교적(religious)' '경건한(pious)'이라는 말을 대신하는 경향이 두드러지고 있다고 한다. '영적'이라는 말은 더 이상 종교적인 성격을 갖지 않을 뿐 아니라 특정 종교를 가리키는 말로도 이해되지 않는다. 대중문화에서 사용되는 '영적'이라는 말은—필자가 『대중문화 영성과 기독교 영성』(글누리, 2010)이라는 제목의 책에서 밝힌 바 있지만—대체로 의미를 발견하거나 깨닫는 일과 관련되어 있다. 혹은 비물질적인 현상을 가리킬 때도 사용한다. 다시 말해서 대중문화에서는 어떤 것에 의미가 있음을 깨닫는 경험을 가리켜 흔히 '영적'이라고 말한다.

상황이 이렇다보니 교회에서 자주 사용하는 '영적'이라는 말의 의미를 보다 구체적으로 밝히지 않으면 성도들은 그것의 대중적인 사용과 혼동되어 소통에서 어려움을 겪는다. 말을 들어도 그것이 어떤 의미에서 사용하는 것인지 알지 못하게 되니 소통 과정에서 서로 비켜가는 일이 흔히 발생한다.

'영적'이라는 말의 의미

'영적'이라는 말은 무엇을 의미할까? 기독교 변증가로 잘 알려진 루이스(C.S.Lewis)는 "인간 창조 때 주어진 초자연적 요소"를 가리키는 것으로 본다

(마크 파이크, 『순전한 교육』, IVP, 2017, 72에서 간접 인용). 인간 창조 기사에서 흙으로 사람을 만들고 그 코에 생기를 불어넣으신 것을 염두에 둔 말이다. 인간이 살아 있는 동안 인간의 삶 전체를 규정하는 것을 의미한다고 본 것이다. 그 래서 루이스에게 "모든 인간의 삶은 '영적'(72)"이다.

　이런 의미는 성경의 용례와 어떤 점에서 일치할까? 무엇보다 먼저 이 말은 신약에만 나오고 있다는 사실에 유의할 필요가 있다. 이 사실은 '영적'이라는 말의 맥락적인 의미를 이해하는 데 있어서 매우 중요하다.

　구약에서는 왜 '영적'이라는 말을 사용하지 않았을까? 구약 역시 '영' 혹은 '하나님의 영'에 대한 언급은 나온다. 그런데 왜 '영적'이라는 말을 사용하지 않았을까? 헬라어로 프뉴마티코스(pneumatikos)란 표현이 있다. 그런데 구약의 헬라어 역본인 70인 역에서도 이 말을 사용하지 않았다. 이에 비해 신약에서는 비록 많진 않으나 주로 바울 서신(롬 1:11, 7:14, 15:27; 고전 2:13, 15, 3:1, 9:11, 10:3, 4, 12:1, 14:1, 37, 15:44, 46; 갈 6:1; 엡 1:3, 5:19, 6:12; 골 1:9, 3:16)과 베드로전서 2장 5절에서 사용되었다. 부사적 표현으로는 고린도전서 2장 14절과 요한계시록 11장 8절에서 나온다. 이런 차이는 무엇을 말하는 것일까?

　이것은 '영적'이라는 말이 구약의 신앙 경험과 다른 신약 세계에 고유한 신앙 경험과 관련되어 있을 것이라는 추측을 가능하게 한다. 다시 말해서 예수 그리스도가 육체적으로 더 이상 현존하지 않는 시기를 특징 짓는 성령 하나님에 대한 전인격적인 경험을 반영한다. 따라서 '영적'이라는 말을 이해하려고 할 때는 우선적으로 이것이 성령 하나님에 대한 경험 혹은 성령 하나님의 사역과 인간의 인격적인 상호 관계에서 오는 경험과 관련된 것임을 숙지하여야 한다. 하나님은 영이시다(요 4:24). 그렇다고 해서 이 표현이 육체성에 대한 부정적인 평가를 염두에 두고 있는 것은 아니다.

　또한 사도 바울의 언어 용례에서 자주 발견되고 있는 사실도 간과해서는 안 될 것이다. 관련 성경구절을 살펴보면, 바울은 이 말을 성령 하나님과 기독교인의 실존(육적인 실존이 아니라 전인적인 실존)의 관계를 말할 때 사용했다. 곧 바울은 기독교인의 실존을 성령의 소욕에 따라 사는 존재로 이해한다. 이 것과 반대되는 위치에 육체의 소욕에 따라 사는 존재가 있다. 그러므로 바울에게 '영적'이라는 말은 성령의 거룩하게 하시는 능력에 따른 기독교인의 전인적인 삶을 가리켜 말할 때 사용되었다. 영적인 것은 육체적인 것과 반대의 의미를 갖고, 세상의 영을 따르는 세속적인 것과도 반대되는 것을 가리킨다. 바울에게 '영적'이라는 말은 성령의 인도하심에 따른 삶을 기술할 때 쓰는 표현이다.

이원론적인 사고의
결과인가?

그렇다면 영과 육을 분리해서 이해한 것일까? 탈 육체성을 강조한 것일까? 사실 그렇게 이해할 만한 구절이 없지는 않다. 특히 로마서 7장에서 바울은 하나님의 법을 따르려는 영과 또한 세상의 법을 따르려는 육체와의 갈등으로 겪는 괴로움을 토로하는 모습을 보이고 있다. 갈라디아서에도 육체의 소욕과 성령의 소욕을 구분하여 말하고 있다. 그렇다고 해서 '영적'이라는 말이 영과 육을 분리해서 오직 인간의 영혼과 관련된 것이라고 이해할 수는 없다. 왜냐하면 사도 바울에게서 영적인 것과 육적인 것의 구분은 인간의 죄를 지적하기 위한 목적에서 사용된 것으로 나타나기 때문이고, 기본적으로 '영적'이라는 표현은 성령과 성령의 사역과 관련된 사실을 지시하기 때문이다. '영적'이라는 말은 성령의 내주하심에 대해 전인격적인 반응에 따라 나타나는 결과를 가리키는 말이다.

흔히 '영적'이라는 말을 이원론적인 틀에서 신비하고 초월적이고 몰아적인 경험을 염두하고 사용하는 것은 성경의 용례를 크게 오해한 결과다. 성령의 내주하심은 결코 이것만을 의미하지 않기 때문이다. 소위 영적인 지각에 대해 처음으로 이론을 제시한 오리게네스(Origenes)는 '영적'이라는 표현을 물질을 매개로 하는 하나님 경험과 관련해서 사용했고, 조나단 에드워즈(Jonathan Edwards) 역시 그의 『신앙감정론』(*Religious Affections*, 부흥과 개혁사, 2005)에서 인간의 감각능력에 대해 성령이 빛을 비추는 것으로 이해했다. '영적'이라는 말은 인간이 전인격을 통해 하나님을 경험하고 또 하나님을 인식하는 것과 관련되어 사용되었음을 알 수 있다. '영적'이라는 말은 하나님의 뜻과 행위 그리고 그분의 본성과 관련된 인간의 하나님 경험을 뜻한다. 다시 말해서 하나님의 뜻이 현실이 되도록 하고, 하나님의 속성을 세상 가운데 드러내는 삶이다.

'영적'이라는 말은 하나님의 뜻이
현실로 나타나는 것을 지칭한다

한편, 이런 일을 온전히 이루신 분이 예수 그리스도이기 때문에, '영적'이라는 말은 결국 그리스도를 따르는 제자로 사는 삶을 가리키는 표현이라 말할 수 있다. 순종함으로 성령의 열매가 결실하도록 하는 삶, 성령이 주시는 은사에 합당하게 사는 삶, 성령으로 충만한 삶을 말한다. 이 말이 기독교적인 맥락이 아닌 곳에서 사용된다면, '의미 있는 무엇'을 가리켜 말한다고 볼 수 있겠다. 곧 무엇이든 영적인 것이라면 그것은 그 말을 사용하는 사람에게 의미 있는 것을 두고 한 말로 이해할 수 있다. 예수 그리스도는 세속화된 맥락에서 볼 때 '의미'를 가리키기 때문이다.

어떻게 하면 영적인 사람이 되고, 영적인 삶을 살 수 있을까? 관건은 성령이 내게 임재할 뿐 아니라 계속해서 머물러 있고 또한 나를 통해 하나님의 일을 이루시도록 순종하는 것이다. 이를 위해 우리가 할 수 있는 일은 무엇일까?

무엇보다 먼저는 하나님의 형상으로서 하나님과의 관계에서 나를 이해하는 것이다. 나는 하나님을 세상 가운데 나타내도록 부름 받은 존재라 함이다. 그 다음으로 하나님이 나를 통해 세상에서 영화롭게 되기를 간절히 열망하는 것이다. 하나님의 뜻이 나를 통해 이루어지기를 바라고, 하나님의 말씀이 나를 통해 현실이 되고, 하나님의 계획이 나를 통해 성취되도록 하는 것이다. 하나님은 이런 열망을 갖고 노력하는 자를 도와주신다. 부르시어 하나님의 일을 하게 할 뿐만 아니라, 복, 곧 하나님의 능력을 주시어 그 일을 이루도록 하신다. 이런 일체의 과정을 두고 영적이라고 말할 수 있다. 따라서 이젠 더 이상 교회의 언어생활에서 '영적'이라는 말을 언급함으로써 불필요한 권위를 내세우는 일을 하지 않으면 좋겠다.

참고로 '영적'이라는 말과 직접적으로 관련되어 있지는 않지만, 개역개정판 로마서 12장 1절에 그렇게 번역되어 있기 때문에 살펴보고자 한다. 이곳에 나오는 '영적' 예배로 번역된 말의 원어는 로기코스(logikos)이다. 이 말의 적합한 번역은 rational 곧 '이치에 맞는' '합리적인'이다. 이 말이 예배와 관련해서 쓰였을 때 갖는 의미를 이해하기 위해 요한복음의 용례에 비춰 이해하면 도움이 된다.

태초에 말씀이 있었고, 이 말씀이 육신이 되었다고 말할 때 사용된 '말씀'의 원어는 '로고스(logos)'이다. 그러므로 하나님께 예배하는 일이 로고스와 관련되었다 함은 그것이 단지 말씀이 중심이 되는 예배라는 말은 아니다. 오히려 말씀이 현실이 되는 예배를 의미하는 것으로 이해하는 것이 훨씬 바람직하다. 그렇기 때문에 이런 예배를 통해 바울은 "너희 몸을 하나님이 기뻐하시는 거룩한 산 제물"로 드리는 것이라고 말할 수 있었던 것이다.

다시 말해서 '영적(이치에 맞는, 합당한, 합리적인) 예배'는 하나님의 뜻이 현실이 되게 하는 예배를 말한 것이다. 이렇게 되면 기독교인의 일상에서 하나님을 예배하는 의미로 이해할 수 있다. '영적'이라는 표현은 하나님의 행위에 따라 모습을 드러낸 현실과 관련되어 있다.

묵상과 토의를 위한 질문

- '영적' 표현의 다의성에 대해 정리해 보자.

- 기독교적인 의미에서 '영적'이라는 말은 무엇을 가리키는가?

- 이 세상에서 성령의 소욕에 따른 삶은 어떻게 나타날 수 있는지 이야기해 보자.

영적
전쟁

신학적으로
구성된 언어

성경에는 '영적 전쟁'이라는 말이 나오지 않는다. 다만 신구약 성경에 나오는 여러 전쟁들을 알레고리적인 해석에 따라 이해하고 구성한 신학적인 개념이다. 달리 말해서 냉전(冷戰)이라는 말이 구체적인 전쟁이 아니라 민주주의와 사회주의(공산주의) 진영 간 이념의 차원에서 전개되는 대립과 갈등을 말하는 것과 같이, 영적 전쟁은 믿음을 가진 자들이 세상을 살아가면서 하나님의 말씀을 왜곡하거나 부정하는 세력에 맞서 싸우는 양상을 가리킨다. 언제부터 또 누가 이 말을 사용했는지는 모른다. 그러나 기독교인의 언어생활에서 보편적으로 사용되고 있는 만큼 굳이 버릴 이유는 없다. 흔히는 세계관 전쟁으로 이해하는데, '기독교 가르침에 반하는 이론(혹은 세력)이나 그것에 의거한 각종 행위들과의 갈등'을 가리키는 표현으로 보면 좋겠다.

에베소서 6장에서 사도 바울은 기독교인의 싸움은 혈과 육에 대한 것이 아니라 통치자들과 권세들과 이 어둠의 세상 주관자들과 하늘에 있는 악의 영들을 상대하는 싸움임을 천명하고, 이에 맞서 싸우기 위해 하나님의 전신 갑주를 입으라고 했다. 악한 자의 모든 불화살을 방어하기 위해 진리로 너희

허리띠를 띠고, 의의 호심경을 붙이고, 평안의 복음이 준비한 것으로 신을 신고, 모든 것 위에 믿음의 방패를 가지며, 공격용 무기로는 성령의 검, 곧 하나님의 말씀을 가지라고 했다. 영적 전쟁은 이런 신앙의 전투적인 성격을 가리켜 말한다.

피터 와그너

역사적으로 볼 때 '영적 전쟁'이란 표현과 관련해서 주목할 사람은 선교신학자 피터 와그너(Peter Wagner)이다. 그는 처음으로 소위 '제3의 물결'이란 표현을 사용했는데, 이것으로 미국의 오순절 운동과 은사 운동에 이어 초자연적인 은사 및 성령 운동을 지칭하였다. 피터 와그너는 이런 초자연적인 은사주의의 맥락에서 영적 전쟁을 강조하였다. 오늘날 흔히 들을 수 있는 영적 전쟁의 양상은 대체로 소위 지역귀신을 인정하면서 그것을 점령할 전략(영적 도해도나 땅 밟기 등)을 중시한 피터 와그너로부터 유래한다.

피터 와그너의 문제는 그의 견해가 성경적이지 않다는 것이다. 좋게 이해한다면, 복음을 전파할 때 부딪히는 거센 저항과 박해의 상황을 염두에 두고 그렇게 말한 것으로 추정되는데, 악한 영은 성령의 힘으로 제압할 수 있다는 신앙에서 비롯한다.

그런데 예수님은 사람의 저항과 박해 행위를 결코 마귀나 사탄에게 돌리지 않았다. 그들을 쫓아내시고 배척하셨지만, 그들과 싸우지 않았다. 오히려 그들의 권세에 묶여 자신을 십자가에 못을 박기를 원하는 사람의 죄를 용서해 주실 것을 기도했다. 스데반 집사도 마찬가지다. 하나님은 스스로 약해지심으로 사단의 권세를 물리치시면서 당신의 영광을 나타내시는 방법을 사용하셨다. 이것이 영적 전쟁의 진면목이다.

세계관 전쟁

문화 운동의 맥락에서 영적 전쟁을 세계관 전쟁으로 보는 관점이 있다. 세계관(Weltanschauung)이란 하나의 신앙체계이다. 세계관을 제공하는 것은 철학과 종교이다. 최근에는 인공지능시대라는 표현이 말해 주고 있듯이, 과학 기술이 세계관의 틀이 되고 있다. 세계관은 세계를 이해하고, 인간을 이해하고, 삶의 목적과 의미를 이해할 뿐 아니라, 이 모든 것을 설명하고 규정하는 틀이다.

세계관을 신앙으로 갖는 사람은 기독교 세계관과 다른 것에 대해서는 물론이고 서로 충돌하는 모든 경우를 반 기독교적으로 간주한다. 특히 문제가 되는 상황은 종교다원적인 사회이다. 영적 전쟁을 세계관 전쟁으로 볼 때 종교다원적인 사회는 걷잡을 수 없는 전투 현장이 된다. 종교다원적인 사회에서 벌어지는 영적 전쟁은 서로 다른 세계관의 충돌을 피하고 공존을 위한 가능성을 모색하기보다는 다른 세계관과의 적극적인 싸움을 염두에 두기 때문이다. 물론 충돌이 없는 한 기독교가 굳이 타종교에 대해 전쟁을 선포할 이유는 없을 것이다.

그런데 충돌이 없다 해도 선교 차원에서 타종교를 굴복의 대상으로 여기는 태도가 종종 나타난다. 이런 의미로 영적 전쟁을 이해하는 것은 종교 간의 단순한 경쟁이나 갈등을 넘어 상호충돌과 심지어 종교전쟁으로 이어질 수 있는 위험한 생각이다. 극단적인 보수주의자들에서 종종 볼 수 있는 현상이지만, 현대인에게 결코 바람직한 관점이 아니다.

**영적
전쟁이란?**

그렇다면 영적 전쟁은 구체적으로 무엇을 말하는 것일까? 바울이 언급한 하나님의 전신갑주를 보면 대부분이 방어용이지만, 유일한 공격용 무기로 소개된 것은 "성령의 검", 곧 하나님의 말씀이다. 영적 전쟁에서 공격할 때 사용하는 무기가 하나님의 말씀이라는 사실에서 영적 전쟁은 다름 아니라 하나님의 말씀이 현실에서 힘을 얻는 것을 목표로 하고 있음을 알 수 있다. 달리 말하자면, 하나님의 말씀이 현실이 되도록 노력하라는 의미다. 그러니 영적 전쟁은 하나님의 말씀이 현실이 되는 것을 방해하는 것을 상대로 벌이는 싸움이다. 이런 의미에서 본다면 세계관이나 악한 영과 무관하다고는 결코 말할 수 없다. 무엇보다 강조해야 할 점은 영적 전쟁이 기독교인 자신과의 싸움을 포함한다는 것이다. 사실 하나님의 말씀이 현실이 되도록 방해하는 것들 중에 가장 심각한 것은 나 자신일 수 있다. 교만, 탐욕, 시기, 거짓말, 절망, 원망, 간음 등은 다 사람의 마음에서 나온다.

바울은 영적 전쟁의 대상을 구체적으로 나열하였는데, 곧 통치자들과 권세들과 이 어둠의 세상 주관자들과 하늘에 있는 악의 영들이다. 이들은 정치를 통해, 자신들에게 주어진 권력을 사용하여 그리고 사람이 감당하기 어려운 유혹으로 사람을 사로잡는다. 그리고 사람이 하나님의 뜻이 아닌 다른 것을 위해 살도록 한다. 은밀히 때로는 노골적으로 비기독교적 혹은 반기독교적인 세계관과 가치관을 받아들이도록 강요한다. 겉보기에는 그럴 듯해도, 하나님의 뜻을 현실로 옮겨 놓는 것이 아니라 하나님의 말씀과 뜻이 현실로 나타나는 것을 방해한다. 하나님의 전신갑주를 입는 것은 이것들이 나를 공격해도 넘어가지 않도록 방어하기 위함이다. 또한 세상에서 사는 기독교인들이 해야 할 일 가운데 우선되는 일은 삶의 맥락에서 일어나는 수많은 것들 가운데 하나님의 선하시고 기뻐하시고 온전하신 뜻이 무엇인지를 분별하는 것이다. 그래야 기독교인은 수많은 요구사항 가운데 무엇이 하나님의 뜻인지를 바로 분별하여 그것을 현실로 옮겨 놓는 일에 순종할 수 있다.

이렇게 본다면 군사력(제국주의나 군국주의)이나 경제력(자본주의) 혹은 정치력(민주주의) 혹은 과학기술 기반의 문명에 의지하거나 땅 밟기(무속) 혹은 비난(종교비판) 같은 공격적인 형태로 선교하는 것을 소위 기독교 영적 전쟁으로 여기는 태도는 바람직하지 않다.

성경적인 영적 전쟁은 우선은 사탄의 공격에 대한 방어이며, 또한 하나님의 말씀이 현실로 나타나도록 노력하는 것이다. 영적 전쟁은 가장 우선적으로 내 안에서 그리고 교회와 기독교 내에서 일어난다. 하나님의 말씀을 듣고도 순종하지 않는 사람을 대상으로 영적 전쟁이 일어난다. 내 안에서 주인의 위치를 두고 성령의 소욕과 육체의 소욕이 서로 싸우고, 생명의 법과 사망의 법이 서로 싸운다.

구체적으로 방해하는 세력이 없지는 않다. 기독교인과 교회를 박해하고, 하나님의 뜻에 어긋나는 것을 강제로 관철시키려는 세력은 여전히 존재한다. 이처럼 하나님의 뜻을 적극적으로 또 공격적으로 혹은 폭력적으로 방해하는 세력들을 어떻게 대해야 할까? 적극적으로 방해한다면, 그것은 무엇보다 기독교인들의 방어를 요구하는 일이다. 한편으로는 그들의 공격으로 기독교인이 믿음을 잃고 예수 그리스도에 대한 믿음으로 얻는 구원을 의심하는 일, 거짓과 타협하는 일, 복음 전도를 포기하는 일 등이 일어나지 않도록 방어하는 것이 중요하다. 다른 한편으로는 세상을 향한 기독교인의 공격은 오직 인내와 사랑과 온유와 겸손과 희생 그리고 선한 양심으로 해야 한다. 바울은 모든 일을 할 때 기도와 간구를 하되 항상 성령 안에서 기도하고, 특히 성도를 위하여 구하라고 했다.

한편, 공격용 무기가 성령의 검, 곧 하나님의 말씀이라는 것은 무엇을 의미할까? 소위 신사도 운동이나 은사주의 운동을 하는 사람들은 성경에 기록된 대로 귀신이나 악한 영을 쫓는 일에 하나님의 말씀을 사용하라는 의미로 이해한다. 1973년 이후로 계속 이어지는 영화 "엑소시스트" 시리즈나 장재현 감독의 "검은 사제들(2015)"에 보면 악한 영을 쫓는 사제들이 하나님의 말씀을 사용하는 장면을 볼 수 있다. 하나님의 말씀은 살았고 운동력이 있을 뿐만 아니라 구원의 능력이 있어서 악한 영을 쫓아낼 수 있다. 예수님도 마귀에게 유혹을 받으실 때에 하나님의 말씀으로 물리치셨다.

영적 전쟁은
하나님의 싸움

그러나 사도 바울이 하나님의 말씀으로 공격용 무기를 삼으라는 말은 그런 의미를 넘어선다. 엄밀히 말해서 하나님 스스로 싸우신다는 사실을 환기한다. 성령이 싸움의 주체가 되기 때문이다. 그러니 기독교인은 무엇보다 육체의 소욕을 죽이고 오직 성령의 소욕에 따라 살면서 성령께서 직접 악의 세력과 싸울 수 있도록 자신을 내어드려야 한다. 성령이 싸우면 이기지만, 인간이 육체의 힘에 의지하여 싸우려하면 결코 이길 수 없다. 이런 맥락에서 영적 전쟁은 하나님의 싸움이다. 과거 출애굽 과정에서 이스라엘 백성이 홍해에 이르렀을 때에 바로의 군대가 뒤쫓는 상황에서 이스라엘 백성들은 혼비백산하여 두려워 떨었다. 이때 하나님은 모세를 통해 이렇게 말했다.

> 너희는 두려워하지 말고 가만히 서서 여호와께서 오늘 너희를 위하여 행하시는 구원을 보라.

시편 46편 기자는 하나님이 전쟁을 쉽게 하실 것을 선포하면서, 이렇게 하나님의 말씀을 전했다.

> 너희는 가만히 있어 내가 하나님 됨을 알지어다 내가 뭇 나라 중에서 높임을 받으리라 내가 세계 중에서 높임을 받으리라.

영적 전쟁은 하나님의 싸움이다. 따라서 영적 전쟁의 현장은, 일전의 어느 언론 인터뷰에서 김세윤 박사가 강조하여 말했듯이, 기독교인 자신이며 또한 기독교인의 삶과 세계다. 이 싸움에서 이기기 위해서는 가정과 일터와 학교와 교회에서 하나님의 뜻이 관철되도록 순종해야 한다. 이 일을 지속적으로 실천해야 한다.

그런데 영적 전쟁을 하나님의 통치를 받는 것으로 이해한 김세윤 박사가 미처 밝히지 못한 점은 영적 전쟁이 하나님의 싸움이라는 사실이다. 기독교인의 순종을 통해 싸우는 분은 하나님이다. 불순종은 이미 진 싸움이다. 순종은 싸움의 시작이고, 비록 처음에는 인간의 연약함 때문에 순종의 능력이 미약하게 보여도 그들을 돕는 성령으로 나중에는 하나님의 승리로 마친다. 종말론적으로 볼 때, 영적 전쟁은 예수 그리스도를 통해 이미 이기는 전쟁이다. 기독교인은 다만 순종을 통해 그것을 확인할 수 있다. 우리의 순종으로 영적 전쟁이 이미 이기는 싸움임을 확인할 수 있다.

묵상과 토의를 위한 질문

- 영적 전쟁에 대한 통념을 정리해 보자.

- 영적 전쟁을 오해한 현상을 살펴보자.

- 영적 전쟁이란 무엇인가?

사람은
변하지 않는다

원로들과의
대화

최근 몇 년에 걸쳐 몇 분의 은퇴 목사님들을 통해 직접 듣기도 했고, 또 그분들이 하셨다는 말씀을 전해들을 기회가 있었다. 그중에 몇 분들에게서 공통적으로 들었던 말 중에 나에게 충격적으로 다가온 말이 있었다.

"사람은 변하지 않는다."

이 말이 30년 혹은 40년을 목회하신 분들이 후배 목사들에게 조언으로 주신 말 가운데 하나였다고 한다면 어떻게 생각해야 할까? 한편으로는 어떤 관점으로 그 '변화'를 보느냐에 따라 달라지겠기에 질문하고 싶은 마음이 컸고, 다른 한편으로는 원로들의 경험을 듣기 위한 자리였기 때문에 질문을 억제하다보니 수없이 일어나는 내면의 갈등을 감내해야 했다.

문제는, 이런 말들이 사도 바울이 로마서 12장 2절에서 말한 것같이 "너희는 이 세대를 본받지 말고 오직 마음을 새롭게 함으로 변화를 받아…"라는 말씀을 무력화시킨다는 것이며, 또한 이런 말이 이제는 목회자들뿐 아니라 성도들 사이에서도 널리 회자된다는 것이다. 이런 것을 아주 당연한 사실로 받아들이는 것 같다. 개인적으로는 이런 말을 들을 때마다 말씀에 따라 변화하기를 스스로 포기하는 것은 물론이고 그럴 의지도 없어 보이면서 오히려 자신의 불순종을 이런 말을 통해 정당화하는 것 같은 느낌을 받아 참으로 안타깝다.

사람의 성품은
진정 변하지 않는 것인가

"사람은 변하지 않는다."는 말에서 나는 공통 구조를 파악할 수 있었다. 목회 경험을 바탕으로 말하는 것이었고, 그분들이 언급하는 변화라는 것이 대체로 신앙인의 성품이나 습관적인 태도를 염두에 둔 것이었으며, 대체로 성도가 성경의 가르침대로 살지 않는다는 사실과 관련되어 있다는 점이고, 끝으로 교회를 변화의 주체로 생각한 것이다. 간단히 말해서 나쁘게는 곧잘 변해도 선하게는 바뀌지 않는 현실을 꼬집으면서 교회 목회의 한계를 토로하는 의미가 있다. 주의 일을 할 때 자기 생각이나 주장을 앞세우고, 다른 사람을 자신보다 더 낮게 여기는 일이 없지 싶을 정도로 남을 비방하며 그리고 어떤 일이나 위기가 닥쳤을 때 선하게 반응하지 않는 모습들이다.

사람마다 표현이 달라지는 것은 자연스런 일인데, 동일한 표현을 선택한 이유는 무엇일까? 어느 정도 직간접적인 소통이 서로 간에 이루어진 결과일까? 그렇다면 누군가 영향력이 있는 분이 먼저 했던 말에 공감하는 분들이 그 분의 말을 자신의 경험으로 삼아 그렇게 말한 것일까? 아니면 우연의 일치였던 것일까? 하여간 누가 먼저 말을 했든 어느 정도는 공감했기에 그런 말을 했다고 생각한다. 다른 사람이 했던 말을 단지 전했을 뿐이라고 하면서 말의 책임을 타인에게 돌릴 수는 없을 것이다.

사람은 진정 변하지 않는 것일까? 도대체 하나님은 사람을 변화시킬 능력이 없는 분인가, 아니면 그 일을 사람에게 맡겨 주셨는데, 무능한 것인가? 아니면 노력을 하지 않은 것일까? 아니면 진짜 사람은 변하지 않는 존재이고, 생긴 대로 혹은 타고난 기질대로 사는 존재인 것인가? 그러면 믿음은 무슨 의미가 있으며, 성경에서 증거로 제시하는 성령의 능력은 무엇인가? 교회는 왜 다니는 것이고, 도대체 목회 행위는 무엇 때문에 있는 것인가? 신앙은 마음의 변화와 전혀 무관한 것인가? 교회는 도대체 세상을 변화시키도록 부름 받은 것인가?

원로 목사님 사이에서 회자되는 회의와 자조 섞인 고백을 접하면서 마음속에 가장 먼저 떠오른 질문은 크게 두 가지인데, 사실 양자는 서로 연결되어 있다. 하나는 성경이 말하고 있는 마음의 변화 혹은 사람의 변화는 구체적으로 무엇을 가리키는지가 확실하지 않은 것이다. 다른 하나는 목회자의 기대지평과 목회의 내용이었다. 목회의 내용이라 함은 목회자는 성도들과 함께 무엇을 겨냥하며 자신의 신앙생활을 하는 것일까? 기대지평이라 함은 목회자가 목회 활동을 통해서 기대하는 범위나 영역을 말한다. 곧 목회자는 무엇을 기대하며 목회를 시작하고 또 목회자에게 허락된 기대는 어느 정도인가? 목회자는 목회사역에서 대체 무엇을 기대할 수 있는가? 이런 질문을 갖게 된 까닭은 '사람은 변하지 않는다.'는 말을 하게 된 데에는 목회자의 기대가 깊이 반영되어 있다고 보았고 또한 그것이 하나님의 시각에서 보고 그렇게 말한 것은 아니라고 생각했기 때문이다. 분명 목회자가 기대하는 방향과 양에 미치지 못한 부분을 그렇게 말한 것이리라. 어쩌면 성경을 기준으로 해서 그렇게 말했을 수도 있다. 성경적인 인간 이해에 미치지 못했다는 말일 것이다. 그렇다면 목회자 본인은 그렇게 되었는가? '사람은 변하지 않는다.'는 말은 혹시 자신을 염두에 두고 한 말은 아닐까?

사실 예수 믿기 전과 이후를 비교해 보면 목사인 나 역시 성품이 온전히 변했다고 장담할 수는 없다. 신앙생활을 하며 보낸 긴 시간 동안 얼마나 많은 실수와 잘못이 반복되었는지 모른다. 그런데 예수 그리스도가 내 삶에 갖는 의미가 분명해졌을 때, 내 삶의 목적과 방식은 바뀌었고, 여러 상황을 접하면서 처음 가졌던 결심들을 지키려고 노력했다. 그리고 삶 자체를 대하는 태도나 사람들과의 관계에서도 예전과 달라진 모습을 발견할 수 있었다. 특히 사랑, 인내, 절제, 배려, 경청, 친절, 관용, 이기적이기보다는 이타적인 삶 등을 포함하여 각종 성품들을 갖추기 위해 노력했다. 그럼에도 온전한 성품을 갖추었다고는 장담할 수는 없다. 실수는 반복되었으며 지금까지도 지속되고 있기 때문이다.

원로 목사님의 말을 들으면서 나의 성품을 돌아볼 때마다 그것이 말씀을 통해 정말 바뀌었다고 말할 수 있는 것일까 하는 의문이 들었고 동시에 삶을 비판적으로 돌아보게 되었다. 예수를 믿지 않았어도 사람을 만나고 또 시간이 지나면 이런 정도의 성품과 삶은 가능하지 않았을까? 생각해 보면 정말 그런 것 같다. 오래 전 기억을 소환한다면, 남자는 군대에 가야 사람이 된다는 통설을 지인에게 했을 때, 그는 그 기간 동안 사회생활을 해도 그 정도는 성장할 것이라고 말했던 적이 있었다. 믿고 난 후에 보낸 세월만큼 세상에서 살았다 해도 지금과 같은⒳ 사람이 되어 있었을까? 지금의 내 상황에 대해 자신할 수 없지만 그래도 변했고 성장했다고 여기기에 하는 말이다.

성도의
현실

마음 한 곳에서는 예수님을 믿고 사람이 변했다기보다는 그렇게 느껴진 것은 아닐까 하는 의문이 들기도 했다. 일요일을 주일로 여기고, 때가 되면 예배의 자리로 나아가고, 교회 활동에 참여하고, 신앙생활이라고 해서 아침마다 성경을 펼쳐 읽고, 성경에 따라 기도하고, 가끔은 전도라는 것을 한다. 기독교 문화를 생산하려 노력할 뿐 아니라 그것을 더욱 즐기고, 사람에게 기독교적인 가치를 전파하려고 애를 쓴다. 신학자로서 목회자와 성도를 돕기 위해 노력하며, 신앙생활에서 무조건 말해야 할 것들에 관해 설명하려고 애를 쓰기도 한다. 교회와 세상의 접목을 위한 노력도 한다.

그런데 아무리 이타적이라 해도 결정적인 순간에 나를 중심에 놓고 생각하며 판단하는 모습을 볼 때 의심이 생긴다. 내게 손해를 끼치는 일을 겪을 때마다 어느 정도는 참다가도 결국에는 주체할 수 없을 정도로 폭발하는 모습도 그렇다. 아무리 헌신한다고 해도 내 가족을 희생하면서까지 혹은 내 삶을 포기하면서까지 희생하지 못하고 늘 그 앞에서 머뭇거리다가 결국 나의 미래를 선택하는 모습을 보면 참으로 내가 변한 것인가 하는 의심을 떨쳐버릴 수 없다. 이런 점에서 사람이 변하지 않는다는 원로의 말은 잠언처럼 울린다.

그리스도인의 변화는 흔히 성품의 변화라고 한다. 나의 성품은 변했을까? 예수 믿지 않았을 때와 비교할 수 없을 정도로 어릴 때부터 신앙생활을 해 왔으니 성품이 변했는지 아니면 본래의 성품 그대로인지 알 방법이 없다. 생활 태도에서 변한 것이 있다면 과거에는 세상 문화에 푹 빠져 살았고, 폭음과 흡연을 즐겼지만, 지금은 그렇지 않다는 사실 뿐이다. 사실 그것도 예수를 믿었을 때에 일어난 일이라 변화를 위한 기준으로 삼기가 애매모호하다. 신앙생활 중에 타락했다가 돌아온 탕자 정도? 변화라기보다는 그리스도인은 금주와 금연이라는 삶의 불문율이 작용한 결과일 뿐이라고 생각한다. 금주와 금연은 변화의 척도인가? 결단코 그렇게 말할 수는 없다. 성경은 구체적으로 마음의 변화를 말하기 때문이다. 마음의 변화란 전인격적인 변화를 말한다. 사정이 이렇다보니 변화를 확인할 만한 기회를 찾을 수 없다. 도대체 원로 목사님들이 말씀하신 변화는 무엇을 염두에 둔 것일까?

일단 원로 목사님들이 말하는 변화가 예수 그리스도를 만나서 일어난 변화를 의미한다고 생각해 보자. 흔히 교회에서 사용되는 표현으로 예수 그리스도를 인격적으로 만나 일어난 변화 말이다. 예수 그리스도를 인격적으로 만나면 일어날 수 있는 변화는 무엇인가? 구약에서는 오직 여호와만을 하나님으로 섬기는 신앙으로의 변화와 하나님의 자비를 실천하고 또 정의로운 삶을 사는 변화 그리고 마음의 변화를 말한다. 복음서는 예수님을 따르는 제자로의 변화를 말하고, 사도행전은 성령의 임재 후에 일어난 사도들의 변화, 곧 담대하게 예수 그리스도와 그의 복음을 전하는 자로의 변화를 말한다. 세상의 가치관에 사로잡혀 살던 막달라 마리아가 예수님을 따르는 제자로의 변화나 게바에서 베드로의 변화 그리고 사울에서 바울로의 변화는 대표적이다. 예수님을 자신의 목적을 갖고 따라 다녔던 사람이 예수 그리스도의 부활을 확신하며 전하는 증인으로 변했다. 성경은 능력에 있어서 변화를 말하고, 예수님의 제자들이 복음의 능력에 대한 증거를 확신을 갖고 전하는 자로 변했음을 전해 준다. 서로 용서하고 또 서로 사랑하는 사람이 되는 것도 큰 변화 가운데 하나다. 자신의 능력을 의지하지 않고 예수 그리스도를 통해 주시는 하나님의 은혜로 사는 것도 성경이 말하는 변화 가운데 하나다. 갈라디아서 5장에서 사도 바울은 성령의 아홉 가지 열매를 나열하면서 성품과 기질의 변화를 언급한다. 야고보서는 믿음과 더불어 행함의 변화, 사회적인 약자들에 대한 삶의 변화를 말한다. 목회서신과 요한계시록에는 박해받는 상황에서 끝까지 믿음을 지키는 것도 변화 가운데 하나로 본다. 무엇보다 성경은 이 모든 변화를 성령이 일으키신다고 고백한다.

목회의
기대지평

원로 목사님들이 말하는 변화는 이것을 말하는 것일까? 신앙생활을 해 보았다고 생각하는 사람이라면 아마도 이런 변화는 꾸준하고 반복되는 훈련을 통해 습득되며 평생에 걸쳐 일어나는 것이고, 변화했다고 확인할 수 있는 경우는 매우 드물게 나타난다는 것을 인정할 것이다. 목회자의 경우도 예외는 아니다. 목사 자신도 사실 이런 변화가 자신에게 나타나도록 그렇게 사는 일이 쉽지 않다. 다시 말해서 사람이 변하지 않는다고 말할 때, 여기서 말하는 사람에는 성도만이 아니라 목사 자신도 포함된다고 볼 수 있다. 그리고 이 말은—원로 목사님들을 비난하는 뜻에서 하는 말이 아니라—한 인간으로서 목사의 솔직한 자기고백이라고 생각한다.

그렇다면 도대체 목회는 무엇인가? 다만 종교적인 기능을 수행하고 또 성도로 하여금 종교생활을 잘 하도록 돕는 일인가? 교회에 잘 나오고 교회의 의무를 제대로 이행하고 교회가 하는 일에 잘 참여하면 되는 일인가? 욕심을 낸다면, 교회에서 배운 삶의 태도(좋은 태도)가 일터와 집과 이웃과의 관계에서도 계속되기만 하면 괜찮은가? 이것이 목회자의 기대지평인가? 만일 이것이 목회의 기대지평이라면, 정말이지 매우 씁쓸하다. 왜냐하면 종교행위를 제외하고 다른 것은 굳이 교회에 나가지 않아도 얼마든지 기대할 수 있는 모습이기 때문이다. 교회에서 보낸 세월만큼 세상에서 수양을 쌓아도 이룰 수 있는 경지라고 생각한다. 그렇다고 해서 교회의 예전에 참여할 때 성품의 변화가 일어난다는 확실한 보장도 없는 현실에서—실제로는 그럴 수 있지만 그런 일이 일어날 수 있을 만큼 교육과 훈련이 교회에는 없다.—구체적인 변화가 일어날 것이니 예배 참여에 열심을 내라고 말하기도 쉽지 않다.

한편 성경에서 바람직하다는 삶을 요약하면, 하나님의 뜻대로 사는 삶이다. 사람이 자신의 판단을 앞세우기보다 하나님의 판단을 받아들이는 삶이다. 인간의 뜻대로 사는 것이 아니라 하나님의 뜻대로 사는 삶이다. 인간의 의지를 관철하려는 삶이 아니라 하나님의 의지에 복종하는 삶이다. 인간의 말과 생각을 현실로 옮기는 삶이 아니라 하나님의 말씀과 생각을 현실로 옮기기 위해 노력하는 삶이다. 자신의 능력에 의지하며 살기보다 하나님의 은혜의 능력에 더 의지하는 삶이다. 나보다 남을 더 낫게 여기는 삶이다. 자기를 기쁘게 하는 삶이 아니라 다른 사람을 주 안에서 기쁘게 하는 삶이다. 저런 삶에서 떠나 이런 삶을 사는 것이 성경이 말하는 변화다. 성령의 아홉 가지 열매를 맺는 삶이다. 변화를 통해 일어나는 일은 하나님의 영광(아름다움)이다. 변화는 하나님을 기쁘시게 하고 하나님이 아름답다고 보시지만, 실제로 하나님의 아름다움이 나타난다. 변화의 본질은 바로 이것이다.

따라서 목회의 기대지평은 목사의 설교에 따라 교인이 살거나 변화되는 것이 아니다. 목회 프로그램에 성도가 무조건 따르는 일이 아니다. 목사의 의지에 성도가 순종하는 것이 아니다. 무엇보다 교회는 세상의 변화를 위해 부름 받지 않았다. 교회는 다만 하나님 나라가 실재하며, 이것에 대한 증거들을 다방면으로 제시하는 곳이다. 사회적으로는 문화명령을 수행하면서 개인적으로는 성품의 변화를 통해 그리고 정치적으로는 하나님의 다스림을 받는 공동체로서 인지될 수 있어야 한다.

그러나 목회자의 말에 순종하거나 목사의 가르침에 순종하기를 요구할 때 변화는 일어나지 않는다. 오히려 하나님의 뜻과 말씀과 의지가 변화를 말할 수 있는 핵심이다. 세상과 개인을 변화시킬 목적으로 목회사역에 전념했던 사람들은 실망하고 포기할 수밖에 없다. 따라서 목회의 기대지평은 하나님의 은혜에 만족하는 성도, 하나님의 뜻을 고백하는 성도, 하나님의 의지가 자신의 삶에 관철되도록 스스로를 쳐서 복종시키는 성도, 하나님의 말씀에 순종하여 하나님의 뜻이 현실이 되게 하는 성도다.

변화는
나로부터

그런데 가만히 생각해 보라. 하나님의 아름다움을 나타내며 또 그것 때문에 즐거워하는 삶은 말은 좋지만 사실 이 일은 평생에 걸쳐 일어나는 일이 아닌가? 이런 일이 일시적으로 일어날 수는 있지만, 얼마 가지 않아 이내 무너지는 것을 얼마나 자주 보아 왔는가? 문제는 무엇인가? 평생에 걸쳐 일어나는 일을 변화하지 않았다고 성급하게 판단하는 것이 문제가 아닐까? 하나님이 하실 것을 기대하면서 그저 하루하루 최선을 다하는 것이 목회자의 삶이다. 하나님 나라는 그분의 말씀에 순종하는 동안 우리가 알지 못하는 방식으로 임한다. 의와 희락과 평강이 나타나고, 그것으로 주변에 하나님 나라의 실재를 알게 한다.

결국 목회자는 변화를 확인하기보다 다만 부르심으로 주어진 사역에 종사할 뿐이다. 평생 일하면서도 결실을 보지 못할 수도 있는 일이 목회다. 목회자가 죽은 후에 변화가 일어날 수도 있다. 목회는 다만 부르심에 순종함으로써 행하는 일일 뿐이다. 사는 것은 더 이상 내가 아니라 내 안에 그리스도라는 바울의 고백을 목회자로서 반복해야 하는 일은 참으로 속 쓰린 일이다. 그러나 어쩌랴, 부름 받은 몸임을. 목회의 기대지평은 하나님이 시작하시고 또 마치실 것이라는 고백이다. 목회자는 시작과 마지막 사이에서 부르심에 따라 노력하며 살 뿐이다. 따라서 변화를 말한다면 무엇보다 목회자의 변화를 우선적으로 고려해야 한다.

사람은 (내 기대에 비추어보면) 변하지 않는다고 말할 수 있다. 그러나 내가 변하면 세상이 다 달라 보인다. 똑같은 것을 보면서도 마음 상태에 따라 달리 느껴질 수 있다는 것을 우리는 잘 안다. 예컨대 원효는 유명한 해골 체험을 바탕으로(해골 체험이 사실이 아니라는 말도 있다) 얻은 유심론을 통해 모든 것이 다 마음먹기에 달렸다고 말했다. 변하지 않았다고 보는 것은 혹시 내가 변하지 않고 제 자리에 머물러 있기 때문은 아닐까? 사람이 예수 그리스도를 믿은 후에도 혹은 그리스도인으로서 세례를 받은 후에도 비록 자주 실패하고 넘어지는 일이 있다 해도 믿음을 버리지 않고 하나님께 돌아와 회개하며 다시금 예배하는 자로 서는 것은 얼마나 놀라운 일인가! 비록 그 일이 자주 반복된다 해도 실망하지 않아야 하는 이유는 하나님은 무한히 자비하시기 때문이다. 확실히 말할 수 있는 것은 이것이다. 사람이 변하지 않는다고 말할 수 있을지 몰라도, 적어도 내가 그리스도 안에 있어 새로운 피조물로 변하면 세상이 다 새롭게 여겨진다. 가만히 머물러 있는 것도, 수시로 변하는 것도, 정처 없이 요동하는 것도 다 의미가 있고 소중한 것으로 다가온다.

기독교인은 성령의 역사로 성품의 결실을 선물로 받지만, 성품을 내면화하고 또 주어진 상황에서 습관처럼 발휘할 수 있기 위해서는 일정한 성품을 목표로 삼아 꾸준히 그리고 반복적으로 훈련해야 한다. '사람은 변하지 않는다'는 말로 자신의 게으름을 정당화해서도 안 되겠지만, 타인의 변화를 인지하지 못할 정도로 정체된 상태에 머무는 일도 없어야겠다. 톰 라이트(Tom Wright)는 『그리스도인의 미덕』(포이에마, 2010)에서 기독교인은 믿음을 가진 후에는 성품의 변화를 과제로 삼을 것을 강조하면서, 성품은 세 가지에 의해 변화된다고 말했다. 올바른 목표를 지향해야 하며, 목표에 도달하는 데 필요한 단계들을 파악해야 하고, 그 단계들은 제2의 천성 곧 습관이 되어야 한다는 것이다. 다시 말해서 꾸준하고 반복적인 노력을 기울여야 한다. 같은 내용을 벤저민 프랭클린(Benjamin Franklin)의 『덕의 기술』(21세기북스, 2004)에서도 찾아볼 수 있다.

하나님은 우리가 기독교적인 삶과 문화에 익숙해져서 계명을 잘 지키고 그럼으로써 도덕적인 수준에서 조금 높아진 사람이 되는 것을 원하지 않으신다. 온전한 사람으로 변화되기를 원하신다(톰 라이트, 『그리스도인의 미덕』, 40). 하나님은 내가 온전하니 너희도 온전하라고 말씀하셨다. 이 온전함에 비추어 볼 때 사람이 변하지 않는다고 보이는 것은 당연하다. 마치 비행기를 타고 높은 곳에 오르면 지상에서는 현저하게 구별되는 것들이 전혀 구별되지 않게 보이는 것과 다르지 않다. 그러나 내가 변하면 모든 것이 새로워진다. 그리스도 안에 있으면 새로운 피조물로서 세상을 새롭게 볼 수 있는 눈이 열리기 때문이다. 하나님의 은혜 안에 있고 또 그 은혜로 만족할 뿐 아니라 은혜를 나누며 살 수 있는 성품을 갖추게 되면 모든 것이 새롭게 여겨진다. 이것이 흔히 '변화는 나로부터 시작한다.'는 말의 의미이지 싶다.

묵상과 토의를 위한 질문

....

- 기독교 신앙을 가진 후에 변화된 모습에 대해 나누어 보자.

- 만일 여전히 변화되지 않았다고 생각한다면 그 이유는 무엇일까?

- 사람이 변하지 않는다는 말과 관련해서 한국 교회의 현실과 교회의
  과제에 대해 토의해 보자.

인격적으로
주님을 만났습니다

"하나님을 만났습니까?"

학생수련회나 각종 심령부흥회에서 강사로부터 자주 들었던 질문이다. 집회 참가자들은 이 질문에 거의 자동적으로 '아멘!'을 외치며, 설령 그렇지 못하다 해도 '아멘!'으로 대답할 수 있기를 기대한다. 집회를 인도하는 강사들 역시 참가자들이 하나님을 만나기를 기대하고 또 그렇게 고백할 수 있도록 말씀을 준비한다. 영적인 갱신을 추구하는 삶에서 하나님을 인격적으로 만나는 일만큼 확실한 일은 없겠기 때문이다.

"하나님을 만났다? 그 후에는?"

이것 역시 수많은 수련회와 부흥회를 마치고 난 후 사람이 하나님을 만났다고 믿었던 스스로에 대해 혹은 그런 말을 했던 사람들에 대해 갖는 비판적인 질문이다. 왜냐하면 변화는 일시적일 뿐 시간이 가면 집회 전과 후가 크게 바뀌지 않았음을 깨닫기 때문이다. 하나님을 인격적으로 만났는데, 왜 변화는 일시적인 것일까? 이런 일은 왜 반복되는 것일까?

이런 안타까운 일이 신앙생활에서 자주 발생하는 이유는 '하나님을 만났다'는 말의 의미를 잘못 알고 있기 때문은 아닐까? 사실 그런 점이 없지 않다. 가장 흔한 오해는 평소와 다른 감정적인 흥분을 경험한 것을 두고 '하나님을 만났다'고 말하는 것이다. 크게 감동을 받았거나 눈물을 주체할 수 없이 흘렸다거나 혹은 배경음악과 함께 소리를 높여 기도하면서 느끼는 어떤 간절함을 경험했을 때, 사람들은 종종 하나님을 만났다는 말로 자기 경험의 특별함을 강조한다. 물론 여기에는 자기 자신에 대한 지각이 예민해지고, 자신의 감정에 몰입하는 경험을 포함한다. 적어도 하나님과 관련해서 자신이 누구인지 알게 되는 것, 이것을 가리켜 하나님을 만났다고 말한다. 정말 그럴까?

이런 의문 때문에 사람들은 단순한 감정적인 흥분과 구별할 뿐 아니라 진정한 만남을 강조하는 의미에서 하나님을 '인격적으로' 만났다는 표현을 따로 구별하여 사용한다.

인격적인 만남은
변화된 삶으로 이어진다

사실 '하나님을 인격적으로 만났다'는 말을 통해 무엇을 말하고 싶은지 물어보면 사람마다 대답이 다르다. 이것은 '인격적인 만남' 자체에 다양한 측면이 있기 때문에 나타나는 다양성일 뿐 문제 삼을 이유는 없다. 문제는 이 말이 내포하고 있는 신학적인 의미를 확실하게 알지 못하면서 습관적으로 사용하기 때문에 발생한다.

흔히 듣는 설명에 따르면, 하나님을 단지 지식으로만 알고 있던 상태에서 벗어나 그분의 현존은 물론이고 자기 자신과의 관계를 느낄 수 있고 또 소통할 수 있게 되었다는 사실을 언급한다. 더 이상 추상적인 존재로 아무런 관계를 갖지 않는 그런 분이 아니라 살아 있는 존재로 여겨지며 또한 나와 구체적으로 관계를 갖는 분으로 경험하게 된 상태를 표현한다. 다시 말해서 하나님과 인격적으로 만난다 함은 그분의 말씀을 듣고 반응하며, 그분의 현존을 느끼고, 그분과 대화할 수 있게 되고, 그분의 행위에 주목할 수 있게 되었다 함이다. 여기서 중시되는 점은 하나님을 살아 계신 존재로 믿는 것이고 또한 지정의에 근거한 소통이다. 인간의 지성과 감성 그리고 의지를 통해서 하나님과 관계를 갖는 것, 그분의 말씀과 행위에 반응하게 된 것을 두고 인격적인 만남이라고 한다. 여기에 덧붙여 앞서 언급한 대로 하나님과의 관계에서 자기 자신이 누구인지를 깨닫는 경험을 포함하는 것이 일반적이다. 한마디로 '인격적인 만남'은 신앙 때문에 삶이 변했다는 의미로 사용한다.

이런 고백이 무색해지는 순간은 하나님과 그분의 임재를 더는 느끼지 못하는 때다. 어려움을 겪을 때, 원치 않는 고통을 당할 때, 간절히 기도하고 있지만 아무런 응답을 받지 못할 때 등, 이런 때에 '인격적으로 하나님을 만났다'는 고백은 순식간에 꼬리를 내린다. 과연 인격적으로 하나님을 만나기는 했는지 의심이 들 정도로 흔들리는 경우를 많이 볼 수 있다.

상호존중과
배려

인격적인 관계의 의미로 흔히 사용되는 것으로 또 다른 의미는 서로를 존중하면서 소통하는 관계를 갖는 것을 말한다. 아랫사람이라고 함부로 대하지 않으며, 못 배웠다고 무시하지 않고, 갖지 못했다고 경멸하지 않는 관계 그리고 성과 젠더가 다르다고 해서 차별하지 않고, 나이가 어리다고 해서 하대하지 않는 관계를 말한다. 다수라고 하면서 소수를 괄시하지 않고, 많이 가졌다 해서 가지지 못한 자를 무시하지 않는 관계다. 달리 표현한다면, 자기 자신에 대한 자각은 물론이고 타자에 대한 새로운 발견이 일어난다. 단순히 대상이나 타자가 아니라 하나님의 형상으로 인지한 결과다.

하나님과의 관계가 인격적이라 말하면서 만일 이런 의미에서 서로 존중하는 관계를 생각한다면, 곧 하나님이 인간을 피조물이라 하여 무시하지 않고, 오히려 피조물 가운데 특별히 대하시는 관계를 인격적이라고 한다면, 이것은 사람과 사람의 관계에서 일어나는 일을 투사한 것이다.

이것 역시 의문을 일으키는 경우를 종종 만나게 되는데, 자신이 갑의 위치에 있을 때, 충분히 그럴 수 있는 위치에 있다고 생각할 때, 수고와 노력에도 불구하고 기대하고 원하는 결과가 나오지 않을 때, 혹은 사람에게 인정받지 못하는 때다. 실패하고 또 인정받지 못하는 것은 물론이고 심지어 무시당할 때 인격적인 만남 자체가 없었던 것처럼 행동하는 경우가 있다.

인격이란?

지금까지 언급한 두 가지 용례는 일면 타당하지만, 다른 측면에서 보면 부족한 면이 없지 않다. 사실 말이라는 것이 사용하는 사람이 그렇게 생각하고 말하면 되고, 또한 듣는 자 역시 그 설명에 따라 이해하면 된다. 의미가 통하면 된다. 문제는 이런 설명에 '인격'이라는 개념에 대한 잘못된 이해가 작용하고 있는 것이다. 여기서 사용되고 있는 인격 개념은 근대 인간학의 주제인 인격 개념에 기초한다. 흔히 사용되는 '인격적으로 만난다'는 말은 이 개념과 관련되어 있다.

근대 인간학이 사용한 인격(person)은 원래 신학에서 비롯한 것으로 삼위일체론에서 유래한다. '삼위일체(tres personae una substantia)'라는 표현은 라틴 교부 터툴리안이 처음 사용했는데, '삼위일체'란 표현은 person을 위(位)로 번역한 일본에서 유래한 것이라 여겨진다. 그런데 터툴리안이 위격(位格)을 가리켜 사용한 페르소나(persona)는 원래 가면을 뜻한다. 그 존재가 온전히 드러나지 않은 채 사역을 통해서만 알 수 있는 존재를 가리켜 페르소나라고 했다.

근대 인간학의 주제인 인격 개념은 바로 이 말에서 유래한다. 다시 말해서 인격이란 그 존재가 온전히 드러나지 않은 채 행위를 통해서만 알 수 있는 존재의 속성을 가리킨다. 따라서 인격적인 관계는 서로가 서로에 대해 알려지지 않은 것을 염두에 둔 관계를 말한다. 서로를 잘 알고 있다 해도 여전히 모르는 것이 숨겨져 있다는 사실을 전제하고 만나는 관계다. 이러다 보면 자신이 아는 것을 가지고 상대를 규정하지 않으며 오히려 상대를 존중할 수밖에 없다. 아무리 오랜 시간 친밀한 관계를 갖고 지냈다 해도 알려지지 않은 부분을 전제하는 관계가 인격적인 관계다. 여기에서 드러나는 현상이 존중과 신비이다. 존중은 상대를 높이는 태도이며, 신비는 숨겨져 있어 그 존재를 분명히 확인할 수 없으나 드러나는 작용을 통해 존재를 확인할 수 있는 것을 말한다.

그러므로 인격적인 관계란 서로가 서로를 존중하며 또한 서로에 대해 신비스런 존재로 여기는 관계다. 상대를 안다고 해서 함부로 대하거나 규정하지 않으며, 늘 새로운 것을 기대하는 마음을 갖는다. 상대 역시 나를 안다고 나를 함부로 대하거나 규정하지 않으며 나로부터 늘 새로운 것을 기대한다. 상호존중과 서로에 대한 기대가 상호관계의 기초가 될 때 인격적이라 말한다.

하나님을 인격적으로
만난다는 것

하나님을 인격적으로 만났다 함은 이런 의미의 인격을 매개로 하나님을 만났다 함이다. 다시 말해서 하나님이 내게 어떤 분인지 알게 되었고, 타자역시 하나님의 형상임을 깨닫고 존중하고 배려할 줄 알게 되며, 그분이 나의지식과 기대와 바람과는 전혀 다른 분임을 알게 되었으며, 나는 하나님의 말씀과 행위에 대해 반응할 수 있고, 또한 하나님은 나의 생각과 감정과 의지를 무시하지 않고 존중해 주시는 가운데 나의 지정의에 대해 반응해 주시는분을 알게 되었다 함이다. 관건은 앞으로 내게 어떤 일이 발생하든지, 비록내가 이해할 수 없는 방식이라 하더라도, 하나님을 인정하고 신뢰하며 따르기를 배웠다.

하나님을 인격적으로 만나는 일은 믿는 자 안에서 성령께서 역사하심으로 가능하다. 하나님은 예수 그리스도에 대한 믿음을 바탕으로 성령을 통해 우리에게 인격적으로 다가오신다. 우리가 성경을 통해 하나님이 어떤 분인지 안다고 해서 우리에 의해 모든 것이 밝혀질 수 있는 모습이 아니고 때로는 낯선 타자의 모습으로 때로는 친근한 모습으로 다가오신다. 비록 우리가 하나님의 피조물에 불과하더라도 하나님은 우리를 함부로 대하지 않으신다. 우리가 무엇을 생각하고 또 행하든, 설령 죄를 짓는다 해도 그것을 우리의 의지에 반하도록 간섭하지 않으신다. 마치 전혀 모르시는 것처럼 우리를 대하신다. 성경에 나오는 하나님이 슬퍼하고, 후회하고, 분노하셨다는 등의 표현은 하나님이 우리를 강압적으로 대하시지 않으시고 인격적으로 대하신다는 것을 확인해 준다. 성경은 하나님과 인간의 인격적인 만남을 기록하고 있으며 또한 인격적인 만남이 가능하도록 인도해 주신다.

사람을 만날 때도 마찬가지다. 기독교인이 사람을 인격적으로 만난다는 사실은 단순히 사람을 만나는 것이 아니라 그 사람에게서 하나님의 형상을 기대하며 만나는 것이다. 하나님을 대신해서 존재하는 사람을 어떻게 함부로 대할 수 있겠는가? 하나님에게 위임받고 일을 하는 사람을 어떻게 무시할 수 있겠는가? 바로 이런 생각을 확실하게 뒷받침해 주는 사건이 예수 그리스도를 믿는 일이다.

인격적인 만남과
예수 그리스도

인격적인 만남에서 예수 그리스도는 어떤 의미가 있는가? 먼저는 하나님이 사람의 모양으로 우리에게 다가오시고 또 우리와 함께 계신다는 사실을 의미한다. 우리가 마주치는 모든 사람은 우리에 의해 결코 규정되지 않으며 판단될 수도 없다. 우리와 함께 계시는 하나님일 수 있기 때문이다. 둘째, 예수 그리스도는 하나님이 우리와의 관계에서 우리를 어떻게 대하시는지를 드러낸다. 그리고 셋째, 우리에 의해 얼마나 만홀히 여김을 받으시는지도 폭로한다. 하나님의 인간성을 계시한다.

따라서 하나님과 우리와의 관계 및 그 관계의 진상을 알기 위해 그리고 인격적인 관계를 회복하기 위해서는 예수 그리스도에 대한 믿음을 전제로 해야 한다. 왜냐하면 인격적인 관계는 믿음을 통해 역사하시는 성령께서 하나님과 우리를 연합시킴으로 가능해지기 때문이다. 나 아닌 다른 사람들에 대해 어떻게 대하느냐는 나와 예수 그리스도와의 관계, 곧 하나님과의 관계가 인격적인지 그렇지 않은지를 드러낸다.

인격적인
만남의 특징

인격적인 만남에서 가장 중요한 특징은 생각과 삶의 변화이다. 나에 대한 생각, 남에 대한 생각 그리고 하나님에 대한 생각이 달라진다. 물론 여기에 피조물도 포함한다. 사람에 따라 관점의 차이가 있지만, 인격적인 만남을 통해 인간은 어느 것 하나에 대해서도 소홀히 생각하지 않게 된다. 말과 생각과 행동의 변화를 일으킨다. 지성과 감성과 의지에 있어서 변화가 두드러진다. 품성에 변화가 일어난다. 사랑하고, 경청할 줄 알고, 신뢰할 줄 알고, 실천할 용기가 생긴다. 만일 인격적인 만남을 말하면서 변화되지 않았다면, 그것은 일시적인 감정에 사로잡힌 상태에서 일어난 착각이다. 단지 사람에게 잘 보이기 위한 인정욕구의 표현일 수 있다. 물론 인격적인 만남 이후에 지속적인 영성생활로 뒷받침하지 않으면 시간이 지남에 따라 변화를 추진하는 힘이 다소 떨어질 수 있지만, 인격적인 만남은 반드시 변화를 동반한다. 도대체 거룩하신 하나님을 만나고서도 변하지 않을 인간이 있을 수 있는가?

죄인이 거룩하신 자를 대하면 두려움에 사로잡힐 수밖에 없기 때문이다.

또 다른 특징은 하나님 앞에서 내가 누구이며 무엇을 해야 하는지가 분명해진다. 정체성이 확실해지고, 소명이 분명해진다. 하나님을 인격적으로 만났다고 하면서도 하나님과의 관계에서 그리고 타자와의 관계에서 내가 누구인지도 모르고 또한 무엇을 해야 하는지도 모른다면, 하나님과 인격적으로 만났다고 볼 수 없다. 이렇게 말할 수 있는 이유는 성경의 기록이 한결같이 이것을 증거하고 있기 때문이다.

인격적인 만남의 주도권은
하나님에게 있다

하나님과의 인격적인 만남에서 주도권은 언제나 하나님께 있다. 인간이 만나고 싶다고 해서 만날 수 있는 분이 아니다. 하나님은 당신의 주권적인 자유에 따라 만나 주신다. 당신이 원하는 때에, 당신이 원하는 방식으로, 당신이 원하는 장소에서, 당신이 원하는 사람을 만나 주신다. 그러므로 하나님과의 인격적인 만남을 준비하기 위한 방법은 가능하지 않다. 인격적인 만남에서 인간은 오직 말씀을 읽고 묵상하며 또 그 말씀에 순종하는 삶을 통해 기대할 수 있을 뿐이며, 만남이 실제로 일어나는 경우 그것에 대해 감사와 기쁨 그리고 변화된 삶으로 반응할 뿐이다. 그럼에도 하나님은 강압적인 방식으로 인간을 대하시지 않는다. 비록 예상치 못하는 새로운 방식과 모습으로 나타나시지만, 성경의 증거와 결코 무관하지 않으시며, 인간의 지정의를 염두에 두고 만나 주신다. 그렇기 때문에 하나님과의 만남은 매우 넓은 스펙트럼을 갖는다. 사람에 따라, 시기에 따라, 또한 형편과 처지에 따라 다르다.

영성 수련의
역할

다만 각종 영성 수련을 통해 어느 정도는 하나님의 만나 주심을 인지할 수 있고 또 그것에 합당하게 반응할 수 있다. 따라서 인격적인 만남을 위해서가 아니라 인격적으로 다가오시는 하나님을 인지할 수 있고 또 그런 인격적인 하나님에 대해 적합하게 반응하기 위한 신앙적인 노력을 꾸준히 기울여야 한다. 문제는 하나님이 만나 주시지 않는 것이 아니라 우리와 함께 계시는 분을 인지하지 못하는 것이다. 들어도 듣지 못하며, 보아도 보지 못하는 것이 문제다. 오직 기도와 말씀읽기와 묵상 그리고 순종과 실천만이 하나님이 인격적으로 다가오실 때 하나님을 인지할 수 있고 또한 부지중에 하나님을 인격적으로 만날 수 있도록 돕는다.

품성을 위한 꾸준한 노력 역시 하나님과의 인격적인 만남에 기여할 수 있다. 품성을 갖춘다고 해서 하나님을 만날 수 있는 것은 아니지만, 우리와 함께 계시는 하나님을 인지할 수 있고 또 그런 하나님을 사람에게 나타내 보일 수 있다. 품성은 하나님과의 인격적인 만남을 인지할 수 있고 또 그 관계 안에 머물 수 있게 할뿐 아니라 타인과의 인격적인 관계를 가능하게 한다.

정리해 보자. 하나님을 인격적으로 만났다 함은 우선적으로 하나님의 말씀에 따른 삶의 변화를 경험했다는 것이며, 하나님을 신뢰하고 또한 기대하며 살게 되었음을 의미한다. 그뿐 아니라 하나님의 말씀과 행위에 대해 지정의에 따라 적합하게 반응할 수 있는 상태가 되었다 함이다. 내가 이해하지 못하는 상황을 만났다 해도 하나님을 신뢰하며 인내할 수 있게 되었다 함이다. 여기에 덧붙여 하나님과의 관계에서 그리고 남과의 관계에서 내가 누구인지를 깨닫고, 하나님의 형상으로서 타자를 새롭게 발견하면서 사랑과 존중과 배려의 태도를 보인다. 여기에다가 좋은 품성을 형성하는 것은 인격적인 만남을 위해 결코 빼놓을 수 없는 일이다.

묵상과 토의를 위한 질문

....

- 하나님을 인격적으로 만났다는 말의 의미를 정리해 보자.

- 하나님을 만났다고 하지만 실제로는 그렇지 않은 경우에는 어떤 것들이 있는가?

- 인격적인 만남을 위해 우리가 해야 할 일이 있을까? 있다면 무엇일까?

- 인격적인 만남의 경험들을 서로 나누어 보자

자녀를
하나님께 맡겼습니다

"자녀를 하나님께 맡겼습니다."

"자녀 문제에 관한 모든 것을 하나님 앞에 내려놓았습니다."

기독교인 부모들과의 대화에서 자주 듣는 말이다. 자녀를 하나님의 선물로 여기면서 자녀에 대한 주권자의 위치를 주장하지 않고 오히려 하나님이 자녀들을 인도하시고 또 지켜 주실 것을 인정하고 또 기대한다는 의미로 이해할 수 있다.

그런데 이 말을 하는 부모의 상황을 염두에 두고 그 말의 의미를 가만히 곱씹어보면 전혀 다른 맥락이 작용함을 알 수 있다. 먼저 이 말은 대체로 초등학교 고학년 이상과 사춘기 자녀를 둔 부모에게서 자주 들을 수 있다. 부모가 더 이상 자녀를 통제할 수 없는 상황을 전제한다. 물론 그렇지 않은 경우도 있으나 대체로 그렇다. 그러므로 사무엘이 젖을 떼자마자(대략 3세) 평생 성막에 머물도록 했던 한나의 결정과는 전혀 다른 맥락이다.

아이들이 어려서는 실컷 부모의 뜻대로 교육하거나 혹은 하나님의 말씀에 따른다 하면서도 부모의 의지를 관철시키는 방식으로 아이들을 훈육한다. 그러다가 아이들이 커서 고집이 세지고 자기 주관을 강하게 드러내 부모와 마찰이 잦아지는 단계에 이르면(대개 사춘기 전후), 그때 비로소 자녀를 하나님께 맡긴다고 말한다. 이렇게 갈등이 계속되다간 아이의 성격에 문제가 생기겠다는 염려, 오히려 아이들이 빗나가겠다는 우려가 크게 작용한다. 자식 이기는 부모 없다는 사실을 실감한 후에야 부모로서 최소한의 책임자 역할이나 경제적으로 뒷받침 해 주는 지원자로서 입장 이외에는 더 이상 자신이 할 수 있는 일이 없다는 사실을 토로하는 의미에서 하는 말인 경우가 많다.

몇 가지
문제

초등학교 저학년까지는 어느 정도 부모가 통제할 수 있는 시기다. 저학년 부모들의 입에서 자녀를 하나님께 맡겼다는 말을 듣는 것은 드물다. 대체로 고학년 아이들의 부모나 사춘기와 그 이후의 청년기에 있는 자녀를 둔 부모들한테서 자주 들을 수 있다. 이런 부모에게서 듣는 "자녀를 하나님께 맡겼습니다."는 말은 실제로는 "나는 자녀를 통제하기를 포기했습니다."와 다르지 않다. 그런데 이것은 몇 가지 점에서 심각한 문제를 안고 있다.

첫째, 처음부터 주권자로서 하나님을 인정하면서 하나님의 뜻이 자녀 양육에서 실현될 수 있게 하는 것이 아니라는 점이다. 어려서부터 신앙적으로 잘 양육된 아이들이 있는가 하면, 그렇지 않은 아이들도 많다. 이런 아이들은 이미 세속화된 부모의 뜻과 생각을 통해 양육되어 있는 상태다.

세상 문화에 각인되어 있기 때문에 교회에 출석하는 아이들이라도 하나님의 뜻을 인지하고 받아들이게 하는 일에서 주일학교(초등부, 중·고등부) 교사들은 많은 어려움에 부딪힌다. 기독교적인 가치를 전하면서 실천을 강조하면, 왜 그래야 하는지를 따져 묻고, 복음과 함께 그 이유를 설명한다 해도, 다른 사람들은 안하는데 왜 자기가 해야 하는지 의문을 갖는다. 자신의 결정이 옳은 지를 묻지는 않고 자신이 결정했다는 것만으로 인정받으려 한다. 학교와 교회를 동일시해 학교 선생님에 대해 갖는 편견을 교회 선생님에게 노골적으로 드러낸다. 교회의 가르침과 훈계를 아예 받아들이려 하지 않는 경우도 적지 않다. 게다가 봉사와 헌신과 희생과 사랑 그리고 남을 돕는 일을 실천하는 일, 복음을 살아내기 위해서는 시간과 정성을 필요로 하는데, 이것을 강조하게 되면 자녀들의 성적을 염려하는 부모는 자기 안의 갈등을 해결하지 못하고 노심초사하며, 경우에 따라서는 대놓고 교회학교 담당 교역자나 교사들에게 불만을 털어놓는다.

둘째, 하나님께 자녀를 맡겼다는 말이 소위 교육 방식에서 자유방임이라고 말은 하지만, 실제로는 자포자기인 경우가 태반이다. 그리고는 부모가 포기한 신앙교육을 은근히 교회에 떠넘긴다. 교회가 아이들을 잘 교육해서 부모에게 순종하고 공부를 열심히 하는 아이가 되기를 기대한다. 하나님께 맡기는 것이 아니라 자신의 책임을 교회에 전가하는 경우다. 잘되면 좋고, 잘되지 않아도 어쩔 수 없다고 여긴다. 심한 경우 교회 교육의 영향력을 문제 삼아 시스템이 잘 갖춰진 대형 교회로 옮긴다. 자녀가 교회에 다니면서 변화되기를 기대한다는 이유로 교회를 옮기는 것이다.

셋째, 하나님께 맡겼다고 하나 실제로는 하나님이 원하는 방식으로 자녀를 교육하지 않는 것이다. 세상에 내맡겼다고 보는 것이 좋을 정도다. 이것은 하나님과 세상 사이에서 무엇을 선택해야 좋을지 모르는 갈등 상황에서 부모가 판단을 유보하는 행위일 뿐이다. 아이들의 고집을 꺾지 못한 책임감을 통감한 것까지는 좋지만 하나님이 원하시는 교육을 포기하고 세상에 방치하면서 하나님께 맡겼다고 말하는 것은 아무리 생각해도 옳지 않아 보인다.

넷째, 현실의 문제를 심리적인 위안으로 대체하는 것은 바람직하지 않다. 많은 부모들이 자녀를 하나님에게 맡겼다는 말을 하게 된 여러 동기들 가운데 하나는 갈등과 절망의 상황에서 듣게 된 말씀을 통해 받은 위로다.

두려워하지 말라. 내가 너와 함께 함이니라.

이것은 하나님의 일이 자신에게 일어나고 또 나를 통해 행하시도록 순종하는 사람에게 하나님이 주시는 말씀이지 갈등 상황에서 하나님의 방식을 포기한 사람에게 주는 말씀이 결코 아니다. 마땅히 현실이 되어야 할 것을 심리적인 위안으로 대체하려는 것은 회피에 불과하다. 더는 책임질 형편이 못 되는 상황에서 그리고 자신이 선택하는 일에 자신감이 없는 상황에서 자신을 위로하는 말씀으로 현실의 문제를 덮어두어서는 안 된다.

진정으로 자녀를
하나님께 맡긴다면

만일 하나님께 자녀를 맡긴다는 말을 한다면, 다음의 의미로 사용되어야 할 것이다.

첫째, 부모가 자녀의 양육문제에서 철저히 하나님을 신뢰한다. 하나님을 신뢰하여 하나님의 방식을 따르겠다는 고백이다. 하나님을 신뢰하지 않고 어떻게 자녀를 하나님께 맡기겠는가. 하나님을 신뢰해야 하나님의 방식으로 교육하는 과정에서 비록 부모 마음에 들지 않는 일이 발생한다 해도 인내할 수 있고 또한 기대할 수 있다. 예컨대 자녀가 학교 참고서가 아니라 성경을 볼 때 무슨 말을 하겠는가. 학원에 가는 것보다 교회 가는 것을 더 좋아한다면 부모는 무엇이라 말하겠는가. 예배하고 찬양하는 것을 더 좋아한다면 부모는 어떻게 반응할까? 학교 보충수업에 가지 않고 수련회에 참석한다고 하면 부모는 어떻게 반응할까? 하나님을 신뢰하지 않은 부모로서는 견디기 쉽지 않은 일임이 분명하다.

둘째, 하나님의 가르침과 하나님의 인도하심에 자녀를 맡긴다는 것이다. 이것은 자녀 양육에 있어서 신앙을 멀리하도록 하면서도 유익하다고 여겨지는 세상의 방식을 포기한다는 의미를 포함한다. 나와 내 집은 여호와만을 섬기겠다는 결심의 표현이다. 무엇보다 자녀들이 하나님의 말씀과 행위에 반응할 수 있도록 가르치는 것이다. 부모가 하나님을 신뢰하면서 자녀들을 교회 교육에 위임하는 것이다. 학교 교육을 중시하는 만큼 교회 교육을 중시하고, 교회 예배에 열심히 참여하도록 하고, 교회 선생님의 가르침을 잘 받도록 하며, 교회 프로그램에 참여할 수 있도록 하는 것이다. 물론 교회 생활에서 무절제한 삶은 건강한 일상에 방해가 될 수 있다. 만일 교회 생활이 학교 친구와의 관계에서 문제를 일으키거나 학교생활의 의미를 찾지 못하게 한다면 그것은 교회교육의 문제다. 교회교육은 일상을 더욱 적극적으로 또한 더욱 성실하게 살아가도록 돕는다. 결코 세상으로부터 고립을 추구하지 않는다.

예수가 12살이었을 때 가족은 그를 데리고 예루살렘을 순례하였다. 그런데 집으로 돌아오는 길에 예수가 없는 것을 발견했다. 아직 어린 예수를 잃은 것이라 생각한 부모와 친지들은 초긴장 상태에 있었을 것이다. 마침내 예수가 성전에서 어른들과 대화하는 모습을 본 부모는 한편으로는 안도했지만, 다른 한편으로는 예수의 태도를 경솔하다고 생각하였고 왜 이리 했느냐고 물었다. 어느 정도는 책망처럼 느껴지는 대목이다. 이때 어린 예수가 말한 것을 기억해 보라.

어찌하여 나를 찾으셨나이까? 내가 내 아버지 집에 있어야 될 줄을 알지 못하셨나이까?

12살 어린 아이의 입에서 나올 것이라고는 쉽게 상상할 수 없는 매우 당찬 말이다. 그런데 이 대화에서 매우 중요한 통찰을 얻는다. 부모는 자녀들이 자신 곁에 붙어 있는 것이 안전하고 또 마땅히 그래야 할 것으로 생각한다. 부모의 가르침, 부모의 문화, 부모의 삶의 방식을 따라야 한다고 생각한다. 이 일이 가능하도록 백방으로 노력한다. 경쟁사회에서 살아남기 위해 고액의 수강료를 지불해야 하는 학원에 보내고, 심지어 주일에도 학원에 가는 것을 당연시한다. 그러나 이런 노력을 기울이면서도 아이가 하나님의 양육을 받고 있으며 하나님의 인도 하에 있다는 사실을 부모는 전혀 생각하지 않는다. 물론 아이는 부모를 통해 하나님의 보호와 인도를 받는다. 부모는 보호자로서 아이에 대해 책임을 져야 한다.

그러나 어린 예수의 말에서 우리가 올바르게 독해해야 할 것은, 하나님과의 관계에서 아이가 부모의 생각에 맞는 방식으로 살아야 한다고 생각해서는 안 된다는 것이다. 도덕적으로나 윤리적으로 그릇된 일이 아니라면 그리고 광신적이라 할 정도로 무절제한 상태가 아니라면, 아이가 하나님의 가르침에 따라 사는 것을 부모가 막아서는 안 된다. 왜냐하면 자녀는 하나님의 소유이며 단지 부모에게 잠시 맡겨졌을 뿐이기 때문이다. 육체적인 생명을 보호하는 것은 부모가 해야 할 일이나, 하나님의 생명으로 살아가도록 하는 일에서는 부모는 아이가 하나님의 방식을 따르는 일을 지켜볼 수 있을 뿐 아니라 인정할 수 있어야 한다.

셋째, 자녀를 하나님께 맡긴다 함은 자녀를 위해 기도한다는 말이다. 앞서 말했듯이, 이것은 단지 부모가 자녀를 통제하는 일에서 더는 할 일이 없기 때문에 포기하는 의미에서 줄을 놓은 후에 그저 자녀가 잘되기를 원하기 때문에 기도한다는 말이 아니다. 오히려 부모가 자녀와의 관계에서 하나님을 더 신뢰하기를 배우는 일에서 자녀가 더 적극적으로 하나님과의 관계에 민감한 사람이 되기를 바라는 마음의 표현이다.

특히 자녀를 하나님께 맡기는 일에서 요구되는 것은, 자녀의 문제에서 부부의 일치다. 자녀교육에서 부부의 욕망이 서로 상충하면, 하나님께 맡긴다는 말 자체가 힘들어진다. 같은 말을 하면서도 서로 다르게 이해하거나,

누구는 세상의 길을 원하고 누구는 하나님의 길을 원하면 자녀를 하나님께 맡기겠다는 생각 자체는 오히려 갈등의 불씨가 된다. 심하면 부부가 이혼하는 원인으로 작용한다. 따라서 자녀의 신앙교육 문제에서 기독교인은 지혜를 발휘해야 한다.

넷째, 자녀를 하나님께 맡겼다고 말한다면, 이것은 자녀의 문제에서 부부가 서로 일치했다는 의미로 받아들여도 좋다. 그렇지 않다면 아직 현실로 옮기지 못한 상태에서 그렇게 되기를 바라는 기대의 표현일 수 있다. 혹은 실제로는 그렇지 않음에도 그렇게 말하면서 사람에게서 인정받고 싶은 욕망을 표현하는 것일 수 있다.

다섯째, 자녀를 하나님께 맡겼다 함은 자녀에게 일어나는 일에서나 혹은 자녀와의 관계에서 부모가 하나님을 만날 수 있는 가능성에 주목한다 함이다. 자녀의 하나님 경험을 통해 부모가 직접적으로나 간접적으로 하나님을 만날 수 있게 되는 것이다. 부모가 하나님을 신뢰할 때 가능한 일이라는 점에서는 하나님을 직접적으로 경험하고, 자신들에게 위탁된 자녀에게 일어나는 일을 접하면서 갖게 된다는 점에서는 간접적으로 하나님을 경험할 수 있다.

묵상과 토의를 위한 질문
·····························

- 자녀를 하나님께 맡겼다는 말의 의미를 정리해 보자.

- 기독교인으로서 사교육에 관해 토의해 보자.

- 자녀들에게 공부가 중요하지만 공부보다 예배가 더 중요하다고 말할
  수 있을까? 이것은 구체적으로 어떤 모습으로 나타날까?

하나님이
하셨다

관용적인
의미와 동기

　'하나님이 하셨다'는 말은 교회 행사를 마쳤거나 혹은 어려운 일을 극복한 성도로부터 흔히 듣는 고백이다. 어떤 일의 결과를 놓고 감사하며 말하기도 하고, 일을 시작하면서 하나님이 하실 것을 기대하거나 또는 확신하며 말하기도 한다. 하나님의 주권을 인정하는 교회 언어로 정착된 것 같은 느낌을 받는다.

　실제로 기독교에서는 이런 언어적인 관행을 하나님의 영광을 돌리는 방식의 하나로 여긴다. 연예인들이 각종 시상식에서 이런 표현을 자주 사용하는 것을 볼 수 있다. 그만큼 기독교인 연예인의 활약이 두드러진 것 같아 마음이 흐뭇하다. 곧 신실한 기독교인이라면 일의 결과를 놓고 하나님이 하셨다고 인정하는 것이 당연하며, 또한 그렇게 하는 것이 하나님의 영광을 드러내는 일이라고 믿는다. 기독교인은 모든 일을 성경이 증거하는 하나님과의 관계에서 생각하는 사람이고 또 그렇게 하도록 부름 받았기 때문이다. 현실적으로 볼 때, '하나님이 하셨다'는 표현을 통해 성도는 자신을 주장하거나 내세우거나 자랑하지 않게 되고 오히려 겸손한 마음을 갖게 된다.

이런 표현을 하게 된 직접적인 동기는 하나님이 세상 만물을 주재하신다고 믿기 때문이다. 세상을 창조하신 하나님이 섭리를 통해 세상을 다스리고, 우리 안에 소원을 두고 행하게 할 뿐 아니라 성령의 역사를 통해 그 일을 이루게 하신다는 믿음이다. 보이지 않는 하나님의 행위에 대한 이 믿음은 증명될 수 없다. 다만 성경에 기록되어 있을 뿐이고, 그것을 믿었으며, 교리라는 이름으로 학습된 것일 뿐, 직접적인 경험이나 검증을 통해 얻은 진술은 아니다. 그러므로 '하나님이 하셨다'는 말은 고백이다. 입으로 주를 시인하여 하나님께 영광을 돌리는 신앙적인 언어 행위 가운데 하나다.

남용은 아닌가?

문제는 이것이 자신의 의견을 주장하거나 자신의 행위를 설명하거나 심지어 주장을 정당화하려는 맥락에서 나타난다는 데 있다. 예컨대 하나님이 하실 것이라는 말은 대체로 일을 시작하기 전에 일의 결과를 기대하며 혹은 하나님을 신뢰하는 표현으로 사용된다. 그러나 이 말이 아직 일의 시작을 결정하지 못하고 주저하는 사람을 설득하기 위한 근거로 사용된다면, 적지 않은 문제가 발생한다. 만일 일이 기대대로 이루어지지 않았다면 어떻게 할까? 오히려 사람은 물론이고 하나님이 원하지 않는 결과로 이어졌다면 어떻게 받아들여야 할까? 그럼에도 하나님이 하셨다고 고백할 수 있을까?

이런 상황에서 우리가 종종 하는 또 다른 말이 있다. 우리에게 해결되지 않은 죄가 있기 때문이라는 것이다. 하나님의 뜻이고 또 하나님이 하시는 일이었지만, 우리에게 죄가 있기 때문에 잘못된 결과가 나온 것이라는 설명이다. 아간의 범죄로 인해 하나님의 뜻임이 분명한 일인데도 실패한 경우를 교훈 삼아 하는 말이다. 사실 회개하지 않은 죄 때문에 우리는 자주 일을 그르친다. 죄라는 것이 하나님의 말씀대로 살지 않은 것을 의미하기 때문이다.

그런데 만일 이 사실이 예외 없이 항상 옳다면, 하나님이 하실 것이라고 말하기 전에 죄의 문제를 철저히 해결해야 할 것이다. 그러나 도대체 인간으로서 살아가는 동안 자신의 죄를 온전히 해결할 수 있는 사람은 얼마나 될까? 이 사실을 진지하게 받아들인다면, 혹시 문제는 다른 곳에 있지 않을까? 문제는 고백의 언어가 행위를 정당화하는 데 사용되고 또 말의 설득력을 높이거나 혹은 자신의 뜻을 관철시키려는 의도 혹은 목적에서 사용되는 것이다. 고백은 하나님과 자신의 인격적인 관계를 사람들 앞에서 공개적으로 드러내는 언어 행위다. 그것은 오직 하나님과의 관계에서 자신이 누구이고 또 하나님이 어떤 분임을 나타낼 목적으로 행하는 것이다. 자신의 고백을 다른 사람에게 강요하거나 혹은 그것을 통해 다른 사람의 생각을 바꾸거나 혹은 자신의 뜻과 생각을 관철시키려는 의도나 목적에서 행하는 것은 십계명 중 세 번째 계명을 어기는 일이며 또한 일종의 언어 폭력이다. 폭력이라는 것이 기본적으로 자신의 뜻을 관철시키기 위해 동원되는 물리적 혹은 언어적 행위이기 때문이다. 듣는 사람이 감당할 수 없음에도 자신의 뜻을 관철시키기 위해 혹은 듣는 자의 생각과 뜻과 의지를 바꾸기 위해 고백한다면, 그것은 언어 폭력과 다르지 않다.

목회자의
언어 사용

한편 이런 언어를 자주 듣게 되는 때는 성도의 일상적인 대화이지만, 가장 많은 경우는 설교이다. 목회자들의 설교는 고백언어로 가득 차 있다. 설교라는 것이 본래 하나님이 행하신 일(하나님의 행위들)을 전하는 일이기 때문에 어쩌면 당연한 일이다. 그러나 하나님의 행위를 전하는 것과 고백하는 것은 구별해야 한다. 고백은 개인이 하나님과의 관계를 분명하게 밝히는 일이다. 개인의 확신에 불과한 것을 인간의 소통 관계에서 사용할 때는 매우 조심해야 한다. 설령 '하나님이 하셨다'와 같이 보편적으로 이해될 수 있는 경우라 해도 마찬가지다. 개인에 따라 다르게 경험될 수 있고 또 이해될 수 있기 때문이다.

예컨대, 불법적으로 혹은 편법적으로 일을 했으면서도 결과가 좋게 나왔다고 해서 '하나님이 하셨다'고 고백하는 것은 옳지 않다. 성경에 기록된 내용을 바탕으로 하나님이 행하신 일을 말하고 또 설명하는 것은 큰 문제가 아니다. 문제는 하나님이 행하신 일을 오늘 우리의 삶에 적용하는 과정에서 나타난다. 성경은 우리가 하나님의 말씀에 순종하면서 하나님의 행위를 기대하고 또 신뢰할 것을 강조한다. 그러나 개인 신앙의 확신을 표현하는 고백을 사용하면서 다른 사람이 당연히 받아들일 것을 요구한다면—왜냐하면 설교는 단순히 듣는 수준을 넘어 그 성격상 받아들일 것을 전제하기 때문이다.—듣는 자에게 일종의 폭력으로 여겨질 수밖에 없다.

고백은 합리적이고
공감적이어야

이런 문제를 피하기 위해서는 하나님의 행위를 나의 고백으로 삼는 일은 개인 차원으로 제한하고, 만일 하나님을 함께 고백하기를 원한다면, 듣는 자들이 공감할 수 있도록 설득력 있게 설명해야 한다. 함께 고백할 수 있는 합당한 이유를 제시해야 한다. 예를 들어 '하나님은 선하시다'고 말한다면, 무조건 이것에 아멘하도록 강요하기보다, 왜 그러한지를 설명해 주어야 한다. 설교는 비합리적인 언어를 허용하는 것이 결코 아니다. 비합리적인 사건이나 비가시적인 하나님의 행위, 곧 비합리적인 의미를 듣는 자들과 공유할 수 있도록 노력하는 곳이기는 하나, 언어는 철저히 합리적으로 사용되어야 하고 또 성도가 듣고 이해할 수 있는 언어를 사용해야 한다. 아직 충분히 소통되지 않았다면, 설교에서 개인적인 고백은 자제해야 한다. 굳이 해야 한다면, 모든 것을 설명한 후에 해야 한다. 이런 점에서 '하나님이 하셨다'고 말하기 전에, 먼저 그 일이 인간에 의해 정당하게 이루어졌는지를 충분히 검토하고 또 설명할 필요가 있다. 우리의 고백으로 삼을 만한 이유가 충분히 설명되어야 한다.

권력관계를
드러낸다

또한 '하나님이 하셨다'는 말은 일종의 권력관계를 드러낸다. 이 말을 하게 되면 경쟁관계에 있는 일은 어쩔 수 없이 평가절하된다. 입시에 합격한 사람이 '하나님이 하셨다'고 고백한다면, 하나님은 다른 사람을 떨어뜨리시는 분이 된다. 다른 사람의 일은 잘 되지 않은 상태인데, 자신의 일이 잘 되었다고 해서 하나님이 하셨다고 말하면, 다른 사람의 경우는 하나님이 하시지 않았기 때문에 실패한 것일까?

경쟁 혹은 갈등관계로 가득하고 복잡한 역학관계가 작용하는 현대 사회에서 이런 고백은 하나님을 부당하게 편파적인 분으로 전락시킨다. 그뿐만 아니라 '하나님이 하셨다'는 말은 일종의 선언이기 때문에, 일의 결과에 대해 어떤 이의도 제기할 수 없게 한다. 이를 통해 일의 진행 과정에서 발생한 잘못을 은폐하기도 하고, 합리적인 논의조차 허용하지 않는다. 개인의 잘못조차 하나님의 섭리로 묻어 버리려고 한다.

이런 고백이 잦은 교회일수록 비합리적인 일이 가득하고, 교회 안의 누군가는 설령 본인은 의도하지 않더라도 부당하게 권력을 얻는다. 교회에서 결코 일어나선 안 되는 일이 발생한다. 왜냐하면 하나님이 하셨음을 선언하기 위해서는 결과를 평가할 기준이 필요한데, 그것은 대체로 사람의 이해관계에 좌우되기 때문이다.

그렇다면 교회의 일과 관련해서 바람직한 언어 행위는 무엇일까? 일의 진행 과정은 합리적이어야 하고, 투명해야 한다. 그리고 정의에 따라 행해져야 하고, 결과는 공정하게 평가되어야 한다. 이렇게 일을 다 마쳤을 때, 그때 비로소 우리는 하나님이 하셨다고 고백할 수 있다. 개인 차원의 고백이 아니라 공동체의 고백으로 기쁨으로 고백할 수 있다.

고백은
하나님에 대한 기대

끝으로 '하나님이 하실 것이다'는 말은 같은 맥락에서 이해될 수 있지만, 조금 다른 맥락에서 살펴볼 필요가 있다. 예를 들어 어려움을 만나 그것으로 고민하며 발을 동동 구를 때 종종 듣는 말이 있다. 하나님이 하실 것이다, 그러니 조급해하지 말고 기도하며 기다리라는 말이다. 입시 준비를 하는 청소년들이나, 직장을 구하는 청년, 어려움에 직면해서 해결책을 찾는 사람이 종종 듣는 말이다. 위로하고 또 격려할 목적으로 하는 말이라고 생각하고, 실제로 위로를 받는 경우가 있지만, 실제적으론 아무런 도움이 되지 않는다. 자신이 행해야 할 일을 하나님에게 미루는 핑계에 불과하기 때문이다. 어려운 문제에 봉착하거나 혹은 어려운 일을 만난 사람에게 필요한 것은 구체적인 도움이다. 상대의 형편을 들어 알게 되었다면 그리고 그것을 위해 구체적으로 기도할 마음이 생겼다면, 무엇보다 그 문제 때문에 고통 중에 있거나 심적으로 힘들어하고 있는 사람에게 도움이 될 만한 일을 해야 하지 않을까? 다만 말로만 하는 것은 오히려 그 문제 해결을 위해 행하실 것으로 기대된 하나님에 대한 의심과 불신을 일으킬 수 있다. 단순한 립 서비스로 끝나지 않기 위해서는 자신의 고백이 현실이 될 수 있도록 고통을 함께 나누는 노력이 필요하다.

묵상과 토의를 위한 질문

- 하나님이 하셨다는 말을 언제 어떤 의미로 사용했는지 생각해 보고 서로 나누어 보자.

- 하나님이 하셨다고 인정하는 신앙은 하나님에 대한 어떤 신앙에서 비롯하는가?

- 하나님이 하셨다는 말의 의미에 대해 정리해 보자.

부활의
주님을 만나다

부활절

메시지

"예수님[하나님]을 인격적으로 만나다"는 말과 유사하게 사용되는 표현 가운데 "부활의 주님을 만나다"가 있다. 양자의 의미는 비슷하면서도 다르다. 특히 부활절마다 듣는 대표적인 메시지는 '부활의 주님을 만나야 한다.' 는 것이다. 죽어 더 이상 생명의 능력을 나타내지 못할 뿐 아니라 인간에 의해 좌지우지되는 우상이 아니라, 비록 죽었으나 부활 후 살아 계시어 지금도 역사하시며 세상을 다스리시며 나를 주관하시는 주님을 만나야 한다 함이다. 특히 사도 바울의 경우를 들면서 부활의 주님을 만날 때 삶의 중심에서 변화가 일어날 수 있다고 강조한다. 예수님의 죽음과 부활 후에 무엇이 일어나고 또 무엇이 바뀌었을까?

부활의 주님과

삶의 변화

부활의 주님을 만날 때 사람들은 왜 변화되는 것인가? 당연히 변화되어야 하는 기대는 옳은 것일까? 그리스도 이후(예수가 승천하여 육체적으로 현존하지 않는)의 시대를 사는 모든 사람이 만나는 주님은 부활의 주님이 아닌가? 부활의 주님을 만난다는 것은 어떤 특별한 의미가 있는 것일까?

불교 전승 가운데 "부처를 만나면 부처를 죽여라"는 말이 있다. 석가의 유언으로 알려져 있다. 그야말로 전승되는 말(전설)일 뿐이니 사실 관계는 확인할 수 없다. 다만 이 말이 세상에 널리 알려진 것은 당나라 선승으로 임제종을 창시한 임제 선사가 아닐까 추측되고 있다. "임제록"의 핵심은 종종 '평상심이 곧 도'라는 의미의 "평상심시도(平常心是道)"로 요약되는데, 그는 이런 사상을 통해 깨달음에 있어 기성의 권위를 철저하게 부정하였고, 심지어 봉불살불(逢佛殺佛: 부처를 만나면 부처를 죽이라)이나 봉조살조(逢祖殺祖: 조사를 만나면 조사를 죽이라)를 강력하게 설파하였다고 알려진다.

깨달음 자체인 부처를 깨달음을 위해 죽이라는 말은 쉽게 이해되지 않는다. 그러나 깨달음을 위한 노력은 무엇을 깨달았다고 해서 멈추어서는 안 된다는 권고의 의미로 보면 어느 정도 수긍할 수 있다. 깨달음 자체가 고착화 되어 계속되어야 할 수련을 방해하는 요인으로 작용하면 안 되기 때문이다. 그 뿐 아니라 임제 선사는 이 말을 통해 모든 깨달음에서 자신이 주인임을 결코 망각하지 말 것을 환기하였다고 한다. 깨달음에 있어서 주인의식을 강조한 까닭은 그것에 대한 책임을 질 수 있어야 하기 때문이다.

이즈음에서 덴마크 출신의 실존철학자 키에르케고르(Søren Kierkegaard)가 떠올려진다. 그는 철학을 일종의 집짓기로, 철학사상을 집으로 비유했는데, 많은 사상들을 텅 비어 있는 집으로 비유했다. 철학자들에 의해 지어졌고 또 비록 겉모양은 화려하다 해도 그 자신뿐만 아니라 누구도 그 집에 살지 않는 집이라는 말이다. 자신의 사상에 대해 책임을 지지 않는다면, 그것은 대체 무슨 의미가 있단 말인가. 이런 의미에서 깨달음에 있어서 주인이 되라는 말은 깨달음에 대해 스스로 책임을 질 수 있어야 한다는 말로 이해할 수 있다. 깨달음만이 아니라 실천의 삶을 더 중시하는 사상이다.

그러므로 부처를 만나면 부처를 죽이라는 말은, 깨달음을 위한 노력은 어느 한 순간에 결코 멈춰서는 안 되며, 또한 어떤 깨달음이든 자신이 주인의 위치에 있어야 하고 그것은 현실로 나타나야 진정한 깨달음이 된다는 것을 망각해서는 안 된다는 의미로 이해할 수 있겠지 싶다.

"나를
붙들지 말라"

먼저 이런 질문을 생각해 보자. 깨달음은 왜 멈추어선 안 되는 것인가? 인간은 죽기까지 깨달음을 위한 노력을 멈추지도 말고 또 게을리 하지 말아야 하는가? 인간은 도대체 언제 또 어디서 쉼을 얻을 수 있는가?

『사피엔스』와『호모 데우스』로 잘 알려진 유발 하라리(Jubal Harari)는 이 질문에 대한 답을 이원론적인 세계관에서 찾았다. 다시 말해서 영혼의 세계와 육의 세계가 서로 구분되어 있다고 믿고, 육에 갇힌 영혼이 다시 자기 세계로 돌아가야 한다고 생각하는 생각이 끊임없는 구도자의 자세를 갖도록 한다는 말이다. 전형적으로 고대 희랍 사상 전통에 닿아 있는 말이다.

그렇다면 이원론적인 세계관이 아닌 기독교에서는 어떤가? 기독교는 깨달음과 관련해서 무엇이라 말하는가? 이와 관련해서 성경에서 우선적으로 주목을 끄는 구절을 보자.

> **마태복음 11장 28절** 수고하고 무거운 짐진 자들아 다 내게로 오라 내가 너희를 쉬게 하리라.

기독교인은 예수님으로부터 쉼을 얻을 수 있다. 구도의 노력은 예수님에게서 멈춘다. 예수님은 우리 삶의 의미이고 구원자이기 때문이다. 아우구스티누스는『고백록』에서 이렇게 말했다.

오 하나님, 당신 자신을 위해 우리들을 만드셨고, 당신 안에서 안식을 발견하기까지 우리의 마음은 안식할 수 없습니다.

매우 잘 알려진 내용이다. 젊은 시절 종교와 학문에 기울인 숱한 노력들을 예수 그리스도를 믿은 후에 돌아보면서, 그것이 비록 구도자와 학문하는 자의 자세로 바람직하다고 여겨질지라도, 그것은 다만 추구하는 일이었을 뿐 안식이 없는 삶이었음을 인정함과 동시에 오직 예수 그리스도를 통해 계시된 하나님 안에만 안식을 발견할 수 있었다는 고백이다. 하덕규 역시 예수를 믿기 이전과 이후의 상태를 비교하면서 만든 "가시나무"라는 노래에서 예수를 믿기 전의 삶이 자신으로 가득 채운 삶이었지만 안식도 평안도 없었다고 고백한다.

예수님의 말씀과 어거스틴의 고백에 따르면, 기독교는 길을 가다 하나님을 만나면 하나님을 죽이라는 말을 결코 할 수 없으며, 오히려 그분을 예배하며 또 그분 안에서 안식하라고 말해야 할 것이다. 기독교인은 예수님을 만나면 그분을 예배하고 그 안에서 안식할 뿐 아니라 다른 사람들도 같은 은혜를 받도록 노력한다. 기독교인에게 구도자의 자세가 필요하다면, 그것은 선교를 위한 노력이다.

그런데 실제적으로 볼 때 이런 멈춤과 안식은—만일 선교의 노력이 빠진다면—한편으로는 은혜이고 또 매우 평화로운 전경을 펼쳐 주면서도 다른 한편으로는 매우 위험한 유혹으로 작용한다. 왜냐하면 제도를 만들어 질서를 유지하고, 성도의 삶의 안정을 보장해 주면서도 체제를 유지하는 권위에 복종할 것을 요구하고, 변화에 저항하며, 새로운 시도를 불필요하게 생각하면서 혁신이 없는 삶으로 이어질 수 있기 때문이다. 흐르지 않고 고인 물처럼 될 수도 있다. 그래서 "개혁교회는 날마다 개혁되어야 한다(ecclesia reformata semper reformanda est)."는 말이 나오게 된 것이리라.

생각해 보면 모든 종교는 늘 이 두 가지 축 사이에서 오가면서 스스로를 자리매김했던 것 같다. 다시 말해서 교회는 한편으로는 여러 교회 행위를 통해 성도가 요구하는 마음의 평안과 삶의 안정을 보장해 주고, 다른 한편으로는 성도가 전통에서 지나치게 앞서 나가지 않도록 관리하고 통제해 왔다. 고대 교회로부터 지금까지 교회를 분열시키는 것을 가장 큰 죄로 여겨왔다는 것은 단적인 예이고, 마르틴 루터의 종교개혁을 가톨릭교회가 교회개혁이 아니라 탕자의 의미로 받아들이려 했던 이유이기도 하다. 그때나 지금이나 교회는 진리보다 제도로서 교회를 유지하는 것에 더 큰 의미를 부여하고 있는 것은 아닌지 모르겠다.

쉼과
안식

예수님 안에서 쉼을 발견하고, 하나님 안에서 안식한다는 말이 진정 이것을 의미하는 것일까? 교회의 안정과 성도의 삶의 안정이 안식을 의미하는 것일까? 그래서 부활의 주님을 만나면, 그분을 죽이지 말고 혹은 그분보다 앞서 가거나 그분을 넘어서지 말고, 그분 때문에 넘어지지 말고, 오직 그분 안에서 안식하며 삶의 평안을 누리며 사는 것을 당연하게 여겨야 할까?

진리와 관련해서 안식을 말한다면, 사실 그렇다고 말할 수 있다. 성도는 예수님을 만나면서 비로소 자신이 누구인지를 알고, 어디로 가야하는지를 알며, 삶의 의미를 발견하고, 또 참 진리를 만난다. 그야말로 예수님 안에서 안식할 수 있다. 그런데 혹시 이것은 안식이 아니라 안주로 이어지게 하는 덫은 아닐까?

안주는 그곳이 편안하기 때문에 눌러앉는 삶의 형태를 말한다. 더 이상 욕망할 것도 없고 또 더 이상 새로운 것이 없다고 생각하면 더 이상 추구할 일도 없어진다. 세상에서 아무리 새롭고 신기하고 충격적인 일을 만나도 예수 그리스도를 만나고 난 후에는 큰 의미로 다가오지 않기 때문이다. 마치 예수님과 함께 산에 오른 베드로가 예수님의 변화를 보았을 뿐 아니라 모세와 엘리야와 대화하는 모습을 보고 '여기가 좋사오니 이곳에 장막을 치고 머물면 좋겠다'고 말한 것과 다르지 않다. 이것은 안식이 아니라 안주다.

이에 비해 하나님은 창조의 6일을 보내신 후에 제7일에 안식하셨다. 창조하신 것으로 만족하셨고, 하나님의 만족을 성경은 '하나님이 보시기에 좋다'는 평가로 표현하였다. 하나님의 말씀대로 또 하나님의 뜻대로 된 것을 두고 한 말이며, 이런 세상이 되기를 바라는 신앙인의 마음을 이렇게 고백한 것이라 보아도 좋겠다. 창세기 1장의 기록은 안식을 지향하고 있는데, 이는 마치 하나님이 세상에 거하시기 위해 당신이 머물 장소를 준비하는 것처럼 보인다. 하나님은 어디에 계시는가? 이 질문과 관련해서 성경은 하나님의 말씀대로 되는 세상에서 거하시며 안식하신다고 대답한다.

그런데 안식일 논쟁에서 예수님은 하나님의 안식을 말하면서 '하나님은 지금도 일하신다.'고 말씀하셨다. 이것은 무엇을 의미할까? 하나님은 창조 후에 안식하신 것이 아니었나? 하나님이 창조 후에도 여전히 일하시고 계신다면, 하나님의 안식은 대체 어떤 의미일까? 안식에 대한 생각을 수정할 필요를 강하게 느끼는 말씀이다.

우리가 혼동을 느끼는 이유는 안식을 잘못 이해하고 있기 때문이다. 안식은 일을 다 마쳐 더 이상 할 일이 없다는 의미는 아니다. 안식은 그저 누리는 삶을 말하는 것이 아니며 더 이상 추구할 일이 없다는 것을 말하지도 않는다. 그러나 우리는 그렇게 이해한다. 많은 사람들은 안식이란 말과 함께 쉼을 생각하고 또 세상으로부터 구원받은 자가 누리는 지극한 복락의 삶을 떠올린다. 잘은 모르지만 아마도 종말이 오고 하나님 나라가 온전히 임하게 된다면 그렇게 될 것이다. 요한계시록도 그렇게 전하고 있다.

그러나 적어도 세상에 머무는 동안 안식은 완성된 것들이 온전히 지켜지도록 기울이는 노력을 포함한다. 다시 말해서 안식은 모든 것이 하나님의 뜻대로 된 세상에서 하나님이 거주하시는 사실을 말하는 것이기 때문에, 비록 우리가 예수 그리스도로부터 안식을 발견했다 해도, 하나님의 뜻이 우리 안에 그리고 세상에서 온전히 현실이 되기까지 우리의 안식은 결코 누리는 삶과 동일시 할 수 없다.

바로 이런 생각을 깨는 일이 예배와 봉사와 교육과 교제 그리고 선교에 대한 명령이다. 예수 그리스도 안에서 안식을 발견하는 자는 무엇보다 먼저는 하나님을 예배하는 자로 부름 받은 자이고, 이웃을 사랑하고 교제하며 섬기도록(돕는) 부름 받은 자이며, 또한 우리가 믿는 하나님이 참 하나님이심을 다른 사람이 인정하고 또 믿을 수 있도록 복음을 지키고 가르치고 전하는 자로 부름 받았다. 따라서 기독교인은 좋은 품성을 형성하려고 노력하면서 종말이 오기까지 깨어 있고, 최선을 다해 부르심에 합당하게 살며, 우리 주변에 있는 연약한 이웃들을 돕는 일에 열심을 다하면서 복음을 전하는 사람이다. 머물러 있거나 안주하는 자는 하나님의 안식에 들어가기에 부족한 사람이다.

그렇다면 "부처를 만나면 부처를 죽이라"는 말처럼 우리도 "그리스도를 만나면 그리스도를 죽이라"고 말해야 할까? 그렇지 않다. 임제 선사가 이 말을 주인의식과 연결시켜 설파한 사실에서 엿볼 수 있듯이, 불교에서 부처는 곧 '참 나'다. 결국 인간이 만나게 되는 부처는 인간 자신의 본질이며, 이것은 지극히 주관적인 측면을 갖는다. 상호주관성 혹은 객관성 혹은 보편성을 얻기 위해서는 자신을 거듭 거듭 극복해야 한다. 그래서 부처를 만나면 부처를 죽이라는 말이 가능해진다. 보편적인 나의 모습을 깨닫게 될 때까지 그리해야 한다.

예수님도 그렇고 사도 바울도 강조하여 말했지만, 우리 각자는 자기 십자가를 지고 가야 한다. 자기 십자가를 지고 간다 함은 예수 그리스도를 위해, 이웃을 위해 자신을 죽이라는 말과 다르지 않다. 사도 바울은 비록 박해받는 상황을 염두에 두기는 했지만, 날마다 죽는다고 말했다. 때로는 자기 스스로를 쳐서 복종시킨다고도 말했다. 이 땅에서 사는 동안 욕망이 일어나는 일을 막을 수 없기 때문에 스스로 채찍질 하면서까지 욕망을 억제하고 하나님의 뜻이 자신에게 일어나기를 노력했다는 말이다. 결국 기독교 역시 하나님의 영광을 위해 끊임없는 자기 부정을 요구한다고 이해할 수 있다. 한 걸음 더 나아가서 원숙한 신앙의 경지에 이르렀다고 평가되는 시기에 사도 바울은 자신이 얻고자 하는 바를 이미 얻었다고 생각하지 않고 푯대를 향하여 계속해서 나아간다고 했다. 이렇게 보면 기독교인 역시 그리스도를 만나면 그것으로 만족하지 말고 계속해서 더 나아가야 할 것으로 생각된다. 계속적인 구도자로서의 삶을 위해 그리스도를 만나면 그리스도를 죽여야 할까? 정말 그럴까?

불교는 깨달음을 추구하는 종교이고 자기 수양을 중시하는 종교다. 끊임없이 정진함으로써 마침내 깨달음에 이르기까지 노력할 것을 요구한다. 그러나 기독교는 계시의 신앙이다. 예수 그리스도는 부활하여 살아 계신다. 우리가 진리를 향해 나아가기보다 오히려 살아 있는 하나님으로서 진리가 우리에게 다가오며, 이때 우리는 진리를 인정하고 받아들이기를 요구받는다. 그러므로 기독교인이 그리스도를 만나는 일은 우리가 노력해서 얻어지는 일이 아니라 부활하시어 살아 계신 그리스도께서 성령을 통해 우리에게 찾아오심으로 이루어지는 일이다. 그리스도를 죽이기보다 오히려 영접하여 그의 은혜 안에 머물러 있기를 요구받는다. 더 지혜롭게 되고 또 더 풍성한 삶을 위해 혹은 자신의 뜻과 주관에 따라 살 수 있기 위해 혹은 더는 하나님을 의지할 필요가 없는 삶을 위해 선악과를 따 먹기보다 생명나무 실과를 따 먹고 하나님의 은혜 안에 머물러 있고 또 철저히 그분을 신뢰하기를 원하신다.

문제는 우리에게 오신 그리스도를 우리가 좌지우지하려는 것이다. 마치 자신이 노력해서 얻은 것처럼 생각할 때 이렇게 된다. 예수께서 부활 후에 막달라 마리아에게 나타나셨다. 그녀가 예수님을 만지려고 할 때 예수님은 그 행위를 금하셨다. "나를 붙들지 말라(me mou haptou) 내가 아직 아버지께로 올라가지 아니하였노라"고 말씀하셨다. 헬라어에서 이 말(haptou)은 대상을 자신의 소유로 삼기 위해 손으로 적극적으로 붙잡는 행위를 포함하고 있다고 한다. 이에 따르면 '나를 붙잡지 말라'는 비록 사랑하는 관계라 하더라도 나를 너의 소유로 삼으려 하지 말라는 의미다. 다시 말해서 사람의 모양을 입고 지상에 머무는 동안 예수님은 아버지의 뜻에 따라 인간의 손에 내어준 바 되었지만, 부활 후 주님은 누구에 의해서도 붙잡히지 않는 존재, 곧 인간의 생각이나 뜻이나 권력에 의해 결코 붙잡히지 않는 존재가 되신 것을 환기한다. 예수님은 살아 계시는 하나님의 아들로서 우리가 결코 좌지우지할 수 없는 분이다.

부활의 삶은 나는 죽고
내 안에 그리스도가 사는 삶

부활을 통해 우리와 예수님과의 관계에서 변화가 있어야 한다면, 우리가 생각하고 믿는 바대로 믿고 또 주장하지 않는 것이다. 이것은 필연적으로 바울이 갈라디아 교회에 보낸 편지에서 언급하고 있는 "육체의 일"로 이어진다(갈 5:). 예수님은 우리의 필요에 따라 존재하고 또 행하시는 분이 아니시다. 부활의 주님은 인간의 편견과 선입견에서 벗어나 하나님의 주권적인 자유에 따라 행하신다. 예수님은 우리의 생각이나 신념에 따라 붙잡히는 존재가 아니다. 교회의 전통에 따라 반드시 그렇게 믿어야 한다고 주장할 수도 없다. 부활의 주님은 전혀 새로운 존재, 전혀 예측할 수 없는 전적인 타자로 오신다.

그러므로 기독교인이 부활하시고 승천하신 후에 성령을 통해 우리에게 오시는 그리스도를 만나면 우리는 우리 자신의 생각을 죽이고, 신념을 죽이고, 계획을 내려놓고, 심지어 그분에 대한 우리가 옳다고 생각하는 믿음까지도 내려놓고 그분이 나타나시는 대로, 그분이 이끄는 대로 순종하며 따라야 한다. 여기에 진정한 쉼이 있기 때문이다.

미래와의 만남

끝으로 부활의 주님을 만난다 함은 미래와의 만남을 의미한다. 부활의 주님은 승천하셨다. 한편으로는 선재(先在)하여 계신 곳으로 돌아가신 일이지만 다른 한편으로는 장차 오실 곳으로 가신 것이다. 사도신경에는 예수께서 부활 후에 하늘에 오르시고 아버지 우편에 앉아계시다가 거기로부터 심판자로 다시 오실 것을 믿는다는 고백이 포함되어 있다. 그러므로 승천은 예수님이 다시 오실 곳에 계신다는 것이며, 그곳에서 우리에게 오신다 함은 비록 우리는 현재에 주님을 만난다 해도, 그분은 사실 우리의 미래로 오신다는 의미로 이해할 수 있다. 우리가 부활의 주님이며 다시 오실 주님을 만나는 일은 미래를 만나는 일이다. 그분을 만나고 사는 일은 비록 시점은 현재라도 사실은 미래를 사는 것이다. 그분을 비껴가면 우리는 과거에 머물러 있거나 기껏해야 현재를 살 뿐이다.

부활의 주님을 만나는 일은 우리에게 나타날 미래를 앞서 경험하는 일이다. 그렇기 때문에 우리 눈에 보이지 않고, 우리에 의해 판단되지 않고, 우리에 의해 쉽게 인식되지 않는다. 오직 주님이 우리에게 나타나셔야 볼 수 있고, 그분이 우리에게 말씀하셔야 눈이 열리며, 그분이 우리와 함께 계실 때 비로소 우리는 현재가 아니라 미래를 살고 있음을 깨닫는다. 그분을 만날 때 우리의 과거가 무엇을 의미하는지 분명해지며, 우리가 지금 어느 길을 걸어야 할지 밝히 드러나며, 우리가 장차 어떻게 될지에 대한 걱정과 근심이 사라진다.

부활의 주님을 만났다 함은 성령께서 우리 안에 내주하신다는 것을 의미한다. 비록 현재를 살고 있다 해도 실상은 미래를 사는 것이다. 사도들이 부활의 증인으로 부름 받고 위험한 현장으로 그렇게 담대히 나아갈 수 있었던 까닭은 그들이 부활의 주님을 만났을 뿐만 아니라 성령이 그들과 함께 계셨기 때문이다. 성령 안에서 미래를 살았기 때문에 두려워하지 않을 수 있었다. 오늘 우리에게 이 일은 나뉘어 나타나지 않는다. 부활의 주님을 만난다는 것은 성령으로 가능한 일이며, 성령이 내 안에 거하시면, 우리는 부활의 주님을 만난 것이다.

묵상과 토의를 위한 질문

- 오늘 우리에게 부활은 무엇을 의미할까? 죽은 후에 일어날 사건인 가, 아니면 이 땅에서 새로운 삶을 사는 것을 의미하는가?

- 기독교인 구도자로서 삶에 관해 이야기해 보자.

- 하나님 안에서 안식은 무엇을 의미하는지 이야기해 보자.

예배를 드리다?
예배하다?

보다

'예배를 드리다'는 신앙생활에서 가장 많이 듣고 또 사용하는 말이다. 예배는 기독교 신앙생활에서 처음과 나중이기 때문이다. 과거에는 예배를 '보다'는 말을 많이 들었는데, 가톨릭교회에서 사용하는 '미사를 보다'는 말에 영향을 받은 것은 아닌지 싶다(사실 가톨릭교회도 '미사를 보다'는 말에 대한 비판적인 견해로 지금은 이런 표현보다 '미사에 참여하다'를 선호한다). 이것이 예배 행위(의식)를 지켜보는 방관자적인 의미를 갖고 있어 예배자로서 바람직하지 않다는 이유로 더는 사용되지 않고 있다. 물론 '보다'는 말이 시각적인 행위만을 가리키지 않고 '경험하다'는 의미도 있어서 꼭 의식을 지켜보는 태도를 가리킨다고 단정할 수는 없다. 그러나 미사와 관련해서 사용된 '보다'는 분명 사제의 미사 집례 행위를 보는 행위를 의미한다. 그런데 이것이 개신교 예배와 관련해서 시각적인 의미였는지 아니면 경험적인 의미였는지 또 어떤 의미로 사용했는지를 단정 짓기는 매우 어렵다. 그래서 '예배보다'는 표현은 개신교 내에서 더는 사용되지 않는다. 그럼에도 믿지 않는 사람이나 연로하신 분들께 가끔 들을 수 있다.

드리다

'드리다'는 예배자의 태도와 관련해서 생각하면 '보다'보다 훨씬 나아 보인다. 방관자가 아니라 공손한 태도로 예배에 참여하는 자의 모습을 엿볼 수 있기 때문이다. 몸과 마음을 준비하여 예를 갖춰 드리는 예배를 떠올리게 한다. 그런데 이것 역시 정당한지 따져보아야 한다.

일단 성경에 보면 예배를 '드린다'는 표현이 없다. 모두 '예배하다'로 번역하여 사용하고 있다. 다만 로마서 12장 1절을 번역하면서 직역으로는 '너희의 영적 예배'라는 헬라어 표현을 '너희가 드릴 영적 예배'로 번역하였다. 여기서 '드리다'는 말이 사용되었다. 이것 이외에 다른 곳에서는 모두 '예배하다'로 번역하였다. 어떤 이유에서 일상 언어로 많이 사용되는 '예배를 드리다'로 번역하지 않고 '예배하다'로 번역했을까? 성경적인 표현과 달리 어째서 교회에서는 여전히 '예배를 드리다'는 표현을 선호하는 것일까?

놀랍게도 이렇게 말하는 성도의 수가 상당하며, 심지어 목회자들도 아무 거리낌 없이 사용한다. 이 말을 사용하는 성도에게 그 이유를 물으면, 처음에는 그 차이를 잘 몰랐다고 하고, 그 다음으로는 '예배를 드리는 것이 맞지 않냐'고 반문한다. 그리고 이 말에 이미 익숙해져 있기 때문이라고도 한다. '예배하다'는 말이 적합하다고 들었다 해도 '예배'라는 단어가 입 밖으로 나오면 자동적으로 '드리다'는 동사를 사용하게 된다고 말하는 성도도 있다. 그만큼 습관으로 굳어졌다는 말이다. 예배는 성도가 정성을 다해 예를 갖춰 하나님께 드리는 것으로 알고 있기 때문에 그렇게 사용하는 것을 당연시했다고 한다. 그래서 하나님의 마음에 들도록 정성을 들여 예배를 잘 준비해서 하나님께 드리는 것이라고 생각해 왔다고 한다.

이렇게 보면 성도들은 예배와 제사 혹은 제물을 동일하게 생각한 것은 아닌지 싶다. 정말 양자는 동일한 것일까? 예배가 드리는 것이라면, 드린 '예배 후'는 무엇인가? 하나님께 드리는 예배를 마친 후 교회 밖으로 나가는 성도에게 예배 후의 삶은 무엇을 의미하는가? 보상이나 대가를 기대하는 삶은 당연한 결과가 아닐까?

이런 습관적인 언어 행위는 신앙생활을 교회에서 '드리는' 예배에 집중하는 삶과 생각을 낳게 한 주범일 수 있다. 드리고 난 후 성도가 할 수 있는 일은 그것에 대한 응답으로 하나님께 받을 은혜를 기대하는 것이다. 그러니 신앙 자체가 기복적인 성향을 띨 수밖에 없다. 예배를 드렸으니 그 후에는 예배를 받으신 하나님의 반응인 은혜를 기대하는 것은 당연한 일이다. 사실 예배는 하나님의 계시와 그분이 베풀어 주시는 은혜에 대해 성도는 모든 가능한 수단을 동원해서 전인격적으로 반응하는 것이 아닌가?

우리의 언어생활을 돌아보면 예배를 제물로 여기면서 예배를 드려야 한다고 오해했을 만한 소지는 많다. 강단을 제단이라 하는 것이나, 제물을 두고 전개된 아벨과 가인의 이야기를 읽으면서 예배를 염두에 두고 독해하는 관습이나, 제사라는 말을 사용하지 않지만 제사의 연장선에서 예배를 이해하는 것이나, 교회 건물을 성전으로 말하는 것이 그렇다. 게다가 사도 바울은 로마서 12장 1절에서 거룩한 산 제물이란 표현을 했는데, 많은 목회자와 성도들은 이것의 비유적인 의미를 간과하고, 단지 이것은 예배 이해에서 매우 중요하다고만 알고 있다. 그러니 산 제물을 예배로 이해하는 것은 오히려 자연스러워 보인다. 이렇게 되면 제물을 드리듯이 그렇게 예배를 드린다고 말하는 것은 당연하게 여겨진다.

하다

그러나 이것은 매우 잘못된 이해다. 예배는 제물이 결코 아니다. 예배는 일련의 상징 행위들로 구성되어 있는데, 각종 상징과 상징 행위를 매개로 하나님과 인간 사이에서 일어나는 역동적인 사건이다. 하나님이 임재하시고, 계시하시고, 부르시고, 말씀하시며, 은혜를 베풀어 주신다. 인간은 하나님의 부름 받고 하나님 앞으로 나아와, 하나님의 행위에 그리고 하나님의 위엄과 영광에 합당하게 반응한다. 고백으로, 찬양으로, 기도로, 경청함으로, 헌금으로 그리고 성도들과 서로 교제하며 하나님의 말씀과 행위 및 임재에 합당한 반응을 보인다. 예배는 이 모든 것을 포괄한다. 예배는 일정한 모양을 갖추어서 '드리는' 것이 아니다. 예배에서는 하나님의 행위에 따른 반응으로서 인간의 고백과 행위가 일어난다. 일정한 시간과 공간에 모여 하나님을 인정하고 높이며, 하나님의 은혜에 반응하는 역동적인 현장이다. 사건으로서 그리고 기쁨과 감사의 잔치로서 의미를 갖는다. 이것을 두고 예배한다고 말한다.

어원적으로 보아도 그렇다. 예배(禮拜)는 헬라어 '레이투르기아'의 번역어다. 한자어는 일정한 형식을 갖춰 경의를 표하는 '예'와 절하다 혹은 감사하다를 의미하는 '배'로 되어 있다. 그러므로 예배라는 말에는 예를 갖춰 감사하다, 경의를 표하며 감사하다의 의미가 포함되어 있다. 이미 예배라는 말에 하나님의 존귀에 대한 인간의 반응이 포함되어 있다. 예배는 삼위일체 하나님의 현존 앞에서 인간이 부름 받아 참여하여 일어나는 사건이다. 따라서 예배는 제물과 같은 의미로 이해할 수 없다.

디자인하다,
기획하다?

이와 관련해서 제기되는 질문이 있다. 예배를 '디자인하다', 예배를 '기획하다'는 말을 사용하는데, 이것은 올바른 표현일까? 하나님의 주권적인 행위로 나타나는 하나님과 인간의 관계를 어떻게 기획하고 또 어떻게 디자인할 수 있단 말일까? 원칙적으로 말해 가능하지 않다. 왜냐하면 하나님의 행위는 주권적인 자유에 따르기 때문에 인간이 불러올 수 없을 뿐 아니라 기획하거나 디자인할 대상 자체가 아니다. 하나님의 행위는 오직 기쁨과 감사로 받아들이거나 하나님의 말씀과 행위에 적합하게 반응할 수 있을 뿐이다.

디자인하다 혹은 기획하다는 말을 사용한다면, 그것은 순전히 인간의 행위에 제한된다. 하나님에 대해 적합하게 반응하는 데 있어서 예배하는 자들이 예배에 더욱 깊이 공감하며 참여할 수 있도록 노력한다는 의미다. 주제에 따라, 절기에 따라, 상황과 형편에 따라 사람이 예배에 집중할 수 있도록 돕는다는 의미에서 디자인하다 혹은 기획하다는 말을 사용하는 것이다. 달리 말해서 사람이 예배에 집중할 수 있도록 혹은 예배에 전인격적으로 참여할 수 있도록 혹은 예배에 공감적으로 참여할 수 있도록 섬기는 행위로 이해할 수 있다. 그래서 이런 행위를 하는 사람을 가리켜 예배를 섬기는 사람이라고 말한다. 사회자, 기도 인도자, 헌금 맡은 자, 찬양하는 자, 예배가 원활하게 진행되도록 돕는 자 등을 말한다. 예배를 섬기는 사람들 역시 예배하는 자이다. 따라서 이들에 대해 집회를 원활하게 운영하기 위해 고용된 사람(직원)을 가리키는 '스테프(staff)'라는 표현을 사용하는 것은 적절하지 않다.

묵상과 토의를 위한 질문

- 예배를 드리다는 말이 일으킬 수 있는 오해에 관해 생각해 보자.

- 예배하다와 비교할 때 어떤 차이가 있는가?

- 예배하다의 의미를 정리해 보자.

내려놓다

많은 독자에게 감동을 주고 뜨거운 선교 열정을 불러일으킨 책 중에 이용규 선교사의 『내려놓음』(규장, 2008)과 『더 내려놓음』(규장, 2012)이 있다. 이 두 권의 책에서 이용규 선교사는 하나님이 원하시는 일을 깨닫는 순간 자신이 가지고 있는 모든 것을 내려놓을 수 있었다고 말한다. 하나님의 부르심과 파송의 말씀에 순종하였다는 말이다. 그간 쌓아온 지식과 명예와 온갖 욕망을 내려놓는 일이 쉽지 않았고, 또 고민과 근심도 많았지만, 그것조차 내려놓고 나니 평안과 기쁨을 누릴 수 있었다고 한다. 저자가 내려놓음을 통해 말하고자 하는 바는 자신이 누구를 가장 신뢰하는지를 증거하는 것이었다. 그의 증거를 받은 많은 기독교인은 하나님을 신뢰할 용기를 가질 수 있었다.

이처럼 "내려놓다"는 말은 교회에서, 특히 설교에서 결단을 촉구하는 메시지에서 그리고 신앙의 결단을 실천했던 사람이나 이제 막 결단하고 준비하는 사람으로부터 자주 들을 수 있다. 그런데 이것은 정확히 무엇을 말할까? 기독교 신앙언어로 자리매김 된 듯 보이지만, 무엇보다 성경에 나오는 표현이 아니기 때문에 이 말의 출처와 의미가 궁금해진다.

'내려놓다'는
표현의 유래

교회에서 사용되는 말들 가운데는 타종교에서 연유된 것들이 꽤 있다. 과거 우리 문화가 유불선(儒佛仙)의 영향 하에 있었기 때문에 피할 수 없는 현실이다. 문제는 그 말들에 종교적인 내러티브가 포함되어 있고 또 종교적인 의미가 각인되어 있다는 것이다. 종교적인 내러티브와 의미를 간과하고 아무 생각 없이 사용하다 보면 부지중에 타종교의 가르침을 소통하는 경우들이 종종 발생한다. 대표적인 경우가 '인연'이다. 이것은 불교의 연기론에서 유래하는 말로 모든 관계는 전생의 업에 따른 것임을 표현한다. 불교는 이 말을 설명하는 많은 내러티브를 갖고 있다. 꼭 일치하지는 않지만 기독교 용어로는 '은혜' 혹은 '섭리'라는 말로 대체할 수 있는 표현이다. 물론 기독교 용어도 이미 많이 회자하여 일상적으로 사용되기도 한다. 십자가, 희생, 거듭남, 부활 등이 그것이다.

"내려놓다"는 영어 lay down에 해당하는 번역어지만, 지금처럼 어떤 결단과 관련해서 사용된 사례가 성경에는 나오지 않는다. 물건 혹은 사람을 들어서 어느 특정한 곳에 '내려놓다'의 의미는 사용되고 있으나, '마음을 비우다' '근심과 번뇌를 내려놓다' '가진 것에 집착하지 않다'의 의미로 사용된 용례는 없다.

그런데 불교 용어 중에 '방하착(放下著)'이 '내려놓다'의 뜻을 가장 잘 표현한다. 가진 것을 버리는 것은 물론이고 마음의 생각과 욕망과 갈등과 집착 그리고 번뇌까지도 다 비우는 행위를 가리킨다. 법정 스님의 무소유 사상은 바로 방하착을 근간으로 한다. 방하착을 아무 사심 없이 실천할 때 비로소 무소유의 경지에 이르게 된다. 이렇게 보면 '내려놓다'는 말은 불교에서 연유되어 우리 언어문화에 토착화된 표현이며, 이미 기독교에서도 아무 의심 없이 차용한 말이라고 볼 수 있다.

예수님
따르기

그렇다면 관건은 기독교 신앙과 방하착 곧 내려놓기 사이에 어떤 공통점이 있는지 살펴보는 일이겠다. 하나님은 진정 우리로 하여금 내려놓기를 원하실까? 우리가 가진 것을 우리 것으로 주장하지 않고, 나의 나됨은 오직 하나님에 의해 평가되기를 기대하는 것, 우리가 원하는 것을 하나님이 원하시는 것으로 대체하고, 내 뜻이 아니라 하나님의 뜻이 이루어지기를 원하며, 내 생각보다 하나님의 생각을 더 우선하고, 내 욕망을 십자가에 못 박으며, 모든 근심을 하나님을 신뢰함으로 감사로 바꾸고, 나는 죽고 내 안에 그리스도가 살도록 하는 것, 내가 이루려하기보다 하나님이 행하시기를 기다리는 것, 이것이 '내려놓다'와 유사하게 사용되는 말일 것이다.

게다가 불교에서 내려놓기는 그저 버리는 것만이 아니다, 집착을 유발하고 인간의 번뇌를 유발하는 것은 버려야 하나 가르침과 깨달음은 갖는 것을 포함한다. 버리면 아무것도 남지 않은 공의 상태나 그 비어 있는 것에 부처님의 가르침을 채우고 또 자신이 부처됨을 깨닫는 일이 일어나야 한다.

기독교 역시 마찬가지다. 예수님을 따르기 위해 다 버리고 그의 길을 좇아야 할 것을 말하지만, 다른 한편에서는 예수님의 가르침을 채우고 그 말씀이 현실이 되도록 살 것을 요구한다. 내가 죽고 내 안에 그리스도가 살도록 하는 삶, 나의 욕망은 비우고 하나님의 뜻을 채우는 삶이다. 과거 수도원은 내려놓는 삶을 신앙을 실천하는 운동으로 전개한 결과라고 볼 수 있다.

분명한 것은, 내려놓는 일이 기독교에서는 결코 공로가 아니라는 사실이다. 불교에서는 속세를 떠나 수행의 삶으로 들어가는 출가를 의미 있는 행위로 보나, 기독교에서는 결코 그렇게 생각하지 않는다. 내려놓는 것 자체는 소중하고 의미와 보람이 있는 행위라도 그것이 행복과 구원을 보장하는 것은 아니다. 내려놓는 일이 쉽지 않고 또 매우 중요해도 그렇다고 해서 하나님에게 의롭다 인정받는 것도 아니고, 내려놓는다 해서 구원에 더 가까워지는 것도 아니다.

그런데 이 말들을 가만히 살펴보면 불교에서 말하는 '내려놓다'는 말과 어느 정도 일치하지만, 꼭 그렇지는 않음을 알 수 있다. 가장 분명한 차이는 그 근거이다. 비록 내려놓는 행위가 신앙에서 매우 중요한 의미가 있다 해도, 만일 왜 내려놓아야 하는지를 물으면, 대답은 서로 달라진다.

불교는 내려놓는 이유가 가진 것들, 집착하고 있는 것들, 욕망하고 있는 것들이 번뇌를 일으키기 때문이다. 인생의 고통과 번뇌의 문제를 해결하기 위해 출발했던 불교는 인간이 고통과 번뇌의 사슬에서 벗어날 수 있는 방법을 개발했다. 인간이 욕망의 노예로부터 벗어날 수 있는 길은 불교나 기독교나 크게 다르지 않을 수 있다. 그것은 내려놓는 것이다.

나를 내려놓고
예수 그리스도로 채운다

그러나 기독교는 내려놓아야 할 이유를 번뇌에서 벗어나기 위함에 두지 않는다. 내려놓지 않으면 하나님이 들어설 공간을 얻지 못하기 때문이다. 번뇌의 문제가 아니라 하나님의 주권 문제요 하나님 나라의 문제다. 사도 바울은 나는 죽고 그리스도가 산다는 말로 표현했다. 예수님은 사람에게 수고하고 무거운 짐을 다 내려놓고 오히려 자신의 멍에를 메라고 했다. 그것은 쉽고 가볍기 때문이라고 했다. 그러므로 내려놓는다 해도 완전히 비워두는 것이 아니라 성령 하나님이 들어오시도록 해야 한다. 내려놓는다 함은 다른 짐을 지는 일이다.

마태복음에는 마귀에 사로잡힌 어떤 사람에 대한 이야기를 전해 준다(12장). 마귀에 사로잡혔던 어떤 사람에게서 마귀가 나갔다. 그 후 마귀는 물 없는 곳으로 나가 머물 곳을 찾았으나 발견하지 못했다. 그래서 다시 돌아오니 그 사람의 마음이 깨끗이 청소된 채 텅 비어 있는 상태임을 알게 되었다. 그 래서 더 많은 마귀를 데리고 들어갔다는 이야기다. 텅 비어 있는 상태가 얼 마나 위험한지를 말해 준다. 내려놓는다 해도 결코 텅 비어 있는 상태로 방 치해서는 안 된다. 성령이 우리 안에 거하시고 우리의 주인이 되도록 해야 한다.

물론 불교 역시 내려놓는 일이 그저 비어 있게 하는 것을 의미하지는 않 는다. 비울 것은 모두 내려놓고 비우되, 그 대신 부처님의 가르침으로 채워 넣어야 한다고 말한다. 그러나 내려놓는 이유와 목적은 다르다. 이유와 목적 은 번뇌에서 벗어나는 것에 있다. 이런 점에서 불교는 인간의 행복을 지향하 고, 기독교는 하나님의 영광을 지향한다고 말할 수 있다. 인간을 회복함으로 인간의 구원을 추구하는 것이 불교이지만, 기독교는 하나님의 영광을 지향 하되 인간의 회복과 구원은 은혜로 받을 뿐이라고 가르친다.

이유를 알아야 한다는
생각을 내려놓기

기독교인의 삶에는 이해하기 어려운 일이 많이 일어난다. 그동안 알고 있는 지식으로는 도대체 파악할 수 없는 일이다. 갑작스런 자연재해는 물론 이고 우연한 사건으로 인한 인명피해 사건 등. 때로는 성경에 기록되어 있는 내용에 어긋나는 일일 수도 있다. 특히 하나님을 진심으로 믿고 따르는 사람 에게 불현듯 닥치는 안타까운 사건을 접할 때는 하나님이 정말 계시기는 한 것인지 묻게 된다.

신정론(theodicy)은 바로 이런 계기로 인해 발생하는 믿음의 회의와 관련 해서 하나님의 선하심을 정당화한다. 인간의 불행과 악의 현상에 직면해서 선하신 하나님을 변호하려는 노력이다. 그러나 이것은 대체로 연쇄적인 의 문으로 이어질 뿐이다. 믿음의 회의를 넘어 하나님을 신뢰하는 자는 하나님을 찬양한다.

찬양은 신정론을 무효화한다(월터 브루그만, 『마침내 시인이 온다』, 성서유니온, 2018, 96).

신학은 신앙의 체계를 구성하기도 하지만 신앙인에게 일어난 상황을 분석하여 하나님의 행위를 매개로 합리적으로 설명하기도 한다. 물론 교리를 상황에 맞게 해석하여 하나님이 현재적으로 경험될 수 있는 기반을 마련하기도 한다. 어떤 사건이 일어나 신앙적인 맥락에서 질문이 제기되면 신학은 일정한 방법에 따라 대답할 수 있도록 준비한다.

그러나 신학이 모든 일을 설명하거나 분석 혹은 해석할 수 있는 것은 아니다. 하나님의 행위는 종종 인간이 파악할 수 있는 범위를 훨씬 넘어서기 때문이다. 신비다. 신비에 대한 합당한 반응은 찬양이다(참고: Geoffrey Wainwright, *Doxology. The Praise of God in Worship, Doctrine, and Life. A Systematic Theology.* New York 1980). 그렇다고 기독교가 무의미해지는 것은 아니다. 기독교 신앙에서 관건은 어떤 상황에서도 하나님을 신뢰하는 것이기 때문에 때로는 이해하려는 노력을 내려놓는 것이 더 바람직할 때가 있다. 하나님이 당신 자신을 참 하나님으로 나타나실 때까지 기다리는 때가 필요한 것이다. 이것은 내려놓음의 또 다른 면이다. 인간이 모든 것을 알 수 없기 때문에 모든 것을 알려고 하는 마음을 접고 오히려 하나님을 신뢰하는 가운데 그분의 나타나심을 기다리는 마음을 갖고 하나님을 찬양하며 하는 말이 바로 내려놓음이다. 내려놓음은 하나님의 뜻에 순종하자마자 알게 되는, 어둠 속으로 자발적으로 들어가서 빛이신 하나님을 찬양하며 그분이 나타나시기를 기다리는 일이다.

기독교에서 '내려놓다'는 말은 지식이나 인간관계 혹은 명예를 신뢰하지 않고 세상을 구원하기를 원하시며 이 일을 위해 자신을 부르신 하나님을 신뢰한다는 것을 나타내는 표현이다. 자기 자신을 떠나 하나님에게 삶의 중심과 목적을 두는 행위다. 피터 엔즈는 기독교인이 내려놓지 않을 때 그때가 바로 하나님이 친절하게 불을 끄시고 사방을 어둡게 하시는 때라고 말하면서, 그것은 우리를 반대하시기 위함이 아니라 우리를 위하시기 때문이며, 또한 그것은 우리가 하나님을 신뢰하도록 하기 위함이라고 했다(『확신의 죄』, 227).

묵상과 토의를 위한 질문

- '내려놓다'는 표현으로 무엇을 말하려고 하는지를 생각해 보자.

- 내려놓은 경험에 관해 나누어 보자.

- 내려놓음의 기독교적인 의미는 무엇인가?

- 내려놓은 후에 무엇이 일어나도록 해야 할까?

하나님께 영광을 돌리다, 하나님의 영광을 위하여 살다

"하나님께 영광을 돌리다."

"하나님의 영광을 위하여 살다."

이 표현은 개혁주의 전통에 속한 기독교인에게 자주 듣는 말이다. 사용 빈도가 중요성을 입증하는 것은 아니지만, 웨스트민스터 소요리(小要理) 문답의 첫 번째 질문에서 다뤄진 사실에서 신앙생활에서 가장 중요하게 여겨지고 있음을 부인하기 어렵다.

> 문: 사람의 제일 되는 목적은 무엇인가?
>
> 답: 하나님을 영화롭게 하는 것과 영원토록 그를 즐거워하는 것입니다.

기독교인은 삶의 가장 우선되는 목적을 하나님을 영화롭게 하는 데에 두어야 한다 함이다. 사도 바울은 고린도 교회에 보내는 편지에서 "너희가 먹든지 마시든지 무엇을 하든지 다 하나님의 영광을 위하여 하라(고전 10:31)."고 말했다.

이토록 중요한 일이지만, 막상 성도에게 '하나님의 영광'이 무엇을 의미하는지 그 의미를 물어보면 대답을 잘 하지 못한다. 자주 듣고 또 많이 사용해 왔기 때문에 어렴풋이 알고는 있어도 그 뜻을 명확하게 설명하지 못한다. 그나마 들을 수 있는 괜찮은 대답은 '하나님을 예배하다' '하나님을 찬송하다' '하나님을 높이다' 등이다. 이것은 하나님의 영광에 대한 반응이지 하나님의 영광 그 자체를 말하는 것은 아니다. 하나님을 영화롭게 한다는 말의 정확한 의미를 알지 못한다면 도대체 어떻게 신앙의 목적이 이끄는 삶을 살 수 있겠는가!

의미

'하나님께 영광을 돌리다', '하나님을 영화롭게 하다'는 하나님과의 관계에서 하나님의 존귀와 위엄에 합당한 반응을 보일 뿐 아니라(그럼으로써 하나님을 참 하나님으로 인정하고 높이며) 이웃과의 관계에서 사람들 역시 동일하게 반응하도록 영향을 미치며 산다(그럼으로써 사람이 하나님을 참 하나님으로 인정하도록 하며) 함이다. 이런 삶을 가리켜 '하나님께 영광을 돌린다.' 혹은 '하나님의 영광을 위하여 산다.'고 한다.

칼 바르트는 '하나님의 영광'을 하나님의 "주 되심(Herrsein, Lordship)"이라고 했다. 주 되심 때문에 세상에 존재하는 보이지 않는 것과 보이는 모든 것들은 하나님께 마땅히 존귀와 찬양을 올려드려야만 한다. 달리 말한다면, 하나님의 참 하나님 됨이라 말할 수 있다. 빛으로 비유하는 관례에 따라 말한다면, 하나님 자신의 빛으로 그 어떤 빛보다 강한 빛이다. 하나님의 영광이 빛으로 세상 가운데 나타나게 되면 오직 거룩한 자만 그것을 대면하여 볼 수 있다. 죄인은 하나님의 영광을 보면 죽는다.

'하나님의 영광'은 성경에서 가장 중요한 화두 가운데 하나다(이것에 대한 상세한 것은 다음의 글을 참고: 『종교개혁의 5대 원리』, 예영커뮤니케이션, 2017, 138-154). 하나님과 인간의 관계에서 하나님이 원하시는 한 가지를 말한다면, 하나님이 세상 가운데 임재하실 때 인간이 참 하나님으로 인정하고 그의 존귀와 위엄에 합당한 반응을 보이며 사는 것이다(하나님의 영광에 합당한 반응을 보이는 것). 이것을 가리켜 하나님께 영광을 돌린다고 말한다. 특히 자기 백성이 여호와가 참 하나님이심을 인정하는 것이다. 이미 신명기 6장 4-5절에 있는 쉐마 문구에 분명하게 나타나 있지만("이스라엘아 들으라 우리 하나님 여호와는 오직 유일한 여호와이시니 너는 마음을 다하고 뜻을 다하고 힘을 다하여 네 하나님 여호와를 사랑하라"), 하나님은 먼저 부름 받은 우리가 여호와가 하나님일 뿐 아니라 참 하나님임을 인간이 인정하고 또 그분에 합당하게 반응하며 살기를 원하신다.

이것은 다양한 에피소드를 통해 성경에 반복해서 등장하는데, 이 모든 이야기를 꿰뚫고 있는 것은 십계명의 첫 두 계명이다. 여호와 외에 다른 신을 섬기지 말고 우상을 만들거나 그 앞에 절하지 말라는 명령이다. 그것이 오직 여호와만 참 하나님으로 인정하는 삶이기 때문이다. 나머지는 이 두 계명의 각주라 할 수 있다. 하나님께 영광을 돌리는 삶은 무엇보다 예배하는 삶과 선한 인간관계로 표현되어야 한다는 것이다.

하나님의 영광과
인간의 영광

그런데 하나님의 영광을 말할 때 하나님 자신과 하나님이 자신을 나타내 보이기 위해 사용하는 것을 구분해야 한다. 영광의 도구는 단지 일시적으로 필요에 따라 사용하는 것일 뿐 그것 자체가 하나님을 드러내는 것은 아니다. 이것을 간과할 때 우상이 모습을 드러낸다. 소위 성물(聖物)이나 성지(聖地)라고 하는 것은 하나님의 영광을 위해 사용된 것들이며, 그것을 매개로 기억을 되새기는 일에 사용될 뿐이다. 그것 자체에 주술적인 능력이 있는 것은 아니다. 능력이 나타났다 해도 그것은 하나님이 임하셨기 때문이다. 하나님이 떠나면 성물은 다른 물건들과 다르지 않다. 기념의 의미는 있을 수 있으나 그 자체를 거룩하게 보는 태도는 삼가야 한다.

삼손의 머리카락 사건(삿 13:5)과 사무엘상에 나오는 언약궤에 얽힌 사건은 하나님의 영광이 무엇이고 그것이 특정 인물과 사물과의 관계에서 어떻게 작용하는지를 잘 보여 준다(삼상 4장).

삼손의 머리카락 자체에 주술적인 힘이 있는 것은 아니었다. 그것은 하나님의 능력의 표지였을 뿐이며, 하나님의 영이 떠나면 아무 의미가 없는 것이었다. 다시 말해서 삼손의 능력은 머리카락이 아닌 하나님으로부터 온 것이었다. 머리카락이 잘리자 힘을 못 쓰게 되었는데, 그 이유는 삼손이 불순종했기 때문이다.

또한 당시 첨단 무기를 소지하고 있던 블레셋 군대와 싸울 때 엘리 제사장의 두 아들이 이끄는 이스라엘은 수세에 몰렸다. 그래서 세운 방책이 바로 여호와의 언약궤를 앞세우는 것이었다. 언약궤는 하나님의 임재를 상징하고 또 이스라엘과 함께 계심을 나타내는 표지이기 때문이었다. 언약궤를 본 이스라엘 백성은 그것이 가져올 하나님의 능력을 기대하며 환호했다.

엘리의 두 아들이 언약궤를 전쟁터로 가져갈 결정을 내린 까닭은 사람의 언약궤 신앙을 이용하려는 것이었다. 하나님이 자신들과 함께 있다는 사실을 보여 줌으로써 블레셋과의 싸움에서 용기를 북돋우려는 것이었다. 그러나 전쟁에서 대패하고 말았고, 홉니와 비느하스는 전사했으며, 설상가상으로 언약궤마저 블레셋에 빼앗기는 일이 발생했다. 언약궤를 빼앗김으로써 하나님의 영광마저 빼앗긴 줄 알았지만 하나님은 블레셋 진영에서 당신이 살아 계심을 나타내 보이셨다.

이 사건은 성경 역사에서 매우 의미 있는 것으로 바벨론 느부갓네살 왕에 의해 성전이 파괴되고 또 왕족과 귀족 자제들이 바벨론으로 끌려가는 일에 대한 전조로 읽을 수 있다. 하나님의 임재를 상징하는 성전이 파괴된 것은 큰 충격이었지만, 그렇다고 하나님이 더는 존재하지 않는 것이 아니며 또한 하나님께서 역사하지 않는 것도 아니다. 하나님의 영광은 포로로 잡혀간 백성을 통해 나타났다. 성전이 아니라 하나님을 경외하는 사람을 통해 당신의 영광을 나타내신 것이다.

엘리 제사장의 두 아들 홉니와 비느하스는 실제로는 하나님을 무시하는 삶을 살면서도 다만 언약궤로부터 주술적인 효과만을 기대하였다. 신앙생활이 하나님의 함께 하심을 보장하지 못함을 알 수 있게 하는 사건이다. 하나님을 경외하지 않는 사람의 신앙생활은 종교생활로 전락할 뿐이다. 외식하는 삶의 대표적인 경우다. 하나님은 인간의 욕망에 좌지우지되는 분이 아니다. 하나님은 오직 당신을 경외하는 사람과 함께 하신다. 하나님은 엘리 제사장의 두 아들과 달리 하나님을 경외하였던 어린 사무엘을 선지자로 인정받을 수 있도록 하셨다. 그러나 사무엘 역시도 하나님의 영광을 위해 부름받은 일꾼일 뿐이다.

하나님의
영광

기독교에서 '하나님의 영광'은 '하나님의 참 하나님 됨'을 말한다. 하나님이 온전히 세상 가운데 나타났을 때를 가리켜 말한다고 보면 되겠다. 아직은 하나님의 온전함이 세상 가운데 나타나지 않았고 또 어떤 인간도 하나님의 영광을 대면하고 살아남을 수 없다. 온전한 나타남은 마지막 날에 일어날 것이다. 따라서 하나님의 영광은 종말론적인 측면이 있다. 그럼에도 하나님의 영광을 볼 수 있다면 그것은 오직 은혜로만 가능하다. 하나님의 영광이 나타났다 함은, 인간의 편에서 볼 때, 하나님을 경험하는 존재(천사나 인간)가 느끼는 최상의 존귀와 위엄을 가리킨다. 이것을 바르트는 하나님의 주님 되심이라 했고, 세상 가운데 나타나시는 하나님을 말할 때 쓰는 미학적인 개념이라고 했다. 그러므로 영광을 말한다면 항상 하나님의 존재와 임재를 전제하며 또한 세상 가운데 하나님의 나타남을 가리킨다.

엄밀히 말해서 하나님의 영광을 경험한 사람은 은혜를 입은 예외적인 몇몇 경우를 빼면 없다. 왜냐하면 하나님의 거룩함 때문에 영광을 대하는 모든 존재는 살아남을 수 없기 때문이다. 모세가 하나님께 영광을 보여 달라고 했을 때, 하나님은 바위틈에 모세를 숨겨 두고 그곳을 지나친 후에 영광의 뒷모습만 보도록 했다. 하나님의 천사들을 보고도 죽음의 두려움에 사로잡힐 정도로 피조물은 거룩하신 하나님의 영광을 직접 경험할 수 없다. 오직 허락된 경우만을 제외하고는 결코 가능하지 않다. 하나님의 영광을 보는 것은 은혜. 이에 비해 하나님의 영광이 떠난 곳에는 죽음과 황폐함만이 있을 뿐이다.

기독교인은 하나님의 영광을 말하고 또 그것을 삶의 목적으로 삼는다. 그 이유는 하나님이 인간을 만들 때 이미 목적을 밝히셨기 때문이다.

> **이사야 43장 7절** 내 이름으로 불려지는 모든 자 곧 내가 내 영광을 위하여 창조한 자를 오게 하라 그를 내가 지었고 그를 내가 만들었느니라.

> **이사야 43장 21절** 이 백성은 내가 나를 위하여 지었나니 나를 찬송하게 하려 함이니라.

'하나님께 영광을 돌리다' 함은 '하나님의 존귀와 위엄을 인정하다', '하나님을 참 하나님으로 인정하다', '하나님을 높이다', '하나님을 참 하나님으로 인정하게 하다'는 의미다.

'하나님의 영광을 위하여 살다'는 이것을 삶의 목적으로 삼는다 함이다. 하나님의 참 하나님 됨을 인정하고 또 드러내는 데에 삶의 목적을 두고, 하나님에게 합당한 존귀와 위엄을 인정하고 또 나타내도록 한다 함이다.

어떻게
가능한가?

이 일은 어떻게 가능할까? 세상에서 여호와가 참 하나님임을 인정하는 일은 예배다. 예배는 하나님이 계신 것을 믿을 뿐 아니라 그분이 창조주 하나님이시며 구원자이심을 믿고 인정하며 찬송하는 행위이기 때문이다. 의식을 사용한 예배뿐 아니라 거룩한 산 제물로 드려지는 삶으로 예배를 통해 하나님께 영광을 돌린다.

하나님 자신과 하나님이 자신을 드러내는 매개는 예수 그리스도 안에서 하나로 일치된다. 예수 그리스도는 하나님이며 또한 하나님을 나타내는 계시다. 사도 요한은 예수님의 나심을 보고 하나님의 영광을 본다고 했고, 사도 바울은 근본 하나님의 본체라고 했다. 하나님 자신이 세상 가운데 나타나셨다 함이다. 우리가 볼 수 있는 형태로 오셨고 또 우리와 함께 거하는 이웃으로 계신다는 것이다. 관건은 그분을 구주로 영접하는 것이며, 일상에서 그분을 주님으로 모시고 그분을 나타내며 사는 것이다.

예수님은 산상수훈에서 너희의 착한 행실을 보고 하늘에 계신 너희 아버지께 영광을 돌리라 말했다. 기독교인들의 착한 행실을 보고 주변에 있는 사람이 하나님을 참 하나님으로 인정하도록 하라는 말이다. 착한 행실이란 사람들과의 관계에서 하나님의 뜻이 이루어지도록 하는 행위를 말한다. 특히 사람이 하나님의 은혜로 살 수 있도록 돕는 행위를 일컫는다. 도움이 필요한 자를 사심 없이 돕는 삶은, 마태복음 25장의 양과 염소의 비유에서 알 수 있듯이, 부지중에 다시 오실 그리스도를 만날 수 있도록 하며 또한 일상에서 하나님께 영광을 돌리는 가장 좋은 방법이다.

묵상과 토의를 위한 질문

- 하나님의 영광의 의미를 정리해 보자.

- 하나님의 영광과 인간의 영광의 관계에 대해 이야기해 보자.

- 하나님의 영광을 위한 삶은 어떻게 가능할까?

기도하게 할 목적으로
내게 이런 일이 일어나도록 하셨다
: 고통과 기도

고통이란?

프랑스 생 철학자 앙리 베르그손(Henri Bergson)은 고통에 대해 매우 독특한 정의를 내렸다. 유기체의 손상된 부분이 자극을 받아들이는 대신에 자극을 거부할 때, 사람들은 고통을 느끼는 것이라 했다. 손상되었다고 말했지만, 외부로부터 오는 자극이라고 이해해도 될 것이다. 빛의 세기가 수용능력 이상이 될 때 우리는 고통을 느낀다. 바늘로 찔릴 때 따끔한 정도가 있는가 하면 심한 고통을 느끼는 정도가 있다. 따끔한 것은 어느 정도 받아들일 만한 것이다. 그러나 고통을 느낄 정도가 되면 수용하기 힘든 상태이다.

베르그손에 따르면, 자극의 정도가 크고 작은 것이 문제가 아니라 내가 받아들일 수 있느냐 없느냐가 관건이다. 작은 자극으로 큰 고통을 느낄 수 있고, 큰 자극에도 고통을 크게 느끼지 않을 수 있다. 따라서 받아들일 수 없는 자극에 노출되지 않는 것이 중요하지만, 피할 수 없다면 기꺼이 받아들이는 것이 고통을 피하는 방법이다.

신앙생활 중에 만나는 고통
그리고 기도

신앙생활 중에 뜻하지 않은 일로 고통을 겪게 될 때가 있다. 도저히 받아들이고 싶지 않은 일이 발생할 때가 있다. 이때 성도가 흔히 듣는 말이 있다.

하나님께서 나로 기도하도록 이런 일이 내게 일어나도록 하셨다.

이런 말을 하게 된 배경은 야고보서 5장 13절인 것 같다.

너희 중에 고난당하는 자가 있느냐 그는 기도할 것이다.

또한 시편 50편 15절을 인용하기도 한다.

환난 날에 나를 부르라[기도하라] 내가 너를 건지리니 네가 나를 영화롭게 하리로다.

모든 것을 하나님이 하신다고 믿는 신앙의 결과다. 하나님을 신뢰하라는 의미를 가진 표현이라고 생각한다. 이것을 말함으로써 하나님은 만물의 주인이시고 세상을 다스리시는 분임을 고백한다. 달리 말해서 현실적으로는 받아들일 수 없지만, 기도를 통해 하나님의 뜻으로 알고 받아들이며 하나님을 신뢰하라는 의미로 이해된다. 여기서 기도는 하나님의 뜻을 아는 계기가 된다. 하나님의 뜻을 알면 고난은 아무리 힘들어도 기꺼이 견딜 만한 것이 된다.

그런데 '하나님께서 나로 하여금 기도하게 하시기 위해 이런 일이 일어나도록 하셨다.'는 말을 가만히 곱씹어보면 어딘가 이상한 점을 느끼게 된다. 예컨대 이렇다. 만일 내게 삶의 문제가 발생하고 또 그로 인해 고통이 있는 것은 평소에 기도하지 않았기 때문이라는 말인데, 이 말대로 한다면, 평소에 기도를 열심히 하는 사람에게는 고통이 없어야 할 것이다. 아니, 고통을 고통으로 느끼지 않아야 할 것이다. 그런데 사실은 그렇지 않다. 기도하는 사람에게도 삶에서 느끼는 고통은 끊이질 않는다. 타락한 인간은 본성적으로 하나님의 뜻을 좋아하지 않는다. 그러니 하나님의 뜻을 받아들이기를 원하지 않는 인간에게 고통이 있는 것은 당연한 일이다.

또한 만일 기도하게 할 목적으로 고통을 주셨다면, 하나님은 우리가 쉬지 말고 기도하도록 계속 고통을 주실 것이다. 매일 기도하도록 매일 고통을 주실 것이다. 하나님이 잔혹한 일을 즐기시는 분이라면 모를까, 이것 역시 옳지 않은 일이다. 게다가 이런 표현에는 기도에 대한 잘못된 이해가 반영되어 있다. 기도는 기본적으로 하나님의 뜻을 구하는 것이다. 그 뜻이 이루어지기를 바라는 것이다. 하나님의 뜻에 나의 뜻을 맞추면서 나의 바람을 재점검하며 구하는 것이다. 만일 고통이 기도를 목적으로 주어진 것이라면 무엇을 구하라는 것일까? 사실 평상시에 간과하며 지냈던 일을 고통 중에 다시 한번 돌아보았을 때 비로소 고통의 의미를 깨닫는 경우가 있다. 깨닫게 되면 고통은 그런대로 견딜 만한 것이 된다. 설령 그렇다고 해도 고통이 기도를 목적으로 주어졌다는 표현은 마치 욥을 찾아온 친구들이 고통 중에 있는 욥에게 '네가 불행을 겪고 있으니 죄인 중에 있음이 분명하다'는 식으로 말했던 것과 다르지 않다.

무엇보다 야고보서 본문에 대한 잘못된 이해가 가장 큰 이유라고 생각한다. 야고보서에서 말하고 있는 '고난당하는 자'는 하나님의 뜻에 따라 고통을 당하는 사람을 의미한다. 고통의 이유가 하나님의 뜻을 원하지 않는 사람한테 오는 폭력이 분명하게 밝혀졌을 때 그리고 그것이 하나님의 뜻에 순종함으로써 혹은 하나님의 행위가 나타나는 통로로 선택되었을 때 겪는 고통

일 때, 바로 이런 고통을 당하는 사람이 있다면 기도하라는 의미다. 기도하며 하나님의 구원과 도움을 기대하면서 인내하라는 말이겠다. 아직 그 뜻이 분명하게 드러나지 않아 받아들이기가 쉽지 않은 상태에서도 하나님의 뜻에 순종하는 과정에서 고통을 겪는 사람들도 포함한다. 여기서 기도하라는 의미는 마침내 하나님의 뜻을 알고 또한 그 뜻이 끝까지 이루어지기를 바라는 마음을 지키라는 말과 다르지 않다. 변치 않도록 도움을 구하는 것이다. 기도라는 것이 원래 하나님의 뜻을 구하는 일이기 때문이다.

시편 50편 15절 말씀은 환난 날에 다른 신에 의지하지 말고 하나님의 도움을 구하라는 말이지, 기도를 목적으로 하나님이 환난을 주셨다는 말이 아니다. 시편의 말씀대로 말한다면, 고통 중에 있을 때는 오직 하나님에게만 도움을 구하기 위해 기도하라는 말이다. 하나님의 뜻을 받아들이는 중에 상실의 고통을 극복하라는 말이다. 혹 평소에 하나님을 의지하며 살지 않았기 때문에 고통을 당한다고 생각하면, 기도하며 하나님을 의지하라는 의미로 받아들일 수 있다. 여기서 문제는 하나님을 의지하지 않았다는 데에 있는 것이지, 기도하지 않았다는 것은 아니다.

고백의
남용

나는 지금 신앙인이 겪는 고통과 관련해서 하나님을 생각하고 또 말함에 있어서 문제가 있다는 사실을 지적하고 있다. 무엇이 문제일까? 우선적으로 지적해야 할 점은 고백의 남용이다. '하나님이 하셨다' '하나님이 뜻이 있어서 내게 고통을 주셨다'는 표현은 고백이다. 하나님의 다스림과 섭리에 대한 고백이다. 그것은 신앙에 바탕을 둔 언어 행위다. 고백은 신앙인이 무조건적으로 믿어야 할 일이며 그것은 설명될 필요가 있지만 논쟁의 대상이 될 수 없다.

우리 언어생활에서 문제는 고백이 일상생활에서 너무 빈번하게 사용되는 것이다. 논쟁이 될 만한 사실임에도 고백으로 얼버무리려고 한다. 여기에 권력관계가 개입이 되면 고백은 일종의 명령이나 지시가 된다. 내가 고백하니 당연히 따라야 한다는 요구가 은연중에 작동하기 때문이다. 사실 고백이 너무 빈번하게 이루어지면 신앙인들 사이에서도 어색해진다. 분명 누군가의 수고가 있었음에도 그 수고를 무시하고 하나님이 하셨다고 말하면, 사람을 교만하게 하지 않기 위한 것으로 받아들일 수 있지만, 사람의 순종을 통해 일을 이루시는 하나님을 간과하는 것이다. 성경은 결코 수고한 자에 대한 감사와 칭찬에 인색하지 않다. 문제는 그 일과 관련된 사람이 그 일을 계기로 교만해지느냐 그렇지 않느냐 하는 것일 뿐이다. 고백을 한다면, 칭찬을 듣는 사람과 하나님 앞에서 해야 할 일이다.

또한 잘못된 방식으로 했고 그래서 상당한 갈등이 현저함에도 불구하고 논쟁을 잠재우기 위해 하나님이 하셨다고 말하기도 한다. 이것은 갈등을 봉합하려는 의도가 농후하다. 잘못을 은폐하려는 의도가 작용한 것이다. 옳지 않은 일이다. 겉보기에는 평온해 보여도 언제라도 터질 소지를 안고 있는 폭탄이다. 고백은 공개적으로 하나님을 말하는 일이기 때문에, 잘못하면 하나님의 이름을 망령되이 일컫는 일로 이어진다. 세 번째 계명을 어기게 되는 셈이다(다음을 참고 『계명은 복음이다』, 글누리 출판사, 2008).

참고로 연예인들이 수상식에서 하나님께 영광을 돌린다고 하면서 하나님의 은혜로 수상하게 되었다고 말하는 것을 자주 듣는다. 수상 소감을 말하면서 신앙인의 정체성을 드러내는 것은 참으로 귀한 일이다. 이런 고백도 요즘에는 쉽지 않다. 일부 종교계의 반발로 공공장소에서 신앙적인 표현을 하는 일이 어렵게 되었기 때문이다. 그럼에도 변치 않고 고백하는 연예인들이 있다. 사실 쉽지 않은 일임에도 그렇게 하는 것이니 칭찬 들을 만한 일이다. 또한 지켜보는 기독교인이 분명 함께 기뻐할 일이다.

그러나 수상의 영예를 얻지 못한 기독교인은 어떻게 생각해야 할까? 그들은 하나님의 복과 은혜를 받지 못한 것일까? 그들을 통해 하나님은 아무런 영광을 받지 못하시는 것일까? 앉아서 박수를 치는 자나 영예의 상을 받은 자나 하나님은 모두를 사랑하시고 또 그들을 통해 영광을 받으신다. 수상의 자리에서 하나님을 나타내는 일도 중요하지만, 다른 사람을 배려한다면 좀 다른 표현을 할 필요가 있다. 뿐만 아니라 사실 수상의 영광에 오기까지 많은 사람이 있었음을 인정할 필요가 있다.

과거 영화배우 황정민 씨의 수상 소감은 지금까지도 회자되고 있는데 매우 감동적이다. 하나님의 영광을 전혀 언급하지 않았던 그의 소감을 통해 사람들 사이에서 오히려 더 많은 덕담이 회자되는 이유는 무엇일까? 수상하기까지 함께 했던 수많은 사람을 함께 언급함으로써 수상의 기쁨을 함께 나누었기 때문이다.

고백은 하나님과 나 사이에서 이루어지는 것이 바람직하며, 공개적인 고백을 해야 한다면, 박해의 순간에 혹은 고백하면 불이익을 받는 상황에서 사람들에 의해 기독교인 정체성을 요구받았을 때이며, 대부분 삶으로 신앙을 나타내는 것으로 충분하다.

고통과
기도

다시 처음 질문으로 돌아가자. 신앙인에게 고통이 있다면, 그 이유가 있고, 그 이유를 모른다면, 목적을 생각해야 한다. 어쩌면 고통 자체가 하나님의 뜻일 수 있다. 그러므로 고통이 있다면 우선 합리적인 이해가 필요하다. 평소 건강관리에 문제가 있었는지, 인간관계에 문제가 있었는지, 욕망이 작용하지는 않았는지 등등. 그 이유가 밝혀졌다면 잘못을 시인하고 돌이켜야 할 것이다.

이때 우리가 기대하고 또 고백해야 할 내용은 용서하시고, 치유하시고, 회복하시는 하나님이다. 만일 이런 것과는 전혀 무관하게 일어나는 고통이라면, 인내하는 중에 하나님의 뜻이 밝히 나타나기를 기다려야 할 것이다. 그 고통을 통해 하나님이 행하실 일이 무엇인지 알게 되면, 고통에서 벗어나는 것이 아니라 오히려 인내하며 고통을 십자가로 감당하는 것이 하나님의 뜻이다. 나를 아프게 했던 일을 내 안에서 받아들일 수 있으면 인내할 힘이 생기고 마침내 고통에서 벗어나게 된다. 이것을 알고 깨달았을 때 비로소 하나님의 도움을 구하는 기도를 하게 된다.

만일 불의하고 사악한 세력에 의해 고통을 겪는다면 저항함으로써 불의와 악의 현실을 폭로해야 한다. 나만 참으면 된다는 생각은 또 다른 불행을 유발하는 행위일 수 있다.

고통 중에 있을 때 섣불리 하나님이 하셨다고 공개적으로 고백하기보다, 고통을 깊게 느끼는 중에 하나님의 뜻이 나타나기를 기다리고, 또한 그 뜻을 내 안에 받아들일 수 있기까지 인내하며 고통을 감당하는 것이 바람직하다. 하나님의 뜻은 우리에게 이해될 수 있는 수준으로만 계시되는 것이 아니기 때문에 때로는 그냥 인내하며 고통의 시간이 지나가기를 기다릴 수밖에 없다. 기도하게 하려고 고통을 주었다는 말은 너무 상투적이고 생각이 깊지 못한 언어 행위다. 설령 그런 일이 있을 수 있다 해도 때로는 너무 가식적으로 보일 수 있다. 개인적으로 고백되어야 할 일이 공개적으로 너무 남발되면 우리의 행동이 뜻하지 않게 옳지 못할 때 하나님이 하찮게 여겨지기도 한다. 기도하기 위해 고통 혹은 어려움을 주셨다는 표현은 성경 어느 곳에도 없을 뿐만 아니라 신학적으로도 옳지 않다.

욥의 친구들이 보인 태도와 같이 다른 사람의 고통에 대해 섣불리 신학적으로 설명하려는 노력도 삼가야 한다. 고통의 이유를 주지시킴으로 외부의 충격을 내적으로 수용할 수 있도록 배려하는 일이라고 생각해서 하는 일이겠지만, 고통 중에 있는 사람이 그것으로 마음의 위로를 받는 경우는 드물다. 오히려 당장에는 고통 당하는 자의 마음을 공감하는 상태에서 함께 울어 주는 것이 바람직하다. 고통이 어느 정도 잦아들고, 고통의 이유를 물어올 때까지 기다릴 수 있어야 한다.

고통 당하는 자를
대하는 바른 방법

고통 중에 있는 성도에 대한 태도는 어떠해야 할까? 고통 당하는 모습을 보는 것이 안타깝다 해서 고통을 무조건 덜어 주는 것이 상책은 아니다. 고통을 당하는 자는 고통을 진지하게 대면할 필요가 있다. 사람은 삶의 다양한 고통을 느끼면서 성장하기 때문이다. 비 기독교인들뿐만 아니라 심지어 기독교인들 중에도 술과 약물과 유흥으로 고통을 위로하려는 사람이 있다. 기분전환은 될 수 있겠지만, 다만 고통을 일으켰던 일을 잊거나 혹은 다른 것으로 잠시 대체할 뿐이다. 일시적인 방책일 뿐 근본적인 대책이 아니기 때문에 옳지 않은 방법이다. 구체적으로 돕고 싶다면, 고통 중에 있는 성도가 인내할 수 있도록 돕는 일이 필요하다.

오직 한 가지 문제만으로 고통을 느끼는 경우는 흔치 않다. 물론 사랑하는 사람의 죽음과 같이 그 정도가 심한 경우에는 한 가지 일만으로도 심한 고통을 겪지만, 사람의 일이라는 것이 대개 수많은 관계망을 통해 서로 연결되어 있어서 한 번 문제가 생기면 관련된 일들도 함께 복잡하게 꼬이기 때문에 고통을 더 크게 느끼는 경우가 대부분이다. 따라서 고통 중에 있는 성도에 대한 바른 태도는 고통을 분담하는 것이다. 그들을 위해 기도한다 함은 그들이 고통에서 벗어나기를 원한다는 것인데, 그렇다면 고통을 함께 짊어짐으로써 그들이 고통의 무게를 덜 느낄 수 있도록 해야 할 것이다. 그럴 수 없는 일이라면 고통을 받는 자들을 위해 기도하는 일에 게으르지 말아야 한다. 그뿐 아니라 고통의 원인이 불의함에 있다면 함께 저항함으로써 불의를 폭로해야 한다. 그래야 또 다른 선의의 피해자를 막을 수 있다.

묵상과 토의를 위한 질문

- 고통의 신학적인 의미를 생각해 보자.

- 고통 당하는 자들이 정말로 힘들어하는 것은 무엇일까?

- 고통 당하는 자들에 대한 바른 태도에 관해 생각해 보자.

당신의 기도는
응답 받고 있습니까?
: 기도 응답에 관하여

기도는 우리가 하나님이 아니라 인간일 뿐이고, 그분의 다스림을 받는 피조물이며 또한 그분에게 의존해 있는 존재임을 인정하며 행하는 신앙 행위다. 기독교인으로서 기도하지 않고 산다 함은 하나님과의 관계에서 인간이기를 거부하든가, 하나님의 다스림을 받지 않는다고 생각하든가, 아니면 스스로 하나님처럼 여기며 산다는 말이다. 그러므로 하나님은 기도와 관련해서 명령의 형태로 말씀하셨다. "기도하라." 이는 인간 스스로 할 수 없는 일이며, 설령—많은 종교에서 공통적으로 나타나고 있듯이—스스로 행한다 해도 잘못된 기도가 될 수밖에 없다. 하나님이 직접 기도하라고 명하신 이유는 하나님과의 관계에서 인간이 어떤 위치에 있는지 알게 하려 함이며, 기도의 대상을 구체적으로 알리기 위함이고 그리고 인간으로서 마땅히 해야 할 일이기 때문이다. 기도는 인간이 누구를 의지하며 사는지를 드러내며, 인간이 하나님의 도움 없이 스스로 구원할 수 없음을 인정하는 행위다.

기도는 이런 것이기 때문에, 기독교인으로서 기도하지 않고 사는 것을 결코 간과해서는 안 된다. 기도하지 않는 것은 심각한 문제이며, 기독교인에게 더 큰 문제가 발생하기 이전에 나타나는 징후이다. 기도함으로 기독교인은 여호와가 전능하신 하나님을 인정하고, 세상을 다스리시는 분임을 고백하며, 또한 우리가 하나님이 아니고 인간임을 고백한다. 또한 죄인인 인간이 전능하신 하나님께 나아가 일방적으로 말하는 행위이기 때문에 은혜가 없이는 할 수 없는 일이다. 다시 말해서 기도는 말씀하시는 하나님이 인간의 말에 귀를 기울이신다는 것을 전제한다. 말씀하시는 하나님이란 권능의 하나님을 의미한다. 이런 하나님이 인간의 요구에 귀를 기울인다 함은 생각의 틀을 전복하는 일이다. 기도한다 함은 특별한 은혜를 받았음을 전제할 뿐만 아니라 또한 은혜 받은 자로 살고 있고 또 은혜에 의존하며 사는 존재임을 나타낸다.

기도와
응답

기도하지 않는 것도 문제이지만, 기도는 해도 아무 응답을 받지 못하는 것 역시 큰 문제다. 구하면 주실 것이라고 했기 때문이다. 심지어 구하면 귀찮아서라도 들어줄 것을 암시하는 비유도 있다. 그래도 원하는 답을 듣지 못하는 일이 많아 크게 실망하는 기독교인이 많다. 기도는 응답을 받기 위해 드리는 것인가? 어떻게 응답 받는 기도를 드릴 수 있을까? 설령 응답 받는다 해도 그것이 응답인지 아닌지를 어떻게 분별할까? 응답 받는 기도에 대한 관심이 높은 것은 사실이나 진정 기도는 응답 받아야 하는 것인가?

성경은 하나님이 기도에 응답하신다는 사실을 전해 준다. 히스기야 왕의 기도에 생명을 15년 연장시켜 주셨다. 긍정적이든 부정적이든 기도에 하나님이 반응하셨다는 것 자체가 이미 응답이다. 그러나 성경은 기도와 응답을 도식적으로 말하지 않는다. 기도하라는 것과 응답 받는 것은 또 다른 문제다. 성경은 기도하라고 말할 뿐이다. 응답은 기도하는 자의 소관이 아니다. 하나님의 주권에 따라 일어나는 일이다. 마치 응답 받는 기도의 비결을 아는 것처럼 말하는 것은 하나님을 조종할 수 있다는 뜻으로 들리는데, 이는 신학적으로 옳지 않다. 하나님은 주권자이시다.

성경이 강조하는 것은 응답 받는 기도가 아니라 기도 자체이며 또한 마땅히 구해야 할 내용이다. 성경은 인간이 하나님에게 무엇을 구해야 하는지에 관심을 두고 있다. 예수님은 제자들이 무엇을 구해야 할 것을 몰랐기 때문에 그들이 어떻게 기도할 것인지를 말씀하시면서 기도의 내용을 가르쳐주셨다. 그것이 "주의 기도"이다.

주님께서 가르쳐 주셨지만 우리는 때때로 무엇을 구해야 할지 몰라 당황해 한다. 이런 때에는 말없는 탄식으로 성령께서 대신 간구해 주신다. 이 말은 성령께서 대신 간구해 주시니까 우리는 가만히 있어도 된다는 의미가 아니다. 하나님을 의지하며 살고 싶은 간절한 마음이 있고 또 실제로 그렇게 사는 모습이 있어야 한다. 간절하기도 하지만 실제로 하나님을 의지하며 살면서도 무엇을 구해야 할지 모르는 갈등 상황에서 하나님은 당신의 뜻대로 일을 이루어 주신다는 말이다. 때로는 신앙의 분별력이 부족해서 잘못 구하는 경우도 있다. 이런 때에도 성령은 말할 수 없는 탄식으로 하나님의 뜻에 합당한 것을 대신 간구하신다. 그러니 실제로 나타나는 결과는 하나님의 뜻에 따른 것이다. 기도는 하나님의 뜻을 구하는 것이라고 말할 수 있다. 기도하는 사람이 원하는 것이 아니라 하나님의 뜻이 이루어지는 것이니 당황할 수밖에 없지만 성령께서 대신 간구하신 것이니 인정할 수밖에 없다.

기도와
하나님의 뜻

기도 응답과 관련해서 우선적으로 생각해야 할 점은 이렇다. 곧 기도는 하나님의 뜻이 일어나기를 구하는 일이다. 하나님의 뜻이 나 혹은 우리에게 일어나기를 구하는 것이 기도이다. 그러므로 기도 응답으로 기대해야 할 것은 내 뜻이 아니라 하나님의 뜻이 나 혹은 우리를 통해 이루어지는 일이다.

무엇을 구할 것인지를 두고 갈등이 일어나는 것은 하나님의 뜻을 모르기 때문이다. 안다면 그것을 구하면 된다.

실제로 이것을 받아들이고 실천할 수 있다면, 참으로 성숙한 신앙인이다. 이런 신앙을 가지고 있다면, 예컨대, 간절히 기도했을 경우, 내가 기대했던 일이든 아니면 전혀 기대하지 않은 일이든 일어나는 모든 결과에 대해 하나님의 뜻을 인정할 수 있다. 숙명론적인 태도가 아니다. 오히려 그것은 범사에 하나님을 인정하고 또 모든 일에서 하나님을 신뢰한다는 고백이다.

신앙을 흔들어 놓는 이유 가운데 하나는 기도 응답에 대한 잘못된 태도다. 예컨대 하나밖에 없는 아들이 병들어 눕게 되었다. 현대 의료기술로 치료가 어려운 병이다. 그래서 작정하며 새벽기도에 나와 기도한 여성이 있었다. 금식도 하고 작정 헌금도 드리고 서원기도도 했다. 그녀의 간절함에 감동한 성도들도 열심히 함께 기도했다. 그렇지만 안타깝게도 아들은 침상에서 더 이상 일어날 수 없었다. 그 후에 여성은 신앙이 급격히 약해졌다. 아무리 설명을 해도 막무가내였다. 기도를 들어주시지 않은 하나님을 더 이상 믿을 수 없다면서 결국 교회를 떠났다. 성경에 보면 간절히 기도하면 들어주신다는 말도 있고, 히스기야는 기도함으로 생명을 연장 받았는데, 왜 자신의 간절한 기도를 들어주시지 않느냐는 것이었다. 하나님의 존재를 믿고는 있는지 의문이다.

안타까운 일이지만, 교회에서 종종 일어나는 일이다. 기도 응답을 잘못 이해한 사례의 대표적인 경우다. 기도 응답은 내가 원하는 대로 이루어지는 것이 아니다. 기도는 하나님의 뜻을 구하는 일이기 때문에 기도를 통해 일어나는 일이 하나님의 뜻이다. 기도한다면, 하나님이 행하신 일로 인정하고 받아들이겠다는 의미다. 비록 마음은 아프고 절망적이라 하더라도 인정할 것은 인정해야 하나님의 뜻을 발견할 수 있고 기대와는 전혀 다른 일을 경험할 수 있게 된다. 전혀 뜻밖의 일이 상실의 고통을 대체할 만한 것인지는 감히 말할 수 없다. 사람마다 겪는 바가 다르기 때문이다. 그러나 기도할 때 나를 향하신 하나님의 뜻, 지금 내가 생각한 것과는 전혀 다른 뜻 안에서 살 수 있게 된다. 그 뜻을 아멘으로 받아들일 때, 비로소 하나님이 나를 선한 길로 인도하셨고 또 나를 통해 일하셨음을 깨닫게 된다.

기독교인이 기도할 때 처음부터 염두해야 할 일은 기도 응답을 내 뜻대로 혹은 내가 원하는 대로 일어나는 것과 동일하게 생각하지 않는 것이다. 기도 응답이란 하나님의 뜻이 일어나는 것이고 또 그것을 내가 알고 받아들이는 것이기 때문이다.

그러므로 기도는 나를 하나님 앞에 내려놓는 일로 이어진다. 기도는 하나님 앞에 굴복하는 삶을 배우게 한다. 기도를 통해 나를 다스리시는 분이 하나님임을 인정하는 법을 배운다. 기도함으로써 나는 단지 피조물에 불과한 인간일 뿐이고, 나의 모든 것을 책임져 주시는 분이 하나님이심을 고백한다. 생과 사를 주관하시는 하나님임을 고백한다. 기도하면 고통이라도 하나님의 뜻으로 받아들일 수 있고, 아무리 좋은 것이라도 기도하지 않으면 하나님의 뜻으로 인정하려 하지 않는다. 이런 사람이 인정한다고 말한다면 그것은 단순한 립 서비스에 불과하다.

기도의
책임

'당신의 기도는 응답을 받고 있습니까?' 항상 그렇지는 않겠지만 이것은 종종 문제가 해결되고, 고민이 풀어지며, 삶이 행복하고, 만사가 형통한 삶을 살고 있는지를 묻는 질문이다. 아주 잘못된 현상이다. 기도 응답 자체보다는 무엇을 기도해야 하는지를 아는 것이 더 중요하다. 그러므로 이 질문을 진지하게 생각한다면, 이것은 당신의 삶에서 하나님의 뜻이 이루어지고 있는지를 묻는 질문으로 이해해야 한다. 하나님을 신뢰하며 사는지 그리고 하나님의 뜻에 합당한 기도를 하고 있는지를 묻는 것이다.

또한 기도 응답과 관련해서 기도하는 자의 책임을 생각해야 한다. 누군가를 위해 기도한다면, 그 기도 응답을 위해서는 나의 수고와 노력을 필요로 한다. 기도하는 것이 하나님의 뜻이고, 그것이 이루어지기를 기도한다면서 나 자신을 그 일에서 배제하는 일은 바른 기도의 태도가 아니다. 기도는 위험한 모험이다. 기도하는 일이 하나님의 뜻이기 때문에, 기도하는 자는 그 일이 자신을 통해 혹은 자신에게 일어나기를 바라고 또 그렇게 되도록 자신을 하나님께 의탁해야 한다. 그렇지 않으면 단순한 립 서비스에 불과하다.

가난한 사람을 위해 기도한다면, 그들이 가난의 고통에서 벗어날 수 있도록 하나님이 나를 사용하시도록 내어드릴 각오가 되어 있어야 한다. 비록 작은 부분에서 기여하는 일이라도 그렇다. 만일 일이 잘 되기를 기도한다면, 그 일을 위해 나를 사용하실 것을 각오해야 한다. 잘하든 못하든 상관없이, 중요한 것은 기도하는 일이 나를 통해 이루어지거나 혹은 나에게 일어나야 한다면 순종할 준비를 갖추고 있어야 한다.

그런데 나 자신과 가족의 일을 위해서는 언제든지 희생할 각오가 되어 있으나 이웃과 타인을 위한 일에서는 다만 말로만 그치는 일이 허다하다. 나 아닌 누군가가 대신 해 줄 것을 기대한다. 옳지 않은 생각이다. 기도한다면, 하나님의 뜻이 이루어지기를 구하는 것인데, 그 일을 위해 기도하는 사람은 그 일에서 자신을 배제하고 생각해서는 결코 안 된다. 간구와 도고의 기도는 함부로 할 일이 아니며, 만일 기도한다면, 그 일을 위해 하나님이 나를 사용하실 수도 있음을 염두해야 한다. 특정 문제와 관련해서 사람이 기도하기를 꺼려하는 이유는 자신이 마땅히 짊어져야 할 책임에서 벗어나고 싶기 때문이다.

확신이 없는
간절한 기도?

자신이 바라는 것이 하나님의 뜻에 합한 것인지 확신하지 못하고 기도하는 경우가 있다. 그것도 간절히 기도하는 경우라면, 하나님은 이것에 어떻게 반응할까? 하나님은 그것을 당신의 뜻으로 삼고 기도에 응답하실까? 만일 그것이 인류사적인 의미를 갖는다면, 하나님은 전체 인류를 위해 기꺼이 들어주실 수 있다고 생각한다. 물론 항상 그런 것은 아니다. 많은 경우에는 하나님의 뜻이 우선하고, 극히 제한된 경우에 하나님은 당신의 뜻과 다른 기도에 응답하신다. 그 기도 때문에 인류에게 임하는 아픔을 하나님은 스스로 떠안으신다. 잘못된 기도로 인간이 기쁨을 얻을 수 있으나 하나님은 그것으로 고통을 떠안으신다. 그러므로 할 수 있는 한 하나님의 뜻에 맞는 기도를 해야 하겠지만, 그렇지 않은 기도에 응답을 받아 기쁨을 얻게 될 때, 기독교인은 고통 받는 형제자매들을 돌보는 일을 잊지 말아야 한다. 당신의 뜻에 합당하지 않은 기도에 응답하시는 하나님의 뜻은 바로 이것이다. 그러나 만일 기도의 내용이 개인적인 의미에 국한한 것이라면 대체로 하나님은 성령을 통해 당신의 선하시고 기쁘신 뜻이 무엇인지를 알게 해 기도를 수정하도록 이끌어주신다. 기도하는 자의 뜻대로 응답하지 않음으로써 당신의 뜻이 무엇인지를 알게 한다. 그러므로 기도는 무엇보다도 공동체의 관심과 목적에 맞춰 드려져야 한다. 개인의 기도라도 그것이 공동체의 유익에 기여할 수 있도록 조율해야 한다.

묵상과 토의를 위한 질문

- 기도와 응답의 관계에 관해 생각해 보고 토의해 보자.

- 기도하는 자의 책임에 관해 생각해 보자.

- 기도를 통해 나타나는 하나님과 인간의 관계에 관해 생각해 보자.

탈종교의 시대, 위기인가? 기회인가?

두 가지 의미

세간에 회자되는 소위 '탈종교의 시대'는 크게 두 가지 의미로 이해된다. 하나는 어떤 종교에도 속하지 않는다고 대답하는 사람이 점점 늘고 있는 현상을 가리킨다. 종교 인구의 감소가 현저해 10년마다 시행하는 인구통계조사 중 2015년도 통계에 따르면, 종교가 없다고 대답한 사람이 전체의 과반을 넘었다. 그 수는 더 늘고 있다. 조사 대상과 방법론에 대한 이견 때문에 반발이 예상되고 또 제도 종교에 속하고 있으나 냉담한 반응을 보이는 종교인들, 기독교의 경우 교회에 나가지는 않아도 기독교 신앙을 고백하는 소위 '가나안 성도' 등을 고려하지 않았다는 사실 때문에 논란이 많긴 하다.

여하튼 미국 예일대학교 교수 미로슬라브 볼프(Miroslav Volf)가 2016년에 미국에서 출간한 『인간의 번영』(IVP, 한국에서는 2017)을 보면 세계 종교 인구가 증가 추세에 있다고 말했는데, 한국의 통계는 전혀 다른 결과가 나왔다는 사실과 과거에서부터 높은 종교적인 성향을 입증해 온 대한민국의 종교 인구가 이렇게 감소했다는 통계는 충분히 충격적이다. 종교에 대한 신뢰가 그만큼 낮아졌다는 현실을 보여 주는 통계다. 아무튼 종교 인구의 현저한 감소에 대한 관찰과 그 원인 그리고 대책에 대한 탐구가 각 종교에서 이루어지고 있는데, 결과가 주목된다.

다른 하나는 종교다원주의적인 상황을 염두에 둔 표현이다. 한 사회에서 다수의 종교가 공존할 뿐 아니라 다양한 종교적인 세계관이 각자의 방식으로 영향력을 행사하는 현실을 반영한다. 곧 이런 사회에서 특정 종교의 신념이 다수의 지지를 받는다고 해서 소수 종교 혹은 타종교를 배척하거나 혐오할 수 없으며, 독선적인 태도로 타종교를 대하는 태도는 용납되지 않는다. 탈종교 시대는 이런 현실을 가리킨다. 종교적인 비관용을 용납하지 않는 현실이다. 이런 현상이 지배적인 사회에 사는 사람들은 특정 종교에 속해 있으나 타종교를 배척하지 않을 뿐 아니라 자기 종교의 색깔을 드러내는 것도 주저한다. 이론과 실천 양면에서 타종교와 긴밀한 상호관계를 갖는 태도를 선호한다.

이런 의미에서 탈종교의 시대라 함은 자기 종교만이 옳다고 주장하는 사고를 지양하고, 오히려 타종교에 대해 관용할 뿐 아니라 타종교와의 호혜적인 상호관계를 통해 국가 발전과 문명 건설을 위해 필요로 하는 사회적인 공공성을 실현하는 데 함께 기여하려는 노력에 높은 가치를 부여하는 현실을 가리킨다. 탈종교 시대에 기독교는 종교다원적인 사회에서 종교적인 색깔을 노골적으로 드러내지 않으면서도, 사회의 신뢰를 잃은 현실을 염두에 두고 기독교인으로서 진실하게 살아가는 일에 총력을 기울일 수밖에 없다.

탈종교 시대라 함은 이런 두 가지 의미의 현상이 두드러질 뿐 아니라 다수의 사람들에 의해 당연하게 받아들여지고 있다 함이다. 이것을 하나의 시대적인 특징으로 받아들이는 것은 이런 현상 이면에 숨겨진 것이 있음을 전제한다. 예컨대 이런 특징과 경향을 반대하면 오히려 시대정신에 반하는 사람으로 낙인찍힐 뿐 아니라 종교인으로서 진정성을 상실한 사람으로 여겨지게 하고 심하면 원리주의자 혹은 근본주의자라는 비난 받게 만드는 그 무엇을 말한다.

제도 종교가 제시하는 가치관을 그대로 수용하기보다 자기 자신을 존중하면서 자신의 가치관을 더 중시하도록 하는 그것은 무엇일까? 삶의 의미를 부여하는 역할을 하는 종교를 떠난다면 그것을 대체하는 세계관은 무엇일까? 만일 탈종교 시대의 행동강령이 있다면, 자신의 종교를 타인에게 강요하지 말아야 하며, 타종교의 신념과 행위에 대해 독선적인 태도를 보이지 말아야 할 뿐 아니라, 오히려 타종교와의 협력 가능성을 높여야 한다는 것이리라.

이것을 사상적으로 뒷받침하는 것은 포스트모더니즘일까? 아니면 개인은 물론이고 타인의 권리를 존중해야 한다는 포괄적인 인간 존중 사상일까? 아니면 물질적인 풍요에 삶의 의미를 두게 하는 맘몬이즘 혹은 물질만능주의일까? 사상적인 배경을 묻는 이유는 이것에 대한 신념이 확고하지 않으면 인류보편적인 현상으로 관찰된 종교의 현상과 의미 그리고 가치와 관련해서 누구도 쉽게 포기하지 못할 것이기 때문이다.

탈종교의 시대와
대체 종교

탈종교 시대의 사람은 진정 종교가 없는 것일까? 아니면 특정 종교 제도에 속하지 않은 것일 뿐일까? 다시 말해서 종교적인 삶은 없지 않으면서 다만 특정 종교에 속해 있기를 거부하는 것은 아닌지 묻는 것이다. 오히려 주류 종교(혹은 세계 종교)가 아닌 대체 종교(혹은 지역 종교)의 형태로 인간의 종교성을 실천하고 있는 것은 아닌지. 현대 미국의 경우 사람은 religious 혹은 religion이라는 말을 사용하기보다 spiritual 혹은 spirituality는 말을 선호한다고 한다. 왜냐하면 전자는 특정 종교를 연상하는 말이기 때문이라는 것이다.

이에 비해 후자는 굳이 특정 종교를 염두에 두지 않고도 모든 사람에게 공통적으로 사용할 수 있는 말이라고 한다. 그래서 세미나에서 강사가 개인을 소개하는 난에 신앙을 표시할 때 만일 '기독교'라고 기재하면 진행하는 사람들에 의해 '종교'로 바뀌거나 그렇게 할 것을 권고 받는다고 한다. 특정 종교에 대한 선입견을 유발해 불필요한 오해가 발생할 수 있기 때문이다. 탈종교 시대에서 볼 수 있는 언어 현상이라고 볼 수 있다.

'종교'가 '영성'으로, '종교적'이 '영적'으로 바뀌는 경향에서 확인해 볼 수 있지만, 탈종교를 표방하는 사람이라도 혹은 그런 시대라 해도 적어도 근본적인 의미에서 인간의 '종교성'은 부정하지 않고 있는 것이다. 여기서 말하는 종교성이란 인간이 근본적인 질문을 제기하는 것을 포함해서 이 질문에 대한 대답을 찾는 과정에서 초월적인 혹은 영적인 존재와의 의존 관계를 전혀 배제하지 않는 성향을 말한다. 탈종교의 시대라 함은 특정 종교에 속해 있으면서도 혹은 종교적인 정체성이 없어도 종교의 경계를 넘나드는 사람이 많아진 현실을 가리킨다고 볼 수 있다.

달리 말하면 현대인은 제도 종교에서보다 다른 것에서 종교적인 욕구를 충족시키고 있다. 가장 단순한 형태의 무속이나 민간종교 혹은 유사종교를 망라한다. 인간은 어디서 와서 어디로 가며, 인간은 누구인지 또 어떻게 살아야 하는지 등의 질문에 종교의 경계를 넘나들면서 대답하려는 시도들이 다변화되어 있다. 특정 종교의 색을 뺐을 뿐이지 엄밀히 말해서 모든 인간은 종교적이기 때문에 피할 수 없는 현상이다. 다만 다종교 사회이고 또 종교 간 갈등을 현실로 경험하며 사는 사회에 있다 보니 사회적인 관계에서 평화를 유지하기 위해 혹은 오해의 소지를 피하기 위해 혹은 제도 종교로부터 더는 기대할 것이 없다고 생각해서 혹은 새롭고 신선한 충격을 경험하기 위해 영적 혹은 영성이라는 단어를 선택할 뿐이다.

결과적으로 탈종교의 시대라 함은 구체적인 제도 종교의 가치와 신념에 근거를 둔 행동과 주장을 공적 사안과 관련해서 노골적으로 드러내지 않는 것이 사회의 공공성과 평화적인 관계에 기여할 수 있다는 생각이 지배적인 시대를 말한다고 볼 수 있다. 포스트모더니즘은 상대성, 대중성, 혼합성이라는 특징을 갖고 있는데, 탈종교의 시대는 종교 분야에서 나타나는 포스트모더니즘의 한 현상으로 볼 수도 있겠다고 생각한다. 종교의 상대화와 혼합화가 급격하게 이루어지고 있고 또 대중적인 것이 유사종교적인 현상으로 나타나고 있기 때문이다.

탈종교시대의 기독교, 문제인가 해결책인가

기독교인으로서 탈종교의 시대를 대하면서 갖게 되는 문제는 기독교는 자기 정체성을 분명하게 드러내도록 요구한다는 것이다. 다른 종교 곁에 있는 하나의 종교일지라도 종교 중의 종교로 스스로를 주장하고 또 그렇게 인정받기를 좋아한다. 스스로를 진리와 구원의 신앙으로 인지하기 때문이다.

지금은 '하나님의 선교'로 대표되는 에큐메니즘을 추구함으로써 종교의 차이 때문에 발생하는 갈등이 많이 줄었지만, 아직까지도 일부 복음주의 진영에서는 공격적인 선교를 계속하고 있다. 설령 공격적이지 않다 해도 삶에서 기독교인으로서 정체성을 숨기지 않고 오히려 복음 전도라는 형태로 정체성을 분명하게 드러내는 일은 여전하다. 성경을 소지하거나, 십자가를 장식용으로 사용하거나, 성경 구절을 인용함으로써 자신이 기독교인임을 나타내고 있고, 무엇보다 이웃에게 예수 그리스도의 복음을 증거하는 것을 기독교인의 핵심 과제로 여기기 때문이다. 이런 관점에서 볼 때 탈종교 시대를 살아가는 사람에게 기독교는 오히려 하나의 문제로 인식된다. 탈종교 시대의 기독교인은 어떻게 사는 것이 바람직할까?

타종교를 배려하여 기독교의 진리를 내세우지 말아야 할까? 종교가 없는 사람을 위해 기독교 정체성을 드러내지 말아야 할까? 대림절 기간에 성탄절을 기념하는 나무가 세워지지 못하고, 종교의 색채를 드러내는 크리스마스 캐럴은 거리에서 더는 들을 수 없게 되었다. 이처럼 정체성을 숨기는 것이 최선일까? 그렇지 않다.

제도 종교에 속해 있지 않다고 대답한 사람들 역시 어느 정도는 종교성을 실천하고 있다는 점을 고려해 볼 때, 탈종교의 시대는 종교적인 영향력이 현저하게 준 현실을 반영한다. 종교적인 가치가 세속적인 가치 혹은 대체 종교에 의해 압도되었을 뿐이다. 종교가 없는 시대라기보다는 제도 종교로부터 기대할 것이 없다고 여기는 사람이 증가했다는 사실에 대한 지표다.

그러므로 타종교는 그렇다 쳐도 기독교의 대사회적인 영향력이 왜 약화되었는지 그리고 기독교인을 포함해서 사람이 왜 기독교에 대한 기대감을 갖지 못하고 오히려 반감을 갖게 되었는지를 파악하는 것이 관건이다. 현재 가장 큰 문제로 지적되는 현실은 교회의 세속화와 타락, 목회자의 윤리적/도덕적 타락, 현실 문제에 대한 무관심, 일부 교회와 목회자들이 보이는 극우성향 그리고 타종교에 대한 무례한 태도 등이다. 물론 여기에 더해서 포스트모더니즘도 한 몫을 한다. 교회의 가치가 해체되고 그 자리를 철학과 윤리가 차지하고 있다. 교회가 사회적인 공공성을 제대로 인지하지 못할 뿐 아니라 그것을 실현할 만한 구조를 갖추지 못하고 있는 점도 지적되고 있다. 이것을 개혁 대상의 목록에서 발견하는 것은 어렵지 않다. 기독교에서 적폐청산을 말한다면, 바로 이것들이라고 말하는 사람이 많다.

엄밀히 말해서 탈종교 시대의 기독교가 문제로 여겨지는 이유는 기독교가 진리 주장에 있어서 독선적이고 또 그 결과 타종교를 배려하지 않으며 사회적인 공공성을 무시하는 태도 때문이지 기독교의 가치를 삶으로 드러내기 때문은 아니다. 베드로서 기자는 베드로전서 3장 15절에서 "너희에게 소망의 이유를 묻는 자에게 대답할 것을 항상 준비하라."고 했다. 이것은 기독교적인 가치를 드러내며 사는 것을 전제할 때 가능한 일이다.

　문제는 타종교를 배척하거나 의도적으로 가치를 폄하하면서 우월감을 표현하는 행위다. 일부 기독교인들과 교회에서 볼 수 있는 '배타적이고 무례한 태도' 때문에 종교 간의 대화를 시급한 과제로 여기는 기독교인들이 많다. 심지어 21세기 종교개혁의 내용으로 삼기도 한다. 종교 간의 대화가 한 사회에서 상호존중의 덕목을 실천하고 사회의 공공성을 구현하기 위한 공동의 노력으로 이어진다면 매우 바람직한 일이라 생각한다. 그러나 그것이 기독교 정체성과 구원의 도에 대한 기독교의 특수성을 포기하면서까지 '종교의 일치'를 추구하는 일이라면 바람직하지 않다.

기독교의 과제
: 복음의 영향력

　한편, 종교다원적인 사회와 관련해서 우리가 잊지 말아야 할 사실이 있다. 신약 시대는 지금보다 더 많은 종교들이 공존하던 시대였다는 것이다. 따라서 초기 공동체가 다종교 사회와 다종교적인 문화에 대해 어떻게 반응하며 살았는지, 그러한 현실에서 어떻게 복음의 영향력을 발휘할 수 있었는지를 파악하는 것은 매우 중요한 일이다. 당시 기독교는 소수 종교로서 박해를 받았다. 그럼에도 다른 종교와의 관계에서 자신을 강하게 드러내기를 주저하지 않았다. 기독교를 내세우는 것은 평화를 깨는 길이 아니고 오히려 평화를 세우고 확산하는 일임을 확신했고, 사랑이 없는 곳에 사랑의 꽃을 피우게 하는 신앙임을 입증했기 때문이다. 그렇다고 해서 다른 종교를 폄훼하거나 무시하지는 않았다. 우상숭배의 문제는 기독교로 개종한 사람이 개종 전의 종교에 미련을 두고 사는 것이나 여호와 하나님이외의 다른 신들에 관심을 두는 태도와 관련해서 지적되었다. 분명한 것은 타종교에 대한 배타적인 태도는 기독교가 다수 종교가 된 후에 생긴 일이며 기독교 진리의 포괄성을 오해했기 때문이다. 기독교가 사회에서 하나의 권력집단으로 전락했을 때 기독교의 진리 주장을 더는 삶의 결실이 아니라 힘(권력)으로 또 물질적인 성공(문명)으로 입증하려는 경향을 보였고, 이것이 타종교에 대한 배타적인 태도를 낳았다.

기독교의 과제
: 사회적인 공공성을 구현

탈종교 시대와 관련해서 기독교의 과제는 말과 행실에서 복음의 영향력을 높이기 위한 방안을 모색하는 일이며 또한 타종교와의 관계에서 기독교 우월주의를 주장하지 않고 오히려 상호존중을 통해 사회적인 공공성을 구현하는 데 공동으로 기여하는 것이다. 독일 신학자 볼프하르트 판넨베르크(Wolfhart Pannenberg)는 종교는 선의의 경쟁을 통해 무엇이 참 진리를 실현하는지를 드러낸다고 했다. 그가 말한 것은 힘의 우위를 다투는 경쟁이 아니라 종교의 교리와 행위가 하나님이라는 관념(Gottesgedanke)을 얼마나 잘 드러내는지, 곧 진리를 구현하는 신념체계와 실천적인 영향력을 통해 얻는 결실을 위한 경쟁을 말한다. 진리는 배타적인 태도로 입증되지 않고 오히려 진리를 실천함으로 나타나는 결실로 그 자신을 세상 가운데 드러낸다. 이것이 탈종교 시대의 기독교가 명심해야 할 과제다.

예수 그리스도가 성령을 통해 우리 안에 계시는 한, 우리는 세상에서 소금과 빛으로서 존재하며 또 그 역할을 수행하도록 위임 받았다. 탈종교의 시대라는 화두는 한편으로는 기독교 복음의 가치가 희미해졌다는 경고이며 다른 한편으로는 이것의 진리성을 삶을 통해 더 분명하게 드러내라는 메시지로 들어야 할 것이다.

묵상과 토의를 위한 질문

....

- 탈종교 시대란 무엇을 말하는지 정리해 보자.

- 탈종교 시대에서 기독교는 어떤 위치에 있는가?

- 탈종교 시대에 기독교의 과제는 무엇인지 생각해 보자.

종말론적 신앙과
종말 신앙의 차이

종말이 곧 올 것으로 믿고 그것을 간절히 기대하는 태도를 가리켜 '임박한 종말 기대'라고 한다. 강력한 기대감을 특징으로 한다. 종말은 그리스도의 재림(parusia)과 함께 오며 또한 그 시기가 멀지 않다고 믿기 때문이다. 보다 구체적으로 말한다면, 임박한 종말 기대를 갖고 사는 성도는 다시 오시리라는 예수님의 말씀을 믿고 그날이 속히 임하기를 간절히 기대하는 마음으로 하루하루를 산다.

임박한 종말 기대는 예수 그리스도가 승천한 후에 예루살렘에서 성령 강림을 경험했던 제자들이나 그들을 중심으로 세워진 초대교회 성도에게 볼 수 있는 태도다. 예수님은 임박한 종말 기대와 관련해서 그것이 언제 올지 모르기 때문에 늘 깨어 있으라고 말씀하셨다. 마태복음 25장에는 세 개의 비유가 들어 있는데, 지혜로운 다섯 처녀의 비유, 달란트 비유, 양과 염소의 비유이다. 이 비유를 통해 예수님은 임박한 종말 기대와 관련해서 제자들에게 세 가지 삶의 태도를 환기하셨다.

첫째, 재림은 반드시 일어날 일이라도 하나님이 정하신 시기에 임할 것이어서, 그때가 언제일지에 대해서는 누구도 알 수 없으므로 늘 깨어 준비하라는 것이다. 재림이 계속 지연됨에 따라 임박한 종말 기대가 점점 사라지면서 현실에 안주하는 것을 당연하게 생각하는 성도에게 경고하는 말씀이다.

이것은 현대 기독교인에게 가장 큰 문제 중 하나다. 왜냐하면 현대 기독교인은 비록 주께서 언제 오실지 모른다고 해서 재림을 부정하지는 않아도 그 시기가 불확실하기 때문에 굳이 임박한 종말 기대를 갖지 않고 살아간다. 또한 현실에 안주하는 삶에 대해 아무런 문제의식을 느끼지 못한다. 오히려 평안한 삶을 하나님이 복으로 주신 것으로 여긴다. 심지어 예수님의 재림과 함께 나타나는 종말을 하나의 실존 경험으로 환원하려는 경향도 보인다. 파국적인 사건을 동반하는 세상의 종말은 없으며, 성경이 말하는 종말은 단지 비유적으로 말한 것이라는 말이다. 종말이 사실인지 비유인지는 실제로 일어날 때 비로소 밝혀지겠지만, 성경은 분명히 다시 오실 그리스도를 말하고 있다. 우리는 이것을 믿는다. 따라서 예수님의 경고는 여전히 유효하다.

둘째, 오실 그리스도를 기대하면서 사는 사람은 심판을 두려워하기보다는 하나님께 받은 은혜에 따라 주어진 사명을 충실하게 감당하며 살라는 것이다. 다시 오실 그리스도는 보좌 우편에 앉아 세상의 모든 것을 판단하실 분이다. 이것을 염두에 두고 사는 것은 좋지만, 행위에서 온전하지 못해 심판받을까 염려하여 오히려 주어진 은혜에 합당한 소명에 충실하지 못하는 경우는 없어야 한다. 실수를 두려워해 아무것도 하지 않기보다는, 비록 실수를 한다고 해도 우리와 함께 하시면서 우리를 변호하시는 그리스도를 신뢰하면서 맡겨진 소명에 최선을 다하며 사는 것이 재림을 기다리는 성도의 바람직한 삶이다.

셋째, 종말을 기대하면서 살 때, 무엇보다 이웃을 돌보며, 특히 사회적인 약자들을 돌보며 살라는 것이다. 현실에 안주하며 사는 사람에게 볼 수 있는 전형적인 태도는 스스로를 보호하기 위한 조치를 취하는 것이다. 스스로 미래를 준비하려 한다. 남보다 뒤지지 않기 위해 최선을 다한다. 남을 돌아보기보다 자신이 먼저 앞서 나가기 위해 노력한다. 안주하려는 사람은 대체로 세상으로부터 인정받기를 원하기 때문이다. 양과 염소의 비유는 이런 사람에게 주신 것인데, 사람은 자신이 행한 대로 심판받을 것을 의미한다. 특히 사회적인 약자들을 돌보는 삶 자체가 다시 오실 그리스도를 만날 수 있는 한 방법임을 강조하셨다.

그러나 비교적 후대에 기록된 서신서에서 엿볼 수 있지만, 예수님의 재림은 지연되었고, 임박한 재림을 기대하며 살았던 많은 기독교인들은 실망했다. 심지어 믿음을 포기한 사람들도 있었다. 재림이 지연됨에 따라 임박한 종말 기대는 자연스럽게 사라졌다. 재림에 대한 약속은 잊히기 시작했고, 대신 안정된 삶을 위한 각종 제도들이 등장했다. 그럼에도 그리스도의 재림에 대한 기대는 기독교 신앙에서 핵심이기 때문에 우리는 결코 포기할 수 없다. 임박한 재림에 대한 기대는 비록 희미한 기억 속에 있다 해도 반드시 선포해야 할 복음의 내용 가운데 하나다. 따라서 교회는 크리스마스 전 4주간을 대림절 기간으로 정해 이미 오신 그리스도를 기념하며 또한 다시 오실 예수 그리스도를 기대하기를 배운다.

기독교의 핵심에 해당하는 종말에 대한 태도는 크게 두 가지 형태로 나타난다. 하나는 종말에 올인함으로써 현재를 포기하는 것이고(종말 신앙), 다른 하나는 종말을 염두에 두고 살면서 언제 임할지 모르기 때문에 하나님을 신뢰하는 가운데 약속이 성취되기를 기대하며 현재를 더욱 충실하게 사는 것이다(종말론적 신앙).

종말 신앙은 재림의 시기는 하나님에게 속한 것임에도 임의로 특정한 날을 정하기도 하고, 또한 종말을 준비한다는 이유로 현재의 삶을 포기하게 한다. 종말 신앙은 한국사회에서 종종 볼 수 있는 현상이지만, 특히 사이비 종교집단에서 흔히 나타난다. 예컨대 시한부 종말론과 같이 예수 그리스도의 재림의 시기를 확정해 놓고 천국의 삶을 위해 세상에서의 삶을 포기하도록 한다. 예수님은 분명히 그때와 시기는 누구에게도 알려지지 않았다고 말씀하셨다. 어떤 설득력을 갖고 재림의 시기를 말한다 해도 성경에서 벗어난 것이기 때문에 결코 믿지 않아야 할 것이다.

이에 비해 종말론적 신앙을 가진 사람은 예수께서 다시 오실 것을 기대하며 살고 또한 올바른 신앙인의 삶의 현장에서 발견되기를 바라면서 현실에서 최선을 다하며 산다. 언제 오실지 모른다 해도 반드시 오실 것을 믿기 때문에 늘 깨어 있다. 약속이 성취되기를 소망하며 살고, 사람이 소망에 대한 이유를 묻는다면, 대답할 수 있도록 항상 준비한다.

현대 기독교에서 종말론적인 신앙이 사라지는 현상은 심각한 문제다. 종말을 말하는 일은 설교에서도 찾아볼 수 없고, 성도의 삶에서도 보기 힘들다. 삶의 변화가 없는 이유 중 하나는 다시 오실 예수 그리스도에 대한 확신이 없고 또 약속의 성취에 대한 간절함이 없기 때문이다. 소망은 그저 현실 문제를 해결하기 위한 기호로 전락되었을 뿐이며 간절한 기대감을 갖고 사는 성도를 만나기가 쉽지 않다.

묵상과 토의를 위한 질문

- 임박한 종말 기대는 무엇인가?

- 종말 신앙과 종말론적 신앙의 차이를 말해 보자.

- 현대 사회에서 종말에 대한 기대를 찾아보기 어려운 이유는 무엇인가?

회개해야만
천국에 갈 수 있는가?

"회개하라 천국이 가까이 왔느니라."

예수님의 공생애 가운데 첫 번째 선포의 말씀이다. 회개와 천국의 상관 관계를 말해 주는 말씀으로 복음을 이해하는 데 있어서 매우 비중 있게 여겨 진다. 이와 관련해서 흔히 제기되는 질문은 다음과 같다.

> 회개해야만 천국에 갈 수 있을까? 만일 회개한 자만이 천국에 갈 수 있 다면, 철저하게 죄를 고백하지 못하고 또 온전히 회개하지 못하고 죽은 사람들은 어떻게 될까? 혹시 천국은 회개하는 자에게 임하는 것은 아닐 까?

회개란?

회개에 해당하는 히브리어(슈브)는 '~에게 돌아가는 행위'를 가리킨다. 잘못을 깨닫고 하나님에게 돌아가는 것이다. 그동안 믿고 사랑해 왔던 것에 서 돌아서서 하나님에게 가는 것이다. 양자의 차이와 그 결과를 직면하고 하나님에게 돌아가는 것이다. 회개는 구체적인 삶과 행동의 변화를 포함한다.

'슈브'는 율법을 지키는 행위를 강조하는 유대인들의 생각이 많이 반영되어 있다. 지금까지의 삶에서 방향을 돌리는 일이다. 그동안 율법을 지키지 않고 살았다면, 율법을 지키는 삶으로 방향을 전환하는 것이다. 하나님의 말씀대로 살지 못했다면, 자비하신 하나님에게 돌아서는 것이다. 하나님의 인도와 보호를 거부하며 살았다면, 하나님에게 돌아서는 것이다. 삶의 주인을 나 자신에게서 하나님에게로 바꾸는 일이다.

　이에 비해 신약에서 사용된 회개(메타노이아)의 의미에는 사유행위를 반영하고 심리적인 측면이 추가로 들어 있다. 다시 말해서 그간의 잘못된 삶을 깨닫고 올바른 방향으로 돌아서는 것은 물론이고 마음으로도 애통하는 것이다. 잘못에 대한 반성은 물론이고 행동과 마음의 변화까지 포함한다. 구약에서도 옷을 찢지 말고 마음을 찢으라(요엘2:13)는 표현이 있는데, 이런 표현을 통해 알 수 있듯이, 의미의 확장이 이루어진 것은 하나님과의 관계에서 온전한 회개가 중요해지고 또 마음의 중요성을 인지한 결과다. 이 말씀은 율법을 지킴으로써 얼마든지 하나님과의 관계를 만족시킬 수 있다고 믿었던 시기에 하나님은 단지 겉모습의 변화만이 아니라 전인격적인 변화를 원하신다는 사실을 강조하는 것이기에 다소 충격적으로 들릴 수밖에 없다. 이것은 사유를 중시하는 헬라 문화를 만나면서 더욱 분명해졌다. 다시 말해서 회개는 전인격적인 변화이다. 죄를 깨닫고, 죄와 그 결과에 대해 슬퍼하며, 다시는 죄를 짓지 않기를 다짐하면서 죄를 용서하시는 하나님에게 돌아가는 것이다.

회개는 새로운
존재를 입는 것

　그러나 회개는 단순히 행위의 잘못을 후회하고 그 결과에 대해 애통하며 방향을 바꾸는 것만이 아니다. 전인격적인 변화만을 의미하지도 않는다. 인격적인 변화는 다른 종교를 통해서도 가능하다. 하나님이 원하시는 회개는 단지 이것만이 아니다. 마음과 행동의 변화만이 아니라 새로운 존재를 입는 것이다. 그리스도의 삶을 사는 것이다. 그동안 사랑해 왔던 것이 잘못이었음을 인정하고 사랑의 대상을 바꾸는 것이다. 누군가를 혹은 무엇인가를 사랑하고 있는 사람이 갑자기 대상을 바꾸는 일은 쉽지 않다. 그것은 오직 예수 그리스도로 옷 입게 될 때만 가능하다.

예컨대 마태복음(12:43-45; 눅11:24-26)에는 귀신으로부터 자유로워져 영적으로 깨끗해진 후에 비어 있는 상태로 있다가 더 많은 귀신에 사로잡힌 사람의 이야기가 있다. 성경이 말하는 회개의 궁극적인 의미는 전인격적인 변화이외에도 예수 그리스도를 구주로 영접하며 또한 그를 통해 계시된 하나님께로 돌아가는 행위를 포함한다. 하나님에게 돌아간다 함은 하나님의 말씀을 인지하고, 그 말씀대로 살 것을 결단하는 것은 물론이고, 하나님의 뜻이 자신에게 일어나고 또한 자신을 통해 이루어지도록 순종한다 함이다. 하나님의 새로운 창조가 현실로 나타나도록 하는 것이다. 순서에 있어서(절대적인 것은 아니지만) 먼저 예수 그리스도를 통해 계시된 하나님의 은혜로 하나님께 돌아간 후에 전인격적인 변화가 일어난다. 은혜가 먼저이고 회개가 그 다음이다. 은혜는 우리의 행동과 결단에 앞서 주어진다는 점에서 "선행하는 은혜"라고 말할 수 있다.

회개는 죄 용서에 대한
증거를 제시하는 신앙 행위

믿음과 함께 시작되는 '하나님께 돌아가는 일'은 평생에 걸쳐 일어나는데, 이 과정을 성화(聖化)라고 한다. 회개 후에도 인간이 여전히 죄를 고백해야 할 이유다. 죄인인 인간은 하나님께 돌아감으로써 여호와가 심판의 하나님만이 아니라 자비하시고 은혜로운 하나님임을 증거한다. 그러므로 회개 역시 복음을 증거하는 행위 가운데 하나다. 그래서 세례 요한은 예수님의 길을 예비하는 설교에서 회개를 외쳤고, 예수 그리스도 역시 공생애를 시작하면서 '회개하라'고 외쳤던 것이다. 회개함으로써 하나님이 자비하시고 용서하시는 분임을 증거한다.

이것은 회개를 설교하면서 심판의 하나님만을 외치는 설교와 대조적이다. 이런 설교는 중세에 특히 심했고 지금도 이단이나 사교 집단에서 종종 들을 수 있다. 회개를 실천하는 일은 죄인을 심판하시는 하나님을 전제하지만, 궁극적으로는 하나님의 은혜와 자비 그리고 용서를 증거한다. 회개의 메시지는 선행하는 은혜를 전제한다. 그렇기 때문에 회개는 복음을 설교하는 자리에서 빠지지 말아야 할 내용이다.

회개는 사랑과 은혜와 용서의 하나님을 증거한다. 비록 말로 하지 않아도 회개함으로써 하나님을 증거한다. 따라서 회개는 복음이 진리임을 고백할 뿐 아니라 또한 증거하는 일이다. 정리해서 말한다면, 회개에서 중요한 일은 단지 죄를 깨닫는 일만이 아니다. 죄를 깨닫는 일이 쉽지 않지만 조금만 노력하면 가능하다. 어렵고 힘든 일은 죄를 깨닫고 통회함에도 불구하고 끊임없이 밀려오는 유혹에도 과감하게 하나님께로 돌아서는 일이다. 예수님을 영접하는 일이다. 존재의 변화가 일어나야 하며 180도 전환을 의미한다. 진정한 회개는 이것이 이루어졌을 때 가능해진다.

그러므로 순서에 있어서(비록 절대적이지는 않지만) 회개는 먼저 죄를 용서하시고 자비하시고 은혜로운 하나님에 대한 믿음을 전제한다. 그래서 칼 바르트는 '율법과 복음'의 관계를 순서에 있어서 '복음과 율법'으로 바꾸어야 한다고 주장했다. 먼저 죄를 깨닫고 인격적인 변화가 일어난 후에 죄 용서와 사랑이 선포되는 것이 아니다. 먼저 예수 그리스도의 십자가에서 드러난 하나님의 은혜를 경험해야만, 곧 예수 그리스도를 인격적으로 만나 그로부터 죄 용서의 음성을 듣고 난 후에 비로소 그를 영접하는 일이 일어난다. 사도 바울은 이 부분을 이렇게 말했다.

로마서 5장 8절 우리가 아직 죄인되었을 때에 그리스도께서 우리를 위하여 죽으심으로 하나님께서 우리에 대한 자기의 사랑을 확증하셨느니라.

십자가의 복음을 듣는 것으로 만족하지 않고 마음으로 받아들일 때, 내 안에 그리스도가 주인이 될 때, 하나님께 돌아서는 의미의 회개는 동시에 일어난다. 그러므로 사도 요한은 이렇게 말했다.

요한복음 1장 12절 영접하는 자 곧 그 이름을 믿는 자들에게는 하나님의 자녀가 되는 권세를 주셨으니.

이것이 세례 요한이 외쳤던 회개와 다른 점이고 또한 예수 그리스도를 통해 계시된 일이다.

회개를
선포하지 않는 이유

그런데 최근의 설교 경향을 보면, 회개를 외치지 않는 설교가 강단을 지배하고 있다. 한편으로는 그런 설교에 부담을 느끼는 성도가 많이 있기 때문이다. 자신이 듣고 싶은 말만 들으려는 잘못된 태도이며, 기독교의 타락을 유발하는 요인 가운데 하나다. 다른 한편으로는 담임 목사직 연임을 위해 혹은 굳이 연임을 염두에 두지 않는다 해도 당회와 성도의 눈치를 보아야 하는 목회자의 입장에서 볼 때 사실 회개를 선포하는 설교는 쉽지 않다.

회개를 어떻게 설교하느냐에 따라 달라지겠지만, 성숙한 신앙인은 비록 마음이 불편해도 회개의 메시지를 받아들인다. 왜냐하면 선행하는 은혜를 알기 때문이다. 그렇지 않고 단지 마음이 불편하다는 이유로 설교와 설교자를 거부하면 복음 자체를 부정하는 것이다. 그리고 회개 없는 설교는 엄밀히 말해서 설교자가 복음에 대한 확신이 없음을 드러내는 일이다. 복음을 전하는 자로 부름 받은 사람이 목사라고 한다면, 회개를 선포하지 않을 경우 복음을 전해야 하는 사명을 유기하는 일이다. 회개 자체가 복음을 증거하기 때문에 더욱 그렇다.

회개의 메시지를 싫어하는 것은 교만한 모습이다. 성도는 회개를 선포하지 않는 목회자를 경계해야 하고, 회개를 촉구하는 메시지에 귀를 기울이고 마음으로 받아들여야 한다. 복음이 없는 회개의 메시지를 분별해낼 수 있어야 한다. 회개와 천국의 관계는 왜 복음이 없는 메시지를 분별해야 하는지를 설명한다. 무엇보다 세례 요한과 예수님의 설교에서 확인할 수 있다.

회개와
하나님 나라

세례 요한과 예수님의 설교에서 공통적으로 나타나는 것으로 주목할 만한 메시지는 이것이다.

> **마태복음 3장 2절, 4장 17절** 회개하라 천국이 가까이 왔느니라.

세례 요한은 이것을 자기 사역의 중심 메시지로 삼으면서 회개의 세례를 베풀었다. 예수님이 사역을 시작하면서 행하신 첫 번째 설교이기도 하다. 지금 회개해야 할 이유는 천국이 가까이 왔기 때문이고 또한 천국이 임할 시기가 되었기 때문에 회개해야 한다는 말이다. 곧, 행위에서 완전치 못하든 혹은 완전하든 상관없이 누구든지 천국에 합당한 사람이 되기 위해서는 회개해야 한다.

'천국에 합당하다'는 말은 유대인의 관점에서 본다면, 의인을 염두에 둔 것이다. 율법을 온전히 지키는 자를 의인으로 보았기 때문에 회개는 당연히 행위에 있어서 온전치 못한 부분에서 돌이키는 것을 말한다. 마음과 의지만 있으면 되는 것이 아니라 실제로 돌이켜 그동안 놓쳤던 일을 행해야 한다. 대표적인 사례는 삭개오가 예수께 보인 반응이다.

세례 요한의 설교에서 회개의 열매가 언급되는 것으로 보아 그는 회개를 구약의 전통에서 이해했다. 하나님께 돌아가되 무엇보다 하나님이 원하시는 행위를 하라는 의미다. 그래서 그는 율법의 마지막 선지자다.

그뿐 아니라 당시 나라(국개)에 대한 이해가 통치자를 중심으로 이루어진 것에 비춰 볼 때, 천국에 합당하다는 말은 하나님이 보시기에 좋다 혹은 하나님의 임재에 합당하다는 의미다. 즉 하나님이 보기에 좋은 사람이 되어 하나님의 임재를 받아들일 수 있으려면, 누구든지 결단을 통해 지금까지 삶의 방식에서 벗어나 하나님이 원하시는 삶으로 방향을 돌려야 한다. 예수 그리스도를 통해 나타난 은혜를 받고 난 후에 회개가 있으며, 그 후에 진정한 천국을 말할 수 있다. 그렇다고 해서 회개해야, 곧 율법을 온전히 지키는 자가 되어야 천국의 백성이 된다는 말로 이해하면 안 된다. 세례 요한의 메시지는 하나님 백성으로 선택을 받은 자들을 위한 것이다. 다시 말해서 이렇게 이해할 수 있다.

> 하나님 백성으로 선택을 받은 자들은 회개하라. 그리하여 하나님의 자비하시고 은혜로운 통치가 세상 가운데 드러나도록 하여라.

세례 요한의 선포와 비교할 때 예수님의 선포의 의미는 세례 요한의 그것과 크게 다르지 않다. 다만 예수님이 외치신 회개는 예수님의 말씀을 믿는 것은 물론이고 예수님을 통해 계시된 하나님을 믿으며 또 그를 통해 주어진 은혜를 받아들이라는 것을 포함한다. 왜냐하면 예수님 자신이 천국이기 때문이다. 회개하는 자만이 예수님을 통해 현실이 되는 천국을 바르게 인지하고 또 경험할 수 있다는 의미로 이해할 수 있다.

회개는 통치의
변화를 일으킨다

세례 요한과 예수님의 설교에서 강조되고 있는 회개와 천국의 관계를 통해 드러나는 사실이 있다. 회개는 통치의 변화를 일으킨다는 것이다. 삶이 더 이상 자신의 뜻과 의지에 따라 경영되지 않게 하려면, 혹은 사탄의 통치를 허용하지 않으려면, 곧 하나님의 통치를 받고 하나님이 함께 하시는 삶을 살고 싶은 사람은 누구든지 회개해야 한다.

탕자의 비유에서 볼 수 있듯이, 자신의 잘못을 깨닫고 애통하며 아버지께로 돌아와야 한다. 삭개오의 경우에서 볼 수 있듯이, 삶의 방식에 변화가 있어야 한다. 그동안 보고 생각하고 판단했던 방식에서 변화가 있어야 한다. 삭개오는 예수님을 영접한 후에 재물에 대한 관점에서 완전한 변화가 있었다. 예수님을 만나 새로운 세상을 경험하게 된 삭개오는 그에 대한 반응으로 회개의 결실을 나타내 보였다. 결실이 없는 회개는 아직 하나님 나라에 대한 가치를 인정하지 않았거나 그것의 존재를 깨닫지 못했다는 증거다. 값비싼 향유를 예수님의 발에 부은 여인의 행위는 진정한 가치가 무엇인지를 인정하고 또 증거한 것이다. 회개하는 자만이 예수님 안에서 현실이 된 하나님 나라를 위해 기꺼이 헌신할 수 있다.

하나님 나라는
회개하는 자에게 임한다

회개해야만 천국에 갈 수 있는가? 만일 이 질문이 예수 그리스도를 영접하였으나 완전히 회개하지 못한 경우를 염두에 둔 것이라면, 꼭 그렇지는 않다고 말할 수 있다. 회개에 앞서 은혜가 작용하기 때문이다. 비록 살아 있는 동안에 모든 죄를 고백하지 못했고 또 죄로부터 온전히 돌아서지 못했다 해도 예수 그리스도를 통해 드러난 하나님의 은혜로 구원을 받는다.

관건은 천국은 회개하는 자에게 임한다는 것이다. 회개하는 자는 천국이 임하는 것을 인지하고 경험하며 또 누릴 수 있으나, 그렇지 않은 사람에게 천국의 기쁨은 종말로까지 지연될 수밖에 없다. 왜냐하면 나타나도 인지하지 못하기 때문이다. 이에 비해 회개는 천국을 인지하는 눈을 열어 준다. 회개하는 자가 오는 천국을 맞이하고, 회개하지 않는 자는 오는 천국을 보고도 지나친다. 그러니 천국이 주는 환희를 놓칠 수밖에 없다.

묵상과 토의를 위한 질문

. . . .

- 회개란 무엇인가?

- 회개는 어떤 의미에서 하나님을 증거하는가?

- 회개와 하나님 나라 관계에 대해 이야기해 보자.

'복음과 계명'인가?
'계명과 복음'인가?

순서의 차이일
뿐인가?

율법(계명)과 복음인가, 복음과 율법(계명)인가? 언뜻 보면 순서만 바뀐 것으로 대수롭지 않게 여겨질 일이나 이것을 예수 그리스도를 믿으며 사는 일과 관련해서 양자를 순서에 따라 읽도록 한다면 매우 다른 의미를 갖는다.

'율법과 복음'은 먼저는 율법이 있고 난 후에 복음이 있다는 생각이다. 이런 생각에 포함된 흔한 오해는 사람이 먼저 율법에 따라 죄를 깨닫고 난 후에 비로소 은혜의 필요성을 느끼고 또 그 가치를 깨닫게 된다는 것이다. 그래서 구약이 있고 그 후에 신약이 있는 거라고 한다. 정죄함이 있고 그 후에 예수 그리스도의 용서와 구원의 은혜가 있다는 말도 덧붙인다. 예수 이전에는 타종교에 속해 살다가 예수님을 믿고 난 후 기독교에서 더욱 포괄적인 구원의 도를 발견하는 것도 같은 논리라고 생각한다. 정말 그럴까? 율법이 있고 난 후에 복음이 있는 것일까? 정죄함이 있고 용서가 있는 것일까?

복음과
율법!

이런 생각에 가장 큰 이의를 제기한 신학자는 칼 바르트다. 바르트는 순서를 바꾸어 복음이 먼저고 그 후에 율법이라고 주장했다. 예수 그리스도를 통해 계시된 하나님의 은혜와 사랑을 먼저 알고 난 후에 비로소 기독교인에게 율법을 지키는 자로서 살아야 할 이유가 주어지는 것이라고 한다. 그래서 그는 순서를 바꾸어 '복음과 율법'을 말했다. 그리스도 중심적인 사고를 철저하게 실천한 그였기에 이런 논리가 가능했다고 생각한다.

사실 그리스도 이후를 사는 사람들, 특히 이스라엘에 속한 사람이 아닌 경우 굳이 구약의 율법을 지켜야 할 이유는 없다. 율법은 하나님과 계약을 맺은 이스라엘 백성에게 주어진 것이기 때문이다. 예수 그리스도와 은혜의 관계를 갖게 될 때 비로소 비록 이방인이라도 하나님의 말씀으로서 율법은 반드시 지켜야 할 것으로 여겨진다.

이와 관련해서 율법의 대명사로 여겨지는 계명과 관련해서 복음의 의미를 살펴보도록 하자. 복음을 말하면서 가장 먼저 지적할 사항은 복음을 그저 '사람이 듣기에 좋은 말'로 이해하지 않아야 한다는 것이다. 그런 의미가 없지 않으나, 무엇보다 복음은 하나님이 우리의 구원을 위해 예수 그리스도를 통해서 일하시며, 예수 그리스도에게 당신의 의로운 일을 행하시고, 또 그분 안에서 당신을 온전히 나타내신다는 소식이다. 하나님과의 관계는 사람의 노력을 통해서가 아니라 오직 하나님의 은혜로 성립된다는 선언이다. 이것을 기쁨의 이유로 삼는 사람이 복되다.

기쁜 소식과
복음

그리스 로마 시대에 사용된 '복음(Ευαγγελιον)'의 용례를 보면 대개 '희소식'이라는 의미로 사용되었다. 절망적인 전쟁 상황에서 기적 같은 반전의 과정을 통해 마침내 전쟁에서 승리했다는 전갈을 가리킨다. 성경에서 사용된 '복음' 역시 '기쁜 소식', '좋은 소식'이다. 그러나 맥락이 달라졌다. 더는 전쟁을 염두에 둔 표현이 아니다. 성경적인 맥락에서 '복음'의 의미는 이사야 52장 7절에 가장 잘 나타나 있다.

> 좋은 소식을 전하며 평화를 공포하며 복된 좋은 소식을 가져오며 구원을 공포하며 시온을 향하여 이르기를 네 하나님이 통치하신다 하는 자의 산을 넘는 발이 어찌 그리 아름다운가

로마에서 황제는 종종 '주님', '구원자', 혹은 '신'으로 추앙되었다. 바로 이런 상황에서 초대교회의 성도가 예수님을 '주님', '왕' 그리고 '구세주'로 부른 것은 특별한 의미가 있다. 일단은 황제가 아니라 하나님이 자신을 통치하신다는 선언인데, 아무리 세계를 군림하는 로마의 황제라 하더라도 인간은 결코 '주님'이 될 수 없고 오직 예수 그리스도만이 '주님'이시라는 신앙고백이었다. 로마가 그들을 박해한 이유였다.

하나님의 영광을 나타내며 사람에게 큰 기쁨을 주는 '복음'은 예수 그리스도의 나심 자체를 가리킨다.

> **누가복음 2장 10-11절** 천사가 이르되 무서워하지 말라, 보라 내가 온 백성에게 미칠 큰 기쁨의 좋은 소식을 너희에게 전하노라. 오늘 다윗의 동네에 너희를 위하여 구주가 나셨으니 곧 그리스도 주시니라.

뿐만 아니라 예수님의 말씀, 행위 그리고 그가 평생 동안 걸었던 길 자체는 우리의 구원을 위해서 절대적으로 필요하다. 그래서 제자들은 예수님이

하신 일을 하나님의 사역으로 보고 그것을 '복음'으로 이해했다. 예수 그리스도의 복음을 통해 우리는 죄가 용서되고, 새로운 피조물로 거듭나고, 또 죄의 세력으로부터 완전히 벗어났음을 알게 된다.

그러므로 복음은 예수 그리스도 자신이면서 또한 그를 통해 계시된 모든 내용을 일컫는다. 즉 우리가 아직 죄인 되었을 때에 우리를 먼저 사랑하심으로써 우리의 죄를 용서해 주셨을 뿐 아니라 우리를 사망의 권세에서 구원하여 주셨다는 소식이다. 또한 구원이 우리의 노력이 아니라 하나님의 행위를 통해서 이루어졌다는 증거이다. 그리고 과거와 현재도 그렇지만 앞으로도 우리를 통치하실 분은 하나님이라는 소식이다. 복음이란 끝없이 배반하는 우리를 하나님이 아픔을 감당하시면서도 끝까지 사랑하신다는 말씀이다. 이것은 예수 그리스도를 통해 분명히 확인되었다. 복음은 이것을 진리로 인정하는 모든 사람에게 하나님의 약속이 성취되리라는 소식이다. 모든 사람이 구원을 받으며 진리를 아는 데에 이르기를 원하시는 하나님의 뜻을 담고 있는 소식이다(딤전2:4).

이런 소식을 전해 주기 위해서 저자와 독자들의 상황을 고려하며 기록된 것이 네 개의 복음서이다. 이방인에게 복음을 전하는 사도로 부름 받은 바울은 특별히 구원사적인 맥락에서 복음을 율법과 대조시켜가며 선포하였다. 그의 복음 이해는 특히 로마서와 갈라디아서에 잘 나타나 있다.

갈라디아서 2장 19-20절(내가 율법으로 말미암아 율법에 대하여 죽었나니 이는 하나님에 대하여 살려 함이라 내가 그리스도와 함께 십자가에 못 박혔나니 그런즉 이제는 내가 사는 것이 아니요 오직 내 안에 그리스도께서 사시는 것이라 이제 내가 육체 가운데 사는 것은 나를 사랑하사 나를 위하여 자기 자신을 버리신 하나님의 아들을 믿는 믿음 안에서 사는 것이라.)에서는 율법 혹은 복음 안에 이루어지는 삶에 대해, 갈라디아서 3장 23-24절(믿음이 오기 전에 우리는 율법 아래에 매인 바 되고 계시될 믿음의 때까지 갇혔느니라 이같이 율법이 우리를 그리스도께로 인도하는 초등교사가 되어 우리로 하여금 믿음으로 말미암아 의롭다 함을 얻게 하려 함이라.)에서는 율법에 의한 또한 신앙에 의한 삶에 대해, 로마서 6장 15절(그런즉 어찌하리요 우리가 법 아래에 있지 아니하고 은혜 아래에 있으니 죄를 지으리요 그럴 수 없느니라.)에서는 율법 아래 있는 것과 은총 아래 있는 것에 대해, 로마서 7장 21-23절(그러므로 내가 한 법을 깨달았노니 곧 선을 행하기 원하는 나에게 악이 함께 있는 것이로다 내 속사람으로는 하나님의 법을 즐거워하되 내 지체 속에서 한 다른 법이 내 마음의 법과 싸워 내 지체 속에 있는 죄의 법으로 나를 사로잡는 것을 보는도다.)에서는 우리 안에 죄의 율법과 마음의 율법이 서로 충돌하는 것에 대해 말했다.

복음이
외면당하고 있다

그러나 문제는 아무리 기쁜 소식이라고 해도 사실적으로 보면 많은 사람이 그것을 진리로 인정하지 않는다는 것이다. 들어도 기쁨을 느끼지 못한다. 무관심하고 때로는 분노하는 사람도 있다. 복음은 믿음만이 아니라 불신도 불러일으킨다. 이것은 과거와 미래를 사이에 두고 현재를 살아가는 모든 기독교인들이 선교를 과제로 받아들이고, 또한 두 가지 실존(죄인-의인) 사이에서 끊임없이 갈등할 수밖에 없는 이유다. 루터는 이런 실존적 이해를 "의인이면서 동시에 죄인(simul justus et peccator)"이라는 말로 표현했다. 실존적으로 볼 때, 우리는 비록 죄인이지만 예수 그리스도를 통한 하나님의 용서를 통해 그리고 구원의 약속 때문에 의인이라는 말이다.

예수 그리스도가 재림하여 하나님의 영광(하나님의 참 하나님 되심)이 완전히 계시되는 마지막 때에는 세상의 모든 민족과 만물이 하나님의 영광 앞에 굴복되어 여호와를 참 하나님으로 인정하며, 모든 믿는 자는 의인으로서 천국잔치에 참여하게 될 것이다. 따라서 신약 안에서 복음은 때로는 권면이나 위로로, 때로는 명령이나 경고로 나타났다. 믿지 않아서 혹은 실수로 축복의 영역에서 벗어나는 일이 없게 하려 함이다. 사도 바울은 복음 안에 예수 그리스도를 통한 하나님의 심판을 포함시켰다(롬 2:16, 곧 나의 복음에 이른 바와 같이 하나님이 예수 그리스도로 말미암아 사람의 은밀한 것을 심판하시는 그날이라.). 복음은 계명을 폐하지 않고 오히려 굳게 세워 준다(롬 3:31).

계명은
복음이다

바로 이런 의미에서 복음을 우리는 십계명 안에서 읽을 수 있다. 십계명은 한편으로는 당신의 백성을 위한 하나님의 사랑 고백이면서(나는 너를 애굽땅 종 되었던 집에서 인도하여 낸 너희 하나님 여호와로라.), 다른 한편으로는 우리들이 어그러진 길을 걷지 않도록 설정된 최소한의 경계이다. 구원사적인 관점에서 볼 때, 십계명은 하나님의 구원이 이루어진 이후의 세계, 그러나 여전히 세상에서 살아갈 수밖에 없는 현실에서 모습을 드러내는 세계, 곧 약속이 성취된 세계를 제시한다.

십계명을 보면 네 번째와 다섯 번째 계명을 빼고는 모두 "～하지 말라"는 부정형으로 되어 있다. 엄밀하게 말해서 계명이라기보다는 금지사항이라고 말해야 한다. 그런데 만일 긍정적인 명령을 가리키는 '계명'이라는 말이 계속 사용되어야 한다면, 이 말은 계명이 비록 부정적으로 표현되었다 하더라도 긍정적인 요소가 있을 것이라는 추측을 불러일으킨다. 사실 십계명에는 이러한 긍정적인 부분이 있다.

다시 말해서 계명을 지키는 일은 무엇보다 하나님의 사랑을 인정하는 행위다. 계명을 지킨다는 것은 하나님 나라를 소망하는 성도가 인내하는 삶의 모습이며(계14:12), 우리가 예수 그리스도 안에 있다는 것이고(요 15:4-17), 하나님을 사랑하고 있을 뿐만 아니라(요일 5:3) 하나님 안에 거하고 있음을 증거하는 것이고, 또 기도 응답의 열쇠이기도 하다(요일 3:23-24).

복음은 '선포'라는 방법을 통해 전해진 기쁜 소식이며 또한 그 소식을 들은 사람 안에서 삶의 변화를 일으켰다. 오늘날의 언어로 표현한다면, '설교'의 형태 속에서 하나님의 은혜의 행위가 전해졌다. 모세의 설교를 통해서 이스라엘 백성이 처음 듣게 되었을 때 십계명은 그들에게 하나님의 말씀이었고 구원의 도였으며 하나님의 약속이었다. 십계명이 오늘 우리에게 다시금 '복음'으로 이해될 수 있기 위해서, 또 그 자체가 오늘 우리에게 복음적 사건으로 나타나기 위해서 선포의 형식은 여전히 큰 의미를 갖는다. 계명에 담긴 복음이 오늘 우리에게 제대로 전달되기 위해 계명은 이해에 앞서 선포되어야 한다. 복음은 지식의 가르침을 통해서가 아니라 선포를 통해서 역사되는 부분이 더 크기 때문이다.

묵상과 토의를 위한 질문

- 복음과 율법인가, 율법과 복음인가?

- 왜 복음과 율법으로 이해되어야 하는가?

- 복음의 의미는 무엇인가?

- 복음이 외면당하는 이유는 무엇인가?

- 계명은 어떤 의미에서 복음이라 말할 수 있는가?

영성과
하나님

영성의
다의성

영성은 현대 기독교인에게는 친숙하지만 비교적 나이가 많은 세대들에게는 낯설게 느껴지는 말이다. 과거에는 잘 사용하지 않은 말이기 때문이다. 사용했어도 용례는 주로 동양적인 전통종교와의 관계에서 발견된다. 대략적으로 종교와 관련이 있는 말로 이해된다. 그런데 자주 사용되는 오늘날 영성에 관한 설명은 너무 많고 또 그 의미가 다양해서 오히려 혼란을 느낄 정도다.

도대체 영성은 하나님과 무슨 상관이 있는 것일까? 단순하지만 핵심 질문이라고 생각한다. 왜냐하면 기독교인은 무엇을 생각하고 말하든 하나님과의 관계에서 말하고 또 생각하도록 요구받기 때문이다. 먼저 영성의 의미를 살펴보면서 이 말이 하나님과 어떤 관계에 있는지 살펴보도록 하자.

영성과
의미 경험

의미란 텍스트와 관련해서는 텍스트의 의미를 가리키고, 어떤 사물이나 현상과 관련해서는 가치를 가리킨다. 이에 비해 인간의 의미 혹은 삶의 의미는 인생 전체와의 관계에서 나 혹은 내 삶이 최적의 위치에 있다는 사실을 깨닫게 될 때 비로소 모습을 나타낸다. 엄밀히 말해서 텍스트 의미를 파악하는 것은 가능할지 몰라도 삶의 의미와 관련해서는 전체를 인식하는 능력의 한계 때문에 온전한 경험은 가능하지 않다. 적어도 인간에게 그렇다. 설령 어느 정도는 예감의 형태로 가능하다 해도 언제나 부분적이고 단편적이다. 그럼에도 이것이 가능하다고 믿으며 발견하려고 추구하는 것이 종교이다. 왜냐하면 종교는 신앙인에게 전체와의 관계에서 적합한 자리를 부여하는 의미체계를 갖고 있기 때문이다. 개별적인 사건이나 삶의 단편과 관련해서 얼마나 적합하게 설명해 줄 수 있느냐에 따라서 종교의 탁월성이 결정된다.

　　세계관으로 작용하는 종교에서 사람이 기대하는 것은 신앙인에게 의미 경험의 가능성과 근거를 제시하는 것이며, 그것이 일시적이지 않고 영원한 가치를 가지고 있음을 확인해 주는 것이다. 종교는 많아도 이런 기능에서는 모두 같다. 기독교 역시 예외는 아니다. 특히 불교와 같이 노력에 의해 깨닫게 되는 것 자체를 하나의 구원 경험으로 보는 종교가 있는가 하면, 무교(샤머니즘)는 의미에 관심을 두지 않고 다만 영매(샤먼, 무당)의 능력에 의지해서 화를 피하고 복을 얻으려는 현실의 문제를 해결하는 데에 관심을 둔다. 현실에서의 번영을 종교의 목적으로 삼는다. 본질상 기복적인 요소가 강하게 작용하고 있다. 한국무교의 영성을 기독교적으로 해석한 유동식의 연구에 따르면, 한국의 불교와 기독교는 무교와 결합하면서 한국 특유의 현상을 낳았다고 한다. 무교는 기복적이고 현실 지향적(경우에 따라서는 현실 도피적)이며 매개자(무당)의 중요성을 강조하는 현상이다.

영성과
하나님 경험

한편, 기독교는 전체를 말하는 방식에서 여타의 종교와 다르다. 우선 기독교는 인간의 노력에 의해 깨닫는 것이 아니라 선물로 받는 깨달음을 말하고, 더 나아가서 지적인 깨달음을 넘어서는 구원을 말한다. 전체와의 관계에서 내가 누구이고 또 어느 위치에 있다는 사실을 내가 파악하는 것이 아니라 계시를 통해 알려준다 함이다. 그리고 이것을 아는 것으로 만족하지 않고 이것의 현실을 가능하게 한다 함이다. 보이지 않는 영적인 세력에 사로잡혀 거듭 반복할 수밖에 없는 잘못에서 벗어나도록 해 주는 것, 이것이 구원이다. 비록 깨닫지 못해도 은혜로 구원을 받는다.

이것이 구원을 위한 조건으로, 깨달음을 중시하는 다른 종교와 비교할 때 나타나는 기독교 신앙의 특징이다. 사실 기독교인은 의미 경험이 아니라 하나님 경험을 말한다. 내 삶에 의미가 있다는 표현은 내 삶이 하나님으로부터 주어진 선물이라는 사실을 발견했을 때 가능한 것인데, 발견 이전에 먼저 하나님이 임재하실 때 일어나는 경험이 있기 때문이다. 기독교 신앙에서는 하나님 경험 자체가 의미 경험보다 앞서며 또한 그것이 핵심이다.

이렇게 되면 다음과 같이 묻게 되는 것은 자연스럽다. 하나님 경험은 어떻게 가능할까? 다른 말로 하자면, 기독교인은 어떻게 하나님의 사랑과 은혜에 대해 반응하며 살 수 있을까? 바로 이 질문과 관련해서 우리는 영성을 말한다. 영성은 하나님 경험이 가능하기 위한 조건이다. 달리 말해서 영성은 성령의 역사로 인간에게 나타나는 '하나님과 관계맺음의 능력'이다. 영성을 기반으로 인간은 하나님의 말씀, 그분의 사랑과 은혜의 행위를 인지할 뿐 아니라 그것에 적합하게 반응할 수 있도록 한다. 이것에 대해 좀 더 살펴보자.

영성의 의미에 있어서
혼돈과 기독교 영성

오늘날 '영성'은 남용되고 있다고 말할 수 있다. 그 의미가 지나치게 넘쳐 무엇을 영성이라고 말하는지 오히려 분별하기 어렵다. 의미가 많다 보니 말을 적합하게 사용하기도 쉽지 않다. 관건은 신앙의 출발점인 하나님 경험을 가능하게 하는 조건으로서 영성을 바르게 이해하지 못하면, 잘못된 신앙과 생각 그리고 행동으로 이어지게 된다는 것이다. 잘못된 영성은 잘못된 신학을 낳는다.

특히 영성은 성경에서 유래한 개념이 아니라 신학적으로 구성된 개념이기 때문에 성경에 근거해서만 이해하는 것은 충분하지 않다. 영성을 이해하기 위해서는 조직신학적인 노력이 필요하다. 무엇보다 영성은 성령의 사역과 성령의 은사와 깊은 관련이 있다. 특히 하나님과 인간 사이에서 힘 혹은 능력으로 경험되고 또 그렇게 표현된다. 일상적인 것과 비일상적인 것을 분별하는 능력일 뿐만 아니라, 또한 상호간의 균형적인 관계맺음을 표현하고, 신앙생활을 가능하게 하거나 성장하게 하는 조건이다.

기독교에서 영성을 말하는 까닭은 의미 경험이 아니라 하나님 경험(하나님과의 만남과 관계)을 강조하는 것에 있다. 영성은 예수 그리스도에 대한 믿음을 바탕으로 하나님에 의해 받아들여지는 경험(칭의)을 지향하고, 하나님의 은혜 아래 지속적으로 머물 수 있는 삶의 능력(성화)으로 나타나며, 또한 하나님의 속성과 행위 그리고 그분의 말씀을 세상 가운데 밝히 드러내기 위한 능력(은사)이다. 의미 경험 자체를 부정하는 것이 아니라 의미라는 것이 하나님에 의해 선물로 주어지는 것임을 강조한다.

이와 관련해서 하나님께 반응하는 능력으로 영성을 다음과 같이 정의해 볼 수 있다. 영성이란 하나님이 창조로부터 시작하여 지금까지 이어지는 세상과의 관계맺음을 오늘의 상황에서 인식하고 인정하는 능력이며, 하나님을 받아들이고 하나님과의 관계에서 역동성을 발휘하는 삶의 능력, 생명의 능력이며, 또한 그 관계에서 성령의 역사를 기대하는 능력이다. 그리고 하나님과의 관계에서 일어난 일을 다양하게 표현하는 능력인데, 언어나 예술적인 표현에 제한하지 않고 심지어 행위 곧 실천을 통해 표현되기도 한다. 이 능력은 성령을 통해 주어진 것이기 때문에 인간의 능력이 결코 아니다. 하나님이 복으로 주신 은혜의 선물이다. 영성은 예수 그리스도를 통해 계시된 하나님의 뜻을 이루시기 위해 성령께서 성도 안에 내재하심으로써 갖게 되는 하나님의 능력이다. 영성을 흔히 삶의 모양이나 삶의 태도로 이해하는 경향이 있는데, 엄밀히 말해서 그것은 삶(다양한 차원의 삶)의 능력이며 하나님과 관계맺음의 능력을 말한다.

유해룡은 『하나님 체험과 영성수련』에서 이렇게 말했다.

> 시간 속에 살고 있는 존재가 영원 속으로 파고들게 하고, 현상 세계 속에 살고 있는 존재가 현상의 지식 속에서 신비적인 깊은 세계에 다다르게 하고, 세상이라는 외면 세계에 거하면서 성스러운 내면세계를 깨달아 실현해 가고, 무생명적인 존재가 참 생명의 맛을 보게 한다(19).

영성을 하나님께 반응하는 능력으로 그리고 이것을 하나님이 주신 능력이라는 맥락에서 이해할 때 우리는 앞서 포괄적으로 언급한 영성을 보다 분명하게 다섯 가지로 분류할 수 있다. 다섯 가지는 하나님께 반응하며 살 수 있기 위한 조건이라 볼 수 있다.

하나님의 행하시는 일(사역)을 인식할 수 있는 능력, 하나님의 뜻과 행위를 수용할 수 있는 능력(하나님과의 관계 안에 머무르며, 하나님의 부르심에 응답함으로써 하나님의 사역에 참여할 수 있는 능력), 분별력(자신과 세상의 의지와 하나님의 뜻을 분별할 수 있는 능력, 인간의 행위와 하나님의 행위를 분별할 수 있는 능력), (언어적/예술적) 표현

능력 그리고 기도의 능력(자신이 피조물임을 인정하는 용기, 하나님을 신뢰하는 능력, 하나님을 기대하고 소망하는 능력) 등이다.

간단히 말해서 영성은 하나님과 교제할 수 있도록 성령이 주신 능력이라 말할 수 있는데, 이것을 일상 언어로 표현한다면, 예수 그리스도 안에서 나를 나의 욕망에서 자유롭게 하고, 이웃을 사랑하며 이웃과 더불어 살 수 있게 하고, 타자(작은 자)를 내 안에 품을 수 있게 하고, 만물을 새롭게 보고 또 하나님과의 관계에서 볼 수 있게 하며, 하나님의 말씀에 따라 살고 또 나 자신을 과감하게 변화에 노출시킬 수 있는 능력을 말한다.

영성에 대한 보다 자세한 내용은 필자의 『대중문화 영성과 기독교 영성』(글누리, 2010, 특히 131-191)을 참고하면 도움이 될 것이다.

묵상과 토의를 위한 질문

· 영성의 다의성과 그 이유 및 배경에 대해 이야기해 보자.

· 일반 영성과 기독교 영성을 비교할 때 가장 큰 차이가 있다면 무엇일까?

· 기독교 영성에 관해 정리해 보고 토의해 보자.

성전인가?
교회인가?

성전 신앙에 함축된 의미

만일 교회당을 '성전'이라 말하고 또 그렇게 믿는다면, 이는 오해에서 비롯한 결과다. 문제는 이것이 간단한 오해로만 끝나지 않는다는 것이다. 왜냐하면 교회당을 성전으로 부름으로써 교회당에 대한 성도의 인식이 왜곡되어 심하면 과거 이스라엘 백성이 보였던 성전에 대한 태도로 이어지기 때문이다. 신약 이후의 시대를 살면서 특히 21세기에 교회당과 성전을 동일시함으로써 기독교인이 직면하는 문제는 상상을 초월한다. 이와 관련해서 교회당과 성전의 관계를 조명하면서 교회가 성전 전통을 유지할 필요가 있으면서도 교회당을 더는 성전으로 여기면 안 되는 여러 이유를 숙지해야 한다.

고대인은 신의 존재를 확신할 뿐 아니라 또한 사람에게 나타내 보이기 위해 사원을 건립했다. 사원은 신이 존재하는 곳으로 여겨졌기에 사원은 세상의 중심이며, 사원의 존재는 곧 신의 존재를 의미했다. 사람에 의해 건립되었지만, 신에 대한 신앙은 신과 사원 양자를 불가분의 관계로 연결시켰다. 결과적으로 신은 사원을 자신의 거처로 삼는다는 신앙이 형성되었다. 규모는 커지고 화려해질 수밖에 없었다. 그런데 성전의 규모가 커질수록 상대적으로 제사장의 권한이 커졌다. 역사적으로 양자는 언제나 비례관계에 있었고, 이것은 오늘날의 형편과 크게 다르지 않다. 대형 교회 목사가 교회 내에서는 물론이고 교계에서 누리는 권한은 상상을 초월한다.

그런데 이런 비례관계가 여호와 신앙에서는 적합하지 않았다. 하나님은 성전에 임재하시지만 성전을 매개로 자신의 신분과 지위와 권력을 드러내려는 시도들을 막으셨다. 예컨대 여호와 하나님은 다윗이 성전을 지으려는 의도를 막으셨다. 그의 손에 피를 너무 많이 묻혔기 때문이라고 하셨지만, 성전건축을 통해 권력의 확장을 원했던 다윗의 의도를 간파하신 것은 아닐지 싶다.

다른 종교의 성전과 달리 구약에서 성전 전통은 하나님의 임재와 깊은 관련이 있다. 출애굽 과정에서 형성된 법궤나 성막 그리고 성전은 여호와 하나님이 임재하시는 곳이었고 또 상징이었다. 제단은 임재하시는 하나님에게 집중할 수 있도록 하는 매개이며 또 상징이었다. 무한자 하나님을 유한한 물질에 불과한 상징물에 가둘 수는 없지만 각종 상징물은 하나님의 임재와 역사를 증거하기 위한 기호의 의미로 사용되었다. 사람들은 그렇게 믿었고 실제로 성경에는 상징물에 하나님이 임재하시고 또 하나님의 영광이 나타났다는 기록이 있다. 인간은 상징을 사용하나 그 상징과 실재의 관계를 증명하는 당사자는 오직 하나님이다. 성전은 상징이면서 또한 실재가 현현하는 곳, 다시 말해서 하나님이 거하시는 곳, 임재하시는 곳, 하나님을 만나는 곳이었다. 세상의 중심이라는 의미를 갖기도 했다. 이런 의미의 성전에 대한 생각은 솔로몬이 성전을 완공한 후에 드린 기도에 잘 나타나 있다.

그의 기도를 정리하면 대략 이렇다. 하나님 백성이 말과 행위에서 실수가 있었거나, 전쟁에서 패배했을 때, 자연 재해를 만났을 때, 외국인이 도움을 구할 때, 죄를 지었을 때 성전에서 혹은 성전을 향해 기도할 때 곧 하나님의 도움을 구할 때, 하나님께서 귀를 열어 응답하시고 눈을 열어 주목해 달라는 것이다. 솔로몬의 기도에 따라 이해한다면, 성전은 주로 하나님께 기도

하며 도움과 구원을 구하는 곳이고, 하나님이 주목하는 곳이며 그리고 하나님이 귀를 열어 기도를 듣고 응답을 주시는 곳이다. 그래서 예수님은 성전을 정결케 하시면서 만민이 기도하는 곳을 사람이 강도의 소굴로 전락시켰다며 책망하신 것이다. 성전은 하나님이 주목하시고 또 하나님이 귀를 기울이실 것을 기대하면서 기도하는 곳이다.

성전 없는
여호와 신앙?

성전 신앙이 어떠했는지를 잘 엿볼 수 있다. 성전은 솔로몬 성전, 스룹바벨 성전, 헤롯 성전 등 세 차례나 지어졌으나 무너졌다. 성전을 하나님의 존재와 연관해서 생각하는 관습, 곧 성전 중심의 신앙에 의문이 생기게 된 계기는 성전이 느부갓네살에 의해 파괴되었을 때다. 한 국가의 힘과 신의 힘을 비례관계로 믿고 있었던 시기에 나라의 멸망은 적지 않은 충격이었고, 더군다나 하나님이 거하시는 곳으로 여겼던 성전이 이방인 왕에 의해 파괴된 사실은 여호와 신앙을 송두리째 뒤흔들만한 사건이었다. 왜냐하면 국가와 신의 존재를 분리해서 생각할 수 없었기 때문이다.

사람들은 나라가 멸망하고 또 성전이 무너진 상태에서 이스라엘 신앙은 과연 지속될 수 있는지를 물었다. 바벨론 포로기에 관한 역사기록은 그것이 가능했으며 또 실제로 어떻게 가능했는지를 알려 주기 위한 목적을 갖고 있다. 성경 특히 다니엘서는 유대교 신앙의 지속은 인간의 노력에 따른 결과가 아니라는 사실을 증거한다. 이사야가 전하는 내용 역시 하나님의 섭리에 따른 것이라고 밝힌다. 비록 이방인 왕이라도 하나님이 택하신 사람 고레스 왕을 통해 가능했다고 전한다. 심지어 그를 메시아로 부를 정도였다.

구체적으로 말하면, 성전이 파괴된 사실은 다만 성전을 통해 자신의 유익을 추구하려는 사람들과 그들의 욕망을 심판하신 것으로서 여호와의 존재와 주권에는 아무런 영향을 미치지 않음을 알리고, 성전이 무너진 후 이방인 중에서 살 수밖에 없는 상황에서도 여호와는 여전히 당신의 백성을 보호하시며, 그들의 신앙을 통해 당신의 존재를 알리고 또 능력을 나타내신다는 사실을 계시한다. 하나님은 성전에 매이지 않을 뿐 아니라 하나님을 경외하는 자들을 통해 계속해서 역사하시는 분임을 알려 주신 것이다. 그럼에도 성전은 하나님의 임재를 상징했고 또 실제로 하나님은 그곳에 임하신다. 하나님의 허락이 있어야 세워질 정도로(헤롯 성전은 헤롯 왕이 자신의 위엄을 과시하기 위해 세워진 것으로 예외) 하나님의 특별한 관심을 반영하는 거룩한 곳이다.

그러나 성전이 세워지고 또 무너지는 역사에서 볼 수 있듯이, 성전은 하나님의 임재를 상징하는 의미를 가지고 있을 뿐, 그것 자체에 영원한 의미가 있는 것은 아니다. 관건은 성전의 운명이 하나님의 뜻에 달려 있음을 인정하는 것이다. 세워지고 또 무너지는 일이 다 하나님의 뜻에 달려 있다.

성전에서
교회당으로

교회의 역사에서 나타난 위의 세 가지 형태의 성전은 교회당에 대한 이해와 맞물려 있다. 교회당은 하나님의 임재를 상징하고, 성도가 하나님께 기도하는 곳이며, 성도의 신앙생활에서 구심점 역할을 감당한다. 때로는 인간의 능력을 과시하기 위해 세워지기도 한다. 오늘날의 관점에서 성전과 교회당의 차이 가운데 대표적인 것은 성전에서는 제사를 드리고, 교회당에서는 예배하는 것이다. 가톨릭교회의 미사는 성전의 전통을 일부 유지하고 있다. 예배를 미사라 부르고, 예배를 집례하며 교회의 기능을 맡아 섬기는 교역자를 사제라고 부른다. 종교개혁 이후 하나님의 말씀에 대한 신앙을 중시하는 개혁신앙은 교회당을 성전으로 부르기를 썩 내켜하지 않는다.

사실 성전의 전통이 바로 교회당으로 이어진 것은 아니다. 그 중간에 회당 전통이 있었다. 회당의 유래는 확실하지 않다. 대체로 솔로몬 성전이 무너진 후 바벨론 포로기 동안에 율법을 가르치기 위해 세워졌다는 설과 성전은 오직 예루살렘에만 있기 때문에 다른 지역의 사람을 위해 세워진 곳이라는 설이 대표적으로 인정받고 있다. 필자는 두 개 모두가 정당하다고 생각한다. 성전이 없어서 율법을 가르치는 회당이 생기기도 했지만, 나중에는 성전에서 멀지 않은 지역에서도 율법을 가르치는 곳을 따로 마련하기도 했다. 그러므로 성전에서 율법을 가르치기도 했지만, 성전에서는 주로 제사를 드리고, 회당에서는 율법을 가르친 것이다. 교육관의 성격이랄까. 아무튼 성경을 보면 예수님 당시에 헤롯 성전 이외에도 회당이 존재했음을 알 수 있다.

기독교는 성전 전통의 제사와 회당 전통의 가르침을 예수 그리스도가 중심이 되는 예배로 통합하였다. 나중에 교육의 중요성이 강조되면서 교회예배와 교회교육으로 구분되었다. 그래서 오늘날 교회당에서 행해지는 일들은 성전 및 회당 전통과 결코 무관하지 않다. 성전 대신에 교회 건물이 들어서고, 제단은 강단으로 대체되었다. 성전이 교회당이 아니듯이, 제단 역시 강단은 아니다. 강단 중심의 교회와 예배는 제단 중심의 성전 신앙의 연장으로 오해받을 수 있다. 오해를 피하기 위해서는 강단의 의미를 제단의 의미와 같게 보도록 해서는 안 된다.

한편 에클레시아를 번역하면서 한글 성경은 '교회'란 말을 택했는데, 이는 한자어 번역을 그대로 수용한 것이다. '교회'는 가르칠 '교(敎)'와 모일 '회[會]'로 이루어진 말로, '교육을 위한 모임'이라는 뜻을 갖는다. 선교 초기에는 주로 선포보다는 성경을 가르치는 방식을 사용했기 때문에 이런 이름을 당연하게 여겼을 것이라 생각한다. 교회 행위가 전문화되면서 예배와 교육이 분리되는 추세이고, 또한 교육목회를 강조하는 사람들은 교육이 교회 사역의 중심이 되어야 할 것을 주장하면서, 교회가 갖고 있는 교육적 본질을 회복하려는 노력을 기울이고 있다.

그러나 교회가 예배당만 있는 것이 아니듯이, 교회당이 교육의 장소만은 아니다. 오히려 이에 반해 교육은 없어도 설교 중심의 교회를 지향하기도 하는데, 왜냐하면 예배 설교에는 선포(케리그마)와 가르침(디다케) 그리고 상담(파라클레토스)의 역할이 있기 때문이다. 이 세 가지는 신학적으로 볼 때 하나님이 말씀을 매개로 혹은 인간의 말을 사용하여 세상과 소통하는 방식을 대변한다. 필자는 교회 행위를 엄격히 분리하거나 또는 어느 하나를 지나치게 강조하여 다른 것을 소홀히 여기는 것은 바람직하지 않다고 생각한다. 교회의 다섯 가지 행위(예배, 선교, 교육, 교제, 봉사)가 서로 유기적인 관계에 있을 때 교회는 건강해진다.

예수님은
성전이시며 교회

예수님은 스스로를 성전에 비유하셨다. 이 점에 착안하여 생각해 본다면, 비록 과거 성전 전통을 그대로 지킬 이유는 없다 해도, 성전의 의미는 교회 이해에서 여전히 유효하게 작용한다고 생각한다. 사도 바울도 성도의 몸을 성령이 거하시는 '성전'으로 말한 바 있기 때문이다. 성도 개인을 가리켜 말한다기보다는 유기체의 일부로서 개인을 가리켜 말한 것이다. 비록 예수 그리스도 이후를 사는 시대에, 특히 더 이상 구약의 의미에서 성전이 존재하지 않는 시대에 사는 우리가 성전의 전통을 지킬 까닭은 없다 해도, 성전이 무엇을 의미하는지는 교회 이해에 매우 필요한 부분이다.

오늘날 만일 성전 전통이 유지되어 교회 건물의 필요성을 말한다면, 앞서 말한 솔로몬의 기도의 내용과 밀접한 관계를 갖는다. 다시 말해서 하나님이 주목하시고 응답하실 것을 바라면서 기도하는 곳이 바로 교회당이다. 교회를 이해할 때 염두해야 하는 점은 믿는 사람의 모임만이 아니라는 사실이다. 교회당은 오히려 하나님이 주목하시고 또 귀를 기울이시는 곳이다. 이 사실 때문에 우리는 그리스도의 이름으로 이곳에 모인다. 하나님을 참 하나님으로 인정하고 고백하면서 그분을 높여 드린다. 말씀을 가르치고 또 배우며 교제한다. 교회 안에서 도움과 구원을 필요로 하는 사람에게 귀를 기울이고 그들을 위해 기도하면서 그들의 문제 해결을 돕는다. 이것이 우리가 교회당에 오면서 기대할 수 있는 일이다. 사람과 형편에 따라 다르겠지만, 드려야 한다는 생각이 강하면 교회당에 오기가 부담스러워질 때가 있다.

그러나 교회당은 하나님이 주목하시는 곳이며 또한 우리가 하나님을 만나고 그분의 은혜를 기대하며 오는 곳이다. 그 기대 가운데 의식을 통해 하나님을 경험하고 또 그분을 높이는 일이 예배다. 교회당에 올 때 성도가 가장 먼저 염두해야 할 점은 '나는 무엇을 기대하며 교회당에 가는지'를 깊이 묵상하는 것이다. 아무런 기대감도 없이 그저 예배해야하기 때문에 온다면, 예배 자체가 종교행위로 왜곡될 수 있고, 교회당은 사람이 모이는 장소로 전락할 수 있다.

말라기 1장 10절 말씀에 보면, 이스라엘 백성이 하나님께 제사 드리는 일이 형식적이 되었음을 고발하면서, 마음도 없이 형식적으로 제사를 드리는 이유가 성전이 있기 때문이라면, 차라리 누군가가 성전 문을 닫을 사람이 있었으면 좋겠다는 기록이 나온다. 하나님은 실제로 이방인의 왕 느부갓네살에 의한 성전 파괴를 막지 않으셨다. 하나님의 임재를 상징할 뿐 아니라 실제로 그곳에 주목하시며 백성들과 소통하신 하나님이 스스로 성전을 무너뜨리도록 한 것이다. 이로써 백성이 성전이 없이 살도록 했다. 하나님의 말씀을 지키지 않는 것은 비록 성전이 있다 해도 성전 없이 사는 것과 다르지 않다는 것을 뼈저리게 느끼도록 하셨다. 이것은 비록 불순종과 신앙의 타락 때문에 일어났지만 성전이 없는 상태를 당연한 현상으로 여기는 것으로 오해해서는 안 된다. 다만 하나님의 심판으로 이해된 것인데, 이는 나중에 하나님의 계획에 따라 성전이 다시 회복되는 것을 통해 알 수 있다.

예배 행위는 교회당이 있기 때문에 요구되는 것이 아니다. 마땅히 하나님을 예배해야하기 때문에 교회당이 있는 것이다. 교회당을 향한 열심이 아니라 예배에 대한 열망이 교회를 가능하게 한다. 이런 점에서 교회당은 하나님을 예배하는 곳이며, 하나님을 예배하는 곳이면 어디든지 교회가 성립한다. 다시 말해서 하나님은 특별히 정한 장소와 상관없이 예수 그리스도의 이름으로 모이고 하나님을 참 하나님으로 나타내는 곳을 주목하시고 또 그곳에서 드리는 기도에 귀를 기울이신다. 하나님이 주목하시고 또 귀를 기울여 주실 것을 기대하는 마음으로 또 하나님을 참 하나님으로 나타내기를 바라는 마음을 갖고 두 세 사람이 주의 이름으로 모이는 곳이라면 어디든 상관하지 않으신다. 사도 바울도 로마서 12장에서 "너희 몸을 하나님이 기뻐하시는 거룩한 산 제물로 드리라."고 말했다. 삶으로서 예배를 말하며, 신앙생활의 종말론적인 성격을 강조하였다. 이것은 당시는 물론이고 오늘날에도 가정교회가 존재할 수 있는 가장 중요한 이유다. 교회당이란 예배가 일어나는 곳을 말하는 것이지, 교회(건물)가 있어야 예배가 있는 것은 아니다. 그럼에도 교회당은 필요하다.

고쳐야 할
관행
문제는 교회당을 가리켜 성전이라 부르는 관행이 여전하다는 것이다. 비록 소수이지만 심지어 교회 사역을 제사장과 선지자와 왕의 직분을 수행하는 것으로 여기는 목회자가 있다. 그 외에도 예배를 제사로 여기거나, 교회건축을 성전건축이라 하고, 강단을 제단이라 하며, 제사장적인 기원과 제사장적인 사죄 선언을 하는 등의 모습을 볼 수 있다. 사실 신학 교육을 제대로 받은 목회자들은 더는 이런 생각을 하지 않겠지만, 관습적으로 사용하는 언어생활로 많은 교인들은 실제로 그렇게 생각하고 또 그렇게 말하고 있다.

이처럼 교회당과 성전을 동일시할 때 나타나는 문제는 무엇일까? 또 어떤 부정적인 현상이 나타날까?

가장 으뜸은 오늘날 성전을 말하는 의미가 퇴색하고 심지어 왜곡되는 것이다. 다시 말해서 사도 바울은 성도를 가리켜 성전이라 말했는데, 이는 성령이 거하는 전으로서 의미를 염두한 표현이다. 물론 이것은 교회를 떠나 독립한 개인이 아니라 교회 유기체의 한 구성원으로서 성도를 가리켜 말한 것이다. 만일 유형 건물인 교회당을 성전으로 여긴다면, 유기적인 공동체의 지체로서 성도를 두고 그 안에 하나님의 영이 거하시기 때문에 성전으로 불리는 의미가 퇴색한다. 오늘날 성전은 어느 특정한 곳에 위치해 있는 장소가 아니다. 교회공동체의 지체로서 의식하고 행동하는 한, 성도가 어디에 있든 그곳이 성전이다. 왜냐하면 하나님의 영이 그곳에 거하시기 때문이다.

둘째, 교회당을 성전과 동일시할 때 나타나는 부정적인 현상은 교회 중심적인 삶을 최선으로 여기는 태도를 낳는다. 교회당에서 하는 일은 거룩하고, 교회당 밖에서 하는 일은 세속적이라 간주한다. 성속 이원주의에 빠진다. 세상을 보존하고 유지하는 분은 하나님이며, 하나님은 세상을 당신의 거처로 삼으시기를 원하신다. 세상 가운데 위치하고 있는 교회는 이것을 상징적으로 보여 주는 곳일 뿐이다. 교회 중심적인 삶은 하나님을 예배하는 삶을 배우고 실천하는 의미에서 중요하나, 이것은 교회당 밖으로까지 연장되어야 한다.

셋째, 목회자의 권위가 부당하게 커진다. 과거 제정일치의 시대에 사제가 정치도 관할했던 것처럼 목회자가 교회의 모든 일에서 전권을 행사할 가능성이 높아진다. 왜냐하면 성전의 일은 택함 받은 사람에게만 맡겨졌기 때문이다. 전권을 행사하는 교회 목회자의 설교를 들어보면 성전 관련 언어들이 자주 사용되는 것을 어렵지 않게 확인할 수 있다. 이를 통해 목회자가 스스로를 어떻게 생각하는지를 가늠할 수 있다.

묵상과 토의를 위한 질문

....

- 솔로몬 성전부터 헤롯 성전에 이르기까지 성전 신앙은 어떻게 형성
  되고 발전되었으며 결국 몰락하게 되었는지 살펴보자.

- 성전과 교회당은 분명 다르지만 그럼에도 상호관계 속에서 조명되어
  야 하는 이유는 무엇인가?

- 오늘날에도 여전한 성전 신앙의 흔적을 살펴보고, 고쳐야 할 이유를
  생각해 보자.

사후세계인가?
부활세계인가?

　죽음 이후의 세계, 곧 사후세계에 대한 관심은 인간에게 고유하며 또한 인간의 종교적인 특성을 가장 분명하게 말해 준다. 이것에 대한 관심은 동서고금에 걸쳐 광범위하게 나타나고 있다. 심지어 철학에서도 진지하게 다뤄진다. 과거 죽음 이후 육체와 분리된 영혼의 세계를 논증한 소크라테스가 대표적이고, 칸트(Immanuel Kant)는 도덕과 관련해서 영혼불멸이 필요한 이유와 사후세계의 존재 가능성에 대해 언급했다. 예일 대학교 철학교수 셜리 케이건(Shelly Kagan)도 『죽음이란 무엇인가』(엘도라도, 2012)란 제목의 책에서 사후세계에 대한 철학적인 관심을 표현했다. 사후세계의 존재를 믿든 믿지 않든 혹은 스스로 생각했든 다른 사람들에 의해 고무되었든 혹은 부정할 목적이든 긍정할 목적이든 사람들은 사후세계를 말한다. 가장 중요한 이유가 있다면 아마도 생명의 한계 때문이고, 영혼에 대한 믿음 때문이며, 살아 있는 자가 죽은 자와 소통하는 경험 때문일 것이다. 그리고 마지막으로는 제한된 생명에 대한 성찰을 통해 이생의 삶의 의미를 얻을 수 있기 때문일 것이다.

　유한한 생명은 인간의 조건이다. 인간은 영원히 살 수 없다. 생명을 조금 연장할 수 있고, 창세기 므두셀라에 대한 기록에서 볼 수 있듯이, 설령 1000년 가까이 살 수 있다 해도, 시간적으로 영원히 사는 일은 없다. 어떤 모양으로 살든 모두가 반드시 죽는 것을 보고 사람들은 죽음의 의미를 생각한다. 인간에게 죽는다는 것은 무엇을 의미하는가? 도대체 죽음이란 무엇인가? 인간은 왜 죽는 것일까? 죽음의 문제를 해결할 방법은 무엇일까?

사실 인간은 죽음의 경험을 간접적으로만 할 뿐, 결코 직접 경험하지는 못한다. 경험했다면 이미 이 세상 사람이 아니기 때문이다. 그럼에도 사람들은 죽음의 의미를 묻는다. 이것은 엄밀히 말해서 대답을 발견할 수 없는 질문이다. 인간에게는 죽음의 의미를 묻기보다 웰 다잉(well dying)을 생각하고 또 죽음을 염두에 두고 최선을 다해 사는 것이 중요하지 않을까 생각한다. 이에 대한 가장 적합한 말이 memento mori(메멘토 모리)이다.

메멘토 모리는 승리를 거두고 개선하는 로마의 장군이 노예를 시켜 행렬 뒤에서 큰소리로 외치게 했다는 데서 유래한다. "죽음을 기억하라"는 뜻인데, 전쟁에서 승리하여 열렬한 환호를 받는 장군에게 당신도 언젠가는 죽을 인생임을 상기하여 승리의 영광을 누리는 중에도 겸손을 잊지 말 것을 촉구하는 의미에서 생겨난 풍습이라고 한다.

물론 죽음을 기억하며 산다고 해서 죽음에 관한 질문 자체가 없어지지는 않는다. 모든 사람이 예외 없이 죽는 것을 보고 매사에 하나님과의 관계에서 생각하기 좋아하는 유대인들은 그것을 죄의 결과로 보았다. 처음부터 영원히 살 수 있는 인간이 죄로 인해 죽게 되었다는 말이 아니라, 죽음의 문제를 해결할 방법이 있었지만 죄 때문에 그 길에 이르지 못하게 되었다는 것이다. 삶의 문제를 해결하는 데 있어서 하나님을 의지하지 않고 오히려 자기 스스로 해결하려고 할 때 영생에 이르는 길은 닫힌다. 모든 사람이 죽는 현실에서 인간의 유한한 생명을 하나님과의 관계에서 성찰한 결과다. 그러니 죽음 그 자체는 인간의 좌절을 의미하고, 이와 동시에 모든 인간이 죄의 권세에 사로잡혀 있음을 고발한다. 죽음을 생각하거나 타인의 죽음을 대할 때 하나님께 더욱 겸손해야 할 이유다.

특히 선한 사람과 의인의 죽음을 대하면서 사람들은 죽음을 모든 것의 끝으로 보려하지 않았다. 세상에서 제대로 받지 못한 평가를 제대로 받을 수 있는 가능성을 포기하지 않았는데, 그것이 바로 죽음 이후에 일어날 것으로 기대하는 것으로 바뀌었다. 악인에 대해서도 마찬가지다. 악인으로 살면서 호사를 누리며 살았던 사람이 제대로 된 심판을 받지 않는다면, 설령 죽었다고 해도 그런 식으로 종말을 맞이하는 것은 정의롭지 않은 일로 여겼다. 결국 죽음 이후에 반드시 심판이 있을 것이라고 생각했다. 사후세계가 대부분의 모든 종교에서 더 이상의 눈물도 없고 고통도 없는 세계로 묘사되기도 하지만, 다른 한편으로는 같은 사후세계라도 심판을 받은 사람이 머무는 곳은 영원한 고통과 눈물이 있는 곳으로 표현된 까닭이다.

뿐만 아니라 사후세계에 대한 믿음에는 다시 만날 것에 대한 간절한 기대감도 작용했다. 사후세계에 존재하는 방식이 여전히 생명(영생)을 매개로 한다고 믿었기 때문이다. 이생에서 채 누리지 못한 만남의 기쁨과 사랑의 충만함을 사후에라도 경험할 가능성을 꿈꾸었다. 그러니 죽음은 더는 끝이 아니라 다른 세상으로 가는 과정일 뿐이다. 일종의 통과의례로 여겨지게 된 것이다. 죽음을 맞이해서 의식을 치르고 사후세계를 위해 준비한 것도 통과의례로 여겼기 때문이다.

과학기술이 고도로 발달된 문명사회에서 사후세계에 대한 관심이 높아진 것은 임사체험자들의 증언이 늘어났기 때문이다. 과거 미국 하버드 메디컬 스쿨의 신경외과 의사이며 교수인 이븐 알렉산더(Eben Alexander)의 임사체험은 사후세계에 대한 관심을 더욱 높여 주었다. 임사체험자들은 잠시 죽음의 상태로 있다가 다시 깨어난 후에 천국에 다녀왔다거나 혹은 유체이탈을 경험했다고 말한다. 어둔 터널을 지나 밝은 빛을 보았다는 등의 공통된 경험들을 들을 수 있다. 특히 자신이 살면서 결코 알 수 없었던 일을 임사체험 후에 말함으로써 사후세계의 확실성을 높여 주기도 했다.

과연 사후세계는 존재하는 것일까? 육체가 죽은 이후에도 살 수 있는 세계는 존재할까?

의미는 비슷하다고 해도 기독교에서 사후세계란 말은 적합한 표현이 아니다. 오히려 부활 세계라고 해야 옳다. 사후세계는 죽음 이후의 세계를 말하지만, 죽음 후의 세계는 더 이상 산 자의 세계라고 볼 수 없다. 사후세계는 사람이 죽을 때 육체와 구분되는 무엇인가가 계속 살아 존재하는 것을 전제한다. 사람들은 그것을 영혼이라고 말해 왔다. 그래서 영혼불멸을 신앙으로 받아들인 것이다.

그러나 기독교 인간학에서는 더 이상 육체와 영혼의 분리를 말하지 않는다. 적어도 다수는 더는 분리될 수 없는 전인(全人)으로 본다. 영혼을 부정하진 않아도 더는 영혼만의 불멸을 말하지 않는다. 영혼불멸을 말함으로써 얻는 것보단 잃는 것이 더 많기 때문이다. 영혼이 불멸한다 함은 완전한 죽음 이후에 다시 산다는 의미의 '부활'의 의미를 무색케 한다. 죽음으로 끝이 아니라는 것을 말할 수 있다는 점에서는 유익한 개념이지만, 무교적인 세계관을 끌어들이게 되고, 영혼을 정화한다는 연옥의 존재를 말할 이유가 된다. 부활의 온전한 의미를 드러내지 못한다. 영혼은 인간이 하나님에 대해 개방되어 있는 존재임을 알려 주는 지표다. 영혼이 있음으로 인간은 하나님과 관계를 가질 수 있다. 영혼은 육체와 분리해서 존재하지 않기 때문에 하나님과의 관계는 영혼과 육체 모두에게서 일어난다.

사후세계에 비해 부활세계는 부활체 곧, 영화의 몸(glorified body)이 머무는 곳이다. 그곳은 모든 인간이 가는 곳이 아니다. 오직 하나님에 의해 선택된 사람만 갈 수 있다. 부활체란 하나님에 의해 의롭다고 여겨진 사람이 하나님의 영광을 받아 거룩하게 변화된 몸을 말한다. 그것이 어떤 것인지는 상상을 초월한다. 셜리 케이건이 염려했던 점, 곧 죽음 이전과 이후에도 계속되는 정체성의 문제도 전혀 제기되지 않는다. 부활세계는 부활체가 머무는 곳이다. 부활체가 어떤 몸인지, 그곳이 어떤 곳인지는 알 수 없다. 성경이 침묵하고 있다. 다만 증거되고 있을 뿐이다. 천국을 갔다 왔다는 사도 바울조차도 침묵하고 있다. 천국을 말할 유일한 가능성은 요한계시록인데, 여기에서도 상징적으로 혹은 비유적으로 표현되어 있을 뿐이다. 우리의 관점으로 볼 때, 하나님의 영광을 누리며 지극히 행복한 삶이 전개되는 곳으로 이해될 뿐이다. 하나님의 생명으로 사는 곳이다. 하나님을 대면하면서도 결코 죽지 않는 삶을 사는 것이다. 더 이상 눈물도 고통도 없다고 표현할 정도로 이생의 모든 짐을 내려놓는 곳이다. 세상에서 그토록 중요하게 여겨졌던 것들이 무의미하게 여겨지는 일이 일어나는 곳이다.

기독교에서 죽음은 통과의례가 아니다. 죽음으로써 사망의 권세를 극복한 예수 그리스도처럼 기독교인의 죽음은 예수 그리스도의 죽음의 의미를 따른다. 죽음으로써 사망의 권세를 이기신 예수 그리스도를 따르며, 또한 죽음에서 부활하신 것처럼 기독교인 역시 죽음을 맞이하면서 하나님 나라에서 영화스런 몸의 형태를 입고 부활한다. 죽음은 사망의 권세요, 동시에 부활이 있기 때문에 기독교인의 죽음은 사망의 권세를 이기는 길이다.

부활세계는 생명의 세계다. 하나님의 생명을 사는 세상이다. 부활세계의 특징은 하나님에 의해 예비된 곳일 뿐 아니라 이 땅에서도 어느 정도 선취하여 경험할 수 있다는 것이다. 주의 이름으로 모인 곳, 더욱 분명하게 말한다면, 하나님이 함께 계시는 곳, 하나님에 대한 예배가 회복되는 곳, 그곳에서 부활세계는 경험된다. 비록 부활체는 아니라도 부활세계는 경험할 수 있다. 비록 하나님 나라는 보이지 않아도 기독교인은 믿음을 통해 세상 사람에게 그것을 보여 주며 살도록 부름 받았다. 이런 삶이 곧 부활의 삶이다. 더 이상 육체의 생명이 아니라 하나님의 생명을 사는 삶이 부활세계의 존재를 증거한다. 이것이 기독교인이 사후세계가 아니라 부활세계를 말해야 할 이유다.

묵상과 토의를 위한 질문

- 경험할 수 없음에도 기독교가 죽음에 대한 생각을 하는 이유는 무엇인가?

- 사후세계와 부활세계의 차이를 정리해 보자.

- 영혼불멸이 갖고 있는 문제는 무엇인가?

믿는 자가
왜 고통을 당하는가?
:삶의 고통과 신정론

난제

"하나님은 왜 하필 나에게 고통을 주시는가?"

성도가 고통을 겪을 때, 특히 가족이나 자녀들이 고통을 당할 때, 종종 나오는 질문이다. 그동안 열심히 믿었다고 생각했는데, 이런 나에게 왜 고통을 주는지 모르겠다고 한다. 쉽게 대답할 수 없는 질문이고, 어쩌면 당사자 본인만이 대답을 들을 수 있는 것은 아닌지 싶다. 그런데도 많은 성도들은 의문을 제기하고 목회자들에게 대답을 듣기를 원한다. 이 질문에 시원하게 대답할 수 있다면 그야말로 도를 터득했다고 말할 수 있을 정도로 어려운 문제다. 결론부터 말한다면, 개인적으로는 인간이 신이 아닌 한 영원한 해결책은 없다는 생각이다. 욥기에는 이런 질문에 대한 다양한 대답을 제시하는데, 이 대답들은 이스라엘을 포함해서 그 밖의 지역에서 유래하는 것들이다. 아무리 그럴 듯하게 설명한다 해도 욥기의 저자는 그것이 하나님에게 옳지 않다고 선언한다. 무엇보다 마지막 부분에 하나님의 말씀을 삽입함으로써 설명이 아니라 하나님을 신뢰하는 것이 가장 좋은 해결책임을 제시한다.

고통의 이유를
알지 못할 때

무엇이 문제를 더욱 어렵게 만드는 것일까? 오해를 더욱 깊게 만드는 것에 관해 생각해 보자. 일단 세상에 악이 존재한다고 생각하자. 그것이 온갖 불행을 일으켜 인간에게 고통을 안겨 준다고 하자. 또한 인과관계로 충분히 납득할 수 없는 고통을 받는다고 하자. 만일 믿음이 있는 사람이라면 이런 현실에 대해 어떻게 대처해야 할까? 인간이 악을 대적하여 이기지 못한다는 것은 성경이 말하는 진실이다. 그리고 비록 악에 의한 것은 아니라도 충분히 이해하지 못하는 불행(자연재해와 예기치 않은 사고 등)은 단지 우연이라고 볼 수 없는 부분이 있다. 그렇다면 기독교인들은 고통의 현실과 또 고통을 겪으며 신음하는 사람들(혹은 자신)을 위해 무엇을 할 수 있을까?

인생에서 고통의 이유를 알 수 없을 때처럼 혼란스러운 일은 없다. 이렇게 되면 그야말로 무질서 상황과 다르지 않다. 혼란을 겪는 상황 그 자체가 고통이다. 고통을 받는 이유를 안다는 것은 고통의 의미를 아는 것이다. 의미를 안다면 그에 따라 반응을 보이거나 아니면 어떤 형태로든 대처할 수 있기 때문에 고통은 기꺼이 감내할 수 있다. 그래서 고통의 순간에 우리는 그 이유가 무엇인지를 생각하는 데에 익숙해져 있다. 그러나 이유를 모르거나 혹은 부당하게 고통을 받을 경우에는 그 고통의 끝을 모르기 때문에 고통은 더욱 가중되고 더욱 힘겹게 느껴지며 심지어 절망한다. 고통의 끝을 모르는 것처럼 절망적인 상황은 없다.

기독교인은 바로 이런 무질서한 상황에서 선하신 하나님을 생각하도록 학습된다. 그러나 배워서 아무리 알고 있다 해도 물음을 피할 수는 없다. 도대체 선하신 하나님이 왜 이런 일이 내게 일어나도록 하셨는지. 왜 사람들은 불행을 겪는지. 이 질문은 이유를 묻는 것을 넘어 엄밀히 말해서 고통의 의미를 묻는 질문이다. 얼마나 오랫동안 지속되어야 하는지 묻는 것이며, 또한 어떻게 하면 극복할 수 있고 또 원래 상태로 회복할 수 있는지를 묻는다. 나의 고통과 관련해서 하나님은 무엇을 하실 것인지를 묻는다. 왜 이런 고통을 겪어야 하는지 그 이유를 묻는다. 결국 여러 질문들을 통해 고통의 원인과 의미와 끝 그리고 그것의 결국을 알고 싶은 것이다.

선하신 하나님과
악

질문을 다르게 제기하는 사람들도 있다. 예컨대, 선한 하나님이 왜 이런 부당한 고통을 안겨 주는 악을 허용하셨는지를 묻는다. 그래서 실체적인 의미에서 선과 악이 공존할 수 없음을 내세우며 어떤 방식으로든 양자가 조화될 수 있는 방법을 찾으려 한다. 물론 우선적인 가치는 하나님에게 있지만, 그렇다고 해서 악의 존재를 결코 간과할 수는 없다. 양자가 쉽게 조화되지 않기 때문에 질문은 난제(아포리아)가 되고 삶은 미궁 속으로 빠져 들어가 더욱 고통스럽게 된다.

두 번째 질문과 관련해서 기독교 신학은 전통적으로 신정론(神正論, theodicy)을 통해 대답한다. 하나님의 선하심과 이유를 알지 못하는 불행 그리고 악의 존재가 일으키는 갈등을 해결하려는 것이다. 불행한 현실과 악의 현실에 직면해서 하나님의 선하심을 변증하는 것이다. 악에서 기원하지 않는 것으로 다만 그 이유와 목적을 모르는 고통의 경우에는 인내가 유일한 답이다. 이런 경우에 아무리 묻고 또 묻는다 해도 대답을 얻지 못한다. 질문하는 것 자체가 오히려 괴로움일 뿐이다. 하나님의 뜻이 밝히 드러날 때까지 참고 기다리는 것이 최선이다.

하나님을 믿는 기독교인으로서 악의 경험은 대개 불의한 고통의 경험으로 나타난다. 신앙에 따른 기대와 반대되는 불이익이 일어나게 될 때, 가장 흔하게 나타나는 반응은 신앙을 의심하는 것이다. 처음에는 잘못 믿고 있는 것은 아닌지 의심하며 신앙의 진정성을 묻다가 결국에는 신앙 자체를 의심하여 급기야 하나님의 선하심과 전능하심을 의심하는 것으로까지 확대된다. 심하면 신앙을 포기하는 일도 생기기 때문에 신정론은 이 문제의 심각성을 인지한 사람들에 의해서 궁구되어 온 신학적 주제이다.

신정론은 필요할까?

그런데 고통의 문제에서 과연 신정론은 필요할까? 왜냐하면 기독교인은 부름 받은 후 모든 것을 하나님의 손에 의탁하였기 때문이다. 살아도 주를 위해 살고 죽어도 주를 위해 죽는다는 고백은 고통과 관련해서도 적용된다. 고통을 받아도 주를 위해 받는다. 주신 자도 여호와이시고 취하신 자도 여호와이시다. 물론 자발적인 선택에 따라 받는 고통이야 기꺼이 참을 수 있고, 만일 이유를 알지 못하는 것으로 어쩔 수 없이 받을 수밖에 없는 고통 역시 참아야 하겠지만, 부당하게 겪는 고통은 분명 다른 문제다. 단지 수동적으로 고통을 받는 것은 옳지 않다. 부당함에 대해서는 반드시 저항해야 한다. 관건은 거기서부터 오는 고통의 문제다. 그런 고통은 하나님을 의지함으로써 해결할 수는 없을까?

나쁜 사례

과거 일본 후쿠시마 지역에서 일어난 지진과 쓰나미로 그리고 이어지는 원전사고로 수많은 사람이 죽고 또 재산적인 피해를 입는 등 국가적인 재난 수준의 피해상황이 발생했을 때(이것은 분명 무질서의 상황이기는 하지만 그렇다고 죄 때문에 겪는 것이라 단정할 수는 없다), 한국 교회의 일부 목회자는 이것을 소위 '하나님의 심판'이라고, 곧 죄의 결과라고 해석했다. 자연재해로 여겨질 일이지만 그 정도가 특심했기 때문에 단순한 자연재해를 넘어 하나님의 심판으로 이해한 것이다. 특별한 일이 유독 일본에서 일어난 사실에 천착하여 생각하면서 그 이유를 고심하는 중에 나름대로 신학적으로 해석한 결과라고 생각한다. 그들의 말을 옮긴다면, 그동안 계속해서 복음을 거절해 왔던 일본인의 죄에 대한 하나님의 심판행위였다는 것이다.

당시 이런 해석을 접하고 급한 마음으로 쓴 글에서 필자는 과연 그렇게 말하게 된 근거를 묻지 않을 수 없었지만, 그 후에는 무엇보다 이렇게 생각하게 된 동기에 관심을 갖게 되었다. 도대체 이런 식의 생각은 어디서부터 유래하고 또 길들여진 것일까? 이런 고민을 하면서 필자가 이르게 된 지점은 신정론이었다. 신정론은 모든 불행과 고통과 악의 문제를 하나님의 전능성 혹은 하나님의 선하심과 관련해서 설명하려는 신학적인 노력 가운데 하나다. 이것은 비록 믿는 자의 고통의 문제에 관한 것이지만, 다른 한편으로는 질문의 영역이 확장되어 이 세상에 일어나는 악의 문제, 고통의 문제에 대해서도 성찰한다. 그러므로 어떤 형태로든 재난이 발생하면 기독교인으로 하여금 하나님과 관련해서 설명해야 할 필요성을 느끼게 만든다. 때로는 아직 말할 때가 아닌데도 말해야 할 것처럼 여겨질 때가 있다.

고통 당하는 자는
진정한 위로를 필요로 한다

사실 고통 당하는 사람에게 가장 큰 고통은 고통의 이유를 알지 못하기 때문일 수 있지만, 보다 더 큰 고통은 고통을 함께 나누고 위로해 주는 사람이 없을 때 나타난다. 고통 당하는 자를 위로한다고 해도 립 서비스로 그칠 때가 많다. 경우에 따라서는 욥의 친구들과 같이 고통의 이유를 함께 성찰한다고 하면서 오히려 듣는 자에게 비난으로 여겨질 말을 함으로써 더욱 큰 고통을 안겨 주는 사람들도 있다. 고통 당하는 자에게는 고통을 분담하거나 고통에서 벗어날 수 있도록 돕는 노력이 절실하다. 고통 당하는 자에게 이런 도움이 일어날 때, 고통은 충분히 감당할 수 있는 일이 되며, 고통 당하는 사람은 인내할 수 있다. 하나님의 심판보다는 하나님의 은혜와 사랑을 더욱 깊이 체험할 수 있다.

다시 말해서 세상에서 악의 존재, 혹은 고통의 경험은 일차적으로는 고통의 의미를 탐색하거나 혹은 고통을 하나님의 뜻에 따라 이해하려는 데에 있지 않다. 그것은 오히려 기독교인들에게 선한 사마리아 사람처럼 긍휼의 마음과 삶과 긍휼의 실천을 환기시켜 줄 뿐이다. 이것이 고통의 의미라는 말은 아니다. 기독교인들이 이웃의 고통을 접하게 될 때 우선적인 과제는 그것의 이유를 탐구하는 데에 있지 않다는 것을 강조할 뿐이다. 고통을 분담하는 것은 물론이고 그들의 고통을 위로해 주는 것이 우선이다. 결핍으로 인한 것이라면 채워 주고, 상실로 인한 것이라면 위로해 주며, 병으로 인한 것은 함께 기도하면서 병 낫기를 위해 노력하는 것이다. 고통 당하는 사람의 문제를 온전히 해결해 줄 수는 없다 해도 적어도 하나님이 그들의 문제를 해결하실 때까지 혹은 하나님의 뜻을 받아들일 수 있을 때까지 인내하도록 도와줄 수는 있다. 고통 당하는 사람에게 필요한 것은 누군가 자신과 함께 있다는 느낌에서 오는 안전감이고 또한 공동체에서 배제되어 있지 않고 공동체 안에 있다는 확신이다. 따라서 비록 작고 또 적은 것이라 해도 큰 힘과 위로가 될 수 있다.

예수님의 고난을
통해 배우자

예수님은 어떻게 우리의 구세주가 되셨는지 생각해 보자. 예수님은 긍휼의 마음으로 세상을 향해 하나님의 일을 행하셨을 뿐이며, 자신을 대상으로 하는 하나님의 행위가 자신에게 이루어지도록 순종하셨을 뿐이다. 바로 이런 순종과 겸손을 사용하신 하나님이 세상을 구원하셨다. 그러므로 오늘 우리 주변에 있는, 혹은 내 자신에게 일어나는 고통의 문제를 대하는 바른 태도는 그것의 의미를 탐색하는 것이 아니라 그들과 함께 있는 것이며, 만일 내가 고통 당하는 일이라면, 오직 하나님의 말씀에 순종하면서 고통을 인내하며 신실하신 하나님에 대한 소망을 갖고 하나님의 뜻이 이루어지기를 기다리는 것이다. 만일 그것이 불의에 의한 것이라면 고통 때문에 힘을 발휘하지 못하는 자들을 대신해서 항거할 필요도 있다.

문제의
핵심

오늘 우리의 문제는 예수님이 말씀하셨듯이 울어도 함께 울어 주는 자가 없고, 피리를 불어도 춤을 추는 자가 없는 현실이다. 교회에 긍휼이나 공감이 없다면 교회는 더 이상 교회이기를 포기하는 것이다. 세상보다 못한 것이다. 교회 안의 연약한 자를 돌아보지 않는다면, 그들과 함께 있고 또 그들의 고통을 분담하려는 노력이 없다면 어떻게 하나님의 긍휼하심을 기대할 수 있겠는가?

고통의 현실 앞에서 하나님과의 관계에서 그 의미를 찾으려는 노력, 곧 신정론의 문제는 적어도 믿음 안에서, 공동체 안에서는 불필요한 것 같다. 왜냐하면 우리에게 나타나는 악의 문제는 무엇보다 우리가 실천적으로 함께 극복해야 할 일이며, 특히 긍휼과 공감으로 고통 당하는 자들에게 다가가기를 촉구하는 일이기 때문이다. 현실을 이론적으로 이해하려는 사람이 비록 고통을 분담하지 않으려거나 또 실천적으로 위로하기를 거절하는 사람들은 아니라 할지라도, 먼저 고통 당하는 사람을 위해 실천적인 삶을 살다보면 악의 문제에 대한 이론적인 궁구가 불필요하다는 것을 알게 될 것이다. 기독교인들에게 참여적인 신앙이 필요한 이유다.

물론 구조적인 악 때문에 고통의 굴레에서 벗어나지 못하는 사람들에 대해서 단순히 그들의 고통을 완화하도록 돕는 것이 최선은 아니다. 평화적인 방법으로 불의와 맞서 싸울 필요가 있다. 그럼에도 교회의 일차적인 관심은 그들이 현실에서 겪는 고통의 문제를 해결하는 데에 두어야 한다. 구조적인 문제 해결을 위한 노력은 병행하거나 그 후에 할 일이다. 또한 설령 고통과 불행과 악의 현상과 관련해서 신정론적인 설명을 한다 해도 그것은 사건의 전후 맥락이 모두 밝혀진 한참 후에나 할 일이다.

고통의 현실에 직면했을 때 교회의 우선적인 과제는 성도가 왜 고통을 당하는지를 묻고 그 이유를 궁구하는 것이 아니라, 고통 당하는 자를 구체적으로 도울 수 있는 방법을 강구하는 것이다. 때로는 공감하며 함께 고통을 나누고, 때로는 불의에 항거하면서 고통 중에 있는 사람을 도울 수 있다.

묵상과 토의를 위한 질문

....

- 고통 당하는 자가 무엇을 필요로 하는지 이야기해 보자.

- 고통은 해석을 필요로 할까, 아니면 위로를 필요로 할까?

- 예수님의 고난과 하나님의 행위를 통해 고통 당하는 자를 위해 우리가 할 수 있는 일은 무엇인지 이야기해 보자.

지옥은 존재하는가?
지옥(음부): 하나님의 통치와 도움 그리고 긍휼을 거부하는 곳

지옥에 대한 논쟁이 뜨겁다. 전통적으로 종말론의 주제이고, 천국과 관련해서 반드시 전제해야 할 개념으로 파악되었으나, 최근 들어 지옥은 하나의 이미지일 뿐이며 실재하지 않는다는 주장이 제기되고 있다. 이런 논란 가운데 목회자와 성도의 고민은 짙어질 수밖에 없다. 지옥은 과연 존재하는가? 아니면 다만 경고와 교화를 위한 이미지일 뿐인가? 아니면 천국의 의미를 도드라지게 할 목적으로 신학적으로 고안된 장치인가?

지옥에 대한
성경의 기록

지옥은 신약에 12번 나오는 헬라어 '게헨나(géhenna)'를 번역한 말이다. 헬라어 역본(70인 경)에는 나오지 않는다. 히브리어 구약 성서에는 나오지 않기 때문에 아람어에서 유래한 단어로 추측되는데, 신구약 중간기에 사용된 것이 아닐지 싶다. 골짜기 혹은 계곡에 해당하는 말과 힌놈의 아들을 지칭하는 두 개의 단어가 합성되어 만들어졌다. 곧 '힌놈 아들의 골짜기(계곡)'를 의미한다.

이를 바탕으로 생각해 볼 때, 지옥은 예루살렘 남쪽에 있는 깊고 어둔 골짜기를 염두에 두고 만들어진 말이라는 생각이 든다. 사람의 두려움을 불러일으키는 곳으로 실재의 장소를 염두에 둔 표현이다. 아하스 왕과 므낫세 왕이 재임하던 시기에는 하나님의 말씀을 거역하여 이곳에서 아이들이 제물로 바쳐지기도 했다(왕하 23:10; 대상 28:3, 33:6; 렘 7:31, 32:35; 레 18:21를 참조). 예레미야 7장 32절, 19장 6절에서는 장차 여호와 하나님의 심판이 행해질 장소로 언급되고 있다. 주전 2세기경에 기록된 유대교 묵시록에 따르면, 이곳은 마지막 심판이 일어날 곳이다.

결과적으로 지옥은 종말론적인 개념이 되었고, 심판받는 자가 머무는 곳으로 인식되었다. 신약은 이런 생각을 그대로 이어받는다. 지옥은 사망의 나라이며 경건치 않은 사람이 하나님의 징벌을 받는 곳으로 이해되었다. 이처럼 지옥은 원래 특정 지역을 염두에 두고 사용되었고, 그 다음에 신학적인 의미를 얻게 되었다. 지옥은 사후 세계로 이해되었기 때문에 사후 세계에 대한 믿음을 알지 못하는 구약에 등장하지 않는 것은 당연하다.

그런데 신약은 죽음의 나라인 하데스(음부)와 징벌을 받는 장소인 게헨나(지옥)를 구분하고 있는 것 같다. 이 구분에 따르면, 음부는 부활과 마지막 심판 이전에 불의한 영혼이 죽은 후에 머무는 곳이고, 불못(계 20:14-15 참고)은 마지막 심판의 결과에 따라 징벌을 받는 곳이다. 음부에서는 죽은 자가 육체 없이 존재하지만, 지옥에서는 육체와 영혼이 함께 고통을 받는 곳이다. 음부는 다분히 연옥을 연상케 하는데, 음부를 지옥과 구분하는 것은 종교개혁 이전의 가톨릭의 내세관을 반영한다. 프로테스탄트(개신교)에서는 지옥과 음부를 같은 곳으로 보는 입장이 강하다. 따라서 프로테스탄트에서는 지옥이든 음부든 그곳에 가게 된 존재는 더는 회개할 기회를 결코 얻지 못한다고 주장한다.

용어 사용의
맥락

성경에서 음부와 지옥을 말하는 맥락을 보면 심판자의 분노와 관련되어 있고 하나님 앞에서 올바르게 살아야 할 것을 일깨우는 데에 있음을 알게 된다. 결코 잊지 말아야 할 점은 사탄이 지옥을 다스리는 자로 표현된 곳이 전혀 없는 것이다. 만일 지옥이 존재한다면, 그곳 역시 하나님의 피조 영역에서 벗어나지 않는다. 왜냐하면 하나님은 보이는 것과 보이지 않는 모든 것을 창조하셨기 때문이다. 또한 지옥에 머문다 함이 고통을 받는 상태로 영혼이 영원히 지속되는 것을 가리켜 말하는 것인지 아니면 존재 자체가 사라지는 것(無化)을 의미하는지가 분명치 않은 것도 주목할 일이다. 요한계시록 20장 10절의 말씀에 따르면, 사탄으로 표현된 잘못된 예언자들에 대한 영원한 형벌을 생각해 볼 수 있다. 그러나 그들을 '믿지 않는 사람들'과 동일시하는 것은 무리다.

"음부에
내려가사"

지옥 혹은 음부와 관련해서 반드시 생각해야 할 것이 있다. 사도신경에 나오는(한국어 본문에는 빠져 있는) "음부에 내려가사"라는 표현이다. 이것을 예수 이전에 죽은 자들을 염두에 두고 그들의 구원을 위해 예수께서 복음을 선포하는 것으로 이해하는 사람이 있다(참고 벧후 3:19). 그러나 이것은 예수가 완전히 죽어 장사되었다는 사실을 희석시키는 일이다.

개신교에는 종교개혁자들의 이해가 오늘날까지 강한 영향을 미치고 있는데, 칼빈은 음부에 내려가셨다는 말을 하나님의 분노와 예수님이 당하신 고통의 깊이를 표현한다고 이해하였다. 루터도 비슷한 이해를 밝혔다. 현대 신학자 칼 바르트 역시 마찬가지다. 개인적으로는 이런 식의 이해가 다른 교리들과의 관계에서 가장 무난하다 여겨진다.

그런데 이 구절을 만인 구원을 위한 증거로 삼는 사람이 있다. 성경에도 어느 정도 암시되어 있기는 하다. 그래서 몰트만을 비롯해서 여러 신학자들의 지지를 얻고 있다. 만일 이렇게 되면 프로테스탄트에서 말하는 구원을 위한 하나님의 행위 곧, 예정과 선택이 무의미하게 된다. 하나님의 긍휼과 사랑 때문에 하나님의 공의를 무의미하게 만드는 일이다. 하나님의 사랑과 하나님의 공의가 서로를 배제하여 어느 하나를 무의미하게 만드는 방식으로 해석하는 것은 잘못이다. 하나님의 사랑에 근거한 일관된 해석을 지키기 위한 노력이라 볼 수 있지만, 성경의 사실들이─비록 비유적으로 이해할 수 있는 기회는 충분하고, 그래서 다양한 해석이 있을 수 있다 해도─인간의 좁은 생각에 갇혀 있게 해서는 안 될 일이다. 그 생각이 아무리 다수의 지지를 얻는다 해도 그렇다.

공간 개념으로서
실재할까?

그렇다면 과연 지옥은 공간 개념으로서 실제로 존재할까? 아니면 단지 하나님의 분노의 표현이며 또한 하나님의 은혜와 도움을 더 이상 기대할 수 없는 곳 혹은 상황을 비유하는 곳일까? 하나님 앞에서 올바른 삶과 하나님에 대한 신앙을 깨우기 위한 비유에 불과할까? 하나님의 온전한 통치가 이루어지는 곳, 곧 천국을 말하면서 동시에 천국에서 배제된 사람을 생각한 결과 자연적으로 형성된 반대 개념 혹은 이미지에 불과한 것일까?

성경이 확실하게 말하지 않고 있고 또한 기독교 신학자에 따라 입장이 각각 다르다보니 100% 자신 있게 말할 수는 없다. 그렇다고 개인이 알아서 믿거나 말거나 하는 식으로 방치할 수도 없는 일이다. 또한 복음을 말하기 위해 혹은 복음을 받아들이지 않는 자들에 대한 심판을 말하기 위해 지옥을 말하지 않을 수 없다고 해서 지옥은 반드시 존재해야 한다고 주장하는 것은 다소 억지다.

예수님이 지옥을 전혀 말씀하시지 않은 것은 아니다. 그러나 '복음' 혹은 '하나님 나라'의 반대 개념으로 말씀하시지는 않았다. 부자와 거지 나사로의 비유(눅16장)와 마태복음 18장 9절(만일 네 눈이 너를 범죄하게 하거든 빼어 내버리라 한 눈으로 영생에 들어가는 것이 두 눈을 가지고 지옥 불에 던져지는 것보다 나으니라.)에 영생과 대조적인 의미에서 사용된 것이 전부이다. 그런데 비유는 듣는 자들의 이해를 돕기 위해 사용되는 이미지라는 점에서 그것을 실재로 여기며 독해하는 것은 무리다. 그리고 마태복음에 사용된 것 역시 생명과 죽음의 문제를 말하는 것이며, 범죄 하지 않는 삶이 얼마나 중요한지를 강조하는 말씀이다. 세례 요한 역시 심판의 불을 언급했는데, 그것 역시 유대교의 전통에 따라 경건하게 살지 않는 자에 대한 하나님의 분노를 말하는 것일 뿐이다(참고: 사 4:4). 부자와 나사로의 비유 역시 이런 맥락에서 이해될 수 있다. 이것을 두고 예수님이 복음을 말씀하시면서 암시적으로 지옥의 존재를 말씀하셨다고 해석하는 것은 무리다. 게다가 비물질적인 존재를 말하면서 공간을 말하는 것은 적절치 않다. 예를 들어 영혼은 공간을 차지하지 않는다.

성경의
의도

중요한 것은 성경이 지옥 혹은 음부를 말하면서 무엇을 의도하고 있는가 하는 것이다. 성경을 읽고 듣는 사람에게 무엇을 기대하면서 음부 혹은 지옥을 말씀하셨는지를 아는 것이 관건이다. 앞서 말한 대로, 중요한 이유는 하나님 앞에서 경건한 삶을 촉구하는 데에 있다. 변화된 삶, 회개에 합당한 열매를 맺는 삶, 하나님의 영광을 나타내며 사는 삶, 여호와가 세상 가운데 참 하나님으로 인정받을 수 있도록 하는 삶을 강조한다. 하나님이 긍휼과 은혜를 베풀어 주시는 한 거부하지 말고 받아들일 것을 역설한다.

지옥을 말할 때는 언제나 완악한 세대를 겨냥한다. 말해도 듣지 않고, 보여 주어도 보려고 하지 않고, 듣거나 보아도 인정하지 않는 사람을 겨냥한 말이다. 이런 사람들은 스스로 하나님의 긍휼과 도움을 원치도 않고 기대하지도 않는다.

1999년 교종 요한 바오로 2세는 지옥은 장소 개념이 아니며, 다만 생명과 기쁨의 근원인 신에게서 자발적이고도 최종적으로 물러나겠다고 한 뒤 스스로 발견하는 상태라고 보았다. 하나님의 통치와 그분의 도움과 긍휼을 거부하는 곳이 바로 지옥이라는 말이다. 이렇게 보면 살아 있다 해도 지옥의 삶을 살 수 있다는 결론이 가능하다. 왜냐하면 지옥은 하나님의 말씀대로 살지 않고 하나님의 도움과 은총 및 긍휼을 거절하는 사람의 삶의 공간이기 때문이다. 하나님의 다스림이 없는 곳이 아니라 거부되는 곳이며, 하나님의 현존과 역사를 철저히 배척하는 곳이다. 비록 기쁘고 행복한 것처럼 보이지만 실상은 지옥을 사는 것이다. 이것은 비록 우리가 험한 세상에 산다 해도 믿음으로 이미 천국을 사는 것과 같다.

세상에서 천국 백성으로 사는 것을 늘 기쁨이나 행복과 연관지어 생각하는 것이 문제이듯이, 지옥을 생각함에 있어서 언제나 고통만을 생각하는 것도 잘못이다. 지옥은 하나님의 현존이 드러나 있지 않은 곳, 하나님이 임재하시지 않는 곳, 하나님의 긍휼을 거부하는 곳, 하나님의 은총과 도움을 원치 않는 곳이다. 그곳에도 그들 나름대로 기쁨이 있고 행복이 있다. 탐욕에 이끌려 소비하고, 소비를 통해 얻는 것으로 기뻐하며 그것을 누리는 것을 행복으로 여기는 삶은 결코 천국에서의 삶이 아니다. 기쁨은 있을지 몰라도 하나님의 다스림을 거부하는 곳이기 때문에 지옥이다. 불의를 통해 권력을 얻고 부정한 방식으로 부와 명예를 얻으면서도 전혀 부끄러움을 느끼지 못하는 삶 역시 결코 천국의 삶이 아니다. 지옥의 모습이다. 다른 사람을 억압하고 권리를 빼앗고 다른 사람의 마음에 상처를 주고 아픔을 주면서 아무렇지도 않게 기쁨과 행복을 누리는 것 역시 천국에서 이루어지는 일이 아니다. 지옥이다. 이웃의 아픔을 공감하지 못하고, 그들의 외침에 연대하지 못하면서도 자신의 행복에 대해 감사하는 일, 이것 역시 천국의 현실이 아니라 지옥이다. 외도와 불륜을 통해 배우자와의 신뢰를 깨고 배우자의 마음에 깊은 상처를 내며 심지어 절망에 빠지게 하면서 자기는 다른 사람과 사랑의 기쁨을 즐기는 것은 결코 천국의 기쁨이 아니다. 타인의 고통을 대가로 기쁨을 누리는 일이나 1%에 속해 있다는 자부심으로 나머지 99%를 무시하면서 기쁨을 누리는 것 역시 마찬가지다. 이런 기쁨 역시 지옥에서 일어나는 일이다. 그들의 기쁨을 부러워할 까닭이 없고, 그들이 세상에서 영광을 누린다고 해서 억울해 할 이유가 없다. 왜냐하면 그들의 기쁨은 지옥의 단면이고, 우리는 하나님 나라를 소망하기 때문이다.

지옥의 존재 여부에 대해 지금은 비록 경험을 통해 간접적으로 말할 수밖에 없으나 언젠가는 그 존재가 분명히 확인될 것이다. 우리가 굳이 증명할 필요는 없다. 문제는 지옥을 말할 수밖에 없는 상황이다. 만일 우리의 삶이나 생각과 관련해서 우리가 지옥이라는 말을 듣는다면, 이것은 이미 심각한 상태임을 환기한다. 철저히 회개해야 한다. 반대로 우리가 지옥을 말할 수밖에 없는 상황에 있다면, 이것은 하나님의 구원을 간절히 기도해야 할 때임을 의미한다.

천국과 지옥

믿음 가운데 세상을 살면서 지옥 이미지와 전혀 다르지 않은 삶을 사는 사람이 많고, 하나님을 떠나 살면서도 혹은 믿는다고 해도 행함으로 부정하며 살면서도 천국 이미지로 포장된 삶을 사는 사람이 많다. 천국과 지옥에 대한 잘못된 이해로 겉포장에 불과한 행복을 추구하지 말아야 한다. 천국과 지옥을 바르게 이해해야 비록 힘들고 고통스럽다 해도 천국의 복을 소망하며 살기를 바라는 마음을 가질 수 있다. 하나님 앞에서 살면서 어려움을 겪는 사람들과 함께 고통을 나누며 사는 것이 천국의 모습이다. 부와 명예와 권력을 누리며 산다 해도 그것이 부당하게 얻은 것이라면, 자신의 잘못을 모르면서도 행복으로 여기며 사는 것이 지옥의 한 단면임을 깨닫고 그 곳을 과감하게 떠날 수 있는 사람이 천국을 살아가는 사람의 모습이다. 지옥 같은 현실에서 천국의 존재와 작용을 본 시인은 시편 1편에서 이 사실을 노래한 것은 아닐까 싶다.

복 있는 사람은 악인들의 꾀를 따르지 아니하며
죄인들의 길에 서지 아니하며
오만한 자들의 자리에 앉지 아니하고
오직 여호와의 율법을 즐거워하여
그의 율법을 주야로 묵상하는도다,
그는 시냇가에 심은 나무가 철을 따라 열매를 맺으며
그 잎사귀가 마르지 아니함 같으니
그가 하는 모든 일이 다 형통하리로다
악인은 그렇지 아니함이여 오직 바람에 나는 겨와 같도다
그러므로 악인들은 심판을 견디지 못하며
죄인들이 의인들의 모임에 들지 못하리로다
무릇 의인들의 길은 여호와께서 인정하시나
악인들의 길은 망하리로다.

묵상과 토의를 위한 질문

· 지옥과 관련해서 성경에 나오는 표현을 정리해 보자.

· 성경이 지옥을 말하는 의도는 무엇인가?

· 이 땅에서 천국과 지옥의 삶에 대해 생각해 보고 토의해 보자.

하나님도
후회하시는가?

하나님도 후회하시는가? 성경에 따르면 그렇다고 말할 수 있다. 그러나 모든 것을 다 아시는(전지하신) 하나님이 후회하신다는 말은 이해하기 쉽지 않다. 그리스 사상의 신 이해에 익숙해 있는 사람이 성경 이해에 어려움을 겪는 표현 중 하나다.

후회의
의미

사전에 따르면, '후회'는 이미 행한 일이나 행하지 않은 일이 가져온 결과와 관련해서 나타나는 불만, 거부감, 고통, 유감 등의 느낌을 말한다. 결과와 노력의 상관관계에서 기대에 미치지 못하거나 혹은 노력을 기울이는 목적에 제대로 이르지 못했을 때 갖게 되는 감정이다. 더 나은 결과를 기대했지만 그렇지 못했을 때 혹은 어떤 일을 행했다면 당연히 얻을 수 있는 결과들을 행하지 않음으로 얻지 못했을 때 나타나는 감정이다.

그래서 사람들은 대체로 최선을 다하지 못했거나 혹은 실수했다고 여기는 일을 두고 후회한다. 감정을 조절하지 못해서 벌어진 일의 결과에 대한 후회가 있는가 하면, 앞으로 일어날 일에 대해 미처 충분히 생각하지 못해 발생한 결과에 대한 후회가 있다. 비난 혹은 불평과 불만이 일의 책임을 타인에게 전가하는 행위라면, 후회는 자기 자신에게 두는 일이다.

후회에서 관건은 잘못을 깨닫고 뉘우치고 동일한 잘못이 반복되지 않도록 예방하는 것이다. 신앙인의 후회는 단순히 깨달음에만 머물지 않고 회개로 이어진다. 후회는 종종 격한 감정을 동반하는데, 이 경우에 특히 자존감이 낮은 사람들과 자존감이 높은 사람 사이에 반응의 차이가 나타난다.

후회는 양면성을 갖는다. 만일 후회가 순전히 자신과의 관계에서 심리적으로 일어나는 현상이고 또 일의 결과와 상관없이 자신을 긍정적으로 인지하여 과거의 잘못으로부터 돌이키는 계기로 삼는다면 후회는 새로운 가능성을 위한 기회가 된다. 자존감이 높은 사람한테서 흔히 볼 수 있다. 그러나 만일 외부로부터 거센 비난을 받거나 혹은 일의 결과에 대한 부정적인 평가 때문에 스스로를 무가치하다고 생각하거나 옳지 못하다는 판단에 사로잡히면 심한 자책에 빠지게 되는데, 여기서 심리적인 통제력을 상실하면 극단적인 선택의 동기로 작용한다. 처음에는 우울증을 겪는데 종종 외부와의 관계를 끊고 칩거에 들어가며, 자신을 긍정적으로 인지할 가능성을 더 이상 발견하지 못하면 스스로 목숨을 끊는 경우도 일어난다. 후회는 앞일을 내다보지 못하면서 결정을 내리며 살아야 하는 불완전한 인간에게 볼 수 있는 현상이다.

하나님의
후회?

인간의 불완전한 속성 때문에 발생하는 후회라는 심리적인 현상이 하나님에게도 일어날 수 있을까? 구약의 저자들은 이스라엘과의 관계에서 '하나님이 후회하셨다'는 표현을 종종 사용하였는데, 특히 그들이 말씀에 순종하지 않고 죄를 지었을 때다. 성경에는 대략 30회 이상 하나님이 후회하셨다는 표현이 있다. 물론 그와 상반되는 증거로 인간과 달리 하나님은 결코 후회하지 않으신다는 증거도 있다(민 23:19; 삼상 15:29; 롬 11:29). 서로 상반되는 이런 표현을 어떻게 이해할 수 있을까?

'하나님의 후회'를 접하면서 겪는 어려움은, 앞서 언급했듯이 무엇보다 그것이 전통적인(특히 그리스 사상) 하나님 이미지에서 벗어나기 때문이다. 전통적인 신 관념에서 하나님은 완전하시고, 불변하시고, 실수가 없으시다. 하나님의 섭리는 전능과 예지 가운데 이루어진다. 철학적인 신론이나 신학적인 신론 모두 하나님의 완전성을 지지한다. 이런 이해에 따르면, 하나님의 후회는 표현 자체가 모순이다. 따라서 다음과 같은 질문이 제기된다. 전통적인 신 관념에서 벗어나지 않으면서 하나님의 후회를 어떻게 이해할 수 있을까? 서로 상반되는 성경의 증거들을 어떻게 설명할 수 있을까?

이해하려는
노력

칼빈은 『기독교 강요』에서 하나님의 후회하심을 섭리와 관련시켜 설명하면서 신인동형론(anthropomorphism)적인 표현으로 이해했다. 하나님에게 후회는 결코 있을 수 없다는 사실을 전제하고, 하나님이 마음을 바꾸셨다 혹은 행동의 변화에 대한 비유적인 표현이라고 한다(CR I,17, 12). '하나님의 후회'는 섭리의 불완전함이나 무지를 드러내는 표현이 아니라, 하나님이 마음을 바꾼 것을 인간이 이해할 수 있는 방식으로 표현되었을 뿐이라는 것이다.

> 우리가 연약하여 하나님의 그 높으신 상태에까지 도저히 미치지 못하기 때문에, 우리에게 하나님을 묘사할 때에는 우리의 역량에 맞추어 묘사함으로써 우리로 하여금 이해할 수 있도록 할 수밖에 없기 때문이다. …하나님께서는 그 자신의 본연의 모습 그대로가 아니라 우리에게 비쳐지는

모습대로 자신을 표현하는 방법을 사용하시는 것이다(CR I, 17, 13).

이 글에서 알 수 있듯이, 칼빈은 '하나님의 후회'를 철학적/신학적으로 이해하기보다는 다분히 신인관계에 대한 문학적인 표현으로 이해하였다. 이는 그가 전통적인 하나님 개념을 고수하기를 원했기 때문이다.

이와 비슷하게 독일의 구약신학자 루트비히 쾰러(Ludwig Köhler)는 구약에서 종종 발견되는 표현인 '하나님이 후회하셨다'는 하나님을 하나의 이념으로 여기는 태도를 경계하면서 동시에 하나님을 인격적인 존재를 나타내기 위함이라고 하면서, 한마디로 "하나님은 살아 계신 하나님"임을 나타내는 데 있다고 말했다(*Theologie des Alten Testaments*, Tübingen: Mohr, 1953, 6).

칼 바르트는 '하나님의 인간성(Menschlichkeit)'으로 설명한다. 곧 예수 그리스도에게서 계시된 대로 하나님의 신성은 인성을 포함하기 때문에 하나님은 충분히 후회하고 슬퍼하고 심지어 고통을 경험하실 수도 있다. 이는 하나님의 주권적인 자유의 또 다른 모습인데, 바르트는 이 자유를 예수 그리스도 안에서 하나님이 베풀어 주시는 사랑을 위한 자유라고 말했다.

한편, 하나님의 후회를 성경의 전후 맥락에 따라 고찰할 경우, 그것은 한편으로는 하나님의 심판을 다른 한편으로는 하나님의 은혜를 의미한다. 곧 하나님이 후회하셨다 함은 '하나님이 보시기에 좋았다'는 말과 대조적인 맥락에서 이해된다. 하나님이 보시기에 좋았다는 말이 세상이 하나님의 말씀대로 되었다는 사실을 의미한다면, 하나님이 후회하셨다 함은 피조물인 인간이 하나님의 뜻에 따라 살지 않았다는 사실을 전제하며, 이것에 대해 하나님이 심판의 뜻을 나타내셨다는 뜻이다. 하나님이 후회하셨다 함은 자신의 잘못을 혹은 하나님의 심판의 뜻을 진지하게 인지하는 인간이 자신의 잘못된 행동에서 돌이킬 것을 요구하신다는 의미를 함축한다.

다시 말해서 하나님의 후회하심을 진지하게 받아들이는 사람은 하나님의 심판을 두려워하며 하나님의 자비를 기대하는 가운데 회개한다. 사울을 이스라엘의 초대 왕으로 세우신 하나님은 후에 사울이 왕으로서 잘못된 행동을 했을 때 그를 왕으로 세우신 것을 후회하셨다. 사울은 이 말을 듣고도 회개하지 않았다. 하나님의 후회는 인간의 후회를 기대하고 또 가능케 한다. 하나님은 자신의 잘못을 뉘우치며 돌아서는 인간에게 긍휼을 베풀어 주시며 심판의 계획을 구원으로 바꾸시고, 설령 이미 심판하셨다 해도 멸망에 이르지 않도록 하신다. 은혜가 심판을 이긴다. 그러나 하나님의 후회를 진지하게 받아들이지 않고, 하나님을 두려워하는 마음도 없으며, 또 회개하지 않는 사람은 스스로를 하나님의 은혜 밖에 두는 것이다.

묵상과 토의를 위한 질문

- 하나님의 후회에 대해 정리해 보자.

- 성경의 표현은 무엇을 의도하고 있는가?

- 하나님의 후회에 대한 합당한 반응은 무엇인가?

하나님도
근심하시는가?

성경 저자가 고통, 아픔, 후회, 근심, 염려 등 인간의 감정과 마음의 상태를 표현하기 위해 사용된 말을 하나님을 말하는 데에 사용한 가장 중요한 이유는 하나님이 세상을 창조하신 분으로서 세상과 무관하게 계시지 않는다는 사실을 말하고 싶었기 때문이다. 그런데 오늘날 이것은 사방에서 공격받고 있다. 기독교인이라면 누구나 더는 피해갈 수 없는 질문에 직면한다. 곧, 세상에서 일어나는 일과 관련해서 굳이 하나님을 말할 필요가 있을까?

이신론

하나님의 창조와 존재를 부정하지 않지만 굳이 하나님을 끌어들이지 않고도 세상에서 일어나는 일을 충분히 설명할 수 있다고 주장하는 사람들(이신론자, deist)이 있었다. 이신론자들이다. 이신론(deism, 理神論)은 세상에서 무슨 일이 일어나든 또 그것이 아무리 복잡하게 꼬여 있든 하나님의 개입에 의한 것이 아니며, 하나님은 세상에서 일어나는 일을 일정한 원리(인과율) 아래 놓은 후에 안식으로 들어가셨다고 말한다. 창조 후 지금까지 안식하시고 계시므로 더는 세상에 개입하지 않으신다는 주장이다.[1] 세상으로부터 초월하여 계시지만 또한 세상의 일에 개입하시는 성경의 증거와 일치하지 않는다. 이성의 한계 내에서 하나님을 이해했던 대표적인 사례다.

사실 많은 과학자는 복잡한 자연 현상과 서로 얽히고 설켜 있는 인간의 현실을 설명할 이론을 계속해서 발견했다. 사람은 당장에 설명할 수 없는 현상 혹은 현실 때문에 하나님을 소환하여 설명하지만(Deus ex machina), 사실은 복잡한 현상들이나 현실들을 설명할 원리가 아직 발견되지 않았을 뿐이라고 한다. 원리를 발견함으로써 사람이 복잡계(complex system)를 대하는 태도에서 변하기 시작했다. 인과율은 대표적인 자연법칙이지만, 예컨대 카오스 이론(chaos theory)은 무질서하고 혼돈한 상태에 있다고 여겨지는 것들도 일정한 질서와 규칙 아래 있다고 주장한다. 과거에는 우연 혹은 합리적으로 설명할 수 없는 현상으로만 여겼고, 그래서 하나님의 섭리를 말할 수밖에 없었던 일을 소위 복잡계라는 이름을 붙이면서 이것을 과학적으로 설명하기 시작했다(참고: 존 밀러[John H. Miller], 『전체를 보는 방법』, 에이도스, 2017).

다시 말해서 하나님의 개입을 요구할 수밖에 없는 사건이나 현상이 아니라 단지 복잡계일 뿐이며, 이것은 수많은 구성 요소들의 상호작용을 통해 구성 요소 하나하나의 특성과는 사뭇 다른 새로운 현상과 질서가 나타나는 시스템에 불과하다고 보고 또 그것을 설명할 원리를 발견한 것이다. 과거 복잡한 현상이나 현실 때문에 하나님을 말했다면, 이제는 더는 그럴 필요가 없어진 것이다.

하나님의 존재와 살아 계심 그리고 세상과의 긴밀한 관계를 말하고 싶

---

1 이신론의 다섯 가지 요점은 영국의 이신론 운동의 창시자인 셰버리 경(Herbert of Cherbury, 1583–1648)이 '진리에 관하여(De veritate, 1642)'에서 제시하였다. 첫째, 신이 존재한다. 둘째, 우리는 그를 예배할 의무가 있다. 셋째, 덕을 실천하는 것이 참 예배다. 넷째, 우리는 죄를 뉘우쳐야 한다. 다섯째, 사후에 상벌이 있는 내세에 대한 기대 등이다.

었기 때문에 성경 저자들이 주저하지 않고 사용했던 표현들은 단지 인간의 투사에 따른 문학적인 표현일 뿐일까? 아니면 오늘날에도 사용해야 할 충분한 이유가 있는 것일까? 다시 말해서 하나님은 창조주로서 창조 후 안식하시면서도 여전히 세상 일(역사)에 개입하실까? 하나님의 개입을 무엇을 근거로 말할 수 있을까?

하나님 경험에 대한
다양한 표현

성경 저자들이 하나님을 말할 때는 이해하기 어렵고 또 설명할 수 없는 현상이나 현실에 직면했기 때문만은 아니다. 그런 경우가 많긴 해도, 무엇보다 그들은 일상에서 하나님을 경험했으며, 또한 예배하면서 하나님을 인정하고, 또 대단히 회의적인 현실에 직면해서 하나님을 기대하는 의미에서 하나님을 말했다. 하나님이 세상을 다양한 방식으로 다스리신다는 것을 믿었기 때문이다.

충분히 설명할 수 있는 것도 하나님이 행하신 일이며, 아직 이해되지 않고 또 설명할 수도 없는 일도 하나님이 하셨다고 믿는다. 다만 모습을 드러내지 않은 채 사람을 통해 혹은 자연 현상을 통해 행하시고 또 각종 법칙과 원리들을 사용하셨을 뿐이다. 관건은 설명이나 이해가 아니라 세상의 모든 일에서 하나님이 일하신다는 사실을 인정하느냐다.

하나님을 말하면서 근심을 언급한 것은 슬픔이나 후회 그리고 아픔이나 고통을 말할 때와 마찬가지로, 창조주 하나님이 세상과 긴밀한 관계를 갖고 있음을 말하고 싶었기 때문이다. 그뿐 아니라 세상이 하나님을 배반하여 진노의 심판을 받아야 하는 입장에 놓여 있지만, 그럼에도 하나님은 결코 세상을 포기하시지 않기 때문에 겪을 수밖에 없는 아픈 마음을 표현한다.

이것은 사사기 10장 16절에 잘 나와 있는데, 여기서 '근심하다'로 번역된 히브리어 '카차르(qatsar)'는 '불쾌하다' '분노를 일으키다' 또는 '슬퍼하다'라는 뜻을 가지고 있다. 이 말을 문맥에 따라 이해하면, 이스라엘 백성은 자신들을 이집트의 속박에서 건져 내어 약속의 땅으로 인도하신 하나님을 배반하고 우상을 섬겼기 때문에 하나님의 심기를 심히 불쾌하게 했지만, 그럼에도 그들이 겪는 어려움을 보고는 그것을 당신의 마음에 깊이 새김으로써 찢어질 듯이 아파하셨다는 뜻으로 읽을 수 있다. 이런 독해방식은 죄를 용서했지만 또 다시 배반한 사람을 그럼에도 사랑의 은혜를 베푸는 것으로 이해되는 기타모리 가조의 '하나님의 아픔'의 의미에서 그렇게 멀지 않다. 하나님의 근심은 하나님의 아픔을 말하기 바로 전 단계라 볼 수 있다.

하나님의
신실

하나님의 근심은 심판의 의지와 구원의 의지 사이에 자리 잡고 있는 감정의 표현이다. 하나님은 당신이 구원하신 인간이 하나님에 대해 신실하지 못한 삶을 살 때는 심판(멸망을 위한 심판이 아니며 다만 공의에 따른 징벌)으로 반응하시지만, 당신의 구원을 갈망하는 인간에 대해서는 긍휼과 사랑으로 반응하신다. 하나님의 진노와 하나님의 사랑이 만날 때, 성경 저자는 바로 여기서 하나님은 근심하실 수밖에 없다고 본 것이다. 문학적인 표현일 수 있지만, 그것은 무엇보다 이스라엘 백성에 대해 하나님이 얼마나 신실하신지를 말하고 또한 사랑이 없으면 가능하지 않은 일임을 말하려 한 것이다.

그러므로 하나님이 근심하신다는 표현을 접할 때 우리가 가장 먼저 떠올려야 하는 것은, 하나님 백성에 대한 하나님의 은혜와 사랑이 죄인에 대한 하나님의 진노를 이기신다는 것이다.

모든 인간은 죄인이기 때문에 하나님의 진노 아래 있다. 만일 하나님이 은혜와 사랑으로 진노를 이기지 않으신다면 하나님은 근심하실 이유가 없다. 하나님의 공의로 심판하시면 된다. 그러나 예수 그리스도를 믿음으로 그의 의의 날개 아래 머물러 있는 인간은 하나님에 의해 받아들여진다. 당신의 백성으로 삼으실 뿐 아니라 예수 그리스도의 의로 의롭다 여기신다. 그런데 받아들이시긴 하나 그렇다고 인간이 더는 죄인이 아닌 것은 아니다. 인간은 마지막 날에 온전한 하나님의 형상으로 나타나기까지 거듭 하나님의 은혜와 사랑을 잊어버리며, 하나님의 말씀에 불순종하고, 심지어 하나님을 거역하고 배반한다. 따라서 하나님의 근심은 잦아들 날이 없다고 말할 수 있다.

만일 하나님의 근심이 멈추는 순간이 있다면, 그때는 언제일까? 성경에서 말하는 하나님의 기쁨의 때를 살펴보면, 하나님이 당신의 창조를 좋다고 보시는 때이며, 인간이 하나님을 인정하고 찬양하며 예배하는 때임을 알 수 있다. 하나님의 말씀이 현실이 되고, 하나님의 말씀에 순종하여 하나님의 뜻이 이루어지도록 할 때. 의식적인 예배만이 아니라 일상의 삶에서 하나님을 참 하나님으로 나타낼 때, 곧 사람이 하나님을 인정할 수 있는 삶을 믿는 자들이 살아낼 때, 하나님의 영광이 세상 가운데 나타날 때, 바로 그때 하나님은 기뻐하시며 근심을 멈추신다.

묵상과 토의를 위한 질문

. . . .

- 하나님의 후회에 대해 정리해 보자.

- 하나님의 후회는 무엇을 위한 표현인지 이야기해 보자.

- 하나님이 후회하시도록 만드는 원인은 무엇일까?

왜 하나님이 아니라
예수님을 믿는가?
: 배타적인 기독교 신앙에 대한 의문

기독교인의
정체성

예수님을 주(the Lord)요 구세주(the Savior)로 믿고 따르는 사람들은 같은 여호와 하나님을 믿고 있음에도 유대교로부터 배척당했다. 주 혹은 구세주는 오직 하나님께만 쓰는 칭호였기 때문이다. 여호와 이외의 또 다른 누구를 하나님으로 인정하는 것은 유일신 사상을 갖고 있었던 유대인으로서는 결코 용납할 수 없는 일이었다. 그 결과 유대인과 달리 그리스도를 따르는 사람이라는 의미의 '그리스도인'이라는 정체성을 얻고 지내다가 '기독교'라는 독립된 종교로 모습을 갖춰 오늘에까지 이르렀다. 유대교로부터 독립하게 된 가장 중요한 이유는 예수 그리스도에 대한 신앙 때문이다. 곧 예수를 그리스도요 하나님의 아들로 믿는 사람들에 의해 기독교(가톨릭과 동방정교회 그리고 프로테스탄트)는 태어났다(동방정교회는 1054년 분열과 함께 그리고 프로테스탄트는 1517년에 시작한 루터의 종교개혁 이후 1555년 아우크스부르크 화의를 통해, 그래서 기독교는 로마가톨릭, 정교회, 프로테스탄트로 나뉘어졌다.).

특히 부활 사건과 부활 신앙은 예수 그리스도를 하나님의 아들로 고백하는 강력한 추동력으로 작용했다. 초기에는 소수자였기 때문에 오히려 유대교와 로마에 의해 박해를 받았으나, 로마의 콘스탄티누스 대제가 313년 밀라노 칙령으로 기독교를 공인한 후로 기독교는 급속도로 다수의, 기득권의 신앙이 되었다. 그 후에는 오히려 유대교를 비롯하여(반유대주의) 다른 종교를 박해하거나 배척하는 일(기독교 우월주의)을 서슴지 않았다.

몇 세기 만에 운명이 이렇게 역전될 줄 누가 알았겠는가! 물론 모든 종교는 조금씩은 타종교에 대한 배타적인 태도를 보여 왔고 지금도 계속되고 있다. 혼합주의를 지양하고 또 진리에 대한 배타적인 태도를 취하는 종교의 속성상 피할 수 없는 부작용 중 하나다. 소수자의 위치에 있을 때는 어쩔 수 없이 관용하지만, 다수의 위치에 있을 때는 노골적으로 배척한다. 그 이유는 자기 종교만이 진리를 가지고 있다고 믿기 때문이다.

종교다원적인 상황에서
배타적인 신앙

오늘날 예수님에 대한 배타적인 신앙은 비단 유대교와의 관계에서만 아니라 다른 종교와의 관계에서도 갈등의 소지가 되고 있다. 중요한 이유는 종교다원적인 상황에서 기독교 가르침만이 진리라는 배타적인 믿음 때문이다. 다시 말해서 예수님을 그리스도로 믿는 신앙이 하나님과 인간의 관계에서 가장 적합하고 또 올바른 형태라고 보기 때문에 다른 종교들은 진리에서 벗어나 있다고 생각할 수밖에 없는 것이다. 여기에 덧붙여 종교개혁 이후에 출현한 개신교의 일부(대체로 보수적인 입장을 취한 교단)는 가톨릭교회마저 배타적으로 대한다. 심지어 이단이라고 여긴다.

내가 믿는 예수님에 대한 배타적인 태도(오직 예수 신앙) 자체는 문제될 것이 없다. 그러나 그것이 종종 타종교를 배척하거나 폄하하는 이유가 되었다. 이는 "오직 예수" 신앙을 잘못 이해했기 때문이다. 예수님은 자신이 길이고 진리이고 생명이라고 말은 했지만, 그것이 타종교와 그 종교에 속한 사람을 배척하라는 의미로 한 말은 아니었다. 기독교에서 흔히 볼 수 있는 배타주의는 예수님의 정신에서 멀어진 기독교가 스스로를 세력화하면서 부수적으로 발생한 결과다. 이렇게 되면 기독교는 선한 영향력을 끼치기보다는 오히려 세인으로부터 "무례하다"는 비판을 받을 수밖에 없다. 특히 현대사회에서는 더욱 그렇다. '가나안' 성도를 양산하는 주요원인이다. 기독교의 배타주의 때문에 기독교인이 교회를 떠나는 기현상이다.

종교다원적인 사회에서
공존을 위해

현실은 이렇다. 타종교에 속한 사람들과의 만남이 과거와 달리 빈번해짐으로써 내 종교만이 우월하다고 공개적으로 말하기 어려워졌다. 배타적인 태도는 소소한 갈등은 물론이고 경우에 따라서는 전쟁까지도 유발했기 때문이다. 타종교에 속한 사람들은 과거와 달리 같은 사회 구성원으로 협력하며 살아가야 한다. 한 국가는 물론이고 한 마을 안에도 다른 종교인들이 섞여 있다. 자기 종교에만 충실하고 타종교에 대해 서로 무관심하게 지낸다면, 아무 문제가 발생하지 않겠지만, 그것은 종교의 본질에도 어긋나기 때문에 바람직하지 않다. 실상은 일상적인 일은 물론이고 종교적인 이유로 서로 만나는 일이 빈번해지고 있다.

현실적으로 볼 때 공존과 공생을 위해서는 세상을 이해하고 설명하는 일에서 서로 다른 견해를 갖게 하는 타종교의 세계관을 관용해야 한다. 관용하는 한 종교들은 별 문제없이 한 사회에서 상호협력하며 공존할 수 있다. 그러나 상대 종교인을 대상으로 적극적으로 선교나 포교에 나서기라도 하면, 어쩔 수없이 타종교에 대해 진리 주장을 할 수밖에 없으므로 갈등요인은 전면에 드러난다. 이렇게 되면 종교 간의 충돌은 피하지 못한다. 건강한 사회에 기여하지 못하고 오히려 해를 끼치는 일이 발생한다.

오직
예수?

종교 간의 갈등을 유발하는 요인과 관련해서 타종교가 원인을 제공하는 부분에 대해서는 우리가 말할 바는 아니라고 생각한다. 평화를 무시하는 호전적인 종교는 결코 건강한 종교가 아니다. 오히려 우리가 가져야 할 관심은 기독교, 특히 개신교(프로테스탄트) 편에서 제공하는 갈등 요인이다. 실제로 현대사회를 살아가는 많은 성도의 고민을 유발하는 것은 '오직 예수' 신앙에 근거하여 교회가 요구하는 배타적인 삶의 모습이다. 공격적인 선교, 배타적인 진리 주장, 타종교와 타문화에 대한 폄하, 나와 다른 종교를 문명 대 야만이나 계몽 대 무지의 틀로 보는 시각 등. 현실의 삶은 그렇지 않은데, 교회의 가르침 때문에 갈등에 부딪혀 고민하는 성도가 의외로 많다.

여기서 회의를 느끼고 갈등을 겪는 사람이 흔히 제기하는 질문이 있다. 예수님은 도대체 누구인가? 왜 하나님이 아니라 예수님을 믿는가? 왜 예수님을 믿어야만 하는가? 예수님을 믿는 것이 인간이 하나님과 관계를 갖는 일에서 가장 적합하고 또 올바른 신앙형태라는 것은 어떻게 알 수 있는가? 이 질문들에 대해 두 가지로 대답하고자 한다.

첫째, 우리가 하나님을 믿되 또한 예수님을 믿는 까닭은 그의 생애와 인격과 말씀 그리고 그에게서 일어난 일을 통해 여호와 하나님이 가장 분명하게 나타났기 때문이다. 예수님은 하나님의 계시다. 인간이 하나님을 아는 데에는 다양한 방식과 가능성이 있으나(일반계시, 그런데 이것도 사실은 믿음을 바탕으로 성령의 역사로 가능하다.) 하나님은 다른 누구보다 말씀과 예수님을 통해 당신을 가장 분명하게 나타내 보이셨다(특별계시). 예수님을 통해 아는 하나님은 다른 방식으로 아는 하나님보다 성경의 증거에 더 근접한다. 그러므로 다른 존재를 믿고도 어느 정도는 초월자 혹은 절대자로서 하나님을 알 수 있으나(그것도 믿음을 근거로 할 때), 하나님에 관한 특별하고 또 확실한 지식을 위해서는 예수님을 믿어야 한다. 때로는 다른 것을 통해 아는 것들이 예수님을 통해 아는 것을 왜곡하고 축소하고 또 변질시킬 수 있기 때문에 예수님을 통해서만 아는 것을 선호한다. 그러나 이것이 다른 믿음의 방식을 배척하거나 폄훼할 이유는 아니다. 왜냐하면 우리는 그것이 옳고 그른지를 검증하고 믿는 것이 아니라 단지 성경의 증거에 대한 고백을 기초로 믿기 때문이다. 물론 합리적인 사고를 통해 고백이 충분한 성경적이고 신학적인 근거가 있음을 확인할 수 있다. 그러나 마지막 순간이 오기까지는 누구도 자신이 옳다는 것을 100% 자신할 수 없다. 다만 성경에서 증거 되어 있고, 하나님이 약속하신 대로 이루어지기를 기대할 수 있을 뿐이다. 그리고 내가 확신하고 고백하는 만큼 다른 종교인들도 함께 고백하기를 기대할 수 있을 뿐이다.

검증 과정 없이 오직 그에 관한 증거를 듣고 예수님을 믿는다 함은 그의 인격과 사역을 통해 증거 되는 내용이 진리임을 인정하고 받아들이는 것이다. 인정할 뿐 아니라 그것을 내 안에 받아들이는 것이다. 그리고 그것을 삶으로 살아내는 것이다. 이 일은 성령의 역사가 없이는 불가능하다. 성령의 역사에 힘입어 예수님을 믿을 때, 하나님을 가장 확실하게 인식할 수 있다. 믿음을 전제하면 다른 방식으로 혹은 다른 가능성을 통해서도 하나님을 알 수 있기는 하다. 그러나 그것은 예수님을 통해 아는 것과 비교할 수 없다. 이것은 증명할 수 없는 믿음의 고백이며, 이 믿음을 전제할 때 비로소 다른 방식으로 알려진 하나님에 대해서도 어느 정도 부정할 수도 있고 또한 긍정할 수도 있다. 왜냐하면 예수님을 통해 얻는 지식이 다른 방식과 가능성으로 습득한 지식들을 온전케 할 수 있기 때문이다.

왜 예수이어야
하는가?

그렇다면 왜 반드시 예수님이어야만 하는가? 사실 누구를 믿느냐는 태어나면서 숙명적으로 결정될 수밖에 없는 경우가 있다. 지역과 문화적으로 선택의 여지가 없이 결정되어 있다 보니 믿는 대상도 자연스럽게 결정된다. 예수님을 문화적으로나 종교적으로 전혀 선택할 수 없고 또 알 만한 기회를 얻지 못하는 지역의 사람이 있다. 그들의 삶과 신앙에는 이미 토착 종교가 각인되어 있다. 그들의 삶을 지탱해 주고, 또 궁극적인 질문에 대답하는 세계관은 이미 선험적으로 주어져 있다. 과거의 아시아 사람이 그랬고, 지금은 이슬람 지역이나 아직도 선교의 손길이 미치지 않는 지역에 사는 사람들이 그렇다. 이런 사람들도 예수님을 믿어야만 하나님을 바로 알 수 있다고 말해야 할까?

설불리 대답하기 이전에 무엇보다 그들의 삶과 문화와 종교를 존중히 여길 필요가 있다. 그들 역시도 하나님의 피조물로서 하나님의 보호를 받아왔기 때문이다. 하나님은 그들 가운데서도 일하신다. 그러니 어느 정도는 그들에게도 세상을 이해하고 또 현실의 문제를 해결할 능력이 있음을 인정해야 한다. 만일 예수가 하나님을 온전하게 알 수 있게 하는 유일한 길이라면, 오히려 그들 역시 자기 종교를 통해서 '예수'에 버금가는 길을 어렴풋하게 발견할 것이다. 그러나 희미하게 알고 있는 것들은 선교를 통해 알게 된 예수님을 믿을 때 확실한 지식이 된다. 물론 여기서 말하는 예수님은 가르침이나 사역을 통해 나타난 예수님을 말한다. 예수님을 알게 될 때 그들은 자신의 신앙에서 무엇이 부족했는지 깨달을 수 있다. 그리고 과거와 미래의 의미를 깨닫게 된다. 어차피 알게 될 것이고 또 알아야만 하는 것이라고 해서 빨리 알려줄 요량으로 강제적인 방법을 사용하는 것은 옳지 못하다. 아이들을 교육하는 일에도 그렇게 하지 않는데, 어떻게 민족과 나라와 성인들을 대상으로 그렇게 하려고 하는 것일까.

왜 예수이어야만 하는가라는 질문을 제기하는 배경에는 지금 당장 예수님을 믿지 않으면 지옥에 간다는 말과 생각에 대한 비판을 염두에 둔 것이다. 타 종교인들에 대한 배려도 관용도 없는 기독교인의 무례한 태도를 보고 실망하는 기독교인이 제기하는 질문이다. 그러나 그렇게 말하거나 생각하지 않는다면, 왜 반드시 예수이어야 하느냐는 질문에 대해서는 예수님을 통해서 계시된 하나님이 참 하나님이기 때문이라고 말할 수 있다. 베드로는 바로 이런 관점에서 성령이 충만하여 이렇게 외칠 수 있었다.

> **사도행전 4장 12절** 다른 이로써는 구원을 받을 수 없나니 천하사람 중에 구원을 받을 만한 다른 이름을 우리에게 주신 일이 없음이라.

왜 반드시 예수이어야 하는가? 이 질문에 대한 첫 번째 대답(인간으로서 참 하나님을 가장 확실하게 계시하는 존재이기 때문)에 이어 두 번째 대답을 한다면, 예수님 자신이 구원자로서 하나님이기 때문이다. 예수님은 하나님이시며 구원의 능력이 있다. 예수님을 믿는 것은 단지 종교적인 성인을 믿는 것과 다르다. 그들은 다만 인간에 불과하고, 구원의 도를 전하는 자일 뿐, 구원의 능력은 없다. 그러나 예수님은 길이며 진리며 생명으로서 구원의 능력을 가진 주님이요 구세주이시다. 참 하나님이시고 참 사람이다. 하나님은 홀로 하나님이시고, 세상을 심판하시며, 인간과 비교할 때 절대타자로서 존재하시어 인식이 불가능하고 신비로 남아 있지만(Gottheit), 또한 그런 존재로서 하나님은 인간과 함께 계시고, 인간을 만나 주시며, 스스로를 인간의 파트너로 삼으신다. 인간에 의해 인식되고 경험되는 존재로 스스로를 내어 주신다. 하나님은 신성을 상실하지 않고도 충분히 인간과 함께 계실 수 있는 분이다. 칼 바르트는 이것을 하나님의 인간성(Menschlichkeit, 인간성을 표현하는 Menschheit를 염두에 둔다면 보다 정확한 번역은 '인간적인 속성'이 될 것이다)이라고 했고, 하나님의 신성은 하나님의 인간성을 포함한다고 말했다. 이 사실을 가장 분명하게 드러낸 존재는 예수 그리스도다. 예수 그리스도는 하나님과 인간 사이의 중보자와 화해자이시다. 참 하나님이면서 참 사람이신 예수 그리스도는 다른 어떤 존재보다도 하나님의 이런 두 본성(신성과 인간성)을 가장 잘 드러낸다. 그러므로 기독교 강요 첫 부분에서 칼빈이 하나님을 알면 인간을 알고, 인간을 알면 하나님을 안다고 말한 것은 바로 예수 그리스도를 통할 때만 가능하다. 예수 그리스도를 통할 때에 우리는 하나님을 현실적으로나 인격적으로 경험할 수 있다. 기독교인은 그렇게 고백하고, 그것이 진실임을 믿는다. '오직 예수!'는 바로 이런 의미에서 이해된다.

다른 종교의
성인들은?

그렇다면 다른 종교의 성인들은 무시해도 되는가? 예수만 믿어야하기 때문에 지금 다른 존재를 믿는 것은 모두 헛것이라고 말해도 되는가?

그렇지 않다. 예수가 주님이고 참 하나님이며 참 사람이라는 것은 마지막 때가 되기 전까지는 검증되지 않은 고백이다. 그것은 말씀을 통해 계시된 것이며 기독교인이 증거할 수 있을 뿐이지만, 증거한다고 해서 참이 되는 것은 아니다. 오직 기독교인의 말과 행위와 삶을 사용하여 하나님이 자신의 역사를 일으키심으로써 참이라는 것이 입증된다. 장차 마지막 때가 되면 분명하게 밝혀질 것이다. 따라서 예수님을 구세주로 믿는다 해도 그것이 타 종교와 성인들을 배척하고 폄하하는 이유가 될 수는 없다. 그들은 아직 예수님을 알지 못한 사람에게 하나님의 일면을 알려 주는 일에서 그들 나름대로 기여하는 부분이 있다. 이것을 진지하게 생각한다면, 타 종교의 신앙 대상을 함부로 대하는 일은 일어나지 않는다. 오히려 할 수만 있다면 그들과의 만남을 통해 예수님을 믿고 사는 삶이 무엇인지를 구체적으로 알려줄 수 있으며 또한 그들에게 그런 삶이 어떤 것인지를 구체적으로 보여 줄 수 있다. 삶은 없고 '오직 예수!' 구호만을 외치는 것은 혹시 삶에 자신이 없는 사람이 힘으로 신앙을 보여 주려 하고 또 힘으로 상대를 제압하려는 전략은 아닌가? 그것은 야고보서가 말하는 믿음이 없는 사람의 특징이 아닐까?

오직 예수 신앙이
원하는 것

'오직 예수' 신앙에서 관건은 기독교인으로서 예수님 이외의 다른 존재를 신뢰하는 것과 예수님을 통해 계시된 하나님 이외의 다른 존재를 신뢰하기를 거부하는 것이다. 영웅주의를 타파하고 물질주의를 배척한다. 혼합주의적인 태도는 하나님이 가증하게 여기는 일이기 때문이다. "오직 예수!"는 타종교를 배타적으로 대하라는 의미의 구호가 아니다. 오히려 기독교인의 신앙의 정체성을 확인하는 말이며, 기독교인에게 다른 믿음의 가능성이 제시되고 받아들이도록 요구될 때 그것을 거부하고 오직 예수만을 마땅히 고백해야 할 말로 이해해야 한다. 따라서 '오직 예수!'는 누구보다 먼저 기독교인 자신을 돌아보라는 외침이 아닐 수 없다. 곧 내 안에 혼합주의적인 면은 없는지를 돌아볼 것을 촉구한다.

묵상과 토의를 위한 질문

- 종교다원적인 사회에서 종교적인 배타성이 미치는 부정적인 영향에 대해 말해 보자.

- 종교다원적인 사회에서 공존을 위한 길에 대해서 생각해 보고 말해 보자.

- 오직 예수 신앙의 의미에 관해 정리하고 또 서로 이야기해 보자.

정의와 사랑은 어떻게 조화될 수 있는가?
: 예수 그리스도의 은혜와 사랑

시편 85편 10절 인애와 진리가 같이 만나고 의와 화평이 서로 입맞추었으며.

정의란?

사회적인 측면에서 정의는 사회를 구성하고 유지하기 위해 구성원들이 마땅히 추구해야 할 가치를 말한다. 제멋대로 사는 삶의 방식(자의 혹은 전횡)과 반대되는 개념으로서 공평한 운영과 판단을 위한 기준에 해당한다. 이와 관련해서 법과 규범은 사회적인 정의를 유지하는 기능을 한다. 정의가 무엇인지 혹은 정의는 어떻게 실현되는지는 사회 공동체의 규범에 따라 규정된다. 보통은 민주적이고 만인 평등의 원칙을 전제로 제정된 법이 그 위치를 차지한다. 법이 정의를 규정한다.

누구도 불이익을 당하지 않으면서도 모두를 만족시킬 수 있는 가치와 원칙을 찾는 일은, 현실 경험에 비춰볼 때, 그야말로 이상에 가깝다. 그래서 역사철학적인 이념에 근거하여 현실을 끊임없이 비판하는 것을 자신의 과제로 삼은 비판적 실재론자들조차도 온전한 정의 실현을 가능하다고 보기보다는 현실 비판과 개혁을 이끄는 이정표로만 삼을 뿐이었다. 그것의 온전한 실현이 가능하다고 보지 않았다. 다만 결코 안주하지 않도록 비판할 수 있는 원리로 보았다.

　기독교 역시 정의를 인간이 현실에서 실현할 수 있는 가치가 아니라 하나님의 약속으로 보고 있다. 하나님만이 실현할 수 있다는 말이다. 왜냐하면 인간에게 궁극적인 실현의 과제가 주어져 있다면, 현실 정치에서 볼 수 있듯이, 정의에 대한 서로 다른 독해로 충돌이 불가피하고 또 복잡하게 얽힌 이해관계 때문에 서로 대립하여 오히려 갈등과 반목을 피할 수 없기 때문이다. 인간은 하나님의 정의 실현 과정, 곧 역사에 참여하도록 초대받고, 또한 하나님께 순종하는 가운데 실현된 정의의 단면을 경험할 뿐이다. 물론 그것을 세상에 드러낼 과제를 부르심으로 받아들인다.

정의의
기독교적인 의미

　각자에게 마땅히 돌아가야 할 몫을 돌려준다는 정의의 기본적인 의미를 바탕으로 하면서도 우리 관심은 정의에 대한 기독교적인 의미다. 달리 말하면 하나님의 정의 혹은 하나님의 의다. 정의는 하나님의 속성 가운데 사랑과 더불어 가장 핵심이라고 여겨진다. 흔히 성경에서 증거하고 있는 하나님은 사랑과 정의의 하나님이라고 말할 정도다. 기독교인은 하나님의 정의를 세상이 인식할 수 있는 방식으로 드러내도록 다른 사람보다 먼저 부름 받았다.

　하나님의 정의를 기본적인 의미에 따라 이해한다면, 하나님은 죄를 지은 자에게 벌을 주고, 옳은 일을 한 사람에게 상을 준다. 좋은 일이든 나쁜 일이든 행위에 따라 인간에게 마땅히 돌아가야 할 몫을 주신다. 그런데 현실에서는 그렇지 않다. 크게 두 가지 현상이 의문을 일으킨다. 하나는 악인은 아무런 제재도 받지 않고 번창하는데 선인은 선한 행위에 대한 대가를 받지 못하고 오히려 곤고함을 겪는 현실이다. 다른 하나는 하나님은 죄를 지은 자가 회개하면 용서하신다. 그리고 용서는 사랑에서 비롯하는 하나님의 행위다. 그래서 정의와 사랑은 서로 상충하는 듯이 보인다. 죄를 지은 자는 마땅히 벌을 받아야 하나, 실제로는 그렇지 않다. 하나님의 정의를 이해하는 데 있어서 관건은 서로 모순처럼 보이는 정의와 사랑의 관계를 하나님의 구속사적인 맥락에서 서로 모순되지 않도록 또한 하나님의 속성에 합당하게 설명하는 일이다.

하나님의 정의는 다음의 질문을 생각할 때 등장하는 주제다. 하나님은 무엇을 기준으로 세상을 판단하실까? 다시 말해서 정의는 하나님의 판단하시는 행위를 말할 때 반드시 거론되는 개념이다. 정의는 판단의 기준이면서 또한 올바르게 판단하는 행위를 가리키기 때문이다.

기독교인이 하나님의 정의를 바로 이해하지 못하면 교회 정의와 사회 정의를 구별하지 못하게 되며, 양자가 서로 뒤섞여 올바른 신앙생활에 지장을 받는다. 세상의 정의가 아무런 의문 없이 교회에 적용하게 되어 세속화의 요인으로 작용할 수도 있다. 달리 말해서 하나님이 세상을 만들고 유지하기 위해 최고의 가치로 삼으시는 것은 간과하고 오히려 사회를 유지하기 위해 최고의 가치로 삼는 것을 교회가 우선시할 수 있다. 주객이 전도되는 것이며, 이것은 세속화 과정에서 발생하는 전형적인 현상이다.

하나님이 세상을 만들고 유지하기 위해 최고의 가치로 삼으신 것은 무엇일까? 교회와 공동체는 무엇을 바탕으로 구성되고 또 운영되어야 할까? 이런 질문에 대한 대답은 정의를 기독교적으로 이해할 때 발견할 수 있다.

구약에서 하나님의 정의는 계명과 율법으로 이해되었다. 하나님의 분명한 뜻을 밝히는 계명과 율법은 이스라엘 공동체를 구성하는 원리였고, 또한 그것으로 공동체를 운영하였다. 계명과 율법은 이스라엘 공동체의 성격을 규정하였다. 하나님은 계명과 각종 율법을 중심으로 당신이 어떤 존재인지 그리고 당신이 무엇을 근거로 판단하시는지를 나타내 보이셨다.

그러나 성경은 보기와 달리 하나님의 정의를 결코 계명과 율법에 한정하지 않고 있다. 예컨대 창조는 하나님의 주권적인 은혜였고, 세상은 하나님의 은혜로 보존된다. 신명기 7장은 이스라엘이 왜 하나님 백성으로 택함을 받았는지를 기록하고 있는데, 하나님의 사랑을 중심 이유로 제시한다. 이스라엘을 애굽에서 구해 내신 것은 하나님의 은혜였다. 하나님의 은혜는 거듭 죄를 지음으로써 마땅히 멸망 받아야 할 위치에 있는 이스라엘 백성이 생명을 유지하고 또 공동체를 구성하며 살 수 있도록 했다. 가난한 자들에 대한 태도나 백성들 사이에서 실현돼야 할 희년 정신 역시 하나님의 사랑에 따른 것이었다. 이것은 정의의 또 다른 모습이었다. 따라서 구약시대라고 해서 하나님의 정의를 결코 계명과 율법에 한정해서는 안 된다. 물론 그것이 하나님의 정의이며 또한 정의를 구현하는 규범으로 정해진 것은 사실이다.

하나님은 세상을 만드시고 보존하시면서 그리고 이스라엘을 중심으로 신앙 공동체를 구성하고 그들을 다스리실 때, 계명과 율법을 공동체의 규범으로 주셨지만, 실제로 은혜와 사랑을 최고의 가치로 삼으셨다. 하나님은 은혜와 사랑의 하나님이시다. 이방인이었던 우리는 예수 그리스도를 믿음으로 접붙임을 당했는데, 이로써 우리는 하나님의 약속에 참여할 수 있게 되었다. 이렇게 된 까닭도 예수 그리스도를 통해 나타난 하나님의 은혜와 사랑 때문이다. 예수 그리스도를 통해 드러난 바에 따르면, 하나님의 정의는 단지 심판하기 위함이 아니라 오히려 사람이 하나님 백성으로서 살 수 있도록 죄를 용서하고 또 그들을 지키며 보호하는 데에 있음이 분명해졌다. 십자가는 하나님이 당신의 아들을 심판하시는 대신에 세상을 구원하신다는 사실이 드러난 현장이다. 십자가에서 명백해진 사실은 이것이다. 곧 하나님의 정의와 사랑은 상호 충돌하나, 결국엔 하나님의 사랑과 은혜가 이긴다. 하나님이 세상을 다스리시면서 관철시키는 원리, 곧 정의는 은혜와 사랑이다.

은혜와 사랑은
악의 현실에서도 유효한가?

오늘의 관점에서 구체적으로 말한다면, 하나님의 말씀과 행위에 반응하여 교회가 모든 일에서 하나님께 영광을 돌리고, 하나님을 신뢰하며, 모든 일에서 하나님께 순종하도록 강한 영향력을 발휘하는 가치는 은혜와 사랑이다. 교회의 정의, 곧 교회를 구성하고 유지하는 일에서 가장 옳은 일은 하나님의 정의가 실현되도록 하는 것이다. 은혜와 사랑으로 교회를 구성하고, 은혜와 사랑으로 교회가 운영되도록 해야 한다. 더 나아가서 은혜와 사랑으로 세상이 바로 서도록 해야 한다. 이것이 하나님의 정의를 구현하는 방법이다.

하나님의 정의는 보편적이다. 개인의 관계(개인적인 정의)나 사회 제도(사회적인 정의) 그리고 숙명적인 일(형이상학적인 의미의 정의)에도 적용된다. 문명사회로 진행하면서 세 번째 의미, 곧 형이상학적으로 이해되는 정의는 점점 처음 두 개의 관점으로 환원되고 있다. 사실 가장 어려운 문제는 다음의 질문으로 표현되는 세 번째이다.

악의 현상 혹은 불의한 자들의 번영과 관련해서 어떻게 하나님의 은혜와 사랑을 말할 수 있을까?

아무리 처음 두 개의 관점으로 환원이 된다 해도 인간의 현실에서 여전히 제기되는 질문이다. 신정론은 이런 질문과 관련되어 있다. 신학적 주제로서의 신정론은 악의 현상 혹은 불의한 현실에 직면해서 하나님의 선함을 변론하는 일이다. 신정론은 신학에서 특히 하나님의 정의와 밀접한 관련을 갖는 주제이다. 정의와 사랑 사이에서 모순처럼 보이는 문제를 해결할 실마리를 찾는 작업이라 할 수 있다.

악의 현상이나 불의한 현실에 직면해서 우리는 어떻게 하나님의 은혜와 사랑을 말할 수 있을까? 하나님의 정의는 어떠한 상황에서도 옳다고 인정해야 할까?

이런 질문이 제기되는 때는 대체로 부정적인 경험을 했을 때 혹은 경험 중에 있을 때다. 충분히 이해되지 않으면서도 자신에게 유익하지 않은 일이 생길 때, 혹은 불행한 일이 일어났을 때, 혹은 오히려 불의한 사람이 아무런 제재도 없이 잘 살고 있는 듯이 보일 때, 이런 질문이 제기된다. 하나님은 피조물에 대한 무한한 사랑으로 모든 것을 용납하실까? 아니면 정의에 기초하여 그들의 죄에 대한 책임을 추궁하실까?

여기서 문제는 부정적인 상황을 언제나 하나님의 부재 혹은 하나님의 은혜와 사랑과 무관한 일로 여기는 데 있다. 고통 없는 삶을 하나님의 은혜와 사랑으로 이해하고, 고통이 있는 삶을 그 반대로 여기는 관행이 문제다.

하나님의 행위가 사람에 의해 반드시 이해되고 설명되어야 할까? 성경은 하나님을 계시하시는 분으로 말하지만 또한 숨어 계신 분으로도 말하고 있다. 이사야 55장에 보면 하나님의 생각은 사람의 생각과 다르고 또 깊이도 훨씬 더 깊다고 했다. 하나님의 생각뿐만 아니라 하나님의 행위 역시 사람이 감히 다 헤아리지 못한다. 이해하지 못하거나 설명하지 못한다고 해서 부정적으로 볼 이유는 없다. 당대의 의인으로 소문난 욥도 심한 고통 속에서 그 이유를 알지 못해 탄원하는 중에 결국 하나님으로부터 책망을 들어야 했다. 도대체 인간인 네가 창조주와 그분이 행하신 일을 어떻게 이해하겠느냐는 것이다.

인간은 불가항력적으로 주어진 환경을 단지 받아들여야 할 때가 있다. 의미를 안다면 좋은 일이지만, 그렇다고 해서 무리해서 그 의미를 굳이 알아야 할 필요는 없다. 비록 다 이해하지는 못해도 하나님을 신뢰하며 사는 데에는 전혀 문제가 없다. 왜냐하면 예수 그리스도를 통해서 하나님의 사랑은 분명히 드러났기 때문이다. 또한 그 사랑을 약속하셨기 때문이다. 그 사랑을 신뢰하고 기대하며 사는 것으로 충분하다.

하나님이 세상을 창조하신 것도 은혜와 사랑에서 비롯한다. 교회와 믿는 자들뿐만 아니라 세상의 모든 것을 다스리고 보존하는 일도 은혜와 사랑으로 하신다. 하나님의 정의는 언제나 옳다. 교회를 구성하거나 운영할 때도 은혜와 사랑은 우선적인 가치로 여겨져야 한다. 하나님을 먼저 인정하면 인간의 눈으로 정의롭지 않게 보인다 해도 하나님의 뜻이 명료해질 때까지 인내할 수 있다.

세상의 정의와
교회의 정의

목회자의 타락과 교회의 부패에 대한 소문이 많다. 교회 분쟁이 잦아지고 있고 소송이 난무하고 있다. 옳고 그른 것을 따지는 일을 하나님의 정의를 실현하는 일로 여기고 있다. 목회자와 갈등을 겪는 교인들은 만일의 사태가 일어날 경우 목회자를 우선적으로 보호하려는 노회나 총회로부터 부당한 대우를 받지 않고 국가 법을 통해 보호받기 위해 정관을 만들려고 한다. 정의를 위해 정관을 기초로 교회를 운영하려는 시도가 많아지고 있다. 총회나 노회규정에 다 담기 어려운 세부 사항에 관한 것은 교회가 정관을 제정하여 운영의 합리성을 추구할 수 있다고 생각한다.

교회의 민주화를 위해 정관 제정이 일부 깨어있는 목회자들 사이에서 바람직한 현상으로 받아들여지고 있지만, 신학적으로는 작지 않은 문제다. 교회는 은혜와 사랑으로 구성되어야 하고 운영되어야 한다. 교회 역사에서 배울 수 있지만, 목회자의 부패와 타락을 결코 법으로 막을 수는 없다. 만일 그렇게 할 수 있었다면, 예수님은 무엇 때문에 오신 것일까? 복음은 무엇을 위해 존재하는 것일까? 사도 바울은 율법을 중시하는 유대교에 속했음에도 불구하고 왜 그토록 은혜를 강조했을까? 오히려 행위와 그에 따른 책임을 물음으로써 교회의 부패와 타락을 막을 수 있었다면, 종교적인 타락의 극치를 이룬 중세 말에 루터는 왜 하나님의 심판하시는 의를 말하지 않고 하나님의 구원하시는 의, 곧 은혜를 강조하였을까?

오직 예수 그리스도를 통해 나타난 하나님의 은혜와 사랑만이 세상을 변화시킬 수 있었고 또 앞으로도 그럴 것이다. 하나님의 정의는 세상에 드러나야 한다. 그런데 은혜와 사랑이 아닌 법만으로 교회를 구성하고 또 운영하려는 것은 오히려 하나님의 정의를 가로막는 일이다. 성경에서 하나님의 정의와 반대되는 것을 가리킬 때 사용된 표현은 하나님이 없는 듯이 사는 태도다. 자기 멋대로 사는 것이다. 자의로 또 임의대로 사는 것이다. 법과 계명을 무시해서는 안 되지만, 오직 그것만으로 교회를 구성하고 운영하려는 생각은 하나님이 없는 듯이 살겠다는 의지의 표현으로 들린다. 비록 보이지 않아도 섭리 가운데 세상을 다스리는 하나님을 신뢰하며 살기보다 사람의 생각과 뜻의 옳음을 뒷받침하는 법을 더 의지하겠다는 말이다. 이것은 복음으로 사도로 부르심을 받은 바울이 그토록 거부하였던 일이다.

묵상과 토의를 위한 질문

- 세상에서 말하는 정의에 대해 알아보자.

- 성경적인 정의의 의미를 정리해 보자.

- 교회의 타락과 부패에도 하나님의 은혜와 사랑은 교회의 정의로 여겨져야 할까?

교회는
동성애를 어떻게 보아야 하는가?

뜨거운 감자,
'동성애'

동성애는 OECD 국가 중에 유독 한국 사회에서 뜨거운 감자이다. 다른 나라 역시 비슷한 과정을 거쳤지만 전개되는 양상이 좀 특별하다. 유교적인 전통으로 오랫동안 각인된 사회이기 때문이지만 여기에 기독교 측에서의 반대가 가세하고 있기에 나타나는 당연한 현상으로 보인다. 그러나 기독교 전통이 강한 서구 사회에서도 이미 동성애와 동성결혼에 대해 열린 태도를 보이고 있는 것에 비하면, 성문제에 있어서 한국은 여전히 보수적이다. 이것이 사고의 후진성을 반영하는지 아니면 윤리적인 탁월성 혹은 영성의 우수성을 의미하는지는 두고 보아야 할 일이다. 그러나 상대의 의견을 경청하지 않고 또 상대의 집회를 방해하면서까지 자신의 의견을 관철시키려는 모습을 보면 후진성은 전혀 엉뚱한 곳에서 드러나고 있다.

이미 1973년 미국정신의학협회(American Psychiatric Association)가 동성애를 정신질환에서 제외한 이후 미국을 포함해서 호주에 이르기까지 25개국(2017년 기준)에서는 동성결혼을 허용하는 법이 제정되었다. 그 후 이들 나라에서는 동성애를 차별하는 의미에서 부정적인 언급을 공개적으로 할 수 없다. 우리나라도 현재 국회에서 거론되고 있는 동성결혼 법이 통과되면 예외가 아닐 것이다. 사실 상이한 의견을 조율하는 창구가 있어 한 목소리를 낼 수 있는 가톨릭과 달리 개신교 내에서 동성애에 대한 견해는 일치하지 않는다. 기독교와 동성애 옹호자의 갈등의 골은 깊어가고 있는데, 설상가상으로 기독교 안에서조차 상반된 입장이 개진되고 있어 문제해결은 더욱 요원해 보인다. 무엇보다 관련 성경을 해석하는 방식이 다른 것이 가장 큰 문제다. 정경으로 여기는 성경에 대한 해석이 달라짐에 따라 무엇이 옳은지 판단하기가 더욱 어려워졌기 때문이다. 그러니 개신교가 동성애에 관한 사회적인 견해에 대해 일치된 목소리를 통해 반응하지 못하는 것은 당연하다. 그렇다고 교회가 이 문제에 대해 침묵할 수는 없다. 기독교인들은 상식적인 차원에서나마 동성애에 관해 숙지할 필요가 있다. 신학자들 사이에서도 서로 의견이 갈리고 있는 상황에서 교회는 대체 동성애와 동성결혼을 어떻게 보아야 할까?

성 이해의
변화

무엇보다 먼저 동성애와 동성결혼을 바라보는 시각이 변해 왔다는 사실을 유념할 필요가 있다. 과거에 동성애는 선과 악의 관점에서 조명되었다. 종교적으로, 윤리적으로, 도덕적으로 그리고 사회적으로 바라본 것이다. 이성애가 정상이고 또 옳다고 여겨지는 시대에 동성애는 비정상이며 질병이고 또한 성 윤리에서 비난받을 만한 것이었다. 동성애를 반대하는 사람들은 대체로 이런 관점에서 동성애를 배격하고 또 혐오한다.

최근에는 동성애를 바라보는 시각이 바뀌었다. 대중문화에서 표현되고 있는 것을 바탕으로 본다면, 더 이상 옳고 그름의 문제가 아니라 인간의 본성을 생각해 보거나 인간관계에서 충분히 있을 수 있는 자연적인 현상으로 여겨지고 있다. 대중문화에서 동성애는 매우 아름답게 그려지고 있다. 혐오스런 것이 아니라는 사실을 염두에 둔 관점이라고 생각한다. 자연스런 아름다움은 선악의 관점을 넘어선다. 왜냐하면 현대 사회에서 선이 아름답고 악이 추하다는 생각은 사람의 지지를 받지 못하기 때문이다. 아름다운 것은 충분히 용납 받을 만한 것으로 여겨진다. 동성애와 동성결혼이 사람의 지지를 받는 가장 큰 이유는 그것이 아름다운 사랑으로 비쳐지기 때문이다.

동성애를 보는 시각의 변화는 사실 성 이해에 대한 변화를 전제한다. 성에 대한 이해는 시대와 더불어 다양한 의미로 사용되고 있다. 성은 무엇보다 남성과 여성을 구분 짓는 것이다. 여기서 성은 생식을 위한 기능으로 이해된다. 다른 동물들과 달리 인간의 성은 쾌락의 방편이기도 하다. 쾌락을 위한 성 사용은 결혼한 부부에게 허용된다. 부부 간 성은 생식과 쾌락은 물론이고 상호 인격적인 소통을 위한 기능이 부여된다. 그렇지 않은 사람의 경우에는 자위를 통해 성적인 쾌락을 즐긴다. 이런 기준이 엄격하게 적용되던 시기에 결혼 이외의 성 사용은 부정 혹은 간음으로 여겨졌다. 그러나 성 사용의 규제가 완화되면서 결혼 이외의 성 사용은 다른 사람의 인권을 침해하지 않는 범위에서는(성 매매 및 매수 행위를 포함해서) 자유롭게 허용되었다. 배우자의 외도는 아직까지 엄격한 편이지만, 범법 행위가 아닌 결혼 전의 성 사용까지 규제할 법은 아직 마련되어 있지 않다.

문제는 성 사용의 규제가 완화되면서 부부간에게 부여된 소통의 의미로서 성 사용이 광범위하게 확산된 것이다. 생식을 전제하지 않는 성 관계는 소통의 한 방식으로 여겨진다. 결혼해야만 가능한 일이 아니고 또한 성관계를 가졌다고 해서 상대를 구속할 이유로 작용하지 않는다. 서로 만나 대화하고 인격적인 관계를 갖듯이, 성 관계는 성숙한 두 인격체의 소통의 한 방식이다. 다만 임신했을 경우 사회적인/도의적인 책임이 부여될 뿐이다.

상황이 이렇다 보니 이성애와 동성애에 대한 전통적인 생각은 더는 구속력을 갖지 못할 수밖에 없다. 이성 간의 소통이 성을 매개로 이루어지듯이, 동성 간의 소통 역시 마찬가지라고 생각된다. 성에 대한 이해의 변화는 자연스레 동성애에 대한 입장 변화를 요구한다. 어떤 관계에서든 생식이 우선이 아니라 인격적, 정서적, 육체적 관계가 만족스러운 것을 더 중요하게 생각한다. 이런 성 이해에서 생식은 인간의 다양한 관계에서 일어날 수 있는 일 중에 선택 사항일 뿐 결혼이 반드시 생식을 전제하는 것은 아니다.

동성애 자체를 두고 옳고 그름을 말하기 전에 성 이해의 변화와 관련해서 기독교 신학적으로 얼마나 정당한지를 생각하는 것이 우선이다. 남녀 관계에서도 생식을 전제하지 않은 성 관계가 아무런 문제로 여겨지지 않은 채 실천되고 있는 상황에서 굳이 동성 관계를 막을 이유가 있을까? 이런 성 이해를 전제하고 거론되는 동성애에 관해 좀 더 살펴보도록 하자.

동성애는 생물학적으로 동일한 성을 가진 사람들 간의 감정적 혹은 성적 끌림이나 성적 행위를 뜻한다. 남자 동성애자는 게이(Gay)라 불리고, 여성 동성애자는 레즈비언(Lesbian)이라 말한다. 독일어 위키 백과사전은 동성애와 관련해서 homosexuelles Verhalten(동성애적 태도), homosexuelles Begehren(동성애적 욕망) 그리고 sexuelle Identität(성적 정체성)으로 구분하고 있다. 이런 구분은 동성애에 대한 바른 태도를 취하고 또 올바른 생각을 전개하는 데 큰 도움이 된다.

동성애적 태도는 동성애 혹은 동성애자에 대해 보이는 일정한 태도를 가리킨다. 동성애자는 아니면서 동성애 혹은 동성애자에 우호적인 사람이 있고, 적대적인 사람이 있는가 하면, 자신이 연루되지 않는 한 아무렇지도 않게 대하는 사람이 있다.

동성애적 욕망은 동성과 성적 행위를 추구하는 욕망이다. 이성에게 아무런 성적 자극을 받지 못하고 오히려 동성인 사람에게 성적 자극을 받는 사람에게서 볼 수 있는데, 그렇다고 이런 현상이 이성애자들에게 전혀 없는 것은 아니다. 양성애자(bisexual)가 있지만, 성적 일탈의 한 형태로 이성애자 사이에서도 나타난다. 예컨대 이성 파트너가 없거나 혹은 이성 파트너를 사귈 인격적인 능력이 결여되어 있을 경우, 그 대안으로 동성에게서 성적 욕망을 충족하려는 경향이 나타난다.

성적 정체성은 자기 자신의 성별과의 관계에서 느끼는 동질감 혹은 이 질감을 바탕으로 확립된 정체성을 말한다. 성적 측면에서 나는 누구인가라 는 질문으로 표현된다. 남성(혹은 여성)의 육체를 가졌지만 여성적(혹은 남성적) 취향을 갖고 또 남성(혹은 여성)에게 성적 끌림을 받는 경우 성적 정체성이 문 제가 된다.

대중문화와
동성애

현대 대중문화는 동성애에 대해 비교적 우호적이다. "패왕별희", "브로 크백 마운틴", "호수의 이방인", "가장 따뜻한 색 블루", "대니쉬 걸" 그리고 "아가씨" 등 동성애 영화가 세계 영화제에서 좋은 평가를 받았다. 정확하게 말하자면 대중문화는 동성애 문화 확산과 미국에서 동성 결혼법 제정에 큰 기여를 했다.

대중문화이면서 대중예술로서 인정되는 영화가 사회에서 인간의 생각 과 행동에 미치는 영향에 대해서는 많은 연구들이 있지만, 최근의 충격적인 보고를 꼽는다면 단연코 미국의 동성결혼 합헌 판결에 미친 영화의 영향력 에 관련한 것이다. 주간 잡지 「씨네 21」이 기사로 다룬 "사랑의 조력자들: 미 국 동성결혼 합헌 판결이 있기까지 엔터테인먼트 산업은 어떤 역할을 했나 (장영엽, "사랑의 조력자들: 미국 동성결혼 합헌 판결이 있기까지 엔터테인먼트 산업은 어떤 역 할을 했나", 「씨네 21」 No. 1013, 2015.7.14.-21, 72-73)"라는 제목의 글을 보면 미국 의 보수층들의 마음을 움직일 수 있었던 힘은 대중문화, 특히 동성애를 다룬 영화와 TV 프로그램이었다고 한다.

> 6월 26일 미국 연방대법원이 내린 결정은 세계 도처에 존재하는 성소수
> 자들을 진정한 사회의 일원으로 받아들이기 위한 중요한 첫걸음이라 할
> 만하다. 여기서 흥미로운 점은 미국의 주요 정치인들을 비롯해 수많은
> 매체가 미국의 동성결혼 합헌 판결을 이끌어내는 데 엔터테인먼트 산업
> 이 얼마나 중요한 역할을 했는지 언급하고 있다는 것이다(장영엽, "사랑
> 의 조력자들", 72).

영화나 TV 드라마에 등장하는 동성애자들의 삶과 그들이 사회에서 성
적 소수자로 살면서 겪는 고통에 대한 미국인들의 공감이 합헌 판결로까지
이어졌다는 것이다. 특히 TV는 영화보다 더욱 큰 영향력을 행사했는데, 동
성애자 캐릭터로 출연한 배우들은 익숙하고 친근한 이미지로 TV를 통해 미
국인 안방에 침투할 수 있었고, 그래서 미국인들은 LGBT가 대중에 노출된
지 얼마 되지 않은 시간에도 불구하고 그들 역시 자신들과 다르지 않은 사회
구성원이라는 인식을 가질 수 있게 되었다는 것이다(장영엽, "사랑의 조력자들",
73: 텔레비전과 스크린에 긍정적으로 노출되기 시작한 때는 1970년대부터다. 90년대까지만 해
도 미국 공중파 방송에서는 게이의 출연이 여전히 허가받기 힘든 시기였다고 한다.).
　대중문화에 영향을 받은 대중들은 비록 자신은 동성애자가 아니라도 동
성애에 우호적이거나 최소한의 관용을 보인다. 대중의 관심을 이끌어야 하
고 이슈를 통해 관심을 집중시켜야 하는 대중문화 속성상 그럴 수밖에 없다.
자신이 동성애자임을 밝히는 커밍아웃이 인격적이며 사회적인 죽음으로 여
겨졌던 때가 있었지만, 지금은 연예인들 중에서도 커밍아웃이 늘고 있을 정
도로 상황이 많이 바뀌고 있다.

동성애 이슈,
어떻게 볼 것인가

2016년 미국 감리교에서는 반동성애적인 분위기 때문에 집단으로 커밍 아웃하는 현상이 나타나기도 했다. 퀴어(동성애) 문화 축제에 참가하는 것에 아무런 거리낌을 보이지 않았다.

동성애는 성 윤리 차원만이 아니라 결혼과 가족 개념 변화를 반영한다. 다시 말해 자녀가 없는 가정이 늘고, 또한 이혼율이 높아지고 파트너의 외도로 인한 갈등이 심각해지면서 결혼에 대한 부정적인 생각이 늘었고, 인생의 파트너에 대한 시각도 변했다. 결혼을 성적 본능을 충족시킬 수 있는 기회로 생각하거나, 다음 세대를 낳고 준비시키기 위한 과정으로 여기는 때는 지난 것 같다.

결혼은 삶의 행복을 함께 추구하기 위한 두 인격체의 결합 행위이며, 비록 동성이라도 행복할 수 있다면 괜찮다는 생각이 늘고 있다. 동성 가족 안에서 자녀 양육이 이성 가족의 자녀 양육보다 더 잘 되고 있다는 사례도 보고되고 있다. 물론 아버지 혹은 어머니의 역할이 자녀 양육에 필요하기 때문에 부정적인 사례도 보고되고 있다.

아무튼 동성애에 보이는 관용적인 태도는 대중문화 영향과 인간의 기본적인 권리를 존중하는 것에서 비롯한다. 또한 전통적인 결혼과 성 역할 그리고 가정에 대한 의심이 늘어나면서 나타난 비판적 대안 현상 가운데 하나라고 생각한다.

교회 내 동성애 관련 이슈는 다음 몇 가지 질문으로 정리할 수 있다. 첫째, 동성애 혹은 동성애자에 대한 사회적인 경향에 교회는 어떤 입장을 취해야 하는가? 둘째, 동성애자 교회 출석은 허용해야 하는가? 셋째, 동성애자로서 신앙생활은 불가능한가? 넷째, 동성애 문화 확산을 막기 위한 방법은 무엇일까?

무엇보다 창세기와 레위기 본문, 사도 바울의 서신서는 동성애에 부정적인 견해를 취하고 있다(창 19:1-11; 레 18:22, 20:13; 롬 1:24-32; 고전 6:9; 딤전 1:8-11). 물론 그것이 구체적으로 동성애를 가리키는 표현이냐는 베일리(John Michael Bailey)의 이의 제기와 관련해서는 아직까지 논란이 많다. 또 성경에 언급된 동성애 관련 표현은 성전 매춘과 관련되어 있다는 견해가 있지만, 분명한 사실은 동성애에 대해 부정적인 표현을 사용하고 있는 것이다.

그런데 동성애를 부정적으로 말하고 있지만, 그것이 다른 죄와 비교해서 특별히 더 중하다고 말하지는 않고 있다. 죄라는 점에서는 다른 죄와 동일하게 다뤄진다. 계명 중 하나라도 어기면 다른 계명을 다 지켜도 죄인으로 여겨진다. 죄의 비중에 따르면 불신과 교만이 더욱 크다. 기독교인 가운데 얼마나 많은 사람이 하나님을 불신하고, 얼마나 많은 사람이 교만한지 모른다. 그러므로 동성애를 바탕으로 성도됨의 자격을 논하는 것은 바람직하지 않다. 그들 역시 용서받은 죄인으로 회개할 기회가 주어지기 때문이다.

동성애자라 해서
교회 출석까지 막을 필요는 없다

영화 "싱 오버 미(2014)"는 과거 동성애자로 지내다가 변화를 받고, 현재는 9명의 자녀와 함께 살고 있는 찬양 사역자 데니스 저니건(Dennis Jernigan)의 간증을 담은 영화다. "약할 때 강함 되시네(You are all in all)"라는 곡을 작사·작곡한 사람이다. 그의 변화에 결정적인 역할을 한 두 사람이 있는데, 하나는 친구이고, 다른 한 명은 찬양 사역자이다. 친구는 그가 동성애자임을 알면서도 그가 주님을 만나 변화받을 때까지 기다리며 도와주었고, 찬양 사역자를 통해 저니건은 하나님이 자신을 동성애자로 있을 때부터 사랑하고 구원 가능성을 열어 두셨다는 사실을 깨달았다. 결국 친구의 도움과 찬양 사역자의 메시지를 통해 역사한 복음의 능력으로 변화될 수 있었다는 것이 저니건의 고백이다. 동성애에 대한 사회적인 입장을 그대로 교회 안으로 들여와 수용할 수는 없지만, 그렇다고 적대적으로 대하는 것에는 주의할 필요가 있다.

데니스 저니건의 간증은 둘째 문제를 자연스럽게 해결한다. 다시 말해서 동성애자라고 교회 출석을 막을 이유는 없다. 이성애자 중에서는 반복되는 죄를 지으면서도 교회에 출석하고 있고, 언젠간 온전히 회개할 기회를 기다리면서 교회에 출석하는 사람들도 있다. 이런 현실을 생각해 볼 때 다만 교회 안에 동성애를 확산하려고 하거나 성적인 욕망을 충족시키려 교회에 출석한다면(그럴 리는 없겠으나) 그 불순한 의도 때문에 막아야 하지만, 그렇지 않다면 주님을 만나 변화의 기회를 만날 수 있도록 돕는 일이 필요하다.

셋째, 동성애자도 신앙생활은 가능하다. 동성애는 다른 죄와 비교해서 특별하지 않다. 다만 성적인 측면에서 일어나는 일일 뿐이며 죄라는 측면에서 같다. 동성애를 권장하지는 않아도 동성애자를 용서받지 못할 죄인으로 취급하는 일은 삼가야 한다. 교회에서 동성애를 주장하거나 그것을 옳다고 말한다면 문제가 되겠지만, 기독교인으로서 교회 안과 밖에서 성도들과 함께 신앙생활을 하는 것은 가능하다. 하나님이 어떤 방법으로든 그들을 당신의 품에 안으실 때를 만들어 주실 것을 믿기 때문이다. 그들이 돌아서서 바른 성적 취향을 갖기를 인내로 기다리는 것이 바람직하다.

교회,
결혼의 긍정적 측면 부각을 위해 노력해야
넷째, 동성애 문화 확산을 저지하는 대안으로 기독교는 전통적인 결혼의 의미를 강조할 뿐만 아니라, 결혼의 긍정적인 측면이 부각될 수 있도록 노력해야 할 것이다. 이런 의미에서 교회의 가정 사역은 매우 중요하다. 결혼학교 활성화는 물론이고 가정을 체계적이고 지속적으로 돌볼 수 있는 사역을 개발해야 한다. 다양한 가정 형태를 염두에 두고 그들이 건강한 가정을 꾸려 갈 수 있도록 돌볼 수 있어야 한다. 동성애는 역사적으로 볼 때 부침 과정을 거쳤다. 동성애에 대해 부정적인 에너지를 소비하기보다는 기독교 전통적인 의미의 결혼과 성 윤리 그리고 가정에 적극적이고 긍정적인 에너지를 쓰는 것이 바람직하다. 죄를 사전에 막기 위해 애쓰는 일이 필요하지만, 그것보다는 복음에 따라 살고 선한 일을 하도록 애씀으로써 자연스레 죄와 상관없는 삶을 살도록 하는 것이 더욱 바람직한 것과 같다.

동성애의 사회 문화적이고 개인사적인 맥락을 고려할 때 선천적인 경우라 하더라도 호르몬 치료를 할 수 있고, 또한 후천적인 영향 때문이라면 심리 치료를 동반한 노력으로 얼마든지 치료가 가능한 일이기 때문에 오히려 이성애의 장점을 경험할 수 있도록 도와주어야 할 것이다.

그런데 탈 동성애자의 경험담을 읽어 보면 동성애는 이성애보다 더욱 중독성이 있어 인간의 욕망과 의지에 대한 근본적인 치료 없이는 빠져나오기가 어렵다고 한다. 다른 보고 사례도 있어 무조건 받아들일 수는 없으나 단순히 심리적인 치료만으로는 부족하다는 의미로 이해할 수 있다. 이런 상황을 염두에 두고 기독교는 인간의 근원적인 욕망이 예수 그리스도의 복음으로 치료받을 수 있도록 노력하는 것이 좋겠다.

한편, 동성애와 성경해석의 관계에 대해 살펴보자.

동성애 문제에 관해서 기독교에서 한 목소리를 내지 못하는 이유는 관련 성경 구절에 대한 해석의 차이 때문이다. 성경적인 근거로 세상을 이해하고 또 판단하려고 하는 관행에서 비롯한다. 이런 해석 방식은 17세기 성서주의의 유산임에도 한국 교회와 신학계에는 여전히 유효하게 작용하고 있다. 쉽게 말해서 성경이 동성애를 정죄하고 있느냐 그렇지 않느냐 하는 것이다. 성경해석과 관련한 각자의 입장에 대해 시비를 가리는 성격의 글이 아니기 때문에 해석의 옳고 그름의 문제는 성경학자들의 몫으로 돌리자.

조직신학자로서 말할 수 있는 것은 성경 자체에 대한 이해와 관계한다. 성경은 무엇 때문에 존재하는 것일까? 성경은 기독교 가르침에서 어떤 역할을 하는가? 종교개혁 이후 성경 이해의 차이가 교회의 분열을 초래했다는 사실에 비춰볼 때, 성경을 신학적 입장의 근거 본문으로 삼는 태도는 잘못이다. 성경은 하나님을 예배함으로써 알게 되는 하나님을 증거한다. 하나님을 예배하도록 할 뿐 아니라 또한 예배함으로써 알게 되는 하나님이 어떤 분인지를 증거한다. 성경을 통해 먼저 하나님을 알고 난 후라면 어떤 예배가 바른 것인지 그렇지 않은지를 알 수 있지 않을까? 그렇지 않다. 이단들의 사례를 보면 성경을 안다고 해서 바른 예배로 이어지는 것은 아니다. 핵심은, 참예배를 통해 알게 되는 하나님을 우리는 성경에서 다시 인지하고, 성경을 통해 알게 되는 하나님을 예배를 통해 새롭게 경험한다는 것이다. 성경은 증거 본문이 아니라 하나님을 찬양하고 증거하며 또한 기도하는 글이니, 무엇이 성경적인지를 알기 위해서는 그것이 하나님을 찬양하고 증거하며 또한 기도하는 것인지를 살펴보아야 한다.

끝으로 기독교 단체 혹은 개신교 목사나 기독교인이 동성애 지지 선언을 하는 것에 관해 생각해 보자. 2017년 퀴어 축제는 국가인권위원회가 참여하여 대한민국이 차별 없는 세상을 추구한다는 메시지를 더욱 분명하게 각인했다는 평가를 받았다. 이렇듯 인권위원회가 나설 정도로 우리 사회에서는 아직까지 동성애자가 정당한 법절차를 거치지 않은 채 개인과 사회에서 부당한 대우를 받는 안타까운 사례들이 자주 보고되고 있다. 동성애 포비아(동성애 혐오)에 시달리고 심한 경우에는 폭력에 노출되며, 동성애 사실이 알려질 경우 조직에서 배척당하기도 한다. 커밍아웃을 하는 동성애자들이 늘어나고 있지만, 그들에 대한 일반인의 시각은 여전히 편향되어 있다. 만일 동성애가 다수의 성문화나 삶의 양식과 일치하지 않기 때문에 그런 일이 일어난다면 그것은 엄연히 폭력이다. 법에 의해 보호되어야 하며, 교회 역시 인권 보호 차원에서 동성애자들이 부당하게 폭력에 노출되지 않도록 보호해야 마땅하다. 이를 위해 노력하는 것은 교회의 과제 중 하나다. 특히 포괄적인(여성, 남성, 성, 인종, 종교를 포괄하는) 혐오발언 금지를 법으로 제정하도록 노력해야 한다.

그러나 그렇다고 해서 교회가 동성애자의 인권보호 차원을 넘어 그들의 동성애(성적 행위) 혹은 동성결혼을 지지하는 것은 전혀 다른 문제라고 생각한다. 이렇게 생각해 보자. 동성애 관련 구절에 대한 성경해석학자들 사이에서 많은 이견이 있는 현실에서 백번 양보해서 성경에 표현된 것이 실제로 동성애를 가리켜 말하는 것이 아니라고 하자. 그리고 구체적으로 표현된 남색을 금하는 구절도 동성애 혐오를 말하거나 동성애만을 특별한 죄로 간주하는 것은 아니라고 해 보자. 다시 말해서 성경이 동성애를 정죄하지 않고 있다고 해 보자. 그렇다고 해서 성경이 동성애를 지지한다고 말할 수 있을까? 교회 안에서 동성애를 묵인하라는 의미로 받아들일 수 있을까? 성경은 적어도 표현상 동성애에 대한 표현에서 긍정적이지 않다는 것은 분명하다. 심지어 표현상으로는 분명히 죄라고 규정하고 있다. 이런 표현과 관련해서 해석자들 사이에서 논란이 많기 때문에 이것조차 양보해서 동성애를 죄라고 명시적으로 말할 수 없다고 해서 교회가 동성애를 지지해야 하는 이유일까? 백번 양보한다면 동성애를 지지하든 반대하든 그것은 개인의 신앙 양심에 따를 뿐이다. 다시 말해서 기독교 단체나 목사 그리고 신앙인이 동성애를 지지하는 것은 개인의 양심에 따른 것이다. 예수님은 사람들에 의해 끌려온 간음한 여인을 비록 정죄하진 않으셨다 해도 더는 죄를 짓지 말라 말씀하셨던 것처럼, 비록 백번 양보하여 우리가 동성애를 정죄하여 판단하지 않는다 해도 교회가 그것을 지지해야 한다거나 지지할 수 있다는 것은 아니라고 생각한다.

다른 측면에서 말해 보면, 죄를 짓는 자들은 그렇지 않은 자들에 비해 소수이고, 비록 범죄자라도 그들의 인권은 법적으로 보호받는다. 교회는 여기에 한 걸음 더 들어가서 범죄자들의 인권은 물론이고 그들이 잘못을 돌이키고 하나님에게 돌아와 올바른 삶의 능력을 얻기를 기대한다. 잘못했다고 해서 인격을 비난하는 일은 발생하지 말아야 하는 것은 당연하나 그렇다고 그들의 행위를 지지할 수는 없다. 그렇게 행하는 자들을 인권을 보호한다는 명목으로 그들의 행위를 국가적으로 지지하는 것은 옳지 않다. 그것이 약자의 편에 서는 일은 결코 아니다. 그렇다고 동성애와 동성애자를 노골적으로 혐오하고 배척하는 것은 지양해야 할 태도임에는 분명하다.

　동성애자들이 그들의 성적 취향 때문에 부당하게 피해를 입지 않도록 그들의 인권을 보호하는 일은 교회의 이름으로 행할 수 있지만, 그렇다고 동성애를 지지하는 것까지도 교회가 해야 할 일로 여겨야 할까? 성경에서 부정적으로 표현된 행위를 그것을 행하는 자들이 약자로서 고통을 받고 있다는 이유로 그들의 인권을 보호하는 차원을 넘어 그들의 행위를 지지하는 것은 과잉 친절은 아닐까? 이렇게 생각을 하는 이유는 성경은 이성애를 결혼의 기본 형태로 말하고 있기 때문이다. 이것이 당시 세계관과 문화관에 따른 현상이었다고 해도 오늘날에도 여전히 유효하다는 것은 부정할 수 없는 사실이다. 성경의 기록을 무시하거나 바꾸지 않는 한 그것은 결코 포기할 수 없는 사실이다. 물론 소수자로서 다른 형태의 파트너 관계(근친상간, 동성애, 수간)가 역사에 기록되어 있었고 성경은 이것에 관해 침묵하지 않고 있다. 어찌 되었든 동성애를 포함한 왜곡된 성 문화를 모르지 않았던 성경의 저자들은 그럼에도 이성애를 결혼의 기본 형태로 표현하였다는 사실은 부정할 수 없다. 비록 다른 성적인 관계를 정죄하지 않는다 해도 신구약 성경은 이성애를 가장 바람직한 관계로 말하고 있다. 사도 바울이 그것에 신학적인 의미를 부여한 바, 독신의 형태도 있을 수 있다. 그러나 어떤 형태의 파트너 관계든 기본적으로 하나님과의 관계에 기여할 수 있어야 한다는 것은 성경의 기본 뜻이다. 동성애는 동성애자들 사이에서 사람과의 관계에 기여할 수 있을지 몰라도 하나님과의 관계에서는 결코 떳떳할 수 없다.

그러므로 동성애는 비록 취향의 문제로 사람의 자유로운 선택에 따라 행해질 수 있다 해도 교회가 그것을 하나의 당연한 권리로 인정하여 동성결혼의 합법화를 시도하거나 찬성하는 것은 심각하게 고려해보아야 할 문제다. 무엇보다 교회가 개인이 아니라 교회의 이름으로 동성애를 반대한다고 해서 '교회가 동성애자를 차별한다'고 추론하는 것은 옳지 않다. 또한 동성애를 반대하는 것은 교회적으로 건전하지 못하다고 여기는 행위(도박과 과음 등)를 반대하는 것과 성격이 전혀 다르다. 이렇게 말하는 것은 동성애 혹은 동성결혼이 유독 몹쓸 죄라고 여기기 때문이기보다는 동성결혼이 국가적으로 공인될 경우 발생할 파급효과에 대한 우려 때문인데, 사실 이것이 어떤 결과를 낳을지 누구도 예상하지 못하고 있다. 소수자를 보호한다는 명목으로 소아성애(미성년자와의 성관계)와 수간(동물과의 성적 접촉)을 합법화하려는 시도—비록 극히 적은 수라도—가 없지 않기 때문이다. 동성애가 정말 국가적으로 혹은 교회적으로 지지받아야 한다면 설득할 책임은 그들에게 있다. 납득할 만한 이유를 갖고 설득하려고 하지 않고 다만 동성애를 지지하지 않고 반대하며 이성애를 지지한다고 해서 무조건 교회가 동성애를 혐오한다며 비난한다면, 교회가 동성애를 무조건 반대하는 일과 비교할 때, 그것은 다만 모양만 다를 뿐 폭력적이라는 사실에는 큰 차이가 없다.

기독교는 동성 간의 우정을 권장하며 남녀의 사랑을 지지하고 또 이성 간의 인격적인 결혼을 하나님이 원하시는 결혼 형태로 믿고 고백한다. 동성애에서 하나님의 뜻을 발견하지 못할 뿐 아니라 동성애는 하나님의 뜻을 이루는 일에서 기여하지 못하기 때문에 거부한다. 내가 한 여성을 사랑한다고 해서 다른 여성을 차별하는 것은 아니다. 사랑하지 않는다고 해서 차별하는 것도 아니다. 기독교는 남녀의 사랑을 통해 실현되는 하나님의 뜻을 기대하며 사는 삶이 기독교인의 삶이라고 믿고 또 그것을 고백한다. 따라서 기독교인은 이성애를 고백할 뿐이며, 이성애를 통해 하나님의 뜻이 드러날 뿐이라고 믿고 또한 그렇기 때문에 동성애와 동성결혼을 원하지 않을 뿐이다. 만일 국회에서 동성결혼의 합법화를 논의할 경우 국민의 한 사람으로서 반대의사를 표시할 권리가 있다. 물론 민주적인 절차로 그리고 예의를 갖춰가며 해야 하겠지만 말이다. 만일 동성애자가 예수 그리스도를 믿는다고 했을 때, 그것을 마다할 이유는 없다. 그렇다고 계속 동성애자로 살 것을 권하지는 않는다. 이성애를 강조하는 일이 교회에 출석하는 동성애자를 차별하는 일이라고 생각하는 것은, 민주주의 사회에서 민주주의를 강조하는 일이 공산주의자로 살기를 원하는 사람을 차별하는 것이라고 말하는 것과 다르지 않다. 성경이 원치 않고 또 우리가 고백하지 않는 삶의 모습을 가진 사람이라도 예수 그리스도를 믿으며 교회에 다닐 수 있다. 누구든 기독교인의 정체성에 합당한 삶을 위해 노력할 필요는 있고, 교회는 그것을 권장할 책임이 있다. 그러나 차별한다는 비난을 염려해서 교회가 가진 신앙고백이 옳다고 말하는 것을 포기해야 하는 것은 아니다. 결코 그럴 수 없다.

문화적인 차원에서 동성애 문화가 발생하고 또 확산하는 현상에 대해 살펴보자. 문화란 생명의 유기체적인 활동을 통해 나타난 결과로 지속 가능한 가치가 사회적으로 인정된 삶의 양식이다. 동성애 문화는 결국 생명 활동의 결과로 나타난 것이고, 또 그것이 지속가능한 가치가 있다고 인정한 사람에게 나타나는 삶의 양식이다.

그런데 문화는 다른 문화와 관련해서 충돌하기도 하고 협력하기도 하며 때로는 서로 만나 새로운 형태의 문화로 거듭나기도 한다. 소위 하이브리드 문화가 형성되는 것이다. 혼합 문화 현상은 철저히 문화 공동체의 결정에 좌우된다. 그것이 자신들의 생명 활동에 유익이 된다거나 혹은 지금은 아니라도 그럴 가치가 있다고 판단될 때 문화로 자리매김 된다. 문화로 자리매김

되기 위해서는 그 문화의 의사결정 과정을 존중해야 한다. 특히 문화가 상호 충돌하는 경우 상호 존중하고 배려하는 의사결정 과정은 매우 중요하다.

그러나 설령 어느 한 쪽으로 결정되어 특정 문화가 주류 문화로 인정된다 해도, 그렇지 않은 삶의 양식을 가진 사람을 존중하는 것이 민주주의 이념에 따른 삶의 모습이다. 현재 이성애 문화와 동성애 문화는 서로 충돌하고 있다. 서로 만나 대화를 하면서 서로를 존중하는 것은 당연하나, 반대 의견을 제시하는 것이 차별하기 때문이라는 것은 소수자 보호라는 프레임으로 다수를 공격하기 위한 구실에 불과하다. 물론 동성애 문화가 주류가 아니라 성 소수자들의 문화로 있을 때 그들을 비난하거나 혐오하는 것은 옳지 않다. 또한 그들이 주류 문화가 되기 위해 노력하는 것도 충분히 있을 수 있다. 만일 시대가 바뀌어 이성애 문화가 소수가 되고 동성애 문화가 주류가 된다 해도 마찬가지다. 그러니 작금의 동성애와 이성애의 갈등은 문화 권력을 쟁취하기 위한 것이라 볼 수 있다.

교회와 목사 그리고 기독교인으로서 동성애를 지지하는 일은 비록 그것이 동성애 문화의 확산에 동조하는 일이기는 해도, 그렇다고 해서 그들이 이성애 문화를 부정적으로 여기는 것은 아니라고 생각한다. 마찬가지로 동성애를 지지하지 않는 일은 이성애 문화와 그것의 확산을 지지하는 것일 뿐, 그렇다고 해서 동성애 문화를 혐오한다거나(일부는 성경의 표현 때문에 실제로 그렇게 여기는 것은 사실이다.) 자신의 가치관과 다르다고 해서 무조건 부정적으로 여기는 태도로 간주해서는 안 될 것이다. 문화 권력을 위한 갈등과 투쟁은 어느 사회에서나 있는 일이며, 이 일은 민주적인 절차에 따라 그리고 서로에 대해 예의를 갖추며 일어나야 한다. 설령 자신의 가치관에 일치하지 않는 결정이 내려진 경우 그것을 존중할 의무는 있지만, 그렇다고 해서 자신의 신념을 포기해야 하는 것을 의미하지는 않는다.

서두에서 언급하였듯이 유럽과 북미 지역처럼 문명이 발달한 나라에 이어 호주가 25번째 국가로서 동성 결혼 합법화를 가결하였다. 이것은 단시일 내에 이루어진 것이 아니라 오랜 시간을 거쳐 쟁취한 결과다. 소수자 문화로 오랜 기간을 버텨온 동성애 문화는 확산과정 중에 있음을 보여 주는 현상이다. 그렇다고 해서 동성애 문화가 시대정신임을 의미하는 것은 아니라고 생각한다. 이성애 문화가 대세였을 때에도 동성애 문화가 사라지지 않았듯이, 아무리 동성애 문화가 대세를 이룬다 해도 이성애는 결코 사라지지 않을 것이다. 이렇게 하도록 부름 받은 사람이 기독교인이라 생각했으면 좋겠다.

개인적으로는 어떤 형태의 성문화가 지배적이라 해도 하나님의 뜻은 남녀의 결혼 혹은 헌신된 개인을 통해 가장 분명하게 이루어질 것이라 확신한다. 이것이 성경의 뜻이라고 믿는다. 이성애자가 동성애와 동성애에 대한 확신과 믿음을 잘 이해하지 못하듯이, 이성애자의 확신과 믿음에 대해 무지하다고 비난하지 않기를 바란다. 서로 대화는 가능하다 해도 기독교 단체나 목사의 신분으로서 그리고 기독교인 정체성을 갖고 있으면서 동성애자들의 인권을 보호하는 수준을 넘어 동성애를 옹호하고 또 지지한다는 것은 쉽게 이해할 수 없는 일이다.

우리는 다만 이성애를 말하고 남녀평등을 추구하며 이성 결혼을 발전시키면 된다. 만일 우리가 그것이 하나님의 뜻이라고 말한다고 해서 고난을 받는다면 그것은 박해가 되겠지만, 동성애자를 향해 죄인이라 비난하여 받는 일은 기독교적인 의미에서 고난이라고 볼 수 없다. 그들을 비난하기보다 우리가 이성애와 남녀평등 그리고 이성 결혼을 실천하고 또 확산시키는 일에 전념하는 것이 더 우선되는 과제다.

묵상과 토의를 위한 질문

· 동성애, 이성애, 양성애란 무엇을 말하는지 정리해 보자.

· 동성애자에 대한 교회의 바람직한 태도에 대해 이야기해 보자.

· 동성애자에 대한 사회적인 인식과 관련해서 바른 대안은 무엇인지 생각해 보자.

인간은 예배함으로
거룩해지는가?

예배를 하나님과 사람의 만남을 표현하는 여러 상징과 의식이 수반하는 여러 신앙 행위를 총칭하는 것으로 단순화시켜 보자. 하나님의 임재와 말씀 그리고 그분의 행위와 여기서 비롯하는 은혜(구원, 용서, 부르심, 복음, 축복 등)가 있고, 하나님의 은혜를 대하는 인간으로부터 나오는 반응들이 있다. 감사와 찬양과 기도와 봉헌과 성도의 교제와 죄의 고백과 회개 그리고 결단을 통한 실천 등이다. 그리고 이제는 하나님과 인간이 만나 일어나는 일을 염두에 두고 이런 질문을 해 보자. 예배를 통해 인간은 거룩해질까? 아니면 거룩한 자만이 예배할 수 있을까? 아니면 예배와 거룩함은 서로 무관한 것일까?

쉐키나와
예배

예배는 거룩한 하나님이 당신의 쉐키나(Shekinah)를 실현하는 현장이다. 쉐키나는 '거주'를 뜻하는데, 하나님이 영광 중에 자기 백성과 함께 거하신다는 의미로 사용되었다. 성경에는 나오지 않기에 쉐키나는 신학적으로 구성된 개념이라고 말할 수 있다. 특히 요한복음은 말씀이 육신이 되어 자기 백성 가운데 거주하셨다고 했는데, 쉐키나는 바로 이 사실을 가리킨다. 삼위일체 하나님이 당신의 친밀한 교제 가운데서 우리 안에 현존하신다. 하나님이 우리와 함께 계신다는 '임마누엘'이나 솔로몬 성전과 장막 그리고 언약궤는 하나님이 백성들 가운데 거하시며, 또한 하나님의 임재를 상징하는 것으로 받아들였다. 이것 역시 하나님의 쉐키나를 표현하는 것으로 이해할 수 있다. 물론 이사야가 보았던 하늘의 보좌에 앉아계시는 모습도 하나님의 쉐키나를 표현한다.

거룩하신 하나님이 죄로 가득한 세상에 거주하신다는 생각 자체가 이해하기 어려운 일이지만, 예배는 거룩하신 하나님이 쉐키나를 실현하는 예전이다. 따라서 예배는 불가능한 일이 일어나는 신비이며 은혜이고, 거룩함이 세속 가운데 거하고 또한 거룩함이 물질을 통해 자신을 드러내는 유일한 계기이다. 그런데 예배는 거룩하신 하나님의 현존에 대한 믿음이 없다면 의미가 없다. 예배가 일어나는 그곳엔 언제나 신비(세상에서 결코 일어날 수 없는 하나님의 임재)와 은혜(불가능하지만 우리를 위해 일어나는 일)가 동시에 존재한다.

그렇다면 예배는 무엇인가? 예배는 하나님의 부름 받은 자들이 하나님이 베풀어 주신 은혜에 응답하면서 거룩하신 분을 높이고 또 그분을 참 하나님으로 인정하는 신앙을 실천하는 행위다. 의식을 통해 이루어지는데 거룩하신 하나님의 쉐키나와 이것에 반응하는 인간의 행위로 구성된다. 감각적인 것들(물질)을 매개로 거룩하신 하나님이 당신 스스로를 상징적으로 나타내 보이시면, 예배하는 자는 그분의 현존을 믿고 그분 앞으로 나아가 일정한 의식을 통해 반응하는데, 이 의식을 매개로 그분을 높이며 그분을 참 하나님으로 인정한다. 따라서 예배하는 자는 이 세상에서 신비와 은혜의 세계를 경험한다. 얼마나 경이로운 일인가!

예배는 거룩한 하나님을 인정하고
높이는 신앙 행위

인간학적인 측면에서 볼 때, 예배는 하나님과 인간의 만남이 일어나는 사건이다. 하나님이 초대하시고 인간이 응답하여 일어나는 만남이다. 부름 받은 자들이 하나님의 현존을 믿고, 그분 앞에 나아가, 그분을 인정하고 높여 드리며, 그분의 말씀에 귀를 기울이고, 또한 그분에게 말하는 시간이다. 일방적인 인간의 행위가 아니라 하나님의 임재와 은혜에 대한 반응이다. 죄인인 인간이 하나님을 대면하면서도 죽지 않는다는 사실은 한편으로는 예배가 은혜의 현장임을 입증하지만, 다른 한편으로는 예배하는 중에 존재의 변화가 일어났음을 깨닫게 한다. 죽지 않는 존재로의 변화다. 예배는 영생의 현실이 일어나는 현장이다.

그뿐 아니라 함께 예배하는 성도가 하나님 앞에서 화목을 다짐한다. 다시 말해서 거룩하신 하나님과 만나도록 허락받은 성도들은 갈등과 대립의 관계를 청산하고 서로 사랑하는 관계를 통해 반응한다. 왜냐하면 예배는 예수 그리스도를 통한 하나님과 인간의 화목을 전제할 뿐만 아니라 또한 이를 거듭 재현하는 과정이기 때문이다. 예배하면서 인간은 하나님과의 만남과 소통과 복, 인간 사이의 화해를 기대하고 또 경험하며 그리고 실천한다. 이런 예배를 가정할 때, 예배를 통해 인간은 거룩해진다고 말할 수 있을까?

거룩함과
제사

이 질문의 배경에는 구약이 있다. 그들은 제사를 통해 거룩해지길 원했고, 제사를 드림으로써 거룩함을 경험했고, 또 제사행위를 반복하면서 점점 더 거룩해질 수 있다고 믿었다. 제사는 죄 용서를 구하는 일을 포함하기 때문이었다. 성경에 나오는 제사에 대한 비판은 바로 이런 태도가 변질되었다는 사실을 지적하는 것인데, 자세히 살펴보면 제사 자체를 문제 삼지 않고 다만 하나님의 심판에 대한 두려움에서 벗어나기 위해 형식적으로 드리는 거짓된 제사를 비판하고 있다. 제사를 통해 거룩해지는 은혜를 갈망하는 마음 자체를 겨냥한 것은 아니었다. 이런 까닭에, 만일 제사와 예배를 연결하여 생각한다면, 다음과 같이 묻지 않을 수 없다. 진실한 예배라면, 예배를 통해 거룩해지는 은혜를 얻는 것은 아닐까?

죄인이면서
의인

거룩함은 하나님의 속성으로 세상과 절대적으로 구별되게 만드는 것이며, 하나님이 거룩하시다 함은 하나님이 세상과 절대적으로 구별되었음을 고백하는 것이다. 그런데 하나님이 육신을 입고 이 땅에 오신 후로 거룩함은 절대적인 구별이 아니라 죄가 없음의 상태로 이해되었다. 예수 그리스도를 통해 그렇게 이해되었는데, 성경은 그가 세상에 속해 있으나 죄가 없으신 분으로 거룩하신 분이라고 말한다. 세상에 속해 있으나 죄가 없는 상태, 이것을 두고 거룩하다고 한다. 그러나 세상에는 죄가 없는 것이 없기 때문에 어떻게 이해하든 세상과 구별하려는 의도는 여전히 남는다.

예수를 믿는 사람을 '거룩한 무리', 곧 성도(聖徒)라 부른 까닭은 예수 그리스도를 믿음으로 죄 용서를 약속받았기 때문이다. 따라서 사람은 예수 그리스도를 믿음으로 죄를 용서받고 그럼으로써 거룩하다 칭함을 받는다. 그러나 사람은 믿음을 통해 비록 죄 용서를 약속받았으나, 그렇다고 해서 죄가 없는 것은 아니다. 여전히 죄인으로 살아간다. 이 두 가지 실존을 루터는 '의인이면서 동시에 죄인'이라는 말로 표현했다. 이 말은 예수 그리스도의 의가 전가되어 의인으로 인정받을 것을 약속받았고 또 하나님은 신실하신 분이기에 실제로 의롭다 칭함을 받지만, 종말이 올 때까지는 죄의 유혹에서 벗어나지 못하며 실제로 죄인으로 산다는 의미다. 의화(義化) 곧 의인이 된 것이 아니라 예수 그리스도의 의를 바탕으로 의롭다고 여겨질 뿐이다(稱義). 그러므로 현실에서는 믿는 자라도 형편과 처지에 따라서 때로는 의인이고 때로는 죄인이다. 동시에 두 개의 실존을 갖지는 않는다. 그러므로 기독교인은 할 수만 있다면, 예수님이 가르쳐 주신 기도처럼, 하나님 나라가 이 땅에 임하기를 간절히 바라며 기도한다. 의인으로서 인정받으며 살 수 있는 기회이기 때문이다. 이것은 인간의 공로로 의로움을 얻는다고 믿는 유대교나 믿음과 공로의 협력으로 의를 얻는다는 가톨릭과 구별되는 가르침이다. 따라서 칭의를 말할 때마다 언제나 인간의 공로 문제가 따라온다. 이것을 극복하면서 하나님의 의롭게 하시는 은혜를 고백하는 것이 칭의 신앙이다.

한편, 칭의는 예수 그리스도를 믿는 자에게 주어지는 하나님의 의에 초점을 두고 다뤄지는 데 비해 성화는 예수 그리스도의 보혈을 통해 주어진 죄 용서와 관계하기 때문에, 양자는 동일한 개념일 수 없다. 믿음으로 의롭다 칭함을 받지만 여전히 죄인이듯이, 믿음으로 죄 용서를 받아 거룩하다고 여겨지지만 세상에 속해 사는 한 여전히 죄인이라고 말해야 할까? 그렇다면 의롭게 되려는 노력이 의로 인정받는 데에 기여하지 못하듯이, 거룩해지려는 노력 역시 거룩하다고 인정받는 데에 기여하지 못한다고 말해야 할까?

엄밀히 말해서 그렇다. 인간의 거룩함은 하나님의 거룩하게 하시는 행위에 따라 주어지는 선물이다. 하나님을 영화롭게 하는 예배에서 하나님은 성도를 거룩하게 하신다. 믿음으로 예배함으로써 거룩함을 선물로 받는다. 성도는 비록 세상에 속해 있으나, 하나님은 그들을 예배자로 부르시고, 믿음의 예배를 보시고 그들을 세상과 구별하신다. 그들은 비록 죄인이지만, 하나님은 예수 그리스도의 보혈을 통해 죄가 용서받았다고 보신다.

그렇다면 예배는 하나님의 거룩하게 하시는 행위와 전혀 무관한 일일까? 무엇보다 예배는 인간의 공로를 쌓는 방법이 아니다. 예배한다고 해서 하나님 앞에 의롭다고 여겨지거나 거룩해지지는 않는다. 핵심은 예배가 하나님과 인간의 만남이 일어나는 사건이며 하나님의 은혜에 대한 인간의 반응이라는 점에 있다. 예배하는 인간은 삼위일체 하나님의 사귐에 참여하면서 존재의 변화가 일어나고, 사람과의 관계에서는 성품에서 변화를 경험한다. 참 예배자로서 성도는 부름 받아 예배하며 예배의 현장에서 하나님을 만나 죄 용서를 받고 그분과의 사귐을 누린다. 예배에서 성도는 장차 올 하나님 나라로 옮겨진다. 예배에 참석하는 기회가 많아질수록 더 많은 만남이 이루어지기 때문에 하나님을 더 자주 만나게 되고 성도는 더 자주 죄 용서를 경험하는 셈이다. 따라서 예배하는 자로서의 삶은 거룩함에 이르는 하나의 방법이 될 수 있다(딤전 4:7 …경건에 이르도록 네 자신을 연단하라.). 그러나 단지 하나님의 심판을 피하기 위한 일시적인 방편으로 예배한다면 비판을 면하지 못할 뿐만 아니라, 그것은 거룩함과 전혀 무관하다. 거룩해지기 위한 예배 참석은 의미가 없지만, 영과 진리로 예배함으로써 기독교인은 거룩함을 입는다. 반복적이고 지속적이면서 영과 진리로 예배하는 성도는 성품의 변화를 경험한다.

거룩한 자만이
예배할 수 있을까?

이사야 선지자는 하나님의 천상회의를 본 후에 자신이 죽을 것을 염려하였다.

> **이사야 6장 5절** 화로다 나여 망하게 되었도다.

그러나 이것은 하나님이 직접 보여 주신 것이기에 죽임을 당하지 않았다. 그럼에도 이사야는 죄 씻음을 받아야 했고(사 6:7 보라 이것이 네 입에 닿았으니 네 악이 제하여졌고 네 죄가 사하여졌느니라.), 그 후에 사역에 임할 수 있었다. 이 것은 거룩한 자만이 예배할 수 있다는 말을 무색케 한다. 하나님과의 만남은 하나님이 원하시면 누구에게나 일어날 수 있다는 말이다.

하나님은 선택한 인간을 만나 주심으로써 거룩하게 하고, 하나님이 원하시는 뜻에 따라 살게 하신다. 다시 말해서 하나님은 누구든지 당신을 예배하는 것을 막지 않으시며, 예배의 현장에서 그들을 거룩하게 하신다. 그러므로 거룩한 자만이 예배할 수 있는 것은 아니며, 오히려 참으로 예배하는 자가 하나님의 거룩함을 입는다. 길거리에 있는 자라도 하나님을 예배하는 자리로 초대되어 오면 하나님에 의해 거룩하게 된다. 먼저 거룩해져야 예배할 수 있는 것은 아니다. 관건은 거룩함을 입혀 주실 때 거부하지 않는 것이다. 잔치에 초대받은 사람이라도 주인이 제공하는 의복을 갖추지 않은 사람은 쫓겨나야만 했다. 다시 말해서 하나님을 받아들이기를 거절하는 사람은 스스로를 하나님의 거룩함에서 멀어지게 하는 것이다. 예수 그리스도를 믿지 않으면 하나님의 사귐 가운데로 들어가지 못하기 때문에 허락된 잔치의 기쁨을 누리지 못한다.

거룩한 자만이 예배에 참여할 수 있는 것이 아니라면 예배의 시작에 참회의 고백과 죄 용서를 기도하는 이유는 무엇일까? 예전(의식)으로서 예배이기 때문이다. 예배 순서는 유기적으로 연결되어 있기 때문에 따로 분리해서는 안 된다. 다시 말해서 참회하고 죄 용서를 기도하는 것은 거룩하신 하나님 앞에서 죄인이 행해야 할 마땅한 일이다. 예배는 회개하는 자를 기뻐 받으시고 또 죄를 용서하시는 하나님을 경배하는 일이기 때문이다. 예배의 전 과정을 통해서 죄인은 하나님에게 거룩함을 선물로 받는다. 그러므로 거룩한 자만이 예배하는 것은 아니고, 예배를 통해 거룩해진다. 죄의 고백과 죄 용서를 구하는 기도는 거룩한 하나님 앞에서 마땅한 일이다. 하나님 앞에서 경험되는 존재의 변화는 사람과의 관계에서 인격의 변화를 가능하게 한다.

묵상과 토의를 위한 질문

- 예배와 거룩함의 관계에 대해 생각해 보자.

- 예배를 통해 변화를 경험한 사례에 대해 이야기해 보자.

- 예배하는 삶에서 변화가 일어나도록 하려면 어떤 자세로 예배에 참여해야 할지 생각하고 말해 보자.

인공지능 혹은 초지능은
하나님을 섬길 수 있는가?

목회적인 기능과
인공지능

인공지능(인간 수준의 인공지능)의 시대에 기독교 예배는 어떻게 될까? 이와 관련해서 많은 질문이 회자되고 있는데, 그중에는 인공지능이 설교하고 또 축도하는 일에 관한 것도 있다. 아직까지는 조잡하기는 해도 실험적으로 확인된 일이고, 일본에서는 인간과 협업하여 인공지능이 쓴 소설이 신춘문예 예선을 통과한 경우도 있었다. 그 연장선상에서 인공지능으로 머신 러닝과 딥 러닝을 통해 성경과 주석, 기존의 유명 설교를 학습하게 하고 아울러 설교 주제와 메시지를 숙지하도록 하면 인공지능 설교 역시 충분히 가능하다는 것이 전문가들의 전망이다. 사실 예배에서 한 역할을 수행하는 기능인으로서 목회자가 하는 일은 인공지능이 얼마든지 행할 수 있다. 그래서 혹자는 인공지능 시대에 사라질 직종으로 성직을 포함시키기도 한다.

인공지능과
예배

그렇다면 인공지능은 하나님을 섬길 수 있을까? 하나님을 섬긴다 함은 두 가지 의미로 이해할 수 있으며, 이에 따라 질문은 각각 이렇게 제기된다. 첫째로 예배한다는 것으로 이해한다면, 인공지능은 하나님을 예배할 수 있을까? 물론 여기서 말하는 예배하다 함은 예배하는 자리에 앉아 있는 것이 아니라 예배에 적극적으로 참여하는 것을 의미한다. 하나님을 주님으로 인정하고 높이며 예배하는 자 상호간의 화목을 추구하는 일을 말한다. 둘째로 하나님의 뜻이 자신에게 일어나게 한다 혹은 자신을 통해 이루어지도록 한다는 의미로 이해한다면, 인공지능은 하나님의 뜻이 자신을 통해 일어나도록 할 수 있을까? 자신에게 일어나도록 순종할 수 있을까?

하나님의 말씀이 오직 기록된 것에 근거한다면, 무엇보다 하나님의 뜻이 들을 수 있거나 혹은 볼 수 있는 형태로 나타난다면, 우리는 인공지능에게 그것을 실행에 옮기라고 명령할 수 있다. 그러면 인공지능은 입력하고 학습한 대로 반응할 수 있으며 또한 하나님의 뜻이 자신에게 일어나도록 하거나 자신을 통해 이루어지도록 순종할 수 있다. 여기에서 매우 독창적인 방식도 가능하다. 영화 "터미네이터 2"에서 볼 수 있었듯이, 심지어 하나님의 뜻이라고 판단되면 스스로를 파괴할 수도 있다.

하나님과 인간 관계에서 오직 순종만이 관건이라면 인공지능은 하나님의 말씀에 최적화된 포스트휴먼이라 할 수 있다. 인공지능을 사람처럼 개발하는 포스트휴먼이나 인간의 뇌를 인공지능으로 대체하려는 시도, 즉 하이브리드휴먼을 추구하는 것은 오히려 기독교적이지 않을까? 기독교를 실천의 종교로 환원하려는 시도는 이런 사실 앞에서 어떻게 설명할 수 있을까?

하나님과의 관계란?

이제는 근본적인 질문으로 돌아가 보자. 하나님과 인간의 관계에서 가장 중요한 것은 무엇인가? 하나님의 뜻을 기계적으로 현실로 옮기는 일일까? 하나님을 참 하나님으로 인정하는 것일까? 하나님의 말씀대로 사는 것일까? 만일 그렇다면 하나님을 인정하지 않고 자신의 뜻대로 살려는 인간보다 인공지능이 훨씬 낫지 않을까? 하나님의 뜻과 말씀을 입력하면, 입력한 대로 충실하게 실행할 것이기 때문이다.

하이브리드휴먼이든 혹은 포스트휴먼이든 무엇이라 불린다 해도 인간 이후의 새로운 종의 출현이 인공지능을 갖춘 존재라면 그리고 하나님과의 관계에서 관건이 오직 순종에 있다면, 인간의 종말 이후에 새로운 종의 출현은 오히려 하나님의 영광을 위해 매우 반가운 일이 아닐 수 없다. 종말론은 혹시 자기의 소견에 옳은 대로 살려는 인간의 종말을 의미하며, 또한 그 이후에 출현할 인공지능의 시대를 말하는 것은 아닐까?

만일 이런 상상을 한다면, 수긍할 수 있을까? 수긍할 수 없다면 왜 그럴까? 문제는 무엇일까? 무엇이 하나님의 말씀에 순종하고 또 하나님의 뜻이 자신을 통해 이루어지기 위해 희생까지 불사하는 인공지능에 의한 예배를 말하기를 꺼리게 만드는 것일까?

인간이 하나님의 형상으로 만들어졌고, 하나님을 세상 가운데 나타내는 사명을 가졌다면 그리고 오직 이것만이 인간이 만들어진 목적이라면, 엄밀히 말해서 순종과 불순종 사이를 요동하는 인간보다 일관된 순종이 가능한 인공지능이 훨씬 나을 것이다. 그러나 이것은 창조 신앙에 합당하지 않다.

하나님의 창조에 대한 고백은 단지 이것만은 아니라는 것이 필자의 생각이다. 물론 창조 신앙은 세상이 하나님의 말씀대로 되었음을 인정하고 또 앞으로 계속 진행되는 세상(계속된 창조)이 하나님의 말씀대로 되어야 함을 환기하는 의미를 갖는다. 그러나 오직 이것만을 염두에 두고 있지는 않다. 적어도 성경에서 말하는 창조는 혼란에서 질서를 세우고, 모든 것이 제 기능을 다 하도록 하는 것에 있다. 여기에 인간은 하나님을 섬김으로 피조물에 대한 관리를 위임받는다. 창조 신앙은 인간과 인간의 관계, 인간과 신(이웃 나라에서 신으로 섬겨진 것)과의 관계, 인간과 자연과의 관계를 염두에 둔 고백이다. 하나님을 참 하나님으로 인정하지 않는 세상과 인간됨을 훼손하고 파괴하는 현실 그리고 여러 이유로 이미 황폐화된 환경을 염두에 두고 있다. 창조에 대한 고백은 인간이 바로 이런 세상과 현실과 환경에서 하나님을 참 하나님으로 인정하며 살 뿐 아니라 자신의 주위에 있는 사람들로 하여금 그렇게 인정하도록 살아야 한다는 사실을 깨달은 결과다. 방해하는 힘이 있고, 유혹하여 거듭 넘어지게 하며, 또한 불안과 염려에 사로잡혀 살아가는 중에도 하나님을 참 하나님으로 인정할 뿐 아니라 세상이 그분의 말씀대로 되도록 부름받았음을 깨닫고, 그 부르심에 합당하게 살아가겠다는 결심이다.

인간의 행위는
인공지능으로 환원할 수 없다

인공지능에게 과연 이런 일이 일어날 수 있을까? 예컨대 입력된 프로그램 자체가 바이러스에 감염되어 있을 때, 인공지능은 과연 자신을 파괴하는 힘 앞에서, 자신의 생존을 위협하는 현실에서 그리고 더는 하나님을 인정하기조차 힘든 그런 환경에서 하나님을 섬길 수 있을까? 하나님을 인정할 수 있을까? 하나님을 예배할 수 있을까?

뇌 과학 연구 결과를 일별해 보면 놀라지 않을 수 없는 사실을 만난다. 이에 따르면 인간 개개인을 놓고 볼 때 인간은 뇌의 작용에 따라 사고하고 행동한다고 볼 수 있다. 자유의지라는 것은 없다는 말이다. 선택하고 실행하기 이전에 이미 뇌의 작용이 더 앞서 일어나기 때문이다.

그러나 인간과 인간의 관계를 놓고 볼 때, 특히 광범위한 범위의 네트워크를 기반으로 인간을 볼 때는 결코 뇌의 작용에 따라서만 생각하고 또 행동한다고 볼 수 없다. 그것은 창발적인 무엇이 작용하는 관계이며, 뇌의 작용으로 환원할 수 없는 근거를 가진 사고와 행동이다. 최근의 연구에 따르면 감정이 DNA에 영향을 미쳐 변화를 일으킬 수 있다고 한다. 이것은 결코 인간을 뇌의 기능으로 환원할 수 없다는 사실을 입증한다. 인간이 인공지능과 다른 점은 바로 이것이다. 인공지능은 프로그램의 범위에 제한된다. 아무리 많은 병렬 컴퓨터로 연결되어 있다 해도 혹은 광범위한 범위에서 네트워크화한 인공지능이라 하더라도 마찬가지다. 그러나 인간은 개인으로서는 혹시 뇌의 작용으로 환원할 수 있을지 몰라도(감정 때문에 결코 그럴 수 없다고 생각하지만, 설령 그렇다고 해도) 네트워크화한 관계 기반의 사고와 행위는 결코 뇌의 작용으로 환원할 수 없다.

혹시 사회와 국가와 민족 그리고 글로벌 차원에서 공유되는 문화라는 것을 하나의 뇌로 여길 수 있고, 그래서 문화적으로 각인된 전형적인 사고와 행동을 말할 수 있을지 모르지만, 그렇다 해도 그것은 결코 프로그램에 근거한 것이 아니라 창발적인 작용에 따른 것이다.

인공지능 시대의
인간 이해의 관건

인공지능 시대에 인간 이해의 관건은 하나님의 뜻을 행하는 데에만 있지 않다. 오히려 인간이 하나님과의 관계나 인간과의 관계 혹은 환경과의 관계, 심지어 타종교와의 관계와 같은 다양한 관계맺음에서 어떻게 하나님을 참 하나님으로 나타낼 수 있는지에 달려 있다. 다양하면서도 생동적인 관계맺음을 잃지 않으면서 하나님의 참 하나님 됨을 드러내도록 하는 것, 바로 이것은 지금이나 미래의 기술기반의 시대에도 변치 않을 인간의 과제이며, 신학적 인간학은 이 과제를 통해 인간을 이해한다. 이것은 오직 하나님에 의해 창조된 인간에게만 고유한 일이다. 그리고 이것은 인간이 능력이나 힘을 의지하지 않고 또 어떤 상황에서도 인간과 자연과의 관계를 놓지 않으면서 하나님과 그분의 약속을 신뢰하는 것으로 표현된다.

묵상과 토의를 위한 질문

- 인공지능 시대란 무엇을 말하는가?

- 인공지능 시대에 교회는 어떤 도전에 직면해 있는가?

- 인공지능은 예배에 어떻게 사용될 수 있을지 이야기해 보자.

마리아는 하나님의 어머니인가?
예수님의 어머니인가?

성경 속
마리아

마리아의 히브리어 표현은 미리암이고, 구약에 나오는 이름 '미리암'은 '사랑을 받은 자'를 뜻하는 이집트어 '마리'에서 유래한다. 예수님의 어머니로 소개되고 있는 마리아 개인은 엄밀히 말해서(개신교에서) 구속사적인 맥락에서 성경 이해를 위해 결정적으로 중요하게 여겨지진 않는다. 단지 다윗 가문 출신으로 젊은 나이에 나이 많은 요셉을 남편으로 두었고, 성령으로 잉태하여 낳은 예수의 어머니로 소개되고 있다. 요셉이 죽은 후에 오랫동안 과부로 지냈으며, 하나님의 아들로서 하나님의 일을 하는 예수를 오해할 정도로 보통의 어머니와 다를 바 없었다. 예수의 십자가 사건을 지켜본 비통의 여인이었고, 예수께서 승천하신 후에는 그의 제자들의 돌봄을 받았다. 성경에 기록된 내용으로는 이것이 전부다.

제자도와
마리아

그러나 하나님의 놀라운 계획과 그 계획이 세상에서 실현되는 일과 관련해서 볼 때, 마리아는 적지 않은 상징적인 의미가 있다. 특히 성령과 하나님의 능력에 따른 예수의 출생과 관련해서 그렇다. 기독교인을 작은 그리스도의 형상으로서 사는 사람으로 이해한다면, 모든 기독교인에게 주어지는 과제는 다음의 질문으로 표현할 수 있다. 곧 기독교인은 어떻게 작은 예수, 곧 예수처럼 살 수 있을까? 참 제자로 거듭나기 위해 필요한 일을 묻는 것이다. 제자도(弟子道)는 바로 이 질문에 대한 대답이다. 작은 예수가 되는 것, 예수처럼 사는 것, 예수의 정신으로 사는 것, 그리스도의 형상으로 사는 것이 바로 제자의 과제다. 다시 말해서 마리아는 제자도와 관련해서 매우 모범적이다. 왜 그럴까?

마리아는 어렸지만 나이가 많은 요셉과 정혼한 상태였다. 요셉의 아내가 될 그녀에게 하나님 보좌 곁에 서서 하나님을 섬기는 천사 가브리엘이 나타난다. 그리고는 아직 요셉과 잠자리를 같이 하지 않은 그녀에게 요셉의 아이가 아닌 다른 아이가 그녀의 몸에서 태어날 것을 고지해 주었다. 이것을 '수태고지'라고 하는데, 수많은 화가들에게 영감을 준 사건이다. 그런데 정혼했던 요셉의 아이가 아닌 다른 아이를 갖는 일은, 비록 천사 가브리엘의 수태고지가 있었다 해도, 받아들이기 힘든 일이었고, 또 유대교의 율법에 비추어 볼 때 돌로 맞아 죽을 수도 있는 매우 위험한 일이었다. 게다가 하나님의 능력으로 성령에 의한 잉태가 무엇을 의미하는지는 지금까지도 이해하기 쉽지 않은 일이다. 다만 출생이 신적인 기원을 말한다는 것이 전부다. 하물며 당시에는 어떠했겠는가?

사실 전설적인 인물의 출생은 종종 기적 같은 일을 동반한다는 사실을 종교사에서 어렵지 않게 읽을 수 있다. 폐경기 여성이 임신하게 되는 경우나(아브라함의 아내 사라나 세례요한의 어머니 엘리사벳) 오랫동안 자식을 낳지 못하는 여인(사무엘의 어머니 한나)이 하나님의 은총을 받아 갑작스럽게 임신하게 되는 경우가 있다. 이런 일은 성경에도 나타나고 있다. 종교사적인 인물의 출생에는 대체로 빛이 많이 등장한다. 현실과 다르지 않은 태몽을 꾸거나 혹은 빛이 택함을 받은 여성의 몸에 닿은 후에 잉태하게 되었다는 기록들이 대표적이다. 희랍 신화에서처럼 신이 인간의 모습을 하고 땅의 여인과 관계를 가져 잉태하는 경우는 많다.

그런데 성령, 그것도 보이지 않는 하나님의 영에 의한 잉태의 사례는 없다. 세례 요한은 태중에서부터 성령으로 충만했다고 했지 성령으로 잉태한 것은 아니었다. 물론 순례자들을 대상으로 행해졌던 성전 매춘의 관행은 당시 사람이 여인의 잉태를 신성하게 여겼다는 사실을 알려 주는 사례이기는 하다. 잉태를 단순히 생물학적인 사건이 아니라 하나님의 사건으로 이해했다는 당시의 신앙을 알려준다. 그러나 이런 관행은 분명 신이 아닌 남자와의 성관계에 따른 잉태이다. 더군다나 신전 매춘으로 인한 폐해가 많아지면서 점차로 사라져 그 후에는 일반 매춘으로 모습을 바꾸어 오늘날에까지 이르고 있다.

가브리엘이 전해 준 일이 실제로 마리아에게 일어난다면 유대 사회의 관례상 생명을 잃을 수도 있는 일이다. 그것이 당시의 율법적인 관행이었다. 상식적으로 도무지 있을 수 없는 일이기에 가족과 친지는 물론이고 주변 사람들로부터 오해를 받을 것은 명약관화한 일이고, 집안으로나 개인적으로 큰 수치가 되는 일이다. 심하면 돌에 맞아 생명을 잃을 수도 있는 위협적이고 두려운 일이었다. 나이 어린 여성으로서 이 모든 일을 혼자 감당한다는 것은 분명 쉬운 일이 아니다.

그런데 놀랍게도 가브리엘의 수태고지를 접한 마리아는 "주의 여종이오니 말씀대로 내게 이루어지이다." 하며 그 사실이 자신에게 일어날 것을 받아들였다. 스스로를 하나님의 여종이라고 보는 겸손의 신앙이 이런 순종과 헌신을 가능하게 한 것이다. 마리아 찬가로 알려진 시를 읽어 보면(눅1:46-55), 그녀가 얼마나 겸손하고 또 하나님께 헌신된 사람인지 알 수 있다. 뿐만 아니라 하나님과의 관계에서 그녀가 평소에 보인 관심이 어떤 것인지를 미루어 짐작할 수 있는데, 개인사만이 아니라 사회적인 정의 문제까지도 포함하고 있다.

> 내 영혼이 주를 찬양하며
> 내 마음이 하나님 내 구주를 기뻐하였음은
> 그의 여종의 비천함을 돌보셨음이라
> 보라 이제 후로는 만세에 나를 복이 있다 일컬으리로다
> 능하신 이가 큰 일을 내게 행하셨으니
> 그 이름이 거룩하시며
> 긍휼하심이 두려워하는 자에게 대대로 이르는도다
> 그의 팔로 힘을 보이사 마음의 생각이 교만한 자들을 흩으셨고
> 권세 있는 자를 그 위에서 내리치셨으며 비천한 자를 높이셨고
> 주리는 자를 좋은 것으로 배불리셨으며 부자는 빈손으로 보내셨도다
> 그 종 이스라엘을 도우사 긍휼히 여기시고 기억하시되
> 우리 조상에게 말씀하신 것과 같이 아브라함과 그 자손에게 영원히 하시리로다

가톨릭에서
마리아

431년 에베소서 공의회 이후 가톨릭에서는 단지 예수님의 어머니가 아니라 하나님의 어머니로서 마리아에게 특별한 의미를 부여한다. 초기에는 고통 받는 자들을 위한 기도에서 자녀를 둔 어머니의 심정을 하나님께 호소하기 위해 마리아가 언급되었지만, 431년 3차 공의회인 에베소 공의회에서 '하나님의 어머니(테오토코스)'로 선언되면서 마리아에 대한 신심은 더욱 커졌

다. 당시 에베소 지역에는 여신에 대한 숭배 문화가 만연해 있었다. 이것이 어떤 영향력을 미쳤는지는 확실하지 않지만 완전히 배제할 수 없다는 생각이다. 그 후 1854년 교황 비오 9세는 마리아의 원죄 없는 잉태(무염수태) 교의를 선언하였다. 그 후 1950년 교황 비오 12세는 성모승천을 교의로 선포하였고, 제2차 바티칸 공의회에서는 마리아에게 '교회의 어머니'라는 호칭이 헌정되었다. 개신교에서는 받아들이지 않는 교의이지만 심리학자 융(Karl G. Jung)은 신의 여성성을 확인해 준다는 이유로 성모승천 교의를 대대적으로 환영했다.

마리아의 겸손과 순종
그리고 헌신

마리아의 겸손과 순종 그리고 헌신은 마침내 예수님의 탄생으로 이어졌다. 부정할 수 없는 사실이다. 그러나 예수님의 잉태와 출생은 철저히 하나님의 사건이기 때문에 마리아 개인에게 구속사적인 의미를 부여할 수는 없다. 그럼에도 그녀의 겸손과 순종 그리고 헌신은 분명 구속사적으로 의미가 있는 상징 행위다. 다시 말해서 하나님은 하나님의 일이 자신에게 일어나도록 하는 사람을 통해 당신의 역사를 이루어나가신다 함이다. 하나님의 어머니로서 마리아의 존재론적인 의미를 중시하는 가톨릭과 달리 프로테스탄트가 주목하는 것은 바로 그녀의 인격적인 측면이며 또한 그녀의 순종이 구속사적으로 의미가 있는 행위로 나타났다는 것이다.

마리아는 하나님의 뜻이 이루어지는 것과 관련해서 겸손과 순종과 헌신을 상징한다. 그러므로 마리아를 오늘의 관점에서 이해하면 다음과 같다. 순종, 곧 하나님의 일이 자신에게 일어나도록 허용하는 헌신은 비록 그 과정이 고되고 힘들며, 심지어 죽음에 이르는 위험을 감수해야 한다 해도, 하나님의 놀라운 일이 일어나도록 할 뿐만 아니라 또한 스스로 하나님의 큰일을 경험할 수 있는 계기가 된다. 부활 신앙이 빛을 발할 수 있는 기회는 바로 이런 순종과 헌신의 과정에서 생긴다.

예수님 역시 하나님의 뜻이 세상 가운데 온전히 이루어지도록, 하나님 나라의 도래를 위해 그리고 하나님의 이름이 하늘에서처럼 땅에서도 영화롭게 되기 위해 사람의 모양을 가지셨으며, 죽기까지 순종하셨다. 우리는 비록 예수님처럼 될 수는 없다 해도 그리스도의 형상으로 자라나도록 노력해야 하며, 또한 적어도 하나님의 일이 내게 일어나도록 순종했던 마리아의 순종과 헌신이 우리의 삶에서도 일어나기를 소원해야겠다.

묵상과 토의를 위한 질문

- 마리아의 겸손과 순종 그리고 헌신에 대해 예수님의 출생과의 관계에서 이야기해 보자.

- 우리들의 겸손과 순종 그리고 헌신의 결과는 무엇일까?

자살은 하나님 나라에
갈 수 없는 죄인가?

질문

자살은 죄인가? 상당수의 기독교인은 자살을 부정적으로 인식하는 수준을 넘어서 하나님 나라에 들어갈 수 없는 죄로 단정한다. 여기에는 물론 망자(亡者)는 더는 회개할 기회를 얻지 못한다는 인식이 작용한다. 비록 죄인이라도 살아 있는 한 회개할 기회가 있으나 죽으면 그 기회를 얻지 못하니 자살한 사람은 하나님 나라에 갈 수 없다 함이다. 정말 그럴까?

성경의
침묵

성경은 자살에 대해 어떠한 평가도 내리지 않는다. 다만 자살을 언급하는 경우를 살펴보면, 대체로 하나님에게 부정적으로 평가된 사람에게서 나타나 죄와 벌의 관계로 생각할 여지는 있다. 그 대표적인 인물이 아비멜렉(삿 9:23-26), 사울(삼상 31:4), 아히도벨(삼하 17:2-3), 시므리(왕상 16:18), 가룟 유다(마 27:5) 등이다. 이들의 경우를 살펴보면 자살을 하는 이유가 죄와 벌의 상관관계에 있음을 대략적으로 살펴볼 수 있다.

무엇보다 성경에 자살에 대한 부정적인 평가가 없다고 해서 성경이 그것을 잘못이 아니라고 평가하는 것으로 받아들이진 말아야 한다. 부정적인 사건을 기술하면서 종종 아무런 평가를 내리지 않는 것은 성경의 특징이다. 자살은 그 가운데 하나다.

신앙의 문제로서
자살

자살이 가장 큰 문제로 여겨지는 것은 피조물인 인간이 하나님이 주신 생명을 스스로 끊었다는 것이다. 자살을 하나님의 뜻을 부정하거나 거부하는 행위로 이해하는 것이다. 그런데 성경은 인간에게 생명이 주어진 이유를 하나님의 형상으로 사는 데서 보았다. 그러므로 생명을 스스로 끊는다는 사실은 바로 하나님의 형상으로 만들어졌다는 사실을 염두에 두고 이해할 필요가 있다. 그래야 자살을 신학적으로 진단할 수 있고 또 그에 따른 대책을 신학적으로 마련할 수 있다.

스스로 생명을 끊는다 함은 첫째로 스스로 더는 하나님의 형상으로 살 능력이 없음을 인정하는 행위다. 그것을 의도적으로 거부하는 행위이기도 하지만, 그렇게 살 만한 기력을 상실한 사람에게 나타난다. 삶의 미래가 없다고 여기고 또 삶의 의미를 느끼지 못하는 사람, 살아봐야 하찮은 인생에 불과할 뿐이라고 자신의 미래를 예단하는 사람에게서 나타난다. 이런 자살은 주위의 도움을 도움으로 여기지도 않고 또 받아들일 수도 없고 또 그럴 의욕도 없는 상태에서 발생한다. 자살은 한편으로는 가장 깊은 절망의 상태에 빠져 있음을 나타낸다. 깊은 허무감과 좌절감에 사로잡혔을 때 그리고 심연과 같은 상실감에 빠져 있는 상황에서 흔히 발생한다. 다른 한편에서는 깊은 죄의 권세에 사로잡혀 희망의 빛을 결코 볼 수 없을 때 나타난다.

둘째, 외부의 강압에 의해 자신이 더는 하나님의 형상으로 살 수 없게 된 현실을 나타내 보이는 행위다. 스스로 목숨을 끊음으로써 하나님의 형상으로 인정받을 수 없는 상황일 뿐 아니라 또한 자신이 살아온 삶이 실제로 하나님의 형상으로서 인정받지 못한 삶이었음을 폭로하는 것이다. 이런 의미의 자살은 불의를 행하면서도 살아 있는 자, 특히 억압하고 구속하는 자들에게 일종의 경종이다. 포로 상황에서 혹은 심각한 인권침해 상황에서 일어난다. 죽음으로 자신이 정당함을 증명하거나 또는 주장하는 것이다.

셋째, 자살은 하나님의 형상으로 만들어졌음을 인정하는 사람이 하나님을 인정하지 않는 사람에게 자신의 생명이 좌지우지당할 것을 우려해 스스로 존엄함을 지키기 위한 행위다. 고귀한 신분의 사람이 적에게 사로잡힐 상황에서 흔히 발생한다. 단순한 포로 상태가 아니라 인간 이하의 대접을 받고 있을 때 죽음으로써 스스로의 존엄을 지키려 한다. 때로는 안락사의 형태로 인간다운 품위를 지키기 위해 죽음을 선택하는 사람도 있다.

하나님의 형상과
자살

어떤 경우이든 자살은 단지 병리학적으로나 심리학적으로 이해하는 것에 제한하지 않고, 더 나아가 하나님의 형상과 관련해서 이해할 때 신학적인 진단과 처방에 조금 더 접근할 수 있다.

첫 번째 경우의 자살은 삶의 힘을 공급하시는 분이 하나님임을 인정하지 않을 때 발생한다. 아무리 자신이 무의미하게 여겨지고 또 하찮게 보여 더는 사람의 기대에 부응하며 살아갈 힘을 얻지 못하는 상황이라도, 극도로 절망적이어서 아무런 삶의 힘을 느끼지 못하는 상황이라도 하나님은 힘을 공급하시는 분이다. 이것이 사망의 음침한 골짜기를 걷는다 해도 결코 해를 두려워하지 않을 이유다. 또한 나의 나됨은 나 자신에 의해 규정되지 않으며, 나는 오직 하나님에 의해 만들어지며 또한 나의 참 모습은 그 분 안에서 발견된다(요일3:2). 따라서 나를 나 자신에 의해 판단 받거나 규정받지 않도록 해야 한다. 인간은 자신의 참된 자아를 오직 하나님 안에서 발견하기를 기대할 때 비록 절망적인 상황이라도 이겨 낼 힘을 공급받을 수 있다.

두 번째 경우의 자살은 하나님의 형상됨이 인간에 의해 인지되고 또 고백되는 것은 사실이나 그렇다고 반드시 인간에 의해 증명되어야 한다는 말은 아니다. 하나님의 형상은 기원론적인 의미도 있지만, 무엇보다 종말론적인 의미를 가진 개념이다. 다시 말해서 반드시 지금 하나님의 형상으로서 입증해야 할 것이 아니라 장차 마지막 날이 이르기까지 인정받도록 살아야 하는 과제를 의미한다. 비록 지금은 구차하고 또 비참한 삶을 산다 해도 그것이 정당함을 입증하는 방법은 다양하다. 때로는 오직 죽음으로써만 인정받는 경우가 없지 않다 해도 살아 있어 하나님을 찬양하며 하나님의 형상으로서 사는 것이 스스로 하나님의 형상됨을 입증하기 위해 스스로 죽는 것보다 훨씬 바람직하다. 스스로 죽는 것보다 차라리 타인에 의해 죽임을 당하는 것이 하나님 앞에서 더 나을 수 있음을 예수 그리스도의 십자가 사건은 보여 준다. 죽음을 당할 때 비로소 부활을 경험할 수 있었던 것처럼 하나님의 판단에 나 자신을 내맡길 때 장차 내가 어떤 존재로 나타날지를 알 수 있다.

세 번째 경우의 자살은 인간다움의 개념을 어떻게 정의하느냐에 따라 의견이 갈라진다. 인간다움이란 무엇일까? 성경은 인간다움을 언제나 하나님과의 관계에서 생각한다. 하나님과 독립하여 생각하는 인간은 이미 피조물이라는 정체성에서 벗어난 것이다. 하나님의 피조물로서 하나님과의 관계에서 볼 때 인간다움이란 하나님의 보호와 통치를 받는 존재로서 살아가는 것이다. 그것은 언제나 또 다른 피조물을 통해 돕는 손길로부터 온다. 비록 의식 있는 상태에서나 자신의 품위를 생각할 때 남의 도움을 받는 일은 여러 가지로 힘든 일이지만, 하나님과의 관계에서 생각할 때는 전혀 다르다. 하나님의 보호와 통치를 받는 존재로서 하나님의 또 다른 피조물이며 도구인 인간의 도움을 받는 것은 어쩌면 자연스런 일이며, 그 일을 통해 하나님은 우리가 알 수 없는 방식으로 일하시고 또 우리가 감히 헤아릴 수 없는 당신의 뜻을 이루신다고 말할 수 있다.

자살은 하나님 나라에 갈 수 없는 죄인가?

그렇다면 자살은 하나님 나라에 갈 수 없는 죄인가? 자살은 하나님을 신뢰하지 못하고, 하나님보다 자신의 판단을 더 우선하고, 하나님과의 관계에서 생각하지 못한 채 내린 판단의 오류이다. 인간의 연약함의 극치를 보여주는 일이며, 또한 일부는 인간의 교만의 결과일 수도 있다. 그러므로 심약한 상태에서 실행되었든 아니면 의식이 뚜렷한 상태에서 내렸든 자살은 죄임이 분명하다. 죄에 대한 하나님의 심판은 반드시 있을 것이다.

그렇다고 해서 그것이 하나님 나라에서 배제되는 죄라고는 단정할 수 없다. 왜냐하면 하나님 나라는 오직 하나님의 주권에 따라 결정되는 일이기 때문이다. 회개할 기회도 없이 죽는 사람이 얼마나 많은가? 만일 모든 죄를 고백하지 못하고 죽은 죄인들은 하나님 나라에서 배제될 수밖에 없다면, 사고로 죽은 자, 뇌를 다쳐 코마상태에 있다가 죽은 사람들, 영아로 죽은 자들은 어떻게 되는가? 신앙을 가진 사람들은 자신의 죄를 모두 고백했을까?

회개하지 못하고 죽은 죄인들은 비록 죄인의 상태에서 죽었다 해도 자비의 하나님은 죄를 용서해 주신다. 그러나 이것이 만인 구원을 주장하는 것은 아니다. 다만 자살의 경우에 한해서 비록 죄인으로 죽었다 해도 그것이 하나님의 구원에서 배제되었다고 단언하는 사람의 주장은 재고해야 한다는 의미에서 말하는 것이다. 우리는 다만 구원을 바랄 뿐이고, 또 우리에게 자살을 생각할 정도의 비극이 일어나지 않도록 기도할 기회로 삼을 뿐이다.

구원은 오직
하나님이 판단하신다

자살한 사람의 구원 문제는 우리의 판단에 있지 않다. 우리 역시 그들을 죽음으로까지 방치한 책임에서 자유롭지 못한 것은 분명하다. 하나님이 함께 하심을 나타내지 못했고, 하나님을 신뢰할 때 힘을 얻을 수 있음을 보여주지 못했으며, 그들이 하나님을 알아 절망에서 희망할 수 있도록 도와주지 못했기 때문이다. 이런 점에서 자살을 하나님 나라에서 배제되는 죄라고 판단하기보다는 하나님의 자비하심을 의지하면서 유족의 슬픔에 공감적으로 참여해야 할 일이다.

묵상과 토의를 위한 질문

- 자살하는 사람의 상태에 대해 이야기를 나누어 보자.

- 자살은 왜 신앙의 문제인가?

- 자살은 하나님 나라에 갈 수 없는 죄인가?

사탄과 귀신은
실재하는가?

사탄(마귀)

보통 사탄(Satan) 혹은 마귀(魔鬼)로 구분하여 쓰고 있지만, 사실 같은 것에 대한 다른 이름이다. 성경에는 사탄의 이름을 다양하게 소개하고 있다. 사탄과 마귀 외에도 '바알세불', '벨리알', 악한 자, 시험하는 자, 공중의 권세 잡은 자, 미혹하는 자, 이 세상 임금, 이 세상 신, 대적자, 참소자 등이다. 이렇듯 이름은 다양하지만, 요한계시록 12장 9절과 20장 2절에서 사도 요한은 사탄과 마귀를 같은 존재로 언급하고 있다. 성경의 몇 구절에 따르면(슥 3:1, 삼하19:22-23), 사탄은 하늘 법정에서 우리의 죄를 폭로하며 그에 따른 벌을 요구하는 검사의 역할을 수행하는 것 같다.

사탄은 히브리어이고 주로 사람에 대해 쓰이며, 마귀는 헬라어 디아볼로스(διαβολος)를 번역한 말로 주로 신에 대해 사용된다. 구약에는 마귀라는 말이 나오지 않는다. 이에 비해 신약에는 사탄과 마귀가 모두 사용되고 있고 서로 구별 없이 쓰였다. 추측하기로는 히브리어를 헬라어로 번역하면서 나타난 현상이 아닐까 생각한다.

특히 한국에서는 사탄을 '요사스런 귀신'이라는 뜻을 가진 '마귀'로 번역을 하면서 동양적인 이미지를 덧붙였다. 그러므로 '마귀'라는 표현은 특별히 사탄이 육적인 존재가 아니라 영적인 존재임을 강조하는데, 인간을 유혹하거나 괴롭히는 주체를 지칭하는 말이라고 보면 될 것이다. 그러므로 사탄과 마귀가 함께 쓰인 것은 같은 대상을 두고 관점을 달리해서 표현함으로써 나타난 차이다.

마귀에 대해 칼빈은 『기독교 강요』에서 다음과 같이 말한다.

> 그들은[마귀들] 처음에는 하나님의 천사로 창조되었으나, 스스로 타락하여 자기를 부패시켰고, 그리하여 다른 이들의 멸망을 위하여 쓰임 받는 도구들이 되었다는 것이다(CR I, 14, 16).

그리고 "하나님이 뜻하시고 허락하시지 않는 한 사탄으로서는 아무것도 할 수 없다는 사실을 지극히 분명한 사실로 받아들여야 할 것(CR I, 14, 17)"이라고 말했다. 마귀 역시 하나님의 주권 아래 있다 함이다. 따라서 인간이 하나님을 거역하며 살 수 있듯이, 마귀 역시 피조물로서 하나님의 뜻을 거역하도록 인간들을 유혹할 수 있다.

성경에는 마귀가 두 가지 형태로 등장한다. 하나는 직접적으로 악한 일을 행하는 존재이다. 구원을 방해하고, 사람을 미혹하고, 사람을 병들게 하며, 사람을 괴롭히는 존재로 소개하고 있다. 구약에서도 자주 등장하고 있지만, 신약에도 많이 나온다. 이들은 궁극적으로는 하나님의 통치 아래서 활동한다. 하나님의 위임을 받아 행하기도 하지만 독단적으로 행하기도 한다. 그리고 신약에서는 대부분 예수님의 권능으로 인간에게서 쫓겨나는 모습으로 소개되어 있다. 그럼으로써 하나님 나라가 예수 그리스도와 더불어 이미 임했음을 증거한다. 하나님의 뜻이 이루어지는 일에서 아무런 방해를 받지 않는 상태를 말하기 때문이다.

다른 하나는 특정한 사람을 향해 마귀 혹은 사탄으로 지칭하는 경우다.

대표적인 케이스가 예수님의 십자가 죽음을 만류하려던 베드로를 향해 예수님이 '사탄'이라고 지칭하여 말씀하신 것이다. 그리고 예수님을 비밀리에 잡으려고 혈안이 되었던 당시 유대지도자들에게 예수님을 잡을 좋은 기회를 제공했던 가룟 유다도 사탄에 사로잡혔다고 했다. 이 두 경우에서 알 수 있듯이, 평범한 인간도 사탄 혹은 사탄의 도구가 될 수 있다. 그러므로 베드로와 가룟 유다가 사탄이었다기보다는 사탄의 도구가 된 것이다. 이처럼 인간은 마귀의 도구가 될 수 있는데, 하나님의 뜻이 이루어지는 것을 막으려 할 때다. 이 경우에서 볼 수 있듯이, 사탄은 하나님의 뜻이 이루어지는 것을 막으려는 세력이나 존재를 가리킨다. 하나님의 뜻을 왜곡하고, 이를 위해 사탄은 사람을 유혹하고, 사람에게 악을 행하고, 사람을 괴롭힌다.

두 개의 경우에서 공통적인 점은 인간으로서 정상적인 삶을 살지 못하게 방해하고, 인간과 하나님의 관계가 바르게 서지 못하게 하는 것이다. 거짓과 유혹을 통해 그리고 인간의 교만을 이용하여 인간이 하나님을 올바르게 섬기지 못하게 할 뿐 아니라, 하나님의 뜻이 인간에게 일어나는 일을 방해한다.

개인적으로 사탄에 대한 생각을 하면서 가장 큰 고민거리는 이것이다. '사람이 사탄의 유혹에 넘어지는 경우는 어떤 상황일까?' 주님도 '시험에 빠지지 않게 하시고 악에서 구하소서'라고 기도할 것을 말씀하셨다. 인간은 왜 시험에 빠지고 또 악에 빠지게 될까? 사탄은 인간의 무엇을 겨냥해서 호시탐탐 미혹할 기회를 엿볼까?

사탄이 유혹을 위해 사용하는 도구는 주로 욕망으로 음식, 섹스, 권력, 명예, 거짓말 등이다. 이것은 인간의 욕망을 대변한다. 인간의 욕망은 하나님의 뜻이 이루어지는 것을 가로막는 주범이다. 여기서 말하는 욕망의 본질은 창세기 3장에 계시되어 있다. 인간은 생명나무 실과를 따 먹기보다 선악과를 따 먹고 하나님처럼 눈이 밝아지기를 원하는 삶을 살려 했다. 다시 말해서, 하나님의 은혜로 살고, 은혜 안에 머물고, 은혜로 만족하며 살기보다, 나의 생각을 관철시키려 하고, 나의 가치관대로 살려 하고, 나의 세계관에 따라 살려 하는 것이다. 하나님의 전지하심에 의지하지 않고 자신의 지식에 더 의지하려고 할 때 그리고 하나님이 주신 것 이상을 원할 때 욕망이 발동한다.

이런 욕망이 내 안에서 일어날 때, 우리 삶의 영역에서 하나님을 배제하게 된다. 하나님의 뜻보다 내 뜻을 우선하게 된다. 하나님의 생각보다 내 생각에 더욱 집중하게 된다. 하나님의 계획보다 나의 계획을 더 현실적으로 여긴다. 사탄은 바로 이런 순간을 결코 놓치지 않는다. 무엇보다 하와에게 볼 수 있듯이, 그런 마음을 일으키기도 하지만, 그런 마음을 부추기면서 행동으로 옮기게 한다. 세상은 각종 합리적인 이유를 들어가면서 이런 마음에 힘을 실어준다. 아무렇지도 않게 느끼게 한다. 하나님의 은혜 없이도 잘 살 수 있을 것처럼 여기게 한다. 실제로는 자신의 힘으로 살고 있으면서 말로는 자신의 삶을 하나님의 은혜로 포장한다. 외식하는 삶을 살게 된다. 다른 사람들도 자신들과 같이 살도록 권한다. 마귀의 도구로 살고 있을 뿐만 아니라 스스로 마귀로서 역할을 수행하고 있음을 전혀 알지 못한다. 양심이 어두워졌기 때문이다. 이런 일을 피하기 위해서 기독교인에게 바람직한 삶은 십자가 사건으로 더 이상 힘을 쓰지 못하게 된 마귀를 두려워하는 것이 아니다. 오히려 하나님의 뜻에 순종할 수 있도록 성령을 구하는 삶이 더욱 중요하다.

귀신

'귀신'이란 표현은 무속에서 흔히 사용되는데, 죽은 영혼이 신이 되지 못한 상태에서 인간 세계에 머물면서 인간을 다양한 방식으로 괴롭히는 존재로 알려져 있다. 무당은 귀신을 쫓아내거나(축귀) 위로해서 인간세계로부터 떠나보내는 일을 한다. 무속적인 전통문화 때문에 귀신은 오늘날에도 다양한 형태로 현대인의 언어생활에 등장하고 있다. 대중문화에서는 괴기소설과 공포영화 그리고 사후세계를 다루는 만화나 영화에 자주 등장하지만, 그 밖에 일상생활에서는 지각되지 않으면서 인간에게 두려움을 불러일으키는 존재로 여겨진다. 때로는 빙의현상 때문에 귀신을 말하게 된다.

엄밀히 말해서 귀신은 어느 지역, 어느 민족, 어느 나라를 막론하고 어렵지 않게 볼 수 있는 현상이다. 성경에도 등장하고 있다. 귀신을 말할 때 주의해야 할 일은 무속의 전통에서부터 시작하고 무속의 용례를 살피면서 귀신의 존재를 전제하며 시작하지 않는 것이다. 왜냐하면 이렇게 되면 무속적인 세계관이 무비판적으로 기독교 신앙 안으로 유입될 수 있기 때문이다. 올바르지 않은 방법이다. 귀신에 대한 기독교적인 이해는 먼저 성경으로 시작해야 한다.

성경에서 '귀신'은 '사탄'과 구분하여 사용되고 있다. 문자적으로 이해하면 '더러운 영'이다. 인간의 인격과 삶을 파괴하기 때문이다. 그러므로 귀신은 영적인 존재로 알려져 있고, 흔히 사탄의 앞잡이 정도로 여겨졌는데, 사탄이 하나님의 뜻을 적극적으로 방해하는 영적인 존재라면, 귀신은 이 일을 수행하면서 인간에게 직접적으로 부정적인 영향을 미치는 존재로 여겨졌다. 귀신의 신은 우리가 생각하는 하나님이 아니라 단지 영적인 존재라는 의미로 이해하면 좋을 것이다.

귀신이 실재하느냐는 질문은 오랜 논란의 역사를 가지고 있다. 독일 신학자 불트만(Rudolf Bultmann)은 합리적인 성경 이해를 주장하면서 소위 성경 이해에 있어서 '탈신화화(Entmythologisierung)' 작업이 필요함을 역설하였다. 고대인의 신화적인 사고 습관에서 비롯한 용어에서 신화적인 요소를 제거하여 합리적으로 이해할 수 있는 방식으로 이해해야 한다는 말이다.

그의 말을 따를 경우, 곧 합리적으로 성경을 이해하는 사람들에 따르면, 귀신은 실재하지 않는다. 그들에게 귀신은 초자연 현상을 경험할 때, 뇌 기능이 정상적이지 못할 때나 심리적인 통제력을 상실했을 때, 혹은 두려움에 강력하게 사로잡혔을 때 느끼는 어떤 압도적인 힘이나 그와 비슷한 현상일 뿐이다.

예컨대, 의학에서는 '해리현상'으로 설명한다. 해리현상이란 일종의 빙의 현상을 말하는데, 사람이 어떤 큰 충격을 받을 때, 성격 일부가 분리되어 또 다른 인격체로서 독립적으로 행동하는 것을 말한다. 자신과 전혀 다른 사람처럼 말하고 행동하면서도 나중에는 자신이 했던 말과 행동을 전혀 기억하지 못한다. 경험적으로 볼 때, 인간은 어떤 일을 함에 있어서 주체적인 판단과 선택에 따르지 못하는 경우가 종종 일어난다. 술에 취하거나 향정신성 약물을 복용했을 때가 대표적이지만, 해리현상처럼 어떤 정신적인 충격을 받았을 경우에도 그런 일이 일어난다. 돌이켜 생각하면, 자제력 상실이고 통제력 및 절제력 상실이라고 말할 수 있지만, 당시에는 마치 무엇인가에 사로잡혀 있는 상태로 여겨진다.

앞서 언급한 현상들을 과학적으로 설명할 수 없었던 시절에 사람들은 이런 현상을 어떻게 이해했을까? 만일 어떤 부정적인 현상에 대해 아무런 설명이 없다면, 사람들은 두려움에 사로잡히게 된다. 아무런 대비책을 세우지 못하기 때문이다. 언제나 불안한 삶을 살아야 하고 미래는 불투명해져 두려움에 사로잡힐 뿐이다. 신화적인 사고에 익숙한 사람이 이런 부정적인 상태를 피하기 위해 취했던 방법은 종교적인 해결책이다. 종교적인 해결책을 구한다는 말은 보이지 않는 세계에 대한 설명 방식에 의존한다는 말이다. 부정적인 현상을 경험하면서 어떤 알 수 없는 강력한 힘을 느낀 사람들은 더욱 큰 힘을 가진 신에 의지해서 그런 불행을 극복하기를 원했다. 결국 그 힘을 표현할 언어들을 개발하게 되는데, 그것이 바로 귀신이다. 그러므로 귀신은 인간이 더 이상 스스로를 통제할 수 없는 상태가 되었을 때, 그것을 가능하게 만든 부정적인 의미의 어떤 힘에 대한 이름이다. 다양한 이름을 갖고 있다. 귀신의 실재를 의심하는 것은 힘의 존재를 의심하는 것이다. 이런 힘의 작용을 인정한다면, 어떤 이름으로 불리든 상관없다. 성경은 그 힘을 영적으로 이해했고, 그것을 귀신(더러운 영)이라 불렀을 뿐이다. 귀신이 존재하느냐고 묻는 질문은 인간의 의지를 압도하는 힘이 작용하고 있느냐는 질문이다.

사실 그런 것은 경험적으로 볼 때 많이 있다고 말할 수 있다. 강요된 이데올로기일 수 있고, 어려서부터 주입된 교훈이나 신념 혹은 가치관일 수도 있다. 인간이 문화를 떠날 수 없다는 점을 염두에 둔다면, 문화 역시 강력한 힘으로 작용한다. 잘못된 생활습관과 잘못된 교육에 의해 더러운 영이 나타날 수 있다. 잘못된 세계관은 더러운 영의 온상이다. 통제되지 않는 감정 역시 인간을 혼돈의 세계로 이끈다. 귀신은 인간을 주체적인 삶을 살지 못하게 만들 뿐만 아니라 괴롭게 만든다. 결국 하나님을 등지게 만들고, 사탄의 종이 되어 하나님의 뜻이 이루어지는 일을 방해하는 힘으로 작용한다. 그것이 어떤 방식으로 작용하든, 중요한 것은 인간의 건강한 생각과 뜻과 의지를 방해하고 왜곡하고, 하나님의 뜻이 이루어지는 일을 방해한다는 것이다.

그러나 하나님의 뜻을 거역한다고 해서, 혹은 건강하지 못한 사고와 삶을 무조건 귀신 탓으로 돌리는 것은 바람직하지 않다. 신앙생활에서 성도가 그렇게 말하는 것을 흔히 볼 수 있는데, 그것은 옳지 않다. 왜냐하면 얼마든지 개선하고 수정하고 또 개혁하면 고칠 수 있는 일에 대한 책임을 회피하는 일이 될 수 있기 때문이다. 설령 아무리 노력해도 개선이나 개혁의 의지가 나타나지 않는다 해도 합리적인 대화로 풀어나가면서 인내로 기다려야지, 이것을 귀신의 작용으로 몰아붙이는 일은 없어야 한다. 다양한 문제로 몸살을 앓고 있었던 고린도 교회에 보내는 편지에서 사도 바울은 한 번도 악한 영이나 귀신을 언급하지 않았고, 심지어 종교적인 비난조차도 삼갈 것을 강조했다.

뿐만 아니라 정신의학적으로 설명할 수 있는 일을 귀신의 작용으로 생각하는 경향도 조심해야 한다. 김진 박사는『정신분열증에 대해 나누고 싶은 이야기』(뜨인돌, 1997)에서 기독교에서 정신질환을 잘못 대하는 사례를 언급하면서 신중하게 대할 것을 조언하고 있다. 사실 보통 사람들은 이것을 저것으로부터 구별하기가 쉽지 않다. 정신의학적인 교육과 임상훈련을 받지 않았다면, 신학자나 목회자 역시도 어렵기는 마찬가지다. 그러므로 정신분열증의 초기 증세가 나타나면 우선적으로는 의학적인 치료를 받도록 해야 한다. 만일 이것을 섣불리 귀신의 작용으로 돌릴 경우에는 증세가 악화되어 더 이상 치료가 안 되는 경우를 만날 수도 있다. 우울증도 마찬가지다. 오늘날 각종 정신 질환은 우선적으로 정신의학적인 돌봄을 받아야 한다.

성경에 따르면, 귀신은 잘못된 영 혹은 더러운 영 혹은 거짓의 영으로 하나님의 뜻을 적극적으로 거부하거나 하나님의 뜻이 이루어지는 것을 방해한다. 귀신을 경험한다는 것은 하나님의 뜻이 이루어지는 일에 방해가 나타난다는 것이다. 비록 보이지는 않아도 작용은 분명히 있다는 점을 생각한다면, 분명 신앙생활에서 경계해야 할 존재이다. 그러나 귀신의 존재나 그것의 작용에 대해 깊이 생각하는 것보다 더욱 중요한 것은 성령의 뜻에 따라 사는 삶이고 이런 삶을 위한 구체적인 실천 방안을 마련하는 일이다. 예수 그리스도는 승리자이기 때문에 성령에 이끌려 사는 사람들은 귀신에 대한 두려움을 갖지 않을 뿐만 아니라 귀신의 어떤 작용도 염려할 필요가 없기 때문이다.

묵상과 토의를 위한 질문

• 기독교인이 일상 언어생활에서 사탄과 귀신을 말하는 이유와 배경은 무엇인가?

• 사탄과 귀신에 대해 정리해 보자.

죄를 회개하다?

: 회개와 죄의 고백 - 올바른 회개는 예수 그리스도를 증거한다

잘못된

언어 사용

"죄를 회개하다"는 말은 기독교인이 교회에서 혹은 일상 언어생활에서 관용적으로 사용하는 표현이다. 성경에는 없는 말이지만 찬송가에 나와 있어 성도들 사이에서 큰 혼동을 일으키고 있다. 그래서 찬송가 원문을 살펴보았는데, 잘못된 번역이 원인이었다.

찬송가 326장의 원제는 Serving the Lord(주를 섬기라 혹은 주께 예배하라)이다. 작사자는 William W. Swallen이다. 한국어 이름 표기로는 소안련으로 알려진 감리교 출신의 선교사이다. 326장 찬송은 찬송가집 "Songs for Young People(젊은이를 위한 노래모음)"에 실린 곡 중 하나다. 한글 찬송의 제목은 가사 첫 소절을 따서 붙이는 원칙에 따라 "내 죄를 회개하고"가 되었다. 이 말에 해당되는 영어 가사는 I washed my hands this morning, O, very clean and white.이다. 운율을 무시하고 직역을 한다면 "나는 오늘 아침 손을 씻었네, 매우 깨끗하고 하얗게 되었네….."가 된다. '손을 씻다'는 표현은 종종 회개로 이해되기에 때문에 "회개하고"로 번역한 것 같다. 여기에다 '죄'를 목적격으로 붙여 의미가 더욱 분명해지도록 번역했다.

문제는 바로 여기서 발생한다. '죄를 회개하다'는 표현은 성경 어디에도 나와 있지 않지만 의미적으로도 잘못되었다. 죄는 '고백하다'와 결합되어야 옳기 때문이다. 죄인이 회개한다는 표현은 가능하다. 칼빈은 회개를 중생과 같은 의미로 보았을 정도로 중시했는데, 그에 따르면, 회개는 죄를 고백할 뿐만 아니라 예수 그리스도에게로 돌아서는 것을 포함한다.

죄의 고백과
회개는 별개

죄를 고백했지만 여전히 회개하지 않는 사람이 있다. 자신의 잘못은 인정하나 여러 가지 미련 혹은 두려움 때문에 포기하지 못하고 결국 옛 사람으로 머물러 있기(예수께로 나아가지 못했기) 때문이다. 엘리야 선지자는 바알과 여호와 신앙 사이에서 주저하는 이스라엘 백성을 심하게 꾸짖었다. 그들이 온전히 여호와 하나님을 신뢰하지 못하는 까닭은 자신들의 욕망에 이끌렸기 때문이고 또 현실적으로 바알을 믿는 것으로부터 오는 이익 때문이었다. 그들은 거듭 죄를 고백하였지만, 온전한 회개로까지 나아가지는 못했다.

그러나 회개했다고 하면서 죄를 고백하지 않았다면, 그 회개는 거짓이다. 표면적으로 회개했다는 사실을 보여 줌으로써 보는 사람에게 자신에게 유익이 되는 어떤 메시지를 전하는 위선적인 행위다. 정직하지 않은 사람이고 이중적인 삶을 사는 사람이다. 모양은 새 사람 같으나 마음은 여전히 죄 가운데 머물러 있기를 즐겨하기 때문이다.

예컨대, 일제에 빌붙어 살았던 사람들은 해방 후에 국가에 더욱 충성한다는 사실을 보여 줌으로써 자신들이 과거로부터 돌아서 새롭게 변화된 사람임을 나타내 보이려 했다. 이승만 정권에 의해 친일척결 의지가 조직적으로 방해받는 바람에 우리 국민들은 대체로 그것을 받아 주게 되었지만, 문제는 그들이 전혀 반성하지 않은 채 단지 행위로만 자신이 변했다는 사실을 나타낸 것이다. 일제의 잔재가 제대로 청산되지 않은 중요한 이유다. 행위가 전혀 변하지 않은 사람들에 비하면 그나마 다행이다.

그러나 죄를 고백하지 않고 회개의 모양만 내는 사람, 곧 시대의 흐름에 따라 이리저리 모양만 바꾸는 사람은 비겁하다. 자기 욕심에 따라 사는 사람이다. 이런 사람은 나중에 본색을 드러낼 가능성이 크다. 그때 살아남은 친일파 후손들의 다수는 사회 각 분야에서 혹은 한일관계나 남북관계에서 자신의 이익이 되는 쪽으로 힘쓰고 있다. 죄를 인정하지 않는 사람이 보이는 행동의 변화는 죄에 대한 책임에서 벗어나려는 미봉책일 뿐이다. 진정으로 죄를 고백한 사람은 회개의 열매로 이어져야 한다. 진정한 회개는 죄의 고백과 생각과 의지 및 행위의 변화를 수반한다. 죄를 고백하지 않고 회개했다고 한다면 진성성에서 의심을 받는다. 일본이 아무리 이웃 나라에 대해 잘해도 (실제로 그렇지도 않지만) 여전히 비난을 받는 까닭은 죄를 인정하는 고백이 없기 때문이다. 변화된 행동은 죄를 고백하고 난 후에야 그 진정성이 인정받는다. 행동의 변화만으로 죄를 인정했다고 볼 수는 없다. 물론 행동의 변화 없이 죄를 고백하기만 하는 것도 진정성을 인정받기가 어렵다.

죄 인식,
죄의 고백, 회개

'죄의 회개' 혹은 '죄를 회개하다'는 표현은 신학적으로 잘못되었다. 죄를 고백하면 누구든지 예수 그리스도의 십자가 보혈로 사함을 받는다. 그러나 고백 이전에 죄에 대한 인식(어떤 죄를 지었는지 아는 것으로 자신의 행위와 그 행위를 판단하는 규범에 대한 인식을 전제한다)이 선행되어야 한다. 죄 인식이 없는 고백은 인격적으로 회개하지 않으면서도 단지 입으로만 회개한다고 말할 뿐이다. 이렇게 되면 아무리 죄를 고백한다 해도 여전히 죄 가운데 거하는 삶을 사는 것이다. 죄에 대한 올바른 인식을 바탕으로 이루어지는 회개는 복음에 대한 열망을 일으키고, 죄에 대한 후회를 일으키며, 용서를 간절히 구하게 된다. 이는 심판에 대한 두려움을 일으키는 성령의 도움으로 일어나는 것으로 죄인이 죄를 고백하고 난 후에 자신의 삶을 전적으로 하나님께 맡기도록 한다.

죄를 고백함으로써 용서와 구원을 약속받지만, 죄를 고백한 사람이 회개함으로써 온전한 구원을 얻는다. 칭의와 성화를 분리할 수 없는 이유이기도 하다. 그래서 칼빈은 회개를 중생과 동일하게 보았다. 진정한 회개는 죄의 고백을 포함하지만, 죄의 고백이 항상 회개를 의미하지는 않는다. 죄를 고백하는 일과 회개를 구분하지 않은 채 '죄를 회개하다'라고 말하면, 예수 그리스도를 통해서 이루어진 일이 분명치 않게 되어 신앙생활에 적지 않은 혼선을 가져온다.

그렇다면 죄의 고백과 더불어 회개로 이어지는 일은 어떻게 가능할까? 독일 신학자 게르하르트 자우터(Gerhard Sauter)는 이 질문과 관련해서 다윗과 나단의 만남(삼하 12장)을 언급한다. 나단의 이야기를 들은 다윗이 율법에 근거해서 분노하였는데, 나단은 다윗의 행위가 어떠했는지를 일깨울 목적으로 말했지만, 다윗은 그것을 깨닫지 못한 상태에서 오히려 율법에 근거해서 죄를 범한 것임을 스스로 폭로한 것이다. 바로 이 사건을 주목하면서 자우터는, 다윗은 자신이 하나님의 율법을 어겼음을 알게 되면서 동시에 자신이 죄인임을 인식하게 되었다고 말한다. 죄인임을 인식하는 것은 동시에 고백이라고 한다. 하나님의 판단이 옳다고 인정하는 고백이며, 하나님의 은혜에 대한 고백이다. 이 고백은 인간에게 눈을 열어 주어서 진노하시는 하나님을 보게 하고 자신이 하나님의 자비를 필요로 할 뿐 아니라 또한 하나님이 원하시고 행하시는 일을 방해했음을 보도록 한다. 그러므로 죄 인식과 용서에 대한 기도는 결코 분리되지 않는다고 한다.

우리의 죄 인식은 어떻게 이루어질까? 독일의 종교개혁자 마르틴 루터는 십자가에서 가능하다고 말했다. 십자가는 우리가 단지 행위에서만 잘못을 저지른 것이 아니라 인간이 근원적으로 하나님과의 관계에서 죄인임을 고발하기 때문이다. 십자가에서 일어난 예수 그리스도의 죽음을 통해 우리는 우리 자신이 어떠한 죄인임을 보고 또한 하나님한테서 죄를 용서 받았음을 인식한다. 단순히 율법이 아니라 은혜를 통해 죄를 인식한다. 따라서 무엇을 어겼는지를 따지는 일은 세상 사람이 하는 일이고, 기독교인은 십자가에서 계시된 하나님의 은혜를 보고 스스로 어떤 존재인지를 볼 수 있어야 한다. 그러므로 죄의 고백과 회개의 올바른 실천은 예수 그리스도를 증거한다. 회개는 예수 그리스도의 십자가를 통해 죄를 인식하고 잘못을 깊이 후회하며 마음과 행동을 바꾸는 일이다.

잘못을 범한 사람이 피해자의 고통을 살피지 않고 회개하여 죄 용서를 받았다고 말한다면, 이것을 진정한 회개이며 또한 하나님께 죄 용서를 받았다고 볼 수 있을까? 영화 이창동 감독의 "밀양(2007)"에 나오는 화두이기도 하지만, 우리 사회에서 종종 일어나는 현실이다. 예컨대, 서지현 검사는 과거 안태근 전 검사가 자신을 성추행했다고 폭로했다. 이로써 대한민국에서 #MeToo운동의 효시가 되었다. 이와 동시에 인터넷에 떠도는 영상이 있었는데 세례를 받기 전에 행하는 안 검사의 간증이었다. 이것은 서지현 검사가 방송 인터뷰에 나올 결심을 하게 했을 정도로 매우 충격적인 것이었고, 사회적인 공분을 일으켰다. 피해자의 고통은 아랑곳없이 회개한다고 말하고, 또 그것으로 하나님께 죄 용서를 받았다고 고백하는 것은 바람직한 일일까?

사실 세례를 받기 전에 일정한 교육을 받은 후에 신앙고백을 하는 것은 아무 문제가 없다. 교회로서도 세례자의 모든 죄를 추궁할 수는 없는 일이다. 문제는 과거 성추행 행위를 마음에 거리끼는 일로 여기지 않았다는 데에 있다. 과거에는 그런 일이 관행으로 여겨졌기 때문일 수도 있고, 또 이미 지나간 사건이라 특별하게 기억나지 않았기 때문일 수도 있다. 자세한 내막은 알 수 없는 일이나, 다만 이것을 신학적으로 생각할 때 드러나는 문제는 가해자가 신앙고백을 하게 된 시점에서도 과거 행위에 대해 아무런 거리낌을 느끼지 않았다는 데에 있다. 죄 인식이 성립되지 않은 것이다. 설령 기억나지 않았고 또 그것이 특별하게 잘못된 일임을 인지하지 못했다 해도 이미 한 방송국에 나와 피해자가 진술하여 진실이 밝혀진 이상 자신의 잘못을 공개적으로 인정할 필요가 있으며, 그에 합당한 책임을 질 각오를 공개적으로 피력해야 한다. 그래야 그가 진정으로 하나님을 신뢰하고 있으며 또한 하나님의 용서를 진정으로 바란다는 사실을 인정하는 것이다. 만일 사회적인 명예와 신분을 고려해서 이것을 피하려 한다면 회개 자체가 성립되지 않는다.

묵상과 토의를 위한 질문
....

- 죄를 고백하다와 회개하다의 차이와 공통점에 관해 이야기해 보자.

- 죄를 인식하고, 죄를 고백하며, 회개하는 일에 대해 정리해 보자.

- 죄의 고백이 회개에까지 이르기 위해서 필요한 일은 무엇일까?

기적은
존재하는가?

인간은 고대부터 지금까지 보이는 세계 이면의 보이지 않는 세계와의 관계를 생각해 왔다. 때로는 부정했고, 때로는 동경했다. 함께 지내던 사람이 죽음과 더불어 더는 함께 있지 않음에도 꿈속에서 나타날 때 혹은 그리움이 솟구칠 때, 혹은 어떤 사건이나 현상과 관련해서 이성적인 이해의 수준을 넘어설 때, 사람들은 이런 현상들을 다른 세계 혹은 보이지 않는 세계와의 관계에서 이해하려 했고, 그렇게 이해할 수 있는 기제들을 만들어 실천했다. 그리고 만일 형체가 없는 보이지 않는 존재, 이름을 붙일 수 없는 존재, 어떤 형상과도 동일시할 수 없는 존재, 성경이 증거하는 이런 의미의 신적인 존재가 만일 어떤 작용을 한다면, 그 결과는 어떤 모습으로 나타날지를 생각했다. 불가사의하면서 그 작용이 보이지 않는 존재에 의한 것이라 믿어지면 그것을 기적이라 불렀다. 사전적으로 기적은 자연법칙에서 벗어나 일어나는 현상을 가리켜 말하지만, 그것의 기독교 신학적인 의미는 무엇일까?

기적과
지각능력
인간은 세상에서 일어나는 현상을 인지할 때 지각능력과 인식의 틀을 사용한다. 따라서 인간은 오직 지각할 수 있고 또 인지할 수 있는 것만 알아볼 수 있다. 세상은 우리가 아는 만큼 보인다. 지각할 수 없다고 해서 혹은 인지할 수 없다고 해서 존재하지 않는 것은 아니다. 문제는 어떤 사건과 현상을 설명함에 있어서 인간의 뇌는 항상 원인과 결과의 상관관계에 매여 있다는 것이다. 지각할 수 있고 또 인지할 수 있는 모든 것은 원인이 있기 때문이고, 만일 원인이 없다면, 없는 것이 아니라 아직 관찰할 방법이나 설명할 방식을 찾지 못한 것으로 여긴다. 만일 관찰 가능한 현상이라도 아직 원인-결과 관계를 규명하지 못한다면, 그것을 가리켜 흔히 불가사의하다고 말한다. 소위 세계 7대 불가사의란 세계 곳곳에 존재하지만 아직 그 원인 결과의 관계를 규명하지 못한 일을 말한다. 그들에게는 모든 일이 과학적으로 설명할 수 있거나 앞으로 설명될 과제이거나 아니면 밝혀내기 힘든 불가사의한 일이다.

그러나 그중에 만일 현상의 원인이 밝혀지지 않을 뿐 아니라 과학적으로 쉽게 납득되지 않은 일이 누군가의 개입으로 일어났다고 여겨지면, 곧 자연법칙에 어긋난다고 여겨진다면, 과학자들은 일단 그것을 명명하기를 유보하지만, 종교인들은 기꺼이 그것을 기적이라 한다. 불가사의한 일은 인과론적으로 그것을 설명할 방법이 아직 발견되지 않은 것이나, 기적은 그것이 초월적인 힘에 의해 일어났다고 믿는 것이다. 그러나 이것은 Deus ex machina(불가능한 사건을 설명하기 위해 개입되는 신)라는 비판을 받으면서 힘을 잃고 있다.

신이 항상 불가사의하고 또 기적이라 여겨지는 방식으로 작용하는 것은 아니다. 자연 현상들이나 사회 현상 그리고 일상의 모든 일도 신적인 작용과 결코 무관하지 않다. 이런 현상들은 그야말로 일상적이기 때문에 사람의 주목을 끌지 못하고 또 쉽게 간과된다. 요한복음의 기록에 따르면, 하나님이 예수 그리스도를 통해 행하신 일을 모두 기록한다면, 그것을 보관할 곳이 부족할 정도다. 이것은 성경이 수많은 일들 중에 선별적으로 기록된 것이라는 의미인데, 그중에 기적과 이적이 포함되어 있다는 사실은 지극히 당연하며 주목할 만하다.

다시 말해서 기적은 결코 일상적인 일이 아니었다. 수많은 사건과 현상들이 있었지만 특별한 의미를 갖는 일이었다. 따라서 신적 작용과 관련해서 언급되는 일들은 특별한 의미를 갖는 것으로 선별된 것들이며 대체로 불가사의한 일이나 기적이다. 기적을 일상적으로 일어날 수 있는 것처럼 말하는 것도 문제이지만, 현대인이 받아들일 수 없을 정도로 비합리적이라 해서 무시하는 것은 옳지 않은 일이라 생각한다. 우리가 사는 동안에 기적 같은 일이 일상적으로 일어나지는 않는다 해도 일어나고 있는 것은 부정할 수 없다.

기적이란 우리가 사는 세상을 설명할 수 있는 방식에 따라서는 일어나지 않는다고 여겨지는 일이나 혹은 그런 일이 실제로 일어나는 현상을 말한다. 종교적으로 널리 알려진 현상이며, 과학과 달리 종교의 특징을 형성하는 요인으로 여겨질 정도다. 그러므로 과학은 현상을 이해 가능한 방식으로 설명하려는 노력으로 알려지는데 비해, 종교는 설명할 수 없는 현상들을 이해할 수 있도록 돕거나 혹은 믿어야 비로소 이해할 수 있다고 본다. 그러므로 과학 이전 혹은 과학을 넘어서는 현상은 오래전부터 종교의 고유영역으로 여겨져 왔다. 그러나 과학이 발달하면서 종교와 과학은 기적과 관련한 많은 점에서 갈등했고 또한 갈등 양상을 바꿔가며 이러한 상황은 지금까지 계속되고 있다.

성경이
기적을 말하는 방식

성경은 기적이라 일컬어지는 일에 대한 기록을 다수 포함하고 있다. 구약에는 창조부터 시작해서, 해가 멈춘(지구가 자전을 멈춘) 일, 홍해가 때를 맞춰 갈라진 일, 불치병이 치료받은 일, 죽은 자가 다시 살아난 일 등이 있고, 신약 역시 예수님이 기적을 행하셨음을 증거한다. 예컨대 물 위를 걸었고, 물로 포도주를 만들었으며, 물고기 두 마리와 보리떡 다섯을 가지고 5,000명 이상을 먹이셨다. 눈먼 자를 보게 할 뿐 아니라 중풍병자를 낫게 했고 또 죽은 자를 살리셨다. 모두 과학적으로 설명할 수 없는 일이다.

성경 저자들이 이런 기적을 이야기 형태로 전해 주는 이유는 유대교에서 나온 후로 예수님의 가르침을 따르는 자들의 믿음을 공고히 할 필요가 있었기 때문이지만, 무엇보다 예수님의 인격과 사역으로 새로운 세상(하나님 나라)이 도래했음을 보여 주려 했기 때문이다. 예수님 안에서 하나님의 뜻이 일어났고 또 그를 통해서 하나님의 뜻이 현실이 되었다는 사실을 증거한다. 새로운 세상의 회복에는 자연환경의 회복과 인간다움의 회복이 포함된다.

다시 말해서 예수님과 더불어 시작되고 하나님이 새롭게 창조하시는 세상에는 부자들의 독식으로 가난한 사람이 굶주리는 일이 없고 또한 병 때문에 인간다운 삶에서 배제되는 사람이 없을 것이라는 메시지를 담고 있다. 기적은 반드시 일어나야 할 일들은 일어나도록 하고, 일어나서는 안 될 일은 일어나지 않도록 해야 한다는 사실을 증거한다. 다시 말해서 하나님의 다스림을 인정하고 또 하나님의 뜻이 자신들에게 일어나고 또 자신들을 통해 일어나기를 원하는 사람의 공동체에서는 경제적인 이유로 굶주리는 자가 결코 없어야 하며 또한 병 때문에 인간다움이 상실되거나 무시당하는 일이 결단코 있어서는 안 된다는 뜻이다.

따라서 기적은 무엇보다 세상의 구원을 위해 하나님이 당신의 방식으로 세상 일(역사)에 개입하시어 나타난 결과다. 관건은 그것이 하나님이 원하신 일이며 또한 하나님의 사역에 따른 결과임을 말하는 것이지, 그것이 초월적인 사건이라는 사실을 강조하기 위함에 있지 않다. 왜냐하면 성경시대에 살던 사람들은 근대 이후에 비로소 모습을 드러낸 자연법칙을 깊이 생각하지 않았고, 오직 그동안 경험하지 못했던 일들 혹은 불가능하다고 여겨졌던 일이 일어났다는 사실과 그것을 경험했다는 것만을 생각했기 때문이다. 그러므로 성경 속의 기적을 대하면서 염두해야 할 부분은 그것이 어떻게 가능했느냐가 아니라 마땅히 일어날 일을 기이하게 경험하면서 이들이 그것을 하나님이 행하신 것으로 받아들였다는 사실이다.

성경 기자들이 놀라운 일과 그것에 대한 자신의 경험을 공동체에 전해 주면서 의도한 것은, 앞서 언급했듯이, 자연법칙에 어긋나는 일을 행하신다는 사실을 말하기 위함보다 오히려 하나님께서 당신의 본질을 계시하면서까지 한편으로는 당신의 뜻을 나타내 보이시고 다른 한편으로는 인간을 돌보신다는 사실을 전하는 것이었다. 하나님이 세상을 사랑하신다는 사실을 드러내 보여 주는 것뿐 아니라 하나님이 세상을 다스리는 분임을 드러낸다. 다시 말해서 성경 기자들은 기적 이야기들을 통해서 사람이 하나님께서 창조주이시며 모든 생명을 유지시켜 주시고 회복시켜 주시는 분이심을 인지하고 또한 하나님의 긍휼(사랑)과 권능 그리고 영광을 직접 경험하기를 원했다.

그러므로 예수님이 행한 기적은 먼저는 예수님이 세상을 사랑하시는 하나님이 보내신 자로서 세상을 다스리는 자임을 나타내 보이고 또한 하나님이 세상을 구원하기를 원하신다는 뜻을 분명하게 드러낸다. 그리고 기적을 통해 하나님이 참 하나님 됨을 세상 가운데 나타낸다. 따라서 성경의 기적들은 예수님을 통해 하나님 나라가 이 땅에서 실현되고 있음을 보여 주는 징표이며, 또한 예수님을 통한 구원을 미리 경험하게 하는 것이다. 기적이 일어났다면 하나님 나라가 그곳에 임한 것이다. 관건은 일어난 일보다 하나님 나라가 임했다는 사실이 더 중요하다.

이에 비해 사도행전에서 볼 수 있는 사도의 기적은 예수님 이후의 시대를 사는 제자들이 예수님의 이름으로 행한 것이다. 이것은 예수님이 육체적으로 부재하는 시대에 예수님의 인격과 사역이 과연 계속될 것인가에 관해 의문을 품었던 당시 사람을 겨냥해서 일어난 징표였다. 다시 말해서 사도들이 예수님의 이름으로(이름은 존재와 작용을 상징한다) 행하는 모든 일은 예수님이 살아 계시는 동안 행하셨던 일과 동일한 목적과 권능으로 일어난다는 사실을 증거한다. 그러므로 사도들의 사역은 예수님의 사역의 연장이며, 사도행전의 기적은 사도들을 통해서 계속 이어지는 예수님의 인격과 사역을 증거한다.

예수님이 육체적으로 더 이상 세상 가운데 존재하지 않음에도 불구하고 어떻게 이런 일이 가능할까? 바로 이 질문에 대한 대답으로 주어진 것이 성령의 역사이다. 성령은 예수님이 육체적으로 부재하는 시기에 사도들을 통해 그리고 믿는 사람을 통해 예수님의 인격과 사역이 계속 나타날 수 있게 하는 하나님이며 또한 하나님의 능력이다. 오늘날 우리가 성령으로 충만해지기를 간구하는 이유는 예수 이후의 시기에는 오직 성령만이 그 일을 행할 수 있는 하나님이기 때문이다. 하나님으로서 성령은 주권적인 일을 행하시며, 또한 하나님은 성령 안에서 당신의 백성들과 함께 하시며, 성령을 통해 하나님은 예수님의 인격과 사역이 당신의 백성을 통해 계속적으로 나타나도록 하신다.

기적을
이해하는 관건

따라서 기적을 이해하는 관건은 자연법칙에 어긋나는 일이 어떻게 일어날 수 있느냐를 밝히는 데에 있기보다 오히려 어떤 일이든 우리에게 사랑과 구원을 베풀어 주시기를 원하는 마음에서 하나님이 행하셨다는 사실을 우리가 인정하는 데에 있다.

과학이 발달한 현대 사회에서 흔히 접할 수 있는 질문을 생각해 보자. 오늘날에도 기적은 일어날까? 오늘 우리 역시 사도들과 마찬가지로 예수 이후의 시대를 살고 있다. 그렇다면 복음을 전하기 위해 필요했기 때문에 사도들에게 나타났다면, 같은 목적과 필요성이 있으면 오늘날 우리에게도 기적은 일어날까?

우리가 사는 시대와 성경시대를 비교한다면, 과거와 달리 오늘날에는 세상에서 일어나는 일을 합리적으로 설명할 수 있을 뿐 아니라 또한 불가능한 일에 대해서는 신화 혹은 상상력의 산물로 자신 있게 말할 수 있다는 점이다. 이것은 합리적인 사고와 과학적인 방법을 중시하고 또 과학에 대한 신념을 갖고 있기 때문이다. 그렇다고 해서 과학적으로 설명할 수 없는 일이 일어나지 않는 것은 아니다. 우리 주변에는 현대과학으로 설명하기 어려운 일이 곧잘 일어난다. 이것을 기적이라 말할 수 있을까? 현대과학으로 설명하기 어려운 일이라고 해서 성경적인 의미의 기적이라고 말해서는 안 된다. 왜냐하면 성경적인 의미의 기적은 그것이 예수 그리스도를 증거하며, 하나님 나라의 현실을 말하는 징표로 받아들일 수 있는 조건을 충족시키기 때문이다. 다시 말해서 기적에는 하나님의 긍휼, 사랑, 권능, 영광 등이 분명하게 표출된다. 그러므로 아직 설명할 수 없는 사건이라고 해서 그것을 무조건 신학적인 의미의 기적과 동일시해서는 안 된다. 과학적으로 설명하기 어렵다고 해서 기적이라고 말하는 것은 옳지 않다. 이렇게 되면 Deus ex machina 논리라는 비난에서 면치 못한다.

앞서 제기한 질문으로 다시 돌아가 보자. 오늘날에도 기적은 일어날까? 이 질문은 하나님은 우리를 여전히 사랑하시고 우리에게 구원을 베풀어 주시기를 원하시는지를 묻는 질문이다. 하나님은 우리의 구원을 위해 예수님을 통해 일하셨듯이, 오늘날 성령을 통해 일하신다. 성령은 우리 안에서 당신의 뜻을 이루시며, 당신의 일을 우리에게 행하시고 그리고 우리를 통해 일하신다. 만일 하나님과 우리의 관계를 생각한다면, 하나님은 지금도 우리에게 당신의 긍휼하심을 보이시고, 우리를 사랑하심을 입증해 보이시며, 또한 우리를 통해 세상에 권능과 영광을 나타내신다고 말할 수 있다. 기적은 하나님이 당신이 하나님이심을 입증하는 일이며, 또한 세상과 다른 방식으로 혹은 세상을 놀라게 하여 당신을 주목하게 할 목적으로 행하시는 일이다. 이런 의미에서 비록 과거와 방식과 양태에서 다르다 해도 기적은 지금도 일어난다. 성령의 역사는 형체가 없다. 성령의 역사에 따른 기적은 믿는 자의 일상 속에 녹아 들어 더는 일상과 분간할 수 없다.

기적을 이렇게 이해한다면, 오늘날의 기적의 진정한 의미는 초자연적인 현상이 아니라(물론 개인적으론 이것을 절대적으로 부정할 수 없다고 본다. 다만 이것에 집착하는 것은 문제다) 인격과 삶의 변화에 있다고 말할 수 있다. 모두가 자신을 주장하고 고집하는 시대에 자신을 내려놓고 은혜로 인하여 새로운 모습을 입는 것은 모든 사람이 주목할 만한 일이며, 이 일은 쉽게 볼 수 없는 일이라는 점에서 기적이라 할 수 있다. 또한 자신과 다르다는 사실을 인정하거나 받아들이기 어려운 시대에 다름을 인정하고 자기 안으로 받아들여 오히려 새로운 삶의 가능성으로 삼는 일 역시도 기적이라 말할 수 있다. 우리 주변에서 이런 현실을 본다는 것은 거의 불가능에 가까운 일이라 생각하기 때문이다. 모든 것의 원리를 설명할 수 있는 지식이 넘치는 시대에 오히려 하나님의 지혜에 귀 기울이며 하나님의 말씀에 따라 사는 것 역시 기적이 아닐 수 없다.

영화
"원더"

예를 들어 이런 의미의 기적을 잘 보여 준 영화를 소개하면 "원더"이다. "원더"는 우리 시대의 기적에 관한 이야기로 보아도 좋겠다. 영화는 2012년 미국에서 그래픽 디자이너로 일하는 R. J. 팔라시오가 쓴 동명의 베스트셀러 소설을 바탕으로 만들어졌다. 우리나라에서는 같은 해에 『아름다운 아이』

(책과콩나무)라는 제목으로 번역되어 출간되었다. 주일학교 학생들로 책을 읽도록 하거나 영화를 함께 관람하기를 추천한다.

감독은 기적과 관련해서 말할 수 있는 주인공 어기의 능력보다 어떻게 기적이 일어나게 되었는지에 초점을 맞추고 있다. 영화는 유전자 이상으로 선천적인 안면기형으로 태어난 어기가 오랜 동안의 침묵 끝에 세상 밖으로 나왔지만 편견으로 가득한 따가운 시선과 심한 따돌림으로 힘들어 하면서도 잘 인내해 주어, 결과적으로 그를 대하는 주변의 사람이 변화한다는 내용을 담고 있다. 흥미로운 일은 기적의 주인공인 어기의 역할이 적극적이지 않다는 것이다. 어기가 일으킨 기적이라는 것은 특별한 능력이 있었기 때문이거나 구체적인 행위의 결과가 아니었다. 다만 편견으로 가득한 시선과 심한 따돌림을 참으면서 그들과 친구로서 지내기를 주저하지 않았다는 사실이 강조되었을 뿐이다(이런 점에서 어기의 누나 비아의 절친인 미란다가 자신의 가족 상황 때문에 스스로 비아로부터 멀어지는 모습은 어기와 대조적으로 조명된다.). 누구나 이런 상황에 처하게 되면 사람의 시선 때문에 주눅들 수밖에 없고 따돌림으로 자격지심으로 외로움을 느낄 수밖에 없다(비아의 친구 미란다는 그런 모습을 대조적으로 보여주는 캐릭터이다). 그럼에도 어기는 절친을 사귀기까지 인내하였고, 인내하며 지내는 동안 친구의 시선은 바뀌기 시작했다. 시선의 변화는 생각과 마음의 변화로 이어지고, 결국 태도의 변화와 더불어 관계의 변화까지 이어졌다.

물론 이 과정에 이르기까지 중요하게 작용하는 요인은 어기만이 아니라 어기를 대하는 일부 친구들의 따뜻한 마음이었다. 어른의 요구에서 비롯하든 아니면 교장 선생님의 부탁에 따른 것이든 소수의 친구들은 어기의 편에 서있음으로써 어기가 끝까지 인내하는 일에 큰 도움을 주었다. 이로써 영화는 중요한 것은 모습이 아니라 마음이며, 따뜻한 마음으로 약한 자를 대할 때 오히려 자신의 삶이 변화되는 일을 경험하게 될 것이라는 사실을 강조한다. 이것을 기꺼이 기적이라 말할 수 있는 까닭은 현대사회에서 사람이 편견을 극복하기가 쉽지 않고 또한 선하게 변한다는 것은 더욱 어려운 일임을 잘 알기 때문이다.

심한 안면기형의 아이가 학교에서 당당하게 살아간다는 것 자체가 쉬운 일은 아니며, 끝까지 인내하는 것은 더욱 어려운 일이다. 그럼으로써 오히려 주변의 아이들을 절친한 친구로 만들뿐 아니라 또한 안면기형에 대한 편견을 극복하도록 해 주었다면, 이것이 기적이 아니고 또 무엇이라 말할 수 있을까?

어려운 일로 고통 중에 있을 때 말하지 않고 혼자 해결하려하는 것은(물론 충분히 혼자 해결할 수 있다면 굳이 말할 필요는 없을 것이다) 자신의 자존감을 세울 수 있는 일이기는 하지만, 주변 사람들로 하여금 변화를 경험할 기회를 빼앗는다는 점에서 결코 바람직하지 않다. 물론 자신의 아픔과 고통과 어려움을 알림으로써 사람의 편견과 곱지 않은 시선을 받을 수 있지만, 그것보다 더욱 중요한 것은 사람이 나의 어려움과 고통을 돌보고 또 기도함으로써 변화의 기회를 가질 수 있다는 것이다. 따라서 편견과 부정적인 시선을 인내하는 것이 중요할 뿐이며, 그렇다고 말하지 않는 것은 기독교인으로서 바람직하지 않다고 말할 수 있다.

묵상과 토의를 위한 질문

- 기적의 일상적인 의미에 대해 알아보자.

- 성경에서 기적은 어떤 방식으로 말해지고 있는지 알아보자.

- 오늘날 기적의 의미는 무엇일까?

하나님은 만물을 회복하시는가?

: 화목(화해, Reconciliation, Versöhnung)

화목과

화해

거룩하신 하나님은 예수 그리스도를 통해 죄인인 인간과의 관계를 회복하셨다. 이 사건을 가리켜 신학적으로 '화목(화해)'이라 한다. '카탈라게'를 번역하면서 개역개정에는 '화목'으로 번역했지만, 조직신학에서는 '화해론'이라고 해서 '화해'라는 말을 사용한다. 용어 사용에서 왜 이런 불일치 현상이 나타났는지 모르지만, 추측하기로는 하나님의 화목하시는 행위를 설명하는 이론을 처음 '화해론'으로 번역한 일본어 용어를 그대로 사용한 결과가 아닌가 생각한다.

두 단어는 약간의 차이가 있기는 하지만 서로 유사한다. '화해'는 적대적인 관계에 있던 상대방들이 서로를 용서하는 것을 가리키는데 비해, '화목'은 다툼이 없이 즐겁고 다정한 상태를 가리킨다. 성경에서 사용된 헬라어 '카탈라게'는 기본적으로 하나님과 인간 사이에 있는 적대적인 관계를 전제한다. 그리고 하나님에 의해 인간이 하나님과 우호적이면서 평화의 관계를 얻게 된 상태를 가리킨다. 그러므로 상호 적대관계로부터 평화적이고 우호적인 관계로 변화된 것을 화해라 한다.

화목 사건은
그 자체가 복음

죄 때문에 발생한 적대관계에서 심판의 대상인 인간이 하나님과 화목하게 되어 멸망의 위기에서 벗어나 평화를 누리게 되었다는 사실은 그 자체가 복음이다. 사람들은 오직 예수 그리스도 안에 화목의 현실을 경험하고 또 선포와 설교를 통해 화목의 복음을 들을 수 있다. 그 중심에는 예수 그리스도의 십자가 사건이 있다. 사도 바울은 이 사실을 이렇게 증거했다.

> **로마서 5장 10-11절** 곧 우리가 원수 되었을 때에 그의 아들의 죽으심으로 말미암아 하나님과 화목하게 되었은즉 화목하게 된 자로서는 더욱 그의 살아나심으로 말미암아 구원을 받을 것이니라. 그뿐 아니라 이제 우리로 화목하게 하신 우리 주 예수 그리스도로 말미암아 하나님 안에서 또한 즐거워하느니라.

> **고린도후서 5장 18-20절** 모든 것이 하나님께로서 났으며 그가 그리스도로 말미암아 우리를 자기와 화목하게 하시고 또 우리에게 화목하게 하는 직분을 주셨으니 곧 하나님께서 그리스도 안에 계시사 세상을 자기와 화목하게 하시며 그들의 죄를 그들에게 돌리지 아니하시고 화목하게 하는 말씀을 우리에게 부탁하셨느니라 그러므로 우리가 그리스도를 대신하여 사신이 되어 하나님이 우리를 통하여 너희를 권면하시는 것 같이 그리스도를 대신하여 간청하노니 너희는 하나님과 화목하라.

사도 바울에 따르면, 예수 그리스도는 하나님과 세상의 화목을 위해 보냄을 받은 자로서 인간을 하나님과의 적대관계에서 벗어나게 했다. 그리고 이런 선포에 적합한 반응을 촉구하면서 바울은 "하나님과 화목하라"고 촉구한다. 그것은 인간의 노력으로 화목을 이루라는 말이 아니라 예수 그리스도를 통해 이루어진 사실을 믿음으로 받아들이라는 말이다. 믿음으로 받아들인다는 것은 하나님이 예수 그리스도 안에서 행하신 일을 진리로 여기며, 그것을 자신에게 일어나도록 한다는 의미다. 뿐만 아니라 바울은 이것을 전하는 사역이 그리스도인에게 주어져 있음을 덧붙여 말했다.

곧 인간은 화목이 자신에게 일어나도록 함으로써 하나님의 화목을 세상 가운데 나타내고, 또한 세상이 예수 그리스도를 통해 일어난 화목을 받아들일 것을 증거한다. 말하자면 바울은 하나님과 화목하게 된 것은 예수 그리스도를 통해 이루어졌음을 거듭 강조하면서 또한 이 복음에 대한 적합한 반응은 하나님의 화목을 받아들일 뿐 아니라 화목한 자로서 화목의 말씀을 다른 사람에게 전하는 일임을 거듭 환기하였다. 이것은 종종 '화목의 윤리'라는 말로 표현되고 있다. 그리스도인은 예수 그리스도께서 다시 오실 때까지 이런 삶을 살도록 부름 받았기 때문이다. 그러므로 하나님의 행위인 화목에 대한 올바른 신앙은 예수 그리스도를 십자가에 죽게 하심으로 죄인을 자기 안으로 받아들이신 하나님의 은혜의 행위를 진리로 받아들임으로써 하나님의 의가 내 안에서 작용하게 할 뿐만 아니라 화목한 자로서 평생 그것을 전하는 일을 포함한다.

화목과 관련한
질문

여기서 몇 가지 질문이 생긴다. 우선 인간은 화목의 사실을 어떻게 경험할까? 죄인으로서 인간은 하나님과 적대적인 관계에 있을 수밖에 없음에도 불구하고 어떻게 거룩하신 하나님과 화목할 수 있는 것일까? 왜냐하면 거룩은 절대적인 속성으로 죄를 결코 용납하지 않는 개념이기 때문이다. 모순과도 같은 현실을 어떻게 극복할 수 있을까? 이런 질문과 더불어서 또한 제기되는 또 다른 질문은 다음과 같다. 화목은 인간의 의지에 따른 것일까, 아니면 하나님의 주권적인 행위일까? 셋째, 화목의 효력은 모든 사람에게 미칠까, 아니면 오직 믿는 자에게만 허용되는 것일까? 넷째, 그리스도인을 통해 화목의 말씀이 선포될 때, 하나님의 화목하게 하시는 행위는 어떻게 나타날까? 다섯째, 왜 그리스도인은 평생 동안 화목의 말씀을 선포하며 살아야 하는 것일까?

화해 경험과
화해론

당시 그리스도인은 이런 질문을 갖고 있었고 이런 질문에 대답하는 과정에서 여러 신학자들에 의해 다양하게 설명되었는데, 이것이 화해론이다. 화해론은 하나님과 인간의 화해라고 하는 불가능한 관계가 어떻게 가능하게 되었는지를 설명한다. 곧 예수 그리스도 안에서 베푸신 하나님의 은혜의 행위를 설명하는 것이다. 그리고 왜 화목의 말씀을 전하며 살아야 하는지를 설명한다. 화해론을 설명하기 전에 인간이 어떻게 화해의 사건을 경험하는지에 관해 생각해 보자.

화해 경험은 무엇보다 기쁨이요 생명과 평화의 삶으로 나타난다. 심판의 주님이 죄인을 벌하지 않고 새로운 삶을 위한 길을 열어 주셨기 때문이다. 하나님이 예수 그리스도를 통해 화목하심으로 인간은 새로운 삶을 살 수 있을 뿐 아니라 더 이상 두려움 가운데 살지 않고 평화 안에서 살 수 있게 되었다. 사도 바울은 이것을 구체적으로 기쁨으로 표현하였다. 또한 더 이상 버려진 존재가 아니라 하나님의 화목을 전하는 사람으로 부르심을 받는 것이다. 하나님과 화목하심으로 우리는 평화를 누리는 사람이 되었다. 하나님의 화해를 받아들이는 사람은 무엇보다 십자가 사건에서 드러난 하나님의 심판과 저주를 매개로 자신이 죄인임을 고백하며 회개에 합당한 열매를 맺는다. 회개 경험은 화해를 실제적으로 이해하는 일에서 결코 간과할 수 없는 경험이다. 하나님의 화해 복음을 듣는 자는 무엇보다 자신이 얼마나 죄인임을 깨닫고 회개로 반응한다. 화해를 전하는 자로 부름 받은 자에게 진정한 회개가 없다면, 그 진정성을 의심할 수밖에 없다. 독일과 폴란드에서 독일은 이 점을 매우 분명하게 드러내었다. 이에 비해 일본의 평화조약에 진정성이 없어 보이는 까닭은 평화조약을 단지 정치적인 행위로만 여기고 과거의 행위를 반성하는 마음을 보여 주지 않기 때문이다.

예수 그리스도의
죽음

앞서 제기한 질문으로 돌아가 보자. 먼저 첫 번째 질문은 예수 그리스도의 십자가의 죽음을 통해 설명했다. 그리스도의 죽음은 죄인을 대신한 희생이다. 사도 요한은 이것을 구약의 제사 전통을 매개로 설명하는데, 그는 요한일서 2장 2절에서 "그는[예수 그리스도] 우리 죄를 위한 화목 제물이니…", 4장 10절에서는 "사랑은 여기 있으니 우리가 하나님을 사랑한 것이 아니요 하나님이 우리를 사랑하사 우리 죄를 속하기 위하여 화목 제물로 그 아들을 보내셨음이라."고 했다. 죄 없는 예수 그리스도가 속죄를 위해 대신 희생하심으로써 죄인은 그리스도 안에서 하나님의 의를 얻게 되었다. 거룩하신 하나님이 죄인을 그리스도 안에서 받아들이신 것이다. 이 일을 가능하게 한 일이 십자가를 통한 화해 사건이다.

화목의
주체

두 번째 질문은 화목의 주체에 대한 것이다. 이 질문 역시 다분히 제사 전통과 관련되어 있다. 왜냐하면 제사 전통에서 속죄 제물을 가지고 오는 것은 인간이기 때문이다. 제물을 가지고 오면 대제사장은 속죄제를 통해 하나님께 속죄를 구하고, 하나님이 제물을 받으심으로 인간은 죄를 사하셨다는 확신을 받았다. 이런 맥락에서 화목의 주체는 다분히 속죄의 필요를 느끼는 인간에게 있는 듯이 보인다. 속죄 제물은 속죄에 대한 인간의 정성과 깊은 관련을 갖기 때문이다. 그러나 예수 그리스도로 말미암아 이루어진 화목은 전적으로 하나님 은혜의 행위다. 하나님이 세상을 사랑하셨기 때문에 일어난 일이고 예수 그리스도의 희생을 통해 화목을 이루셨다. 사도 바울은 특별히 화목하게 하시는 일이 우리가 아직 죄인 되었을 때에 이루어졌음을 강조함으로써 하나님이 화목의 주체이심을 명확히 밝혔다.

화목의
효력과 범위

세 번째 질문은 화목의 효력이 미치는 범위에 대한 것이다. 우선적으로 "우리를 위해 죽으셨다"는 표현에서 '우리'는 신앙 공동체를 가리킨다. 따라서 우선적으로는 예수 그리스도를 믿는 사람을 겨냥한다고 볼 수 있다. 그런데 요한일서 2장 2절에 보면, "우리만 위할 뿐 아니요 온 세상의 죄를 위하심이라."라고 말하면서 여전히 죄 가운데 있는 사람들, 곧 예수 그리스도를 믿지 않는 사람에게도 유효하다는 의미를 갖는 표현을 하였다. 이것은 사도 바울의 '우리가 아직 죄인 되었을 때에'라는 표현과 일맥상통한다. 이 점을 긍정적으로 보고 신학적인 주장으로 제시된 이론이 만유화해론이다. 만유화해론은 하나님의 화목하게 하시는 일이 믿는 자들뿐만 아니라 모든 피조물에게도 유효함을 주장한다.

선택 및 구원과 관련해서 매우 복잡한 문제이기 때문에 이곳에서 간단하게 설명할 수는 없지만, 물리학에서 통용되는 스케일과 관련한 유효이론(effect theory)의 도움을 받을 수 있다. 스케일이 달라지면 그것을 기술하고 설명하는 이론이 달라진다. 예컨대 뉴턴 물리학으론 우주를 다 설명하지 못하고, 우주의 이론을 갖고는 양자의 세계를 다 설명하지 못한다. 마찬가지로 독일 신학자 게르하르트 자우터가 말한 신학적인 유효거리와 사정거리를 매개로 설명한다면 어느 정도 오해에서 벗어날 수 있을 것이라 생각한다. 다시 말해서 모든 피조물에게까지 유효하게 작용한다고 보는 입장은 신학적인 진술의 유효거리(발사된 총알이 이르게 되는 거리)를 말하는 것이고, 믿는 자들에 제한하는 입장은 신학적인 진술의 사정거리(총의 목적을 성취하는 효과를 내는 거리)를 말하는 것이다. 기독교 안에서 유효하게 적용된다고 해서 그 이론이 기독교 밖에까지 유효하게 적용되는 것은 아니다. 기독교 밖의 세계에 대해 하나님의 화목하시는 행위를 말할 때는 다른 설명 체계가 필요하다. 하나님의 화목하게 하시는 행위가 모든 피조물에게 나타나는 일은 우리가 기대하고 소망하는 일이지만, 현실적으로 하나님의 화목 사역은 먼저 믿는 자들에게 유효하게 나타난다.

화목을 전하는 자의
역할

네 번째 질문은 화목의 말씀을 전하는 자의 역할 문제다. 이것은 종종 화목의 윤리라는 이름으로 거론된다. 화목은 하나님의 화목하게 하시는 행위뿐만 아니라 그것을 전하는 사역까지 포함하는데, 이는 예수 그리스도 이후를 사는 사람에게 화목하게 하시는 하나님의 행위는 오직 선포를 통해 유효하게 나타난다는 말이다. 누구도 예수 그리스도의 역할을 대신할 수 없다. 누구를 대신해서 죽는다고 해서 그 죄가 사해지는 일이 아니라는 말이다. 희생을 빌미로 예수 그리스도의 위치를 대신하려는 어떤 시도도 결국 좌절할 수밖에 없다. 다만 우리는 오직 선포와 그에 따라 요구되는 화목의 삶을 통해 하나님의 행위가 계속 되기를 기대할 수 있다. 달리 말해서 하나님은 그리스도인의 선포행위와 화목의 삶에 대한 순종을 통해 당신의 사역을 계속 이어 나가신다는 말이다. 이것은 성령을 통해 이루어진다.

화목
사역

마지막 다섯 번째는 그리스도인의 화목의 말씀을 전하는 사역에 관한 것이다. 이것은 하나님의 형상으로서의 인간 창조와의 관계에서 설명될 수 있다. 하나님의 형상으로 만들어졌다 함은 하나님의 뜻과 속성 그리고 행위를 인간을 통해 드러내기를 원하시는 하나님의 계획이 담겨져 있다는 뜻이다. 달리 말한다면, 인간은 창조와 더불어 그렇게 하도록 부름 받았다. 무슨 일을 하든, 또 무엇을 말하든, 인간은 하나님과 그분의 행위를 세상 가운데 드러내도록 해야 한다. 따라서 하나님의 화목하게 하시는 행위가 하나님의 화목을 믿음으로 받아들인 사람을 통해 선포되어야 한다는 것은 당연한 결론이다. 믿는 자는 하나님의 화목 행위의 징표다. 인간은 평생 화목의 말씀을 전하며 화목의 삶을 사는 가운데 하나님의 화목하게 하시는 행위가 모든 피조물에 유효하게 나타나도록 하는 일에 부름 받았다. 하나님의 선택에는 제한이 없다고 인간으로서 기독교인은 감히 말할 수는 없으나, 기독교인은 하나님이 당신의 모든 피조물들을 회복시키시기를 기대하며 소망하는 가운데 화목의 사역을 위해 먼저 부름 받았다고 말할 수 있다.

묵상과 토의를 위한 질문

- 화목의 의미를 정리해 보자.

- 예수 그리스도에 의한 화목 사역은 어떤 것을 말하는가?

- 화목된 자로서 우리는 화목 사역에서 어떤 역할을 담당하는가?

하나님은
왜 명령의 형태로 말씀하실까?

성경의 표현에 따르면, 하나님은 말씀하신다. '말씀하신다' 함은 상징이 아니라 실제로 들리는 말씀을 하신다는 것이다. 하늘에 계시고 또 보이지 않는 초월적인 하나님이 인간이 마음으로 혹은 귀로 들을 수 있도록 말씀하신다는 것이다. 여기에는 인간의 화법에 따라 서술형과 명령형 그리고 의문형이 있다. 물론 감탄형도 있다. 하나님이 말씀하신다는 표현도 그렇지만 성경에 나오는 여러 화법과 관련해서 종종 의문이 드는 경우가 있다. 초월적인 하나님이 인간이 마음으로나 귀로 들을 수 있도록 말씀하시는 일은 어떻게 가능할까? 혹 '하나님'은 정의상(by definition) 원래부터 인간과 소통이 가능한 존재인가? 어떤 근거에서 이렇게 볼 수 있을까? 특히 명령형은 성경에서 계명과 율법으로 구체화되는데, 하나님은 왜 명령형으로 말씀하시는 것일까?

신앙생활에서 사용되는
'하나님이 말씀하셨다'는 표현의 의미에 대해

하나님이 말씀하시는 것을 인간이 듣는다고 할 때 이것은 구체적으로 어떤 현상을 가리키는 것일까? 신앙생활에서 우리는 '하나님이 말씀하셨다'

'하나님이 내게 말씀하셨다'는 말을 자주 사용한다. 설교나 교육에서 그리고 성도의 대화에서 회자되는 표현이다. 기도하는 가운데 하나님의 음성을 들었다, 말씀을 읽는 중에 하나님의 음성을 들었다, 설교를 듣는 중에 하나님의 음성을 들었다는 식이다. 인간은 하나님의 말씀을 어떻게 들을 수 있는 것일까? 여기서 언급되는 '하나님의 말씀'은 어떤 형태일까? 고막을 울리는 청각신호인가, 아니면 단지 마음의 생각을 하나님의 말씀으로 여긴 것일까? 아니면 성경을 해석하거나 사건을 해석하여 얻은 의미와 깨달음을 하나님의 말씀으로 여긴 것일까? 아니면 성경 기반의 설교에서 얻은 깨달음을 하나님의 말씀과 동일시한 것일까?

성경에는 하나님이 제사장과 예언자 그리고 왕에게 말씀하셨고, 그들을 통해 백성에게 말씀하셨다는 기록이 있다. 제사장과 예언자 그리고 왕도 인간인 한 그들이 어떤 방식으로 초월자 하나님의 말씀을 들었을 지에 관한 의문은 여전히 남는다. 신탁을 통해, 상징을 통해, 꿈이나 환상을 통해, 각종 징후들을 통해, 혹은 기록을 통해 말씀하셨지만, 직접 말씀하시기도 했다. 전자는 해석을 통해 들을 수 있었겠지만, 후자의 경우는 어떤 현상을 가리켜 말한 것일까?

인간과 하나님의
소통 가능성

인간이 들을 수 있는 말을 하나님이 하셨다고 할 때 반드시 전제되어야 할 사실은 인간과 하나님이 소통 가능성을 공유하고 있어야 한다는 것이다. 그것이 하나님 편에서 충족되든가 아니면 인간 편에서 준비돼 있어야 한다. 그렇지 않으면 소통 자체가 불가능하다. 왜냐하면 신과 인간은 질적으로 서로 다르다고 정의되기 때문이다.

바로 이런 맥락에서 사람들은 오래 전부터 해결책을 모색하려 노력했다. 비가시광선을 볼 수 있는 기구를 개발하듯이, 보이지 않는 하나님의 말씀을 들을 수 있는 방법을 찾으려 했다. 인간에게 신성을 인정하기도 하고 또한 신에게 인성을 투사하기도 했다. 그리스 신화를 비롯한 각종 신화들은 대표적인 사례다. 양자를 매개하는 영매(샤먼)를 통해 소통 가능성을 마련하기도 했다. 관건은 하나님과 인간의 소통이 가능해지기 위해서는 인간 안에 인성만 있어서는 안 되고 반드시 신적인 것이 존재해야 하며, 혹은 하나님 안에 오직 신성만 있으면 안 되고 반드시 인간적인 무엇이 존재해야 한다는 점이다. 과거에는 신적인 기원을 갖고 또 신적인 속성을 갖는다고 여겨진 인간의 영혼에서 하나님과 소통할 수 있는 가능성을 보았다. 영혼을 하나님의 형상으로 본 까닭은 순전히 육체적인 것이 아닌 것이 인간에게 있어서 그것으로 하나님과의 소통의 가능성을 확보하기 위함이다. 그러나 이것이 헬라 사상의 영향을 받아 형성된 견해임이 뒤늦게 밝혀진 후로 더는 신학적으로 진지하게 받아들여지지 않는다.

인간 안에서 신적인 것을 인정하기 어렵다면, 하나님으로부터 인간적인 것을 찾는 것은 어떨까? 만일 이것이 가능하지 않으면 어떻게 하나님이 인간과 소통할 수 있겠는가! 만일 그렇지 않음에도 하나님이 말씀하셨다고 말한다면, 그것은 단지 인간이 자신의 해석을 하나님의 말씀으로 투사한 것에 불과하다. 포이에르바흐(Ludwig Feuerbach)는 이미 『기독교의 본질』에서 신의 이런 인간적인 속성을 폭로하였다. 실제로 인간은 자신의 생각과 뜻을 하나님의 뜻과 생각으로 포장해서 하나님의 것이라 말한다. 이로써 자기 합리화를 시도하고 또 인간관계에서 타인보다 더 우월한 위치를 선점한다. 구약에서도 소위 거짓 선지자 현상은 이런 일이 과거에도 있었음을 알려 준다. 오늘날에도 이런 일이 흔히 발생하고 있지만, 엄밀히 말해서 그것은 세 번째 계명을 어기는 일이다. 하나님의 이름을 망령되이 일컫는(쓸 데 없는 곳에 사용하는) 일이다. 자신의 이익을 위해 혹은 자신의 주장을 관철시키기 위해 하나님의 이름을 사용했기 때문이다.

하나님의
인간성

하나님이 말씀하셨다 함은—적어도 인간으로서 하나님의 말씀을 들었다는 사실을 전제할 때—하나님 안에 있는 인간적인 것을 통해 인간과 소통하셨다는 것이다. 하나님 안에 있는 인간적인 것은 바로 성자이신 예수 그리스도이시다. 인간이 들었다고 하는 하나님의 말씀 혹은 하나님이 직접 쓰셨다는 하나님의 말씀은 혹은 심지어 하나님을 인식했다는 사실 등은 하나님 안에 있는 인간적인 것을 전제할 때 가능한 것이다. 그렇지 않으면 하나님과 인간의 소통 자체가 불가능하다. 이것을 가장 분명하게 밝힌 신학자는 칼 바르트다. 그는 1956년 아라우(Aarau)에서 행한 강연 '하나님의 인간성'에서 하나님의 인간성을 하나님이 인간과 함께 있음(Mitmenschlichkeit: 하나님은 본질에서 인간과 함께 있는 존재라는 사실)으로 이해하면서 예수 그리스도를 통한 하나님의 인식 가능성을 역설했다.

예수 그리스도가 하나님 안에 있는 인간적인 속성의 구체화라는 사실을 신학적으로 뒷받침하는 증거는 교부들의 공의회 결정에서 분명해졌다. 니케아 공의회에서는(325) 성부와 성자의 신성에서 일치(호모우시오스; 동일본질)를 결정했고, 또한 칼케돈 공의회에서는(451) 성자를 '참으로 하나님이고 참으로 사람(vere Deus vere Homo)'이라고 고백함으로써 성자에게는 신성과 인성 모두가 갖춰져 있다고 결정했다(양성론).

따라서 삼위일체 신앙은 하나님이 말씀하셨다는 사실이 가능할 뿐 아니라 하나님이 인간과 충분히 소통할 수 있는 분이며 또한 하나님은 인간에 의해 인식 가능하다는 것에 대한 확실한 기초 역할을 한다. 따라서 삼위일체 신앙에 근거할 때, 특히 예수 그리스도를 통해 하나님은 말씀하시며 또한 예수 그리스도를 통해 인간과 소통하신다는 사실이 이해된다.

하나님은 성자에게 말씀하시며, 그분 안에서 말씀하시고, 또한 성령 안에서 그분을 통해 인간에게 말씀하신다. 그러므로 우리가 귀를 기울여야 하는 분은 바로 계시된 말씀이며 성자이신 예수 그리스도다. 삼위일체적인 관점에서 볼 때 하나님은 예수 그리스도 안에 계신 하나님이다. 하나님이시고 또한 인간이신 예수 그리스도를 떠나서 인간은 하나님과 소통할 수 없다. 하나님 역시 예수 그리스도를 통해서만 인간과 소통하신다. 예수 그리스도를 떠난 인간은 하나님에게 기도할 수도 없고, 그분의 말씀을 들을 수도 없으며, 그분에게 나아갈 수도 없다(나는 길이요 진리요 생명이니 나로 말미암지 않고는 아버지께로 올 자가 없느니라.). 예수 그리스도를 믿지 않으면 하나님이 인간에게 임재하시는 것도 인지하지 못한다. 예수 그리스도는 인간으로 오신 하나님이시기 때문이다.

따라서 하나님이 말씀하신다 함은 계시된 말씀으로 그리고 예수 그리스도를 통해 말씀하신다 함이다. 칼 바르트는 이것을 계시로 이해했고, 하나님의 말씀이 예수 그리스도, 성경 그리고 설교를 통해 나타난다고 했다. 따라서 교회와 신앙생활에서 회자되는 '하나님의 말씀을 들었다' 함은 예수 그리스도를 만났다 함이며, 성경을 읽고 듣고 묵상함을 통해 하나님의 말씀을 들었다 함이며, 또한 성경에 충실한 설교(교리를 포함)를 들음으로써 하나님의 말씀을 들었다 함이다. 이 일은 오직 성령의 역사를 통해 이루어진다. 기도할 때 하나님의 음성을 들었다 함은 하나님의 응답을 표현하는 것이지만, 그것은 예수 그리스도와 성경과 설교의 메시지에서 결코 벗어나지 않는다. 벗어나는 것이라면 그것의 진실성을 엄밀하게 검증받아야 한다. 이것은 대체로 이단에서 발견되는 현상이다.

그렇다고 해서 성경이나 설교 이외의 것에서 하나님의 말씀을 듣지 못한다는 것은 아니다. 히브리서 기자가 믿음으로 세상 모든 것이 하나님의 말씀으로 창조된 것임을 안다고 말했듯이, 예수 그리스도를 믿고 성경과 설교를 바탕으로 살 때, 성령의 역사를 통해 우리는 세상 모든 것과의 관계에서 하나님의 말씀을 들을 수 있다. 이것을 하나님 경험이라 한다면, 세상에서 성령을 통해 하나님의 말씀을 듣게 되면서 일어나는 하나님 경험은 한편으로는 미적 경험과 유사하다. 그것은 압도하는 것이며, 감동적이고, 말 없음의 상태(Sprachlosigkeit)이며, 놀라움에 사로잡힌다. 다른 한편으로는 긍휼의 경험과 유사하다. 그것은 타인의 아픔과 슬픔에 대해 창자가 끊어질 듯한 아픔을 공감하게 함으로 사랑과 자비를 실천하도록 한다. 또한 그것은 내가 돕고 싶거나 도울 수 있다고 해서 돕는 것이 아니라 도와야 할 필요가 있기 때문에 돕도록 한다. 믿음을 갖고 세상으로 나가는 그리스도인은 이처럼 미적 경험과 긍휼의 경험을 통해 하나님이 하시는 말씀을 듣는다. 물론 여기에 진리에 대한 경험을 포함해야만 할 것이다.

무엇이 마땅히 되어야 할 것인가

하나님은 말씀하신다. 하나님은 예수 그리스도 안에서 또 그분을 통해 말씀하심으로 세상에게 당신이 누구인지를 드러내신다. 특히 명령으로 말씀하시면서 하나님은 당신 자신을 계시하신다. 말씀을 듣는 자와 듣고 행하는 자만이 참 하나님이 누구인지를 안다. 특히 명령은 듣는 자 스스로는 하지 않는 내용을 담고 있다. 그것은 오직 하나님 자신에게서 나오는 것이다. 따라서 하나님이 명령으로 말씀하신다 함은 인간 자신에게 나오지 않는 것으로 마땅히 되어야 할 것이 무엇인지를 나타내신다 함이다. 그러므로 명령을 들을 때 그것을 할 수 있는지 혹은 할 수 없는지가 아니라 하나님이 나타내시려 하는 것이 무엇인지에 주목해야 한다. 그리고 인간은 본래적으로 그것을 싫어한다는 사실도 감안해야 한다.

하나님은 말씀하심으로 세상을 창조하셨다. 인간이 들을 수 없는 '언어'였으나 인간의 언어로 표현되었다. 곧 표현됨으로써 인간이 듣고 또 읽을 수 있는 형태를 입었고, 세상은 하나님이 표현하신(말씀하신) 대로 되었다. 성경의 기록 자체는 이미 하나님이 성자를 통해 당신 자신을 소통하게 하셨음을 전제한다. 창조는 시간과 공간을 초월한 사건이나 사람으로부터 사람으로 이어져 회자됨으로써 그리고 마침내 기록됨으로써 인간과 소통 가능한 사건이 되었다. 이 모든 것은 앞서 말한 대로 성자를 통해 가능했다.

하나님의 명령에 따라 하늘과 땅과 그 안의 모든 피조물이 존재를 얻었고 또 일정한 질서 가운데 놓이게 되었다. 하나님의 말씀은 권능의 말씀이다. 창조 신앙에서 세상은 하나님이 말씀(명령)하신 대로 되었음을 믿고 증거하며 또한 아직 혼돈 가운데 있는 세상 모든 것도 장차 하나님의 말씀대로 될 것임을 기대한다. 하나님이 말씀하시면 그것은 반드시 현실이 되며, 혼돈의 상태는 질서로 변한다. 이것을 반대하거나 이루어지지 못하게 하는 세력이 바로 사탄 혹은 마귀인데, 이것 역시도 하나님의 주권 하에 있다. 하나님의 뜻이 이루어지는 일에서 방해는 한다 해도 온전히 막아내지는 못한다. 다시 말해서 하나님은 아무리 반대 세력이 있다 해도 권능으로 말씀을 반드시 현실로 옮겨 놓으시고 또 질서를 세우신다. 이것이 창조 신앙의 핵심이다.

한편, 하나님의 창조 명령은 권능의 말씀이며 명령을 하신 목적은 없는 것을 있게 하시며, 혼돈의 세계를 질서의 세계로 변화시키시고, 우리가 경험하는 세상을 만들어 피조물이 그 안에서 자유롭게 생존할 수 있게 하려는 것이다. 창조로 우리는 무엇보다 세상이 하나님의 사랑과 은혜 아래 있음을 알게 된다. 다시 말해서 하나님의 창조 명령은 인간의 생존과 지속을 위한 환경을 형성하게 하며, 하나님의 깊은 배려의 결과다.

하나님은 명령하심으로 없는 것을 있게 하시지만, 이것을 다른 관점에서 보면 만물을 당신 앞에 두려는 것이다. 예컨대, 인간과 만나시고, 그를 대화의 상대자로 삼으시면서, '너'라 부르시면서 말씀하신다. 하나님의 명령과 관련해서 결코 간과해서는 안 되는 사실이 이것이다. 하나님은 인간을 대화의 상대자로 삼으시고 인간을 만나시기 위해 인간에게 다가 오신다는 것이다. 심지어 인간들 가운데 거주지를 두신다(쉐키나). 그리고 필요에 따라 말씀하시며 명령하신다.

그런데 피조물 가운데 유일하게 인간만이 하나님의 말씀이 현실이 되는 일에서 불순종하였다. 선악을 알게 하는 나무의 실과를 먹지 말라 하셨으나 명령을 어기고 먹었다. 뱀의 유혹을 받아 마음이 흔들리긴 했겠으나, 결과적으로 하나님의 명령, 곧 영원히 살게 하는 말씀대신 자신의 욕망을 따랐다. 인간은 하나님의 명령을 지키지 않았다. 하나님의 권능의 말씀이 큰 침해를 입은 것일까? 인간의 불순종의 힘보다 하나님의 말씀의 권능이 약한 것일까? 그렇지 않다. 인간의 불순종으로 현실이 되지 않은 것 같아도 하나님은 말씀하신 것을 반드시 현실로 옮겨 놓는다. 인간에게 주신 명령은 율법 혹은 계명으로 구체화되는데, 율법은 인간을 향한, 인간을 살리기 위한 그리고 영원한 생명을 위한 하나님의 뜻이 이루어지기를 원하신 하나님이 주신 명령이다. 피조물의 생명과 영생을 위해 주셨다는 의미에서 율법은 복음이다.

복을 주심으로
다스리신다

게다가 하나님은 인간이 당신의 명령을 이행할 수 있도록 능력을 주신다. 그것이 복이다. 하나님은 인간을 만드시고 생육하고 번성하고 땅에 충만하고 땅을 관리하라고 명령하셨는데, 이 일을 위해 복을 주었다. 이에 따르면 복은 하나님이 인간으로 하여금 당신의 명령을 이행할 수 있도록 주신 능력, 곧 하나님의 능력이다. 복을 받은 자만 하나님의 명령을 이행할 수 있다. 그럴 능력을 하나님이 공급해 주셨기 때문이다. 따라서 복을 받은 자는 하나님의 능력을 갖고 하나님의 명령을 이행할 수 있으며, 하나님의 명령을 이행하는 자는 복을 받은 자이다. 본래적으로는 인간이 원하지 않는 일이지만 하나님은 능력을 주심으로 그것을 이행하도록 하신 것이다. 돈을 가지고 있다고 해서 복 있는 자가 아니라 그 돈으로 마땅히 행해야 할 하나님의 명령을 이행할 때 복 있는 자로 인정받는다. 오래 산다고 해서 복 있는 자가 아니다. 연장된 생명을 통해 하나님의 명령을 이행할 때 복 있는 자이다. 하나님이 명령하시는 까닭은 복을 주시는 것이기 때문이다. 복을 받은 자로서 하나님의 명령을 간과하거나 지키지 않는다면, 복은 오히려 화근이 된다. 순종함으로써 비로소 내게 복이 있는지 확인된다. 순종하지 않는 한 내게 있는 복은 땅에 묻힌 달란트와 같다.

은사를 주심으로
다스리신다

교회 혹은 공동체에서 요구하는 특정한 일을 행할 수 있는 능력은 특별히 은사라고 한다. 은사는 복에 더해서 인간이 하고 싶은 것이 있지만 할 수 없는 상태일 때 성령께서 주시는 능력이다. 성령께서 주시는 은사는 결코 개인적인 목적을 위한 것이 아니다. 은사는 공동체의 필요를 위해 성령이 주시는 능력이며, 하나님의 능력으로서 복이다. 구약에서는 복이라고 말했지만, 신약에서는 은사란 표현을 썼다. 성령의 역사로 주어진 하나님의 능력이 은사다. 은사의 종류가 다양한 까닭은 공동체의 필요가 세분되기 때문이다. 공동체의 역할과 기능이 세분될수록 은사는 더욱 다양해진다. 은사와 관련해서 관건은 하나님이 공동체를 통해 어떤 일을 행하기를 원하시는지 아는 것이다. 그 일로 부름 받는 일이 소명이며, 부르심을 받은 자에게 성령님은 적합한 은사, 곧 하나님의 능력과 복을 주신다.

그러므로 하나님의 명령을 받은 자는 비록 아직은 자신이 복을 받았는지, 하나님의 능력이 주어졌는지, 혹은 적합한 은사가 있는지 여부가 확인되지 않았다 해도 감사함으로 순종할 때, 비로소 자신이 복을 받은 자임을 확인할 수 있다. 하나님의 명령과 순종 사이에서 성도에게 필요한 덕목은 하나님을 신뢰하고 또 함께 하시겠다는 약속을 철저히 신뢰하는 것이다.

어둠 속에서
기대해야 할 것

사정이 이와 같다면 기독교인은 하나님이 말씀(명령)하시기를 사모해야 할 것이다. 어느 길로 가야 할지 모르고, 무엇이 옳고 그른지를 알지 못하고, 생명의 법과 사망의 법에 사로잡혀 사는 우리가 마땅히 해야 할 일이 있다면, 하나님이 말씀하시는 것이다. 어쩌면 기독교인의 삶에서 가장 중요한 것이 하나님이 하시는 말씀을 듣는 것이 아닐지 싶다. 따라서 성경을 통해 말씀하시고, 기도할 때 말씀하시고, 사람들과 대화를 할 때 말씀하시기를 고대하며 기도한다. 하나님이 한 말씀만 하시기를 기도하는 일은 하나님의 명령이 생명을 살리기 위한 것이며, 하나님의 사랑과 은혜의 표현임을 아는 사람만이 실천할 수 있다. 그러므로 무엇을 해야 할지 어디로 가야 할지 어떻게 해야 할지를 모를 때 하나님의 말씀에 귀를 기울이는 첫 단계는 말씀을 묵상하며 기도하는 일이다.

기독교인에게 가장 큰 문제는 여러 일 중에서 하나님의 말씀에 귀 기울이는 일이 차순위로 밀리는 것이다. 갖은 이유를 대고 말씀 묵상에서 멀어지고, 기도는 하지 않든가 하던 기도생활이 중단된다. 하나님의 말씀을 듣기를 포기하는 것이다. 성경은 그저 내용을 알기 위해 읽는 것이 아니다. 신앙인은 성경을 읽는 중에 하나님이 지금 이곳에서 주시는 말씀을 듣는다. 명령의 형태로 내가 지금 이곳에서 무엇을 마땅히 행해야 할 것인지를 듣는다.

하나님은 명령하심으로써 그것을 듣는 사람을 통해 하나님 나라가 세상 가운데 나타나기를 원하신다. 하나님 나라는 하나님의 다스림이 현실이 되는 나라다. 하나님이 행하시는 일이 아무런 방해를 만나지 않는 곳이 하나님 나라다. 명령하면 말씀하시는 대로 이루어지는 곳이 하나님 나라다. 명령을 하시는 까닭은 당신을 계시하며 또한 당신의 나라가 어떤 나라임을 나타내시기 위함이다. 명령을 듣고 순종함으로써 우리는 하나님 나라가 실재한다는 사실을 증거하며 또한 우리 가운데 임하시는 하나님 나라를 경험한다. 따라서 하나님의 말씀을 귀 기울여 듣는 자는 하나님 나라를 받아들이고 또한 그 나라가 자신의 순종을 통해 현실로 나타나게 한다.

정리한다면 하나님이 명령의 형태로 말씀하시는 이유는 첫째, 인간의 생존과 지속을 위한 환경을 마련하시면서 인간을 향한 사랑과 은혜를 입증하시기 위함이며, 둘째, 하나님은 명령하심으로 인간의 욕망을 폭로하신다. 셋째, 인간과 만나고 그와 함께 계시기를 원하시기 때문이다. 넷째, 하나님은 명령하심으로 인간이 욕심에 이끌려 사망의 길을 걷지 않도록 생명의 길을 제시하신다. 다섯째, 선한 일이 무엇인지를 알게 함으로써 선을 실천하게 하신다. 마땅히 행해져야 할 일을 명령을 통해 환기하고 또 그것을 행하게 하신다. 여섯째, 이미 하나님의 능력으로 복과 성령의 은사를 주셨기 때문이다. 하나님의 명령에 감사함으로 순종할 때 인간은 비로소 자신이 하나님께 복음을 받은 자이며, 하나님의 능력이 주어져 있고 그리고 성령의 은사를 선물로 받았음을 알 수 있다. 끝으로 일곱째, 하나님은 명령의 형태로 말씀하심으로 당신의 말씀이 권능의 말씀임을 나타내신다. 무엇도 하나님의 명령을 거역할 수 없으며, 설령 순종하지 않는다 해도 하나님은 당신의 말씀을 반드시 현실이 되게 하신다(사 55:9ff). 하나님의 명령을 듣기 위해 기독교인에게 필요한 일은 말씀을 묵상하고 기도하는 일이며 또한 하나님 나라가 세상 가운데 임하기를 바라는 것이다.

묵상과 토의를 위한 질문

- 하나님은 왜 명령형으로 말씀하실까?

- 하나님의 말씀을 듣는 바람직한 태도는 무엇일까?

- 하나님이 주시는 복에 대해 생각해 보자.

기독교인에게
죽음은 무엇인가?

죽음?

죽음, 사람이 피할 수 없는 보편적인 현상이다. 물론 여기서 말하는 죽음은 생물학적인 의미다. 세포활동의 정지, 뇌 활동의 정지, 혹은 심장 박동의 정지 등으로 정의된다. 생명이 있는 것은 무엇이든 생물학적인 죽음을 피할 수 없다. 사는 데 있어서 길고 짧음의 차이는 있어도 죽음을 겪지 않는 것은 없다. 생물학적으로 죽음은 삶의 기능이 정지된 상태다. 이렇게 되면 다른 것의 먹이로 소비되어 사라진다. 원래대로 돌아가 흙이 된다. 흙으로 만들어졌다 함은 이처럼 죽을 운명으로 만들어졌다는 의미다.

타인의 죽음과
나의 죽음

타인의 죽음은 살아 있는 자의 입장에서 보면 상실이며 부재다. 죽음으로부터 오는 타인의 부재와 그 부재 때문에 겪는 상실의 고통을 극복하기 위해 사람들은 다양한 형태의 기억 방식을 고안했다. 비석을 세우고, 초상화를 그리고, 글을 쓰고, 사진과 동영상을 찍고, 갖가지 소재의 인물상을 세우고, 또 해마다 추모식 혹은 기념식을 거행한다. 기억을 통해 부재의 현실을 극복하려 하고 또 영생에 대한 인간의 욕망을 충족하려고 한다. 이에 비해 더 이상 기억하고 싶지 않은 자에게는 이런 일이 결코 일어나지 않는다.

타인의 죽음과 달리 나의 죽음은 종말이다. 적어도 나의 관점에서 볼 때 나의 죽음으로 더는 남아 있는 것이 없다. 나의 죽음으로 모든 것은 사라진다. 유품의 형태로나 타인이 기억 속에 나 혹은 나의 무엇이 존재한다 해도 나에게는 존재하는 것이 아니다. 왜냐하면 죽은 나는 더는 아무 것도 느끼지도 인지하지도 또 기억하지도 못하기 때문이다. 내가 죽으면 아무 것도 일어나지 않는다. 그냥 모든 것이 사라진다. 혹 유품이 있어 그것을 매개로 타인이 나를 기억해 주면 사정은 달라진다. 나는 오직 타인의 기억 속에만 머물러 있을 뿐이다. 타인의 기억에 의해 생명력을 얻는다(그렇다고 이것이 부활을 의미하는 것은 아니다. 혹자는 기억을 통해 타인의 정신 속에서 살아 있다고 해서 부활의 의미로 보는 데 이것은 부활의 진정한 의미를 희석시키는 일이다.). 그러나 그것을 느끼고 인지하는 내가 없으니, 나를 기억하는 그것이 내게 무슨 의미가 있는가! 기억은 다만 살아 있는 자를 위한 행위일 뿐이며, 또한 그것도 기억하는 주체가 살아 있는 동안에만 의미가 있을 뿐이다. 따라서 나와 타인의 죽음은 영생에 대한 인간 욕망의 좌절을 폭로한다.

종교와
과학에서 죽음

인류는 오래전부터 타인의 죽음에 직면해서 그것이 무엇을 말하는 것이고 또 그 이유에 대해 궁금해했다. 이런 질문에 대답하려고 시도한 사람들은 종교인과 철학자였다. 요즘엔 과학자들도 이 문제에 뛰어들다 보니 죽음의 이해에 대한 스펙트럼이 더욱 넓어지는 느낌을 받는다. 물론 혼돈도 더 커졌다. 뇌사냐 심장사냐, 육체의 죽음이냐 영혼의 죽음이냐 아니면 전적 죽음이냐 등과 관련한 논쟁에서 서로 다른 수많은 의견들이 제시되고 있다. 게다가 많은 경우 생물학적인 죽음을 유비적으로 이해함에 따라 의미의 스펙트럼은 더욱 넓어졌다. 오늘날 죽음은 생물학적인 의미를 훨씬 넘어 다양한 맥락에서 이해되고 또 사용되고 있다.

대부분의 종교에서 죽음은 영원한 부재(永滅)가 아니라 또 다른 세계로 가기 위한 통과의례다. 환생이나 윤회를 위한 것이든 아니면 또 다른 세계로 가는 것이든 반드시 거쳐야 하는 과정으로 믿는다. 고대 그리스 철학에서 플라톤은 죽음을 일종의 해방으로 이해했다. 육신에 갇혀 지내던 영혼이 비로소 자유롭게 되는 순간이라고 본 것이다. 죽음을 통해 육체로부터 자유롭게 된 영혼은 이데아의 세계로 돌아간다. 영원한 부재나 기능 정지가 아니라 또 다른 존재 형태를 입고 기능을 계속 이어가는 것이다. 이것도 역시 하나의 통과의례로 보는 것에서 크게 다르지 않다. 기독교에서도 마찬가지일까?

구약에서
죽음
창세기는 죽음을 하나님의 명령을 지키지 않은 결과로 말하고 있다.

> **창세기 2장 17절** 먹는 날에는 반드시 죽으리라.

죽음은 인간이 말씀대로 살지 않아 죄를 지었기 때문에 영생에 이르지 못한 자가 되었음을 확증한다. 죽을 운명으로 만들어진 인간은(흙으로 빚어졌다 함은 죽을 운명으로 만들어졌다 함이다) 자유를 누리며 하나님의 은혜로 사는 길을 포기하고(영생은 하나님과 동행하며 사는 일상에서 만날 수 있는 하나님의 은혜였다.) 하나님처럼 되려는 길을 선택함으로 영생의 기회를 얻지 못했다. 이로써 구약에서 죽음은 인간이 본래 가야 할 곳으로 가는 것이다. 죽음은 끝이며, 죽은 자로서 인간은 더는 세상에 존재하지 않는다. 구약에서의 이해는 매우 단순하다. 죽음은 숨이 멈춘 것이고 끝 곧 종말이며 오직 후손들의 이름을 통해 그리고 그들의 기억에서만 살아 있을 뿐이다. 그래서 사람들은 후손이 없거나 후손들이 기억하지 않는 것을 두려워했다. 구약에는 죽음 자체에 대한 성찰이나 죽음 후의 세계에 대한 성찰은 나타나고 있지 않지만, 그런 단서가 아주 없지는 않다.

유대교 묵시문학에서는 사후세계에 대한 성찰이 나타난다. 구약에서 죽음은 대체로 하나님의 은혜가 더 이상 미치지 못하는 상태를 가리킨다. 하나님의 은혜에서 떠나는 것, 벗어나는 것, 배제되는 것 자체가 죽음이었다. 죽음으로 인간은 더 이상 세상에 존재하지 않으니 하나님을 영화롭게 할 수도 없다. 죽음의 신학적인 비극은 바로 여기에 있다. 죽음은 하나님이 원래 의도하셨던 것, 곧 인간이 피조물로 살면서 하나님을 영화롭게 하지 못하게 가로 막는다. 이렇기 때문에 죽음은 사탄의 권세로 이해되었다. 죽음은 인간학적인 측면에서 비극이다. 그래서 조속한 죽음과 이방인에 의한 죽음은 저주로 이해되었고, 이에 비해 충분히 오래 살았다면 그것을 하나의 복으로 여겼다. 여기서 죽음은 조상들과 함께 기억되는 조건을 충족시키는 것이어서 복이며 은혜로 여겨졌다. 하나님이 은혜로 생명의 능력을 주셨다고 본 것이다. 아담과 하와가 에덴에서 추방된 것은 죽음의 문제를 해결할 기회 곧 영생의 기회를 스스로 거부한 상태, 곧 은혜로부터 멀어진 상태를 가리킨다.

신약에서
죽음

신약에서 죽음은 예수 그리스도의 죽음과 부활의 관점에서 재구성되는 경향을 보인다. 바울은 "죄의 삯은 사망"이라고 말함으로써, 죽음을 인간의 죄가 초래한 결과로 보았다. 다분히 창세기의 죽음에 대한 이해를 반영한다. 그리고 예수 그리스도를 통해 새롭게 이해되는 과정을 거쳤다. 다시 말해서 예수 그리스도의 죽음은 인류가 지은 죄의 삯을 대신 받으신 것이고, 죽은 자 가운데서 부활하심은 죽음, 곧 사망의 권세를 이기신 사건이기 때문이다. 이렇듯 죽음을 죄의 결과요 권세로 보는 것은 분명 타종교와 구별되는 점이다. 그리고 이 점에 관한한 전혀 문제 삼을 것이 없다. 또한 기독교인을 가리켜 말하기를 하늘을 소망으로 두고 살면서 더 나은 본향을 사모하는 사람으로 보는 것도 죽음을 하나의 통과 의례로 보는 관점을 드러낸다. 하나님의 은혜에 의지하고 그 은혜로 살아가는 기독교인에게 죽음은 영생으로 들어가는 문에 해당된다. 그렇다고 해서 죽음을 하나의 통과의례로 여기는 것, 다시 말해 생물학적인 죽음을 하나님 나라로 가기 위한 하나의 과정으로 보는 것은 문제가 있다. 만일 그렇다면 조속한 죽음은 축복일 것이기 때문이다. 그러나 성경은 그렇게 보지 않는다. 생명을 양적으로나 질적으로 충분히 누리는 것을 복 가운데 하나로 보고 있다. 따라서 죽음 이해가 생물학적인 관점에 제한되면 신학적으로 나타나는 문제를 풀 수가 없다.

신학적인
죽음

죽음은 생물학적인 관점 이외에도 신학적인 관점에서, 특히 개인의 종말과 관련해서 중요한 주제이다. 지금 우리는 죽음에 대한 신학적인 의미를 묵상하려고 한다. 앞서 말했듯이 성경에서 그리고 신학적인 의미에서 죽음은 언제나 예수 그리스도의 죽음과 부활과의 관계에서 이해된다. 그래서 죽음 혹은 사망에 대한 신학적인 이해에서 가장 일반적인 견해는 "힘(권세)"이다. 사탄의 권세를 말하는데, 보통 "원수"로 불렸다. 이런 표현 자체보다도 이것을 통해 무엇을 말하려 했는지를 아는 것이 중요하다. 곧 죄를 지은 인간은 하나님과 원수 관계에 있는 죽음의 권세에 매여 있었지만 예수 그리스도의 죽음과 부활을 통해 사망에서 생명으로 옮겨졌다는 사실을 말하는 데에 목적이 있다. 죽음은 하나님의 생명(영생)을 방해하지만, 예수 그리스도의 부활로 인해 죽음은 오히려 하나님의 생명을 드러내는 데에 기여한다.

사실 기독교인에게 죽음과 깊은 관련이 있는 것은 하나님 나라 곧 하나님의 다스림이다. 하나님 나라와 죽음의 관계는 하나님 나라와 관련해서 매우 중요한 주제 가운데 하나다. 왜냐하면 하나님 나라가 임하는 것은 하나님이 원하시지 않는 모든 것의 죽음을 통해 이루어지기 때문이다. 이 땅에서 그것은 마지막 날에 실현된다. 개인의 죽음과 관련해서 그것을 생물학적으로 이해하지 않는다면, 그것은 대체로 육체의 욕망을 죽이는 일로 나타난다. 욕망의 뿌리에 해당하는 것은 하나님으로부터 독립하려는 욕망이다. 이것이 원죄이다. 다른 말로 한다면, 인간이 하나님의 은혜를 필요로 하지 않고 또 은혜 안에 머물러 있기보다 자신의 힘으로 또 자신의 판단 능력에 따라 살 수 있다는 생각이며, 이것에 대한 강력한 욕구이다. 다른 욕망은 다 여기서 비롯한다.

욕망의
죽음

욕망의 죽음을 말하기 전에 먼저 욕망을 세분할 필요가 있다. 욕망은 나를 살아 있게 만드는 생명력이다. 내게는 유익한 것으로 보이지만 아이러니하게도 예수께서 내 안에 자리를 차지하지 못하게 방해한다. 어떤 사람들은 한 나라에서 두 주인을 섬길 수 없다는 논리로 내가 혹은 나의 욕망이 완전히 죽어야 예수가 산다고 말한다. 이렇게 말하면 사람의 오해를 불러일으키기 십상이다. 예수는 원수를 사랑하라고 말은 했지만, 실제로는 원수를 죽여야 한다는 말로 이해될 수밖에 없기 때문이다. 원수는 나 밖에만 있는 것이 아니라 내 안에도 있는데, 그것이 욕망이다. 이것이 내가 죽어야 내 안의 그리스도가 산다는 말의 의미일까?

사실 욕망은 본능과 더불어 또 다른 의미의 생명력이다. 본능은 생물학적인 의미에서 생명을 살아 있게 만드는 능력이고, 욕망은 관계적인 의미에서 생명, 곧 나의 의식을 살아 있게 만든다. 엄밀히 말해서 물질적인 것에 대한 욕망 역시 '나'라는 의식과 관련되어 있다. 물질의 질과 양에서 다른 사람과 차별화를 통해 나를 인지하게 하기 때문이다. 자아의식이 커지고 또 발달할수록 그에 비례하여 욕망은 커지기 마련이다. 욕망하는 사회는 원시사회보다는 현대 사회를 가리킨다. 시대의 변천은 욕망의 변천과 무관하지 않다.

한편 욕망에 익숙해지면, 욕망은 관습으로 작용한다. 과거에는 욕망을 억누르는 것이 교양인의 바람직한 태도였는데, 오늘날에는 욕망을 드러내는 것을 오히려 자연스럽게 여기는 분위기다. 그만큼 집단보다 개체를 중시하는 시대로 바뀌었기 때문이다. 개성을 중시하는 이런 사회적인 분위기에서 욕망은 더 이상 금기의 목록이 아니라 새로운 기회를 얻어 진화하고 있다. 돈에 대한 욕망은 자본주의 사회에서 하나의 덕목이 되었고, 성에 대한 욕망은 개인과 자유와 해방의 아이콘이 되었고, 권력에 대한 욕망은 경쟁사회를 당연시하고 또 힘의 우위를 생존을 위한 방식의 하나로 추구하는 사회에서 더 이상 흠으로 여겨지지 않는다. 특별히 인권이라는 강력한 변호인을 만난 이후로 욕망은 타자에 직접적인 피해를 주지 않는 한 강제로 억압되어서는 안 된다고 여겨진다. 오히려 개성의 신장을 위해 혹은 창의적인 삶을 위해 혹은 사회의 다양성을 위해 보호받아야 할 목록 가운데 하나로 여겨진다. 현대 사회에서 욕망은 다양하게 분기되고 또 분화되면서 여러 가지 색깔의 옷을 입고 있다. 잘 분별하지 않으면 무엇이 욕망인지 알아차리기가 쉽지 않다.

욕망에 대한 생각과 태도가 바뀌었는데 무조건 욕망을 죽여야 한다고 말한다면, 대체 누가 귀를 기울이겠는가? 욕망 자체가 죽어야 한다고 말하는 것은 현대인이 받아들이기 쉽지 않은 요구이다. 그렇다고 해서 예수님이 나의 중심을 차지하는 것을 방해하는 욕망을 그대로 방치해서는 안 된다. 상생하면서도 예수 그리스도가 나와 우리의 중심이 될 수 있는 길은 없을까?

중요한 것은 욕망이 자의식과 열정의 복합물이라는 사실이다. 살기 위한 열정이 욕망의 옷을 입고 나타난 것이다. 그러니 욕망이 무조건 죽어야 한다고 말하기보다 오히려 근본적인 변화가 필요하다. 하나님의 온전한 통치가 내 안에서 이루어지기를 원한다면, 우리는 욕망의 근본으로 접근해야 한다. 다시 말해서 생명과 열정 그 자체는 아무 문제가 없다. 관건은 하나님의 은혜를 불필요하게 생각하고, 오히려 자기 자신의 판단능력에 의지해서 살려 할 뿐 아니라 하나님처럼 되어 자신을 스스로 보호하려는 욕망이다. 이것은 욕망의 원형으로서 죄의 근본적인 속성이고, 특히 하나님을 떠나 사는 가인의 모습에서 볼 수 있다. 예수님의 십자가 사건은 우리에게 각종 욕망을 불러일으키는 이것으로부터 우리를 자유롭게 해 주셨다. 다시 말해서 사도 바울의 말처럼, 우리는 죄(죽음의 권세)에 대해서 이미 죽었다. 이제는 하나님의 은혜로 돌아가서 더 이상 우리가 우리 스스로를 보호할 필요가 없는 삶을 살게 해 주셨다. 그러므로 우리가 예수 그리스도를 통해 보여 준 하나님의 은혜로 돌아가기만 하면, 그 은혜에 합당한 삶의 요구에 온전히 복종하면, 하나님처럼 되려는 생각을 포기하면, 우리의 욕망은 변하여 하나님을 향한 열정으로 바뀐다. 욕망이 죽어야 한다는 말은 나의 생각에 따라 판단하지 않고, 나 스스로 나를 보호하며 살려는 노력을 멈추어야 한다는 말이다. 살아 있는 동안 우리가 처절하게 싸워야 할 대상은 바로 이것이다. 사도 바울은 로마서 8장에서 이 싸움이 어떠한 것인지를 잘 보여 주었다.

욕망의 죽음과
하나님 나라

예수 그리스도를 믿은 후 나는 더 이상 나를 위해 존재하지 않고, 또 내가 누구인가 하는 것은 더 이상 나 자신을 통해 정의되지 않는다. 오히려 타자를 위해 존재하고 또 타자를 통해 내가 누구인지를 정확하게 알게 된다. 이 말이 가능한 것은 하나님은 타자의 옷을 입고 우리에게 다가오시기 때문이다. 나는 욕망에 대해서는 죽었으나 주 안에서는 새로운 생명을 누리는 존재다.

이런 의미에서 욕망이 죽을 때 비로소 하나님 나라에 들어갈 수 있다. 죽음이 두려운 대상이듯이, 욕망을 죽이는 일 또한 두려운 일이다. 그런데 여기서 말하는 죽음은 통과의례라는 의미가 아니라 하나님의 통치와 관련해서 말한 것이다. 하나님의 통치를 가장 방해하는 것이 욕망이라는 말이다. 믿는 자에게 욕망이 죽는 것과 하나님의 통치는 동전의 양면 같다. 어떻게 보느냐에 따라 다른 것일 뿐 사실은 같은 현상을 가리킨다. 하나님의 통치가 임할 때 죄인인 인간은 죽을 수밖에 없다. 이에 비해 욕망이 살아 있는 곳에 하나님의 통치는 나타나지 않는다. 이것은 하나님의 통치가 인간의 욕망보다 힘이 없기 때문이 아니다. 욕망은 인간이 죽지 않기 위해 하나님의 통치를 교묘하게 피하는 방어기제이다. 죄인인 인간은 욕망 뒤에 숨어 지낸다. 따라서 욕망이 죽을 때 인간은 하나님을 대면하게 되며, 바로 그곳에서 그리고 그 순간에 하나님의 통치가 이루어진다. 이런 의미에서 기독교인에게 죽음은 매일 반복적으로 경험되는 삶의 한 방식이라 말할 수 있다.

하나님을 떠나 유리했던 가인과 그의 후예들을 보라. 가인은 하나님이 지켜 주신다는 약속이 있었음에도 불구하고 자신을 보호하려고 성을 쌓았다. 그런데 그 안에서 어떤 일이 벌어졌는지 보라. 그들은 자신들을 스스로 보호하기 위해 각종 문명의 이기들을 개발했다. 특히 라멕은 욕망에서 극치에 다다른 것 같아 보이다. 자신을 높이고 살인을 찬양한다. 인간이 욕망을 통해 자신을 관철하고 또 스스로 하나님의 통치를 거부하는 것 같이 보여도 실상은 욕망 속에 숨어 하나님의 통치를 피하는 것이다. 두려워하기 때문이다. 때로는 욕망으로 하나님의 통치를 대체하려고 한다. 하나님이 없는 것처럼 살기 때문이다. 바벨탑을 쌓았던 사람 안에서 그리고 사무엘에게 왕을 요구했던 이스라엘 백성의 모습에서 볼 수 있다.

하나님의 통치가 임하는 곳에서는 영생, 곧 새로운 삶이 있다. 그러나 타락한 후로 인간은 죄인이기 때문에 거룩하신 하나님의 영광이 나타날 때 살아남지 못한다. 죽음은 하나님의 임재의 또 다른 방식이다. 하나님의 다스림이 선한 통치가 아니라 심판의 형태로 나타나는 것이 죽음이다. 아담과 하와는 선악과를 따 먹고도 당장 죽지 않았다. 이것은 하나님의 말씀이 틀린 것처럼 보이게 한다. 그러나 아담과 하와의 죽음은 이미 에덴에서 쫓겨나는 것으로 표현되었다. 또한 영생의 기회를 놓친 그들은 결국 죽을 수밖에 없었다. 다시 말해서 하나님이 다스리는 두 가지 방식, 곧 영생과 죽음 가운데 그들은 죽음을 겪게 된 것이다. 하나님이 임재하시는 곳에 영광이 나타나고, 그 영광으로 인해 피조물은 죽을 수밖에 없기 때문이다. 죽음은 통과의례가 아니라 하나님의 통치가 실현되고 있는 것을 입증하는 사건이며 또한 새로운 생명이 모습을 드러내는 사건이다. 이 생명은 하나님 안에 감추어져 있어서 내가 죽을 때 비로소 드러나는데, 더이상 내가 사는 것이 아니라 내 안에서 그리스도가 사시기 때문이다.

순교자들의 삶에서 읽어 볼 수 있지만, 비록 성도가 죽음을 두려워할 수밖에 없어 보이나, 자세히 들여다보면 실상은 두려워할 까닭이 없다. 왜냐하면 믿는 자에게는 죽음 자체가 이미 하나님의 통치를 증거하는 한 방법이기 때문이다. 믿는 자에게 죽음은 하나님의 뜻이 이루어지는 계기이고 하나님의 온전한 통치가 이루어지는 순간이다. 스데반 집사를 보라. 그는 죽음의 순간에 그리스도께서 보좌에서 일어나신 것을 보았다. 그는 오히려 죽음을 통해서도 하나님을 증거할 수 있었다. 믿지 않는 사람의 죽음 역시 하나님의 임재의 한 방식이지만, 하나님의 생명으로 부활하지 않는다는 점이 다르다. 히브리서 기자가 성도가 더 나은 본향을 사모한다고 말한 것은 하나님의 온전한 통치를 사모한다는 말이지, 죽음을 통해 가는 더 나은 세계를 말하는 것은 아니다. 이 땅에서 우리는 욕망으로 인해 하나님의 통치를 언제나 부분적으로 경험할 뿐이다. 예수 그리스도의 재림과 더불어 하나님의 온전한 통치가 이루어질 때 인간은 더 이상 욕망 뒤에 숨을 수 없게 된다.

신앙인은 죽음이 비록 두려운 대상이기는 해도 하나님의 뜻에 순종하는 결단으로 두려움을 극복할 수 있다. 하나님의 통치가 온전하게 나타나는 순간이기 때문이다. 하나님의 임재를 경험하면서도 살아 있는 것은 영생의 약속이 실현되는 순간이다. 따라서 의식을 갖춘 예배가 소중한 것이고, 또 일상의 예배가 소중한 것이다. 그러나 죽음 역시 하나님 통치의 한 방식이다. 불신자들에게는 심판의 하나님이 임재하시는 일이지만, 예수 그리스도를 믿는 우리에게는 용서와 은혜와 사랑의 하나님의 온전한 통치가 실현되는 계기이다. 그러니 사는 것에 감사하고, 죽음마저도 감사할 수 있는 성도가 되어야 하겠다.

묵상과 토의를 위한 질문

- 죽음의 다양한 의미를 생각해 보자.

- 죽음과 영생의 관계를 생각해 보자.

- 기독교인에게 죽음은 무엇인가?

- 불의에 의한 죽음과 의로운 죽음에 관해 토의해 보자.

창조는 과학과
대립하는가?

창조 신앙의
특징

창조 이야기는 신화가 아니다

창세기 1장 1절 "태초에 하나님이 천지를 창조하셨다."는 창조기사 서문이다. 이어지는 글이 하나님의 창조 행위를 기술하는 것임을 밝힌다. 적어도 월튼(John H. Walton, 『아담과 하와의 잃어버린 세계』, 새물결플러스, 2018)의 주장에 따르면 그렇다. 필자는 고대근동 지역의 신화와 비교하면서 창조 신앙 고유의 정신을 정제해 내며 창세기 1장을 설명하는 그의 견해에 동의한다. 창세기에 기록된 창조기사의 관심은 하나님이 하늘과 땅을 만들었다는 사실을 알리는 데에 있지 않고(이것은 이미 전제되어 있다), 오히려 하늘과 땅 사이에 있는 모든 것들이 어떻게 제 자리를 차지하게 되었고 또 제 기능을 수행하게 되었는지를 설명한다. 혼돈 상태에 있는 세상을 질서정연하게 만든 것이며, 이 일을 하신 분이 여호와 하나님이라는 것이 창조기사의 핵심이다.

달리 말해서 창조기사는 과학적인 관찰에 따른 진술이 아니다. 비록 고대근동 지역의 과학적인 지식에 근거하고 있다고는 하나 근본에 있어서 신앙고백이다. 신앙고백이라 한 까닭은 하나님의 창조 행위가 관찰 가능하다는 전제 하에 진술한 말이 아니기 때문이다. 히브리서 기자는 믿음으로 세상이 하나님의 말씀으로 지어진 줄을 안다고 했다(히11:3). 여호와를 하나님으로 믿는 공동체가 세상을 보고 경험하면서 성령의 감동을 받아 세상에 있는 것들 중에 초월적인 하나님과 관계를 갖고 있지 않은 것이 아무 것도 없다고 말하는 것이다. 존재하는 모든 것들이 제 기능을 다할 수 있도록 하셨다 함이다. 이런 점에서 창조 이야기는 신화가 아니며 또한 전승된 이야기를 뜻하는 설화(說話)만으로는 다 표현하지 못하는 역사성(Geschichtlichkeit)을 갖는다. 역사성이라 함은 초월적인 하나님의 개입에 의해 일어난 사건으로서 다른 사건들의 의미를 규정하는 성격을 갖고 있다 함이다. 창조는 초월적인 하나님의 개입에 따라 일어난 사건이며, 사실을 객관적으로 확인하는 과정으로는 다 말할 수 없는 의미가 있는 사건이다. 스위스 출신의 신학자 칼 바르트는 역사적인 사실성을 갖는다는 의미에서 자게(Sage)라 했는데, 창조를 말하면서 자게(사화史話)라고 표현했다.

창조 신앙은 하나님이 모든 것의 시작이며, 생명을 보존하시고, 하늘과 땅에 있는 모든 것을 다스리심으로써 그것이 제 기능을 바르게 수행할 수 있도록 하신다고 고백한다. 신으로 여겨지고 섬겨진 모든 것들까지도 하나님의 다스림을 받기 때문에 여호와 하나님이 최고의 신이라는 고백도 포함한다. 그밖에 하나님과의 관계에서 인간이 어떤 존재인지, 다른 피조물과의 관계에서 인간은 어떤 의미가 있는지, 인간 상호 간의 관계는 어떠해야 하는지, 신앙인이 세상을 어떻게 이해하고 살아가며 또 어떻게 세상과 관계를 맺어야 하는지를 규정한다.

창조와 진화의 대립?

그러므로 창조를 군이 진화론과 대립관계에서 볼 필요가 없다. 왜냐하면 창조 이야기에는 비록 당대의 과학적인 지식이 반영되긴 했으나, 성경이 의도하는 바는 세상의 기원에 대한 과학적인 설명에 있지 않기 때문이다. 진화론과 우주론은 세상을 과학적으로 관찰한 결과다. 설령 우주의 기원을 말하고, 종의 변화를 과학적으로 설명하고 또 생명의 기원을 밝힐 수 있다 해도—그런 발견을 바탕으로 과학자들이 여호와 하나님을 부정하지 않는 한—성경은 그런 발견을 개의치 않는다. 세상이 어떤 형태로 존재했든 그것의 시작을 하나님이 하셨으며, 그 모든 것의 질서를 세우시며 다스리신다고 고백할 뿐이다. 특히 모든 시작이 하나님에 의해 이루어졌음을 인정하고, 보이는 것이든 보이지 않는 것이든 하나님의 주권 아래 있다고 선언한다. 존재하는 모든 것이 각각 하나님에 의해 주어진 일에 최선을 다하는 것 그리고 원활한 기능을 수행하는 것은 하나님이 다스리시기 때문에 일어나는 일이다. 그렇지 않은 것은 하나님의 주권에서 벗어나려는 욕망에서 비롯한 것이다. 의도적으로 질서를 깨뜨려(범죄함으로) 혼란을 유발하고, 질서의 형태로 있지 않은 것(우발적인 사고나 자연재해와 같은 일들)에 직면해서 하나님과의 관계를 흔들어 놓는 것 등이다. 이에 반해 내 삶에서 하나님의 주권을 인정하고 받아들일 때 우리 삶의 혼돈은 극복된다. 이런 고백은 믿음을 가진 자에게 임하시는 성령의 역사를 통해서만 가능하다.

예컨대, 플라톤은 "티마이오스"에서 세계의 기원이 데미우르고스(Demiurgos, 그리스의 신)에 의한 것임을 말하는데, 세계는 진리의 세계인 이데아 계를 모방하여 만들어졌다고 한다. 이것을 말씀(하나님의 뜻에 맞게, 곧 로고스에 따라)으로 세상을 창조하셨다는 성경의 내용과 비교해 보면 매우 유사하다는 것을 알게 된다. 그러나 성경의 창조는 삼위일체 하나님이 상호 협력하신 가운데 이루신 일이다. 세상은 삼위일체 하나님에 의해 창조되었다. 성경의 창조는 하나님과의 관계뿐만 아니라 보이지 않는 존재들과의 관계, 자연과의 관계 그리고 사람과의 관계가 하나님에 의해 시작되었다고 고백한다. 의도적으로 죄를 짓기 위한 관계가 아니라면 존재하는 것의 상호관계 중에 애초부터 이루어지지 않아야 할 관계는 존재하지 않는다. 어떤 형태든 관계가 이루어졌다면, 그것은 하나님이 시작하신 것이다. 창조 신앙은 이것을 고백한다.

창조 신화에 대한 비판

창조는 성령의 인도하심에 따른 고백이기 때문에 창세기를 물질의 기원에 대한 기록이나 연대기적인 기록으로 이해하면 어려운 문제들이 속출한다. 창조에 대한 이해는 오히려 창조를 고백했던 당시 역사적이고 종교문화적인 상황을 바탕으로 해야 한다. 곧 당시 바벨론 신화에 사로잡혀 살던 때에 이스라엘 백성의 여호와 신앙에 대한 배타성(다른 신을 받아들이지 않는 태도)을 염두해야 한다. 오직 여호와만을 하나님으로 섬겼던 이스라엘 백성은 주변국과의 관계에서 그들의 신앙과 그 신앙을 설명하는 각종 신화와 직면했다. 여호와 신앙이 위기를 겪을 때 그들은 자신들이 믿고 있는 여호와 하나님을 고백하며 신앙의 정체성을 나타내야 했다. 애초에 창조에 대해 깊은 관심을 갖고 있지 않았던 그들이었지만, 주변국의 창조신화들을 접하면서 창조주는 단연코 여호와 하나님이어야 한다고 믿었다. 왜냐하면 그들은 여호와만을 참 하나님이며 최고의 하나님으로 섬겼기 때문이다. 그들에게는 여호와만이 진리이고, 선이며, 또한 아름다움이다. 창조 신앙은 단일신적인 신앙(다신론적인 배경에서 오직 여호와만을 하나님으로 섬기는 신앙)에서 유일신 신앙으로 옮겨 갔음을 보여 주는 대표적인 현상이며, 특히 우상 숭배가 만연해 있는 환경에 둘러 싸여 있을 때, 그럼에도 오직 여호와만을 참 하나님으로 믿는다는 신앙고백이었다. 여호수아가 마지막으로 이스라엘 백성에게 했던 고백을 염두에 두면 좋을 것이다.

여호수아 24장 14-15절 그러므로 이제는 여호와를 경외하며 온전함과 진실함으로 그를 섬기라 너희의 조상들이 강 저쪽과 애굽에서 섬기던 신들을 치워 버리고 여호와만 섬기라. 만일 여호와를 섬기는 것이 너희에게 좋지 않게 보이거든 너희 조상들이 강 저쪽에서 섬기던 신들이든지 또는 너희가 거주하는 땅에 있는 아모리 족속의 신들이든지 너희가 섬길 자를 오늘 택하라 오직 나와 내 집은 여호와를 섬기겠노라 하니.

창조기사에서 우리는 여호와만을 참 하나님으로 섬기는 신앙을 바탕으로 주변의 창조 신화들을 비판하려는 의도를 읽어 볼 수 있다. 혼돈으로 가득한 세계가 질서 있게 되고, 불안과 염려와 두려움으로 가득한 삶이 안정된 삶이 되며 그리고 제 길 가기를 좋아하는 인간이 마땅히 가야 할 길을 가도록 하는 힘은 오직 여호와 하나님을 믿음으로만 가능하다 함이다.

인간과 자연의 상관성

또한 창조 신앙은 인간과 자연이 서로 무관한 존재가 아님을 말해 준다. 무엇보다 모두가 하나님의 피조물이라는 점에서 하나님의 보호를 받는다. 특별히 인간에게는 다른 피조물을 자기중심적으로 착취하지 않고 잘 관리하고 다스릴 책임이 부여되었다. 하나님의 다스림이 인간에게 위임된 것이다. 자연에 신적인 의미를 부여하고는 자연과 종속적인 관계를 갖는 것에 비하면, 창세기의 창조 신앙은 매우 놀라운 일이다. 왜냐하면 설령 신이라고 해도 여호와의 피조물에 불과한 것이며, 또한 인간은 자연의 종속물이 아니라 오히려 다스리는 존재임을 천명하기 때문이다.

인간 이해에 있어서 혁명적

창조 신앙은 인간 이해에 있어서 매우 혁명적이다. 앞서 언급한 바벨론 신화에 보면, 인간 창조는 신이 노예로 부릴 의도에서 이루어졌다. 그러나 이스라엘 백성은 인간을 하나님의 형상으로 만들어졌다고 보았다. 하나님을 닮은 존재, 세상 만물을 다스리고 관리하는 권세를 위임받은 존재로 보았다. 시편 기자(시편 8편)는 바로 이것을 깨닫는 순간에 '사람이 무엇이관대..'라며 하나님과의 관계에서 인간이 얼마나 귀하게 여김을 받는 존재인지를 인정하고는 감사하는 마음을 갖고 하나님의 창조를 고백한다. 하나님의 형상으로 인간을 보는 태도는, 지금은 너무나도 당연하게 여겨져 그렇게 실감나지 않지만, 당시로서는 매우 혁명적인 사고에서 비롯한 것이다.

그뿐 아니다. 고대 근동지역에서 하나님의 형상을 말한다면, 이는 오직 왕에게만 적용되는 칭호였다. 그런데 왕이 아닌 모든 인간이 하나님의 형상이라고 말했다면, 이것은 그만큼 인간을 존귀하게 여겼다는 사실이다. 인간 해방을 선언하는 표현이며 민주화의 단초다.

창조를 과학적으로 설명하려고 하면 성경의 창조론은 고대인의 자연관에 기초한 형편없는 이론일 수밖에 없다. 그러나 적어도 당시 정치 종교 사회적인 환경을 고려해서 생각한다면, 창조 신앙은 일종의 혁명이었다. 종교적인 혁명은 물론이고 사회 정치적인 혁명이었다. 게다가 남자와 여자의 관계에서도 양자를 동등한 피조물로 보았기 때문에 성 혁명이기도 했다. 이처럼 성령의 역사에 따른 창조 신앙은 혁신과 혁명을 일으킨다.

창조는 세상이 하나님의 말씀대로 이루어졌음을 고백한다

창조 신앙에서 주목할 또 다른 점은 창조가 하나님이 말씀하신 대로 이루어졌다는 사실이다. 말씀을 통한 창조(creatio per verbum)를 고백하는 것은 무에서 유의 창조를 말하기 위함만은 아니다. 없는 것을 있게 하시는 하나님을 고백하는 의도가 없진 않지만, 무엇보다 하나님이 권세와 권위에서 최고이심과 하나님의 말씀의 권능을 강조한다. 하나님과 인간의 차이는 말과 현실의 관계에 있다. 인간의 말은 아무리 권세가 있다 해도 항상 현실로 이루어지지 못한다. 세상의 절대군주는 신을 흉내 내어 자신의 말을 법이 되게 함으로써 모든 백성이 반드시 지키도록 하지만, 그렇다고 해서 항상 현실이 되는 것은 아니다. 이에 반해 하나님의 말씀은 반드시 현실이 된다(시 55:9ff). 절대군주의 모습이 아니고 연약한 자의 모습이라 해도 그 입에서 나오는 모든 말은 현실이 된다. 창조 신앙은 하나님 말씀의 권능에 대한 믿음이다.

창조는 새 창조를 지향한다

그리고 창조 신앙은 새 창조에 대한 신앙을 포함한다. 나라의 멸망과 함께 성전이 파괴되었을 때 일종의 종말을 경험해야 했던 이스라엘 백성들은 신앙을 바탕으로 나라의 회복을 기대하였다. 하나님께 순종하지 못했기 때문에 야기된 혼돈의 상태를 뼈저리게 경험한 후에 비로소 그들은 잘못을 깨달았을 뿐 아니라 또한 말씀에 대한 순종을 결단하면서 세상이 하나님에 의해 회복될 것을 기대한 것이다.

그렇다면 회복은 어떻게 이루어질 것인가? 바로 이런 질문과 관련해서 그들은 자신들의 과거와 현실을 비교하며 돌아보게 된다. 황폐해진 땅과 나라를 잃고 이방인의 땅에서 유리하는 삶을 살 수밖에 없는 불행한 현실은 불순종 때문에 생겨난 결과임을 그들은 잘 알고 있었다. 그렇다면 이방인들에 의해 침략을 받아 황폐해질 대로 황폐해진 땅을 어떻게 새롭게 건설할 수 있을까? 바로 이런 과제 앞에서 그들은 하나님의 권능의 말씀에 의지한다. 곧 만일 지금이라도 세상이 하나님의 말씀대로 된다면, 하나님이 보시기에 좋은 세상이 되지 않을까. 인간이 하나님의 말씀에 순종하면, 세상은 하나님이 보시기에 아름다운 곳이 될 것이며, 하나님은 인간의 순종을 통해 세상을 선하고 아름답게 만들 것이라고 믿고 또 그렇게 될 것을 기대한 것이다.

이런 믿음과 기대가 후에는 하나님 나라에 대한 믿음과 기대와 맞닿게 되는데, 곧 하나님 나라는 하나님이 말씀하시면 그 무엇에 의해서도 방해받지 않고 그대로 되는 세상이다. 누구도 거역할 수 없고 또 더 이상 거역함이 없는 곳이다. 그러므로 창조 신앙은 새 창조에 대한 기대를 포함한다. 곧 창조에 대한 고백 안에 새로운 세상에 대한 기대가 포함되어 있다는 말이다.

물질세계의
선함

창조 신앙은 물질세계의 선함을 주장한다. 스웨덴 신학자 안더스 니그렌은 『아가페와 에로스』(크리스챤다이제스트, 1998)에서 창조 신앙을 초대 교회의 근본 교의 가운데 하나로 보고 그리스 사상의 구원론과 대비시켰다(283-4). 왜냐하면 플라톤은 육체를 영혼의 감옥으로 말했기 때문이다. 이에 따르면 인간의 구원은 육체로부터 영혼이 자유롭게 되는 것이다. 플라톤의 저서 "파이돈"에 나와 있듯이, 소크라테스가 제자들의 도움을 받아 극형을 피할 수 있었음에도 피하지 않고 기꺼이 독배를 마신 까닭은 그에게는 죽음이 영혼의 구원으로 이르는 통로이기 때문이었다. 헬라 사상에서 육체는 결코 선하지 않으며 가능한 한 빨리 벗어나야 하는 것이다. 육체를 구성하는 물질 역시 마찬가지로 선하지 않다.

그러나 성경의 창조는 물질마저도 하나님의 선한 창조의 결과로 본다. 물질 그 자체는 악이 아니며 다만 그것이 하나님을 대적하며 하나님의 뜻을 이루는 일에서 방해가 되는 경우에 한해서 악하다. 성육신 교리는 말씀이 오히려 육체를 입었다고 말하는데, 선하신 하나님이 악하다고 여겨지는 육체를 입었다는 것은 그리스 사상에 젖어 있는 사람에게는 어리석은 일로 여겨질 수밖에 없다. 특히 물질과 육체를 악하다고 보는 영지주의적인 배경에서는(영지주의는 신플라톤주의의 영향에서 생겨난 사상이다) 결코 생각할 수 없는 일이다. 설령 현실에서 일어나는 경험을 매개로 이데아의 존재를 인식할 수 있다고 해도 물질 자체를 선하게 보는 것과는 확연히 구분된다.

오늘 우리에게 창조 신앙이 진화론과의 관계에서 자리매김되는 것은 첫 단추를 잘못 꿰는 일이다. 신학이 과학의 도전에 응답하는 것은 당연하지만, 과학적인 사실에 너무 얽매일 필요는 없다. 창조 신앙은 과학적인 발견에 따른 것이 아니기 때문이다. 창조 신앙은, 세상에 대한 하나님의 주권에 대한 고백이며, 하나님 말씀의 권능에 대한 신앙이고, 성령의 도움을 받는 우리의 순종을 통해 새로운 세상을 만드는 하나님의 계획에 대한 신앙이다. 또한 모든 것이 하나님께로부터 시작되었음을 받아들이는 신앙이며, 인간 해방에 대한 선언이고, 인간 존엄성에 대한 선언이며 물질세계의 선함에 대한 고백이다.

창조
: 신앙과 불신앙의 시금석으로서 창조 신앙

창조는 하나님과 인간의 관계를 비판적으로 성찰한다

성경의 창조 기사는 인생의 기원과 목적을 설명하려는 데에 있지 않다. 삶의 의미를 밝히기 위해 기록하지도 않았고, 인간이 처음에서 얼마나 멀리 떨어져 있는지를 폭로하려는 의도에서 지어낸 것도 아니다. 창조는 하나님의 전능하신 능력에 따라 일어난 일이며, 단지 성령의 인도하심에 따라 세상을 보는 사람의 고백일 뿐이다. 물질 혹은 우주의 기원을 설명하는 논리적인 시도가 결코 아니다. 전능하신 하나님이 행하신 일로 믿으면서, 특히 나라를 잃고 난 후에 절망과 황폐한 삶의 현실을 경험한 히브리인들이 하나님이 보시기에 좋은 나라의 회복을 기대하는 마음을 하나님과의 관계에서 표현한 것이다. 여호와가 참 하나님이심이 의심받는 상황에서 하나님은 전능하신 분임을 고백하고, 또한 당신의 전능하심을 스스로 나타내 보이실 것을 고백한 것이다.

인간의 잘못은 어디서 시작되었는지, 잘못의 본질은 무엇인지, 그 결과는 어떠하고, 그 잘못이 극복되기 위한 방법은 무엇인지 등을 성찰한다. 하나님과의 관계에서 자신의 잘못을 성찰하면서 신앙은 깊어지고 또 넓어졌다. 긍정적으로 말하자면, 창조 신앙은 하나님과의 관계에서 인간은 원래 어떻게 살아야 했는지를 반성하도록 촉구한다. 이런 반성적이고 비판적인 성찰을 통해 궁극적으로는 하나님이 어떤 분이시고 인간은 그분과 어떻게 관계 맺으며 살아야하는지 알도록 한다.

성경의 역사는 바로 이것을 기술하고 설명하며 때로는 강조한다. 긍정적인 방법을 사용해서 하나님이 직접적으로 말씀하시는 화법을 사용하고, 부정적으로는 하나님의 말씀과 지시를 어기고 살아가는 모습을 이야기한다. 성경은 인간의 잘못에 따른 책임 추궁도 결코 숨기지 않는다. 하나님은 경고하시고 책망하시며 징계하신다. 율법을 중심으로 하나님과의 관계에서 인간이 어떻게 살아야 하는지를 가르쳐 주셨지만, 인간은 그것을 온전히 따를 수 없는 한계에 직면할 수밖에 없음을 기술한다. 이런 절망적인 상황에서 인간은 어떻게 심판에서 살아남을 수 있을까? 성경은 바로 이런 질문을 염두에 두고 하나님은 예수 그리스도를 통해 당신이 은혜와 사랑을 나타내 보이셨다고 말한다. 하나님이 세상을 사랑하시는 분이며 사랑 그 자체이심을 알게 한다.

창조는 여호와만이 참 하나님을 고백

또한 창조는 다른 신들보다 여호와 하나님이 더 위대하신 분임을 고백한다. 세상에 있는 것을 신으로 섬기는 환경에서 살면서 히브리인들은 자신들이 믿는 하나님이 더욱 강한 역사를 나타내 보이셨음을 경험하였다. 자신들에게 주신 언약을 반드시 지키시는 분임을 깨달았다. 이것을 깨닫고 또 경험한 사람들은 모든 신들 마저도 하나님의 다스림을 받는 존재임을 고백할 수 있었다. 나라의 멸망과 성전의 파괴로 그동안 자신을 버리고 또 더 이상 돌보시지 않는 하나님으로만 알았던 사람의 생각이 바뀌게 되는 결정적인 계기였다.

이처럼 히브리인은 자신의 부정적인 경험을 단순하게 보지 않았다. 절망적인 상황에 놓여 있게 될 때 하나님과의 관계에서 세상을 다르게 보기 시작했다. 그들은 여호와께서 유일하신 하나님이시고 또한 모든 것의 통치자이심을 믿으면서 창조를 말했고, 이를 통해 여호와 하나님을 새롭게 알고, 그분과의 관계를 새롭게 정립하며, 또한 무엇보다 그분이 이루실 새로운 창조를 기대하였다. 인간의 뜻대로 건설되는 세상이 아니라 하나님의 말씀대로 이루어지는 세상이 가장 바람직하다는 사실을 알게 되고, 하나님 백성으로 살면서 하나님의 은혜 안에 영원히 머물 수 있는 가능성을 기대하였다.

이렇게 말하면 하나님에 대한 모든 술어는 인간의 바람을 투영한 결과라고 했던 포이에르바흐가 떠오른다. 인간이 부정적인 경험을 통해 자신에게 무엇이 결핍되어 있는지를 알게 되고 또 인간으로서 진보를 위해 바라는 것이 무엇인지를 알게 된 인간이 그것을 하나님으로 투영했다는 것이다. 포이에르바흐의 말을 앞서 언급한 창조 신앙과 비교하면, 양자는 크게 다르지 않아 보인다. 양자는 동일한 것일까? 양자 사이에 차이가 없을까? 물론 근본적인 차이가 있다. 하나님의 존재와 사역을 전제하느냐 그렇지 않느냐이다. 히브리인은 여호와 하나님 신앙을 바탕으로 세상과 인간을 보았고, 포이에르바흐는 『기독교의 본질』에서 인간의 한계와 결핍을 보고, 이것을 극복하려는 의지를 보았으며, 인간의 성찰 및 투영 능력을 바탕으로 세상과 인간을 보았다. 모양은 비록 같아도, 근본적인 차이는 결국 신앙과 불신앙이다.

그러므로 그리스도인은 믿음으로 하나님께 영광을 돌린다. 히브리인은 창조 신앙으로 자신들이 오직 여호와만을 하나님으로 믿고 살 뿐만 아니라 그분의 말씀에 따른 삶, 율법에 충실한 삶으로 나타내며 살았다. 창조는 하나님의 뜻이 현실이 되도록 살라는 부름 받았다는 사실에 대한 고백이다. 왜냐하면 회복을 위한 고백이었기 때문이다. 이것이 바로 왜 우리가 믿음을 하나님과의 관계를 전제하고 사는 삶과 분리해서는 안 되는지에 대한 이유다.

만일 오직 믿음만을 염두에 둘 뿐 믿음을 삶으로 나타내 보이지 않는다면, 포이에르바흐의 논리와 결코 다르지 않게 된다. 하나님과의 관계를 전제하는 삶이 없는 믿음만으로는 비록 신학을 인간학으로 환원한다 해도 아무런 이의를 제기할 수 없게 된다. 왜냐하면 포이에르바흐의 이론을 통해 믿음은 얼마든지 설명될 수 있기 때문이다.

종말론적인 회복

창조 신앙은 만물이 하나님의 말씀대로 되어야 할 당위성을 말하기 때문에 믿는 자들로 하여금 종말론적인 회복을 기대하게 한다. 하나님의 말씀대로 이루어지는 삶이 하나님이 보시기에 좋고 또 아름다운 삶임을 고백한다. 창조를 믿는 자는 회복을 기대할 수 있지만, 창조를 믿지 않는다면, 인간이 희망하고 또 스스로 정립한 의미와 목적을 갖고 살 뿐이다.

에덴동산은 당신의 백성이 세상 가운데서도 하나님의 특별한 보호를 받으며 살도록 만들어 주신 곳이다. 하나님의 백성은 이곳에서 하나님의 은혜 안에 머물면서 자유롭게 살아갈 수 있었다. 다시 말해서 에덴동산은 하나님의 말씀대로 이루어진 세상에서 특별한 선택에 힘입어 하나님의 은혜로 살아갈 수 있도록 하나님의 백성에게 허락된 삶의 공간이다. 바로 이런 은혜의 공간에서 인간은 은혜 안에 머물러 있기보다는 오히려 자신이 원하는 대로 세상을 판단하며 사는 방식을 선택하였다. 그렇기 때문에 하나님은 인간을 에덴동산에서 쫓아내셨다. 생명나무에 접근하지 못하게 막으신 것이다. 그 결과 하나님의 은혜를 맘껏 누리지 못한 인간은 세상에서 살아가면서 하나님의 은혜와 상관없이 자기 스스로 문명과 문화를 일구며 살거나 혹은 하나님의 은혜를 자기 욕심에 따라 갈망하며 살면서 하나님이 아닌 우상에 매여 살 수밖에 없게 되었다. 하나님이 만드신 세상 가운데 존재했던 에덴동산은 유비적으로 볼 때, 오늘날 세상 가운데 있는 교회, 곧 예수 그리스도의 몸으로서 교회(공동체)와 크게 다르지 않다고 생각한다. 이렇게 본다면 에덴동산에서 일어난 사건은 교회론적인 의미에서 이해할 수 있다. 곧 교회 안에 두 개의 삶의 방식이 있다 함이다. 하나님의 은혜로 사는 방식과 자신의 가치관에 따라 판단하며 사는 방식이다.

창조와 인간의 타락 그리고 하나님의 사랑

창조이야기에서 세상은 하나님의 말씀대로 이루어진 곳이라고 말하고 있지만, 인간은 자신의 뜻과 생각대로 사는 방식을 선택함으로써 세상은 하나님의 말씀에서 멀어졌다. 세상은 인간이 자신이 원하는 대로 살아가는 곳으로 전락하였다. 인간관계는 파괴되었고, 자연이 저주 받았으며, 하나님의 말씀은 방해받았다.

이런 세상이라도 하나님은 사랑하셨고, 세상을 구원하시기 위해 아들을 보내셨다. 세상에서 살아가는 당신의 백성이 에덴동산으로 상징된 하나님 나라에 들어갈 수 있는 가능성을 보여 주신 것이다. 그뿐 아니라 누구든지 예수 그리스도를 믿으면 하나님의 다스림을 받는 백성이 될 뿐 아니라 예수 그리스도의 의에 힘입어 하나님에게 의롭다 칭함을 얻는다. 생명나무의 실과를 따 먹고 영생을 누릴 수 있다.

묵상과 토의를 위한 질문

- 창조 신앙의 여러가지 특징을 정리해 보자.

- 창조 신앙이 기독교 신앙에서 어떤 의미가 있는지 생각해 보자.

- 창조 신앙과 새 창조에 대한 종말론적인 기대의 관계를 생각해 보자.

창조

인간은 피조물이다. 스스로 존재하지 않았고 만들어졌다. 종의 형태로 만들어졌든 아니면 진화 과정을 거쳐 호모 사피엔스가 되었든 상관하지 않는다. 성경은 진화론과 창조론의 논쟁에 아무런 관심이 없다. 창조 이야기는 깊은 혼돈에 빠져 삶의 방향을 잃은 사람이 회복을 바라고 또 새로운 세상을 꿈꾸면서 그것의 실현 가능성이 오직 하나님에 대한 참 신앙에 있다고 믿고 고백한 것이며 또한 실제로 그렇게 될 것을 기대하며 고백한 것이다. 그간 구전되어 오던 것이나 문서로 전해진 모든 것을―심지어 그것이 이방나라의 신화라 할지라도―여호와 하나님과의 관계에서 새롭게 조명하여 해석했고 또 이런 목적을 위해 새롭게 편집하여 기록했다. 해석과 편집의 핵심원리는 회복과 새 세상의 실현은 모든 것이 하나님의 피조물로 있을 때 가능하다는 것이다. 이런 의미에서 인간은 다른 피조물 가운데 하나다. 깊은 혼돈으로 삶의 방향을 잃은 사람에게 창조 신앙은 삶의 회복과 새로운 세상을 향한 하나님의 약속에 대한 신뢰이며 또한 그 약속이 반드시 성취될 것에 대한 기대이다.

인간과
하나님

인간이 피조물이라 함은 인간은 존재 곧 본질과 사역과 관련해서 자기 자신을 준거로 삼을 수 없다는 말이다. 성경은 인간에게 원초적으로 갖춰져 있는 이런 조건(상태 및 관계)과 관련해서 '창조'라는 말을 사용한다. 이 말에는 인간은 자신의 행위로는 결코 완전해질 수 없다는 의미가 포함되어 있다.

창조는 인간 실존과 관련해서 과학적인 원리를 설명하는 것이 아니라 하나님과의 관계에서 인간이 누구이고 또 무엇인지를 말하기 위한 작업도구이다. 무엇보다 혼돈의 세계를 바로잡기 위해서는 우선적으로 모든 존재가 하나님의 피조물이 되어야 한다는 고백이다. 누구도 신이 되어서는 안 되며 또한 그럴 수도 없다. 또한 서로가 서로를 돕는 존재로 만들어졌다 함은 인간은 비록 도움을 필요로 하지만 결단코 사람의 노예로 전락할 수 없다는 고백이다. 그리고 피조물과의 관계에서 인간 자신에게 책임이 부여되어 있음을 고백하는 것이다.

성경은 인간을 피조물 곧 창조주와의 관계에서 벗어날 수 없는 존재로 본다. 비록 인간이 하나님을 의식하고 있지 않아도 그렇다. 의식하지 않는 자나 인정하지 않는(믿지 않는) 자에게 하나님과의 관계는 보이지 않는 방식으로 작용하는 전제다. 음악에서 배음과 같다. 이렇게 말할 수 있는 것은 성경이 인간을 피조물로 보기 때문이다. 이 사실은 인간이 자기 자신을 중심에 놓고 스스로를 생각하면 절대 나올 수 없는 결론이다. 오직 창조자를 전제할 때 가능하다. 이것이 성경적인 인간을 이해하는 출발점이자 전제이다.

하나님처럼
되려 하는 것

먼저 인간이 창조자를 인정하지 않는다는 것은 불신의 대표적인 모습이다. 인간이 창조자를 인정하지 않을 때, 인간이 하나님을 참 하나님으로 인정하지 않을 때, 하나님께 영광을 돌리지 않을 때, 그 반대급부로 자연스럽게 모습을 드러내는 것은 하나님처럼 되려는 것이다. 왜냐하면 인간은 필연적으로 창조자인 하나님을 전제하기 때문이다. 이것을 확실하게 부정하려면 스스로 하나님이 되어야 하는 것이다. 이것이 실제로는 불가능하기 때문에, 인간은 적어도 하나님처럼 되려고 노력하고 또 그것을 격려하며 칭송한다. 이것은 매우 다양한 스펙트럼으로 나타난다.

하나님을 인정하지 않는 불신, 하나님 없이 살 수 있다는 생각, 자신을 생명과 삶과 역사의 주인으로 여기는 태도, 인간으로서 마땅히 해야 할 일을 하지 않으면서도 아무런 부끄러움을 느끼지 않는 게으름, 세상의 모든 것을 알고 또 모든 것을 할 수 있는 능력을 소유하려는 욕망, 과학적인 지식과 이성적인 사고에 근거하여 세상을 변화시킬 뿐 아니라 새롭게 만들 수 있다는 생각과 의지, 세상을 최고의 도덕적 상태로 변화시킬 수 있다는 생각과 그것을 실현하려는 의지, 자기 스스로를 구원하려는 것, 자기가 보기에 좋고 또 옳다고 여기는 대로 행하려는 욕망, 선과 악을 자기 뜻대로 판단하려는 욕망, 그래서 결국엔 세상을 자기 뜻에 따라 심판하려는 욕망, 우상을 만들어 놓고는 그것을 자신의 소유로 삼으려는 의지 등이다.

이 모든 것은 실제로 인간 사회에서 사상, 성과, 사건 및 사고, 수많은 이야기 등의 형태로 흔히 볼 수 있는 일이다. 또 그것은 긍정적인 측면에서 매우 인간적인 것으로 여겨진다. 스스로를 하나님처럼 되려고 갖은 노력을 기울이는 것처럼 인간적인 것은 없지 싶다. 스스로를 인간으로 인정하기 때문에 자신의 한계를 극복하고 또 그것을 넘어 스스로 하나님처럼 되려는 것이기 때문이다. 그래서 철학자 프리드리히 니체는 인간이 자신의 한계를 넘어 초인이 되려는 것을 두고 '인간적인 너무나도 인간적인'이라고 말한 것은 아닐까. 인간은 본능적으로 자신의 한계를 극복하려 하고 그럼으로써 하나님처럼 되려 한다. 하나님을 인정하지 않는 사람은 하나님을 믿는 것의 의미와 가치를 부정하면서 오히려 인간의 도덕적인 삶과 합리적인 노력만으로 충분히 모든 것을 할 수 있음을 보여 주려고 한다. 적어도 점진적으로 실현 가능해질 것을 낙관적으로 전망한다.

원죄

그러나 성경은 이것을 어떻게 볼까? 창세기 3장에 기술된 바에 따르면, 이것은 인류를 타락하여 에덴동산에서 쫓겨나게 만든 죄이다. 성경은 하나님 없이 인간이 무엇을 할 수 있다는 것을 부정하지는 않는다. 하나님에게 복을 받은 인간의 능력은 잠재적으로 무한하다. 개인에게 불가능한 것은 집단지성을 사용하여 가능해지도록 한다. 21세기 과학은 심지어 첨단기술을 이용해서 죽음을 넘어 영생을 추구하기도 한다. 성경이 죽음을 말하는 것은 인간의 능력을 부정하기 위함이 아니다. 오히려 하나님의 은혜 안에 있고 또 그 은혜에 힘입어 살고 있으면서도 스스로 하나님처럼 되려는 인간을 폭로한다. 그리고 그것을 금하며 죽음을 말한 것이다. 따라서 인간이 그런 마음을 갖고 있는 것 자체로 이미 죽을 수밖에 없는 죄를 범한 것이다. 그것은 죄의 근원이기 때문이다. 이런 의미에서 인간이 스스로 하나님처럼 되려 하는 욕망은—신학적인 언어로 말해—원죄이다. 왜냐하면 그런 욕망은 사망의 권세로 미끄러져 들어가는 입구이기 때문이다. 매우 달콤하고 황홀해 한번 미끄러지면 결코 스스로 빠져나오지 못한다.

자유와
구속

사실 인간은 영생의 길이 어디에 있는지 알지 못하지만 하나님이 은혜로 주어지는 일상에서 무한한 자유를 누리며 살면서(동산의 모든 과실을 따 먹을 수 있었다) 동산 어딘가에 있는 생명나무의 실과를 따 먹고 하나님의 생명 곧 영생을 누릴 수 있었다(어느 것이 생명나무인지 알지 못했지만 자유로운 일상의 삶을 누리면서 우연히 혹은 은혜로 따 먹을 수 있었다). 그러나 이것은 실현되지 못했다. 왜냐하면 유혹을 받아 하나님처럼 되려는 마음이 일어나 그것을 실행에 옮김으로써 타락하였기 때문이다. 결과적으로 인간은 죽음의 두려움에서 벗어나지 못하게 되었다. 비록 하나님처럼 될 수 있다는 말을 듣고 유혹을 받아 행한 것이라 해도 그것을 실행에 옮긴 책임에서 결코 벗어나지 못한다. 이로써 인간은 자유로운 삶을 잃고 죄의 권세 아래 놓인 삶을 살게 되었다. 하나님과의 관계는 물론이고 인간과의 관계 그리고 자연과의 관계도 깨졌다.

에덴동산 중앙에 있는 선악을 알게 하는 나무의 의미는 하나님과의 관계에서 무한한 자유를 누리되 결코 하나님처럼 되려는 노력만은 하지 말라는 것이다. 선악을 판단하시는 분은 오직 하나님임을 믿고 있던 때(구약)에 선악을 아는 나무의 실과를 따 먹는 것은 하나님처럼 되려는 것이다. 동산 중앙에 있다는 의미는 그것을 가장 중요한 사실로 여기라는 것이다. 달리 말해서 성경은 선악을 알게 하는 나무의 실과를 따 먹지 말라는 말씀이 하나님이 인간에게 금하는 것 중에서 가장 중요한 것임을 강조한다. 인간이 하나님처럼 되려 하지 않는 것, 이것이 하나님과의 관계에서 처음이자 마지막이다. 창조를 전제하고 시작하는 것이나 마지막 날에 있을 새로운 창조를 말하는 것은 인간은 피조물이지 결코 창조자가 아님을 강조하는 것이다. 하나님처럼 되려 하지 말라는 것, 성경은 이것에 대한 각주라 말할 수 있다. 다시 말해서 하나님은 오직 당신만이 참 하나님임을 나타내 보이셨다. 이에 비해 인간의 모든 잘못은 궁극적으로 스스로 하나님처럼 되려 하는 노력과 무관하지 않다. 십계명은 이것이 하나님과의 관계에서 그리고 인간과의 관계에서 어떻게 나타나는지를 폭로하며 금한다. 그리고 성경에 다양하게 나타난 하나님의 심판은 그것이 잘못임을 환기할 뿐 아니라 인간은 피조물로서 스스로를 인정해 창조자 하나님과의 관계 안에 머물러 있어야 한다는 말이다.

율법과
영생

영생에 이르는 문이 닫힌 상태에서 인간은 영생이 어디에 있는지 알지 못하는 상태로 전락했다. 그러나 인간의 본성을 잘 알고 있는 인간은 욕망을 억제하고 극복하는 소극적인 의미에서 율법을 지킴으로 영생을 얻을 것을 기대했다. 율법을 온전히 지킬 때 얻을 수 있는 의인의 자격을 추구한 것인데, 이것은 실패할 수밖에 없었다. 인간으로서 율법을 온전히 지킬 수 있는 것은 처음부터 불가능하기 때문이다. 그럼에도 하나님과의 관계에서 진지하게 살기 원하는 사람은 끊임없이 구도자의 삶을 살았다. 자신을 쳐서 복종시키는 노력을 게을리하지 않았다. 어떤 계명을 지켜야 영생을 얻을 수 있는지, 무엇을 해야 영생할 수 있는지를 끊임없이 물으며 그 길을 찾고자 했다. 그러나 모두 실패였다. 예수님은 영생이 무엇을 행하는 것에 있다고 믿는 사람에게 인간으로서 결코 행할 수 없는 일이 있음을 비유로 말씀해 주셨다. 강도를 만나 피 흘리고 쓰러져 있는 사람을 돌보아 주는 일이나 가진 재산을 다 팔아 가난한 사람에게 나누어 주라는 말씀은 자신의 한계, 특히 종교적인 한계와 소유에 대한 욕망의 한계를 넘어서지 못하는 인간으로서는 지키기 어려운 일이었다. 결국 영생과 선한 행위와는 서로 무관하다는 의미다.

그렇다면 영생, 곧 하나님의 생명은 어떻게 얻을 수 있을까? 신약에는 이것이 율법으로는 불가능함을 역설하는 말씀으로 가득하다. 특히 스스로 율법에 충실한 삶을 살다가 예수 그리스도를 만나 회심한 바울은 이 일을 위해 사도로 부름 받았기에 이 일에서 대단히 열정적인 인물이었다. 인간이 스스로 하나님처럼 되려 할 필요가 없는 까닭은 하나님의 아들이신 예수 그리스도가 성령을 통해 우리 안에 하나님으로 거하시기 때문이다.

복음

참 하나님이고 참 사람이신 예수 그리스도는 인간이 굳이 스스로 하나님처럼 되려 하지 않아도 하나님의 성품에 참여할 수 있음을 보여 준다(벧후 1:4, 이로써 그 보배롭고 지극히 큰 약속을 우리에게 주사 이 약속으로 말미암아 너희가 정욕 때문에 세상에서 썩어질 것을 피하여 신성한 성품에 참여하는 자가 되게 하려 하셨느니라.). 이런 점에서 예수 그리스도는 복음이다. 원죄의 형태로 도사리고 있는 인간의 마음 곧 하나님처럼 되려 하는 마음과 의지를 포기할 수 있는 방법을 제시했기 때문이다. 많은 유대인들처럼 영생이 어디에 있는지 혹은 무엇을 해야 영생을 얻을 수 있는지를 물으며 방황할 필요가 없어졌다. 인간은 더는 하나님처럼 완전해지려고 노력할 필요가 없다. 모든 것을 알려고 하지 않아도 된다. 모든 것을 할 수 있는 자가 되지 못해도 된다. 예수 그리스도가 십자가에 죽으심으로 하나님의 의를 온전히 이루셨기 때문이다. 인간은 이 사실을 믿고 인정하고(예수 그리스도에 대한 믿음) 또 하나님의 은혜 안에서 주어진 일상의 자유를 누리면서(성령의 소욕에 따라 살면서) 오직 하나님처럼 되려 하지 않으면 된다. 이것이 신앙의 처음이자 마지막이다. 다시 말해서 창조주와의 관계에서 피조물이며, 하나님과의 관계에서 인간이고, 하나님의 은혜 안에 있을 때 비로소 참 평안과 기쁨이 있음을 인정하면서 그것을 기대하며 자유롭게 살면 된다. 인간은 그날이 올 때까지 자기 자신이 누구인지 알지 못한다. 그것은 하나님 안에 감추어져 있기 때문이다.

요한일서 3장 2절 사랑하는 자들아 우리가 지금은 하나님의 자녀라 장래에 어떻게 될지는 아직 나타나지 아니하였으나 그가 나타나시면 우리가 그와 같을 줄을 아는 것은 그의 참모습 그대로 볼 것이기 때문이니.

예수 그리스도 안에서 일어나고 또 그를 통해 성취된 것을 믿고 또 인정하고 받아들이면서, 모든 것을 알려 하고, 모든 것을 할 수 있으려 하고, 스스로를 구원하려 하고, 세상을 자신의 소견에 옳은 대로 판단하려는 노력을 포기하는 것, 이것이 하나님처럼 되려는 유혹에서 벗어나는 길이다. 이것이 구원을 약속 받은 자로서 땅에서 영생을 누리며 자유롭게 사는 길이다.

색인